KB233975

패권의 법칙

패권의 법칙

조유 원저 | 진성위엔 편역 | 황보경 옮김

옮긴이 _ 황보경

서울에서 태어나 고려대학교 사학과와 국립대만대학 역사학 연구소(석사), 한국외국어대학
교 통번역대학원 한중과를 졸업했다.
옮긴 책으로 『치국 : 옹정 원전』, 『성공하는 자신을 디자인하라』, 『그는 어떻게 아시아 최고
의 부자가 되었을까?』, 『삼국지로 배우는 직장 성공학』, 『누구나 좋은 엄마쯤은 될 수 있다』,
『성공과 실패를 가르는 1%의 생각 차이』 등이 있다.

패권의 법칙
대륙을 지배한 CEO들의 패권 경영학

초판 1쇄 발행 2007년 10월 20일
초판 2쇄 발행 2007년 12월 31일

원저자 조유
편역자 진성위엔
옮긴이 황보경
펴낸이 정차임
편 집 황병욱
디자인 디자인 플랫
펴낸곳 도서출판 열대림
출판등록 2003년 6월 4일 제313-2003-202호
주소 서울시 마포구 동교동 156-2 마젤란 503호
전화 332-1212
팩스 332-2111
이메일 yoldaerim@korea.com

ISBN 978-89-90989-29-1 03340

승자의 스토리

흔히 광활한 영토와 무한한 자원을 지닌 중국을 '지대물박(地大物博)'의 나라라고 표현한다. 이러한 물적 조건을 바탕으로 5,000여 년의 세월 동안 전개된 역사는 암기하기에는 너무 복잡다단하고, 관심을 포기하기에는 지나치게(?) 흥미롭다.

역사의 흐름을 파악하고 해석하는 것이 학자들의 몫이라면, 역사를 통해 뭔가를 얻으려는 사람들이 가장 쉽게 접근할 수 있는 것은 현재까지 전해지는 역사적 인물들의 이야기이다. 그런데 '정통 역사'는 승자에 의한 기록이므로 패자의 진실을 들어볼 여지가 없다. 물론 패자의 고백이 승자에 대한 객관적이고 냉철한 서술이 되기도 힘들다. 따라서 역사를 읽는 데에는 특히나 비판적인 시각을 잃지 말아야 할 것이다.

이 책에서는 중국 역사상 300여 명이 넘는 황제들 가운데 패권을 차지한 중요한 인물들을 다루고 있다. 태평성대에 선정을 베푸는 것이 황제들의 바람이라면, 후대의 우리에게 매력적으로 부각되는 인물은 역시 난세를 평정하여 패자가 된 황제들이 아닐 수 없다. 평균적으로 이 삼백 년을 주기로 왕조가 교체된 중국에서 분열과 통일은 조금 과장하면 마치 머리털이 빠지고 새로 나는 것과 같이 자연스럽게 느껴진다.

하지만 하늘에는 하나의 태양이 있듯, 권력은 오로지 황제 한 명이 독점하는 전제 국가에서의 패권 쟁탈전은 우리의 상상을 초월하는 복잡한 플롯으로 진행되게 마련이다. 역사의 주체인 민중의 움직임을 배제하고 권력 상층부를 중심으로 시대를 이해하는 것은 문제가 있지만, '패권'의 주체는 역시 황제와 그 주변 인물들이 될 수밖에 없다. 이런 면에서 볼 때 이 책에 등장하는 황제들은 하나같이 권력 추구라는 욕망에 충실하면서도 국가 경영에서 탁월한 능력을 발휘했다.

자신이 처해 있는 상황과 시대의 변화를 통찰하여 혁명 혹은 반란으로 대권을 장악한 황제들은 현대인이 원하는 리더십의 요소들을 총체적으로 갖춰야 했다. 이는 이미지로 승부하는 측면이 강한, 민주 선거에 의한 지도자들과는 확실히 대비되는 사실이다. 현대의 지도자들은 별 이변이 없는 한 임기를 보장받지만, 죽을 때까지 절대 권력을 휘두르면서도 역성혁명(易姓革命)의 두려움에 시달려야 하는 황제들은 비상한 두뇌의 보좌와 더불어 스스로의 정치력을 극한까지 개발해야 했기 때문이다.

번역을 하면서 가장 인상 깊었던 대목은 당 태종의 이중성(?)이었다. 형제들을 죽이고 정변을 일으켜 제위를 쟁탈한 그가 이적이라는 총애하는 신하가 병세가 위중하자 수염을 잘라 태운 재를 먹이면 낫는다는 말에 위엄의 상징이라고 할 자신의 수염을 서슴없이 잘랐다는 일화는 정치적 제스처, 혹은 휴머니즘의 화신이라 평가하기보다는 정신과적 진단과 치료를 요하지 않는가?

또한 미천한 신분 출신이라는 콤플렉스에 시달렸던 명 태조 주원장은 재위 중 14년에 걸쳐 4만 5,000명을 '당옥(黨獄)'이라는 명분으로 살육했다. 정치적 안정을 위한 것이라 치부하기에는 너무나 잔인하고, 주원장이 의심의 암귀에 시달렸던 인물이라는 확증이 아닐 수 없다. 인류 사회가 끊임없이 진보하더라도 역사는 조금씩 형태를 달리하며 재연된다는 진리는 이 책의 내용과 현재의 중국, 아니 세계적으로 그치지 않는 전쟁들과 비교해 보면 어김없이 증명된다.

인간의 본성과 욕망이 노골적으로 표현되는 패권 획득과 통치술에서 리더십이나 세상을 사는 지혜를 배우는 것은 바람직하지 않다는 반감은 교과서적으로 매우 올바르다. 하지만 우리는 엄연히 자본의 논리가 지배하는, 고대의 봉건 국가보다 훨씬 냉혹한 세상에 살고 있다. 헌법에 보장된 '행복 추구권'은 나름대로 생존 방식을 체득하라는 암묵적 명령이기도 하다. 따라서 꿈은 반드시 이뤄진다는 꿈에서 깨어난 사람들이라면 자신을 둘러싼 시대와 공간 그리고 인간을 좀더 넓은 안목으로 보기 위해 역사, 그 중에서도 승자의 스토리를 독해할 필요가 있을 것이다.

경험적으로 봤을 때, 영웅의 삶은 일시적이지만 각성제의 효과가 있고, 패배자의 뒷모습에서는 인간의 갖가지 한계를 발견하는 씁쓸한 여운도 나쁘지 않다. 양극적인 사물이나 인간을 대할 때 어느 한 쪽으로 쏠리지 않는 것, 일정 분량은 역사를 통해 배운 균형 감각이 아닐까 생각한다.

2007년 10월
황보경

전술편

제6장 무력으로 천하를 차지하다

제7장 신하를 길들이고 통제하다

패권을 쟁취한 인물들

한 고조 유방(漢 高祖 劉邦, BC 247~BC 195)

중국 한(漢)나라의 제1대 황제(재위 BC 202~BC 195). 진(秦)나라 말기에 군사를 일으켜 진왕으로부터 항복을 받았으며, 4년에 걸친 항우와의 쟁패전에서 항우를 대파하고 천하통일의 대업을 이루었다. BC 202년 황제에 오르고 수도를 장안(長安)으로 정했다. 서민 출신이지만 성격이 대담하고 치밀했으며 포용력을 갖춰 특히 부하를 적재적소에 활용하는 데 능숙한 제왕이었다.

한 무제 유철(漢 武帝 劉徹, BC 156~BC 87)

중국 전한(前漢) 제7대 황제(재위 BC 141~BC 87). 즉위 후 전대의 권신들을 면직시키고 어질고 겸손한 선비를 등용하여 관리의 자질을 향상시켰다. 오경박사(五經博士)를 두어 유학에 중점을 두고, BC 127년부터 제후왕국을 왕의 여러 아들에게 분봉(分封)하여 중앙집권화하였다. 중앙아시아와의 교통로를 확보하고, 파미르고원 북서에 있는 대완국(大宛國)을 정벌했다. 무제 때의 특색은 중앙집권화와, 밖으로 지역이 확대되고, 특히 중앙아시아를 통해 동서교섭이 왕성해진 점을 꼽을 수 있다.

당 태종 이세민(唐 太宗 李世民, 598~649)

당(唐)나라의 제2대 황제(재위 626~649). 중국 역사상 유수(有數)의 영주(英主)로 꼽힌다. 수(隋)나라 양제(煬帝)의 폭정으로 내란의 양상이 짙어지자, 수나라 타도의 뜻을 품고 군사를 일으켜 장안을 점령하고 당나라를 세웠다. 수 양제의 실패를 거울삼아 명신 위징(魏徵) 등의 의견을 받아들여, 사심을 누르고 백성을 불쌍히 여기는 지극히 공정한 정치를 하기에 힘썼다. 그의 치세는 '정관(貞觀)의 치(治)'라 칭송받았고, 후세 제왕의 모범이 되었다.

무측천(武則天, 625~705)

당나라 제3대 고종의 황후. 병약한 고종을 대신해 정무를 맡아보다가 고종이 죽자 아들 중종, 예종을 차례로 즉위시키고 그녀에게 반항하여 난을 일으킨 서경업(徐敬業)과 당나라의 황족 등을 무력으로 탄압했다. 690년 국호를 주(周)로 고치고 스스로 황제를 칭하며 중국사상 유일한 여제가 되었다. 705년 장간지(張柬之) 등이 정변을 일으켜 중종이 복위할 때까지 전국을 지배하며 독재 권력을 휘둘렀다.

원 세조 쿠빌라이(元 世祖 忽必烈, 1215~1294)

칭기즈 칸의 손자로, 몽골제국의 제5대 칸이며, 중국 원나라의 시조. 1251년 형 몽케가 제4대 칸의 자리에 오르자, 그는 중국 방면의 대총독에 임명되었다. 고비사막 남쪽의 금연천을 근거지로 삼고 지금의 중국 윈난성에 있던 대리국을 멸망시켰으며, 티베트와 베트남까지도 공격하였다. 35년간의 치세에서 안으로는 한인(漢人)의 세습적 봉건제후제를 폐지하고 중앙집권제를 확립했다. 밖으로는 미얀마, 참파, 자바, 일본 등을 쳐서, 일본을 제외한 동아시아 대부분을 자신의 영역 안에 넣었다.

명 태조 주원장(明 太祖 朱元璋, 1328~1398)

중국 명(明)나라의 초대 황제(재위 1368~1398). 빈농 출신으로 17세에 고아가 되어 탁발승으로 지내다가 홍건적(紅巾賊)의 부장 곽자흥(郭子興)의 부하가 되면서 두각을 나타내 원(元)나라 강남(江南)의 거점인 난징(南京)을 점령했다. 그뒤 각지의 군웅들을 모두 굴복시켜 명나라를 세웠다. 동시에 북벌군을 일으켜 원나라를 몽골로 몰아내고 중국의 통일을 이루었다. 한민족(漢民族)의 왕조를 회복시킴과 아울러 중앙집권적 독재체제의 확립을 꾀하였다.

수 문제 양견(隋 文帝 楊堅, 541~604)

수나라의 초대 황제(재위 581~604). 581년 수나라를 세우고, 장안(長安)을 수도로 정했다. 개황율령(開皇律令)을 제정하여 제도를 정비하고, 과거제를 실시하여 귀족 세력을 억제하는 등 중앙집권제를 강화했다. 그가 정한 관제, 균전제(均田制), 부병제(府兵制) 등은 당나라 율령의 기초가 되었다. 589년 남조(南朝)의 진(陳)을 평정하여 남북조를 통일했고, 북방의 돌궐을 압박했으며, 고구려를 침공하기도 했다.

당 고조 이연(唐 高祖 李淵, 565~635)

당나라의 창업자(재위 618~626). 수나라 말기에 태원의 관료, 호족과 결탁해 수도 장안을 점령했다. 양제가 살해되자 스스로 제위에 올라 당나라를 세웠다. 그후 수년간 아들 세민의 활약으로 중원(中原)의 군웅 이밀(李密), 두건덕(竇建德), 왕세충(王世充) 등을 진압했다. 또한 수나라 초기의 개황(開皇) 제도에 의거하여 나라의 제도를 갖추고, 새 왕조의 기초를 굳혔다. 626년 자식 간의 다툼으로 현무문(玄武門)의 변(變)이 일어나 세민의 패권이 확립되자, 양위하여 상황(上皇)이 되었다.

당 현종 이융기(唐 玄宗 李隆基, 685~762)

당나라의 제6대 황제(재위 712~756). 조모 무측천 시대에 낙양에서 태어났으며, 9세에 임치왕(臨淄王)으로 봉해졌다. 26세 때 아버지를 제위에 옹립하고 자신은 황태자가 되어 실권을 잡았고, 28세에 마침내 아버지의 양위로 즉위했다. 안으로는 민생안정을 꾀하고 경제를 충실히 했으며, 국경지대 방비를 튼튼히 하여 수십 년의 태평천하를 구가했다. 그러나 노년에 접어들자 도교(道敎)에 빠져 막대한 국비를 소비했고, 양귀비로 인해 정사를 게을리 했다.

위 무제 조조(魏 武帝 曹操, 155~220)

중국 삼국시대 위왕조(魏王朝)를 세운 장군. 황건란 평정에 공을 세우고 두각을 나타내 헌제를 옹립하였다. 화북 평정 후, 손권과 유비 연합군과 싸워 대패, 그 세력이 강남(江南)에는 미치지 못하였다. 정치적 실권을 잡았지만 스스로는 제위에 오르지 않았다. 문학을 사랑하여 많은 문인들을 불러들였으며, 자신도 두 아들과 함께 시부(詩賦)의 재능이 뛰어나, 이른바 건안문학(建安文學)의 흥륭(興隆)을 가져오게 했다.

송 태조 조광윤(宋 太祖 趙匡胤, 927~976)

5대가 분열한 뒤를 이어 송(宋)나라를 창건하고 중국 대륙을 거의 통일한 황제(재위 960~976). 안으로는 명신 조보(趙普)의 헌책(獻策)을 받아들여 무인정치를 폐하고 문치주의에 의한 중앙집권적 관료제를 확립했다. 즉 절도사 지배 체제를 폐지, 중앙에 3권을 집중하고 금군을 강화하여 황제의 독재권을 강화하였다. 지방통치를 위해 전국에 파견되는 관료의 채용을 위한 과거제도를 정비하고 최종 시험을 황제 스스로 실시하는 전시(殿試) 또는 어시(御試)를 시작했다.

제1장

패권 장악을 위한 기본 원칙

돈에 대한 동물적 감각이 있어야 상인으로서 성공할 수 있듯, 천하를 제패하려는 군주라면 몇 가지 능력을 갖춰야 한다. 여기서의 능력이란 대의명분이라는 깃발을 올리고, 군사와 인재를 모으고, 관리를 등용하고, 군권을 장악하는 것 등을 말한다. 이러한 능력은 천하를 얻는 자본이자 패업을 달성하기 위한 전제조건이라 할 수 있다.

자신을 알아주는 지기를 만나다

한 고조(漢 高祖) 유방(劉邦)의 첫 번째 부인은 여치(呂雉)라는 여자이다. 전설에 의하면 그녀가 태어날 때 문 밖에서 꿩이 울었기 때문에 꿩을 뜻하는 '치(雉)'를 이름으로 쓰게 되었다고 한다.

유방이 여치와 혼인을 하게 된 데에는 극적인 사연이 있다.

젊은 시절 유방은 허랑방탕하게 지냈기 때문에 주변 사람들로부터 백안시당했고, 아내를 고생시킬 것이 뻔한 그에게 딸을 주려는 부모가 없었다. 유방은 사람들의 이목을 크게 개의치 않는 성격이었지만 외로움을 참지 못하고 풍류에 빠져 지냈다. 그렇게 살다 보니 서른 살이 되도록 가정을 이루지 못했다.

유방이 서른 살 되던 해에 패현에 자가 여명문(呂名文)이라는 사람이 이사를 왔다. '여공(呂公)'이라 불렸던 그는 인재를 알아보는 혜안이 있었는데, 유방을 보고 장래에 큰 인물이 될 것이라 확신하고는 자진해서 사랑하는 딸 여치를 유방에게 시집보내겠다고 제의했다.

여치는 평범한 처녀들과는 확실히 달랐다. 외모도 출중했지만 성격이 강인하고 고집이 셌다. 혼처가 많이 나왔지만 모두 물리친 채 반드시 비범한 인물과 결혼하겠다는 생각을 고수하고 있었다. 여공은 딸의 고집을 높이 샀기 때문에 결혼을 강요하지 않았다. 하지만 여치는 눈이 너무 높다 보니 만족스런 상대를 만나지 못해 스무 살이 넘어서도 출가를 하지 못했다.

한편 패현의 현령은 여공의 오랜 친구였다. 여공이 고향에서 어떤 사람과 크게 싸운 뒤 보복이 두려워 남쪽으로 도망쳐 패현에 도착했을 때 현령은 젊고 아름다운 여치를 보고 넋을 잃고 말았다. 경국지색이라 할 만큼 빼어난 여치에게 반한 그는 여치의 마음을 얻기 위해 여공 일가를 극진하게 대접했다. 얼마 후 그는 정식으로 여치를 첩으로 삼고 싶다는 의사를 표시했다. 여치는 일언지하에 거절했고, 여공도 완곡하게 반대의 뜻을 표시했다. 하지만 현령은 단념하기는커녕 자신의 권세를 과시하기 위해 하급 관리들과 마을의 유지들에게 초대장을 발송했다. 표면적으로는 귀한 손님인 여공을 위해 환영연을 연다는 것이었지만, 사실상 이 기회를 빌려 그동안 치부한 재물로 여공의 환심을 사고 여치도 손에 넣을 의도였던 것이다.

패현의 관리와 귀족, 유지들은 현령에게 밉보여서는 안 된다는 계산을 하고는 자원해서 선물을 들고 잔치에 모여들었다. 선물이 비쌀수록 자신의 신분이 높고 현령과 친함을 과시할 수 있다고 믿은 그들은 하나같이 값비싼 물품을 들고 나타났다.

그러나 그들과는 다른 사람이 있었으니, 바로 유방이었다.

평소 유방은 현령이 백성들을 착취하는 사실에 심기가 몹시 불편했다. 이번에도 교묘한 방법으로 사람들의 주머니를 턴다는 생각에 울분을 느낀 그는 이 기회를 이용해 현령의 속셈을 폭로하기로 작정했다.

그는 잔치 시간보다 이른 시각에 빈몸으로 여공이 묵고 있는 집에 나타났다. 집 안팎은 수많은 등과 장식으로 호화스러웠고 축하객들이 밀려들어 왁자지껄했다. 앞마당의 큰 탁자에 앉아 선물을 접수하는 사람은 바로 유방의 친한 친구 소하였다. 멀리서 지켜보니 소하가 외치는 소리가 들려왔다.

"손님들께서는 선물을 이곳에 놓고 들어가시기 바랍니다. 선물이 1,000냥이 넘으면 대청 위에, 1,000냥 미만이면 대청 아래에 앉으십시오."

얼핏 보니 대청 아래에는 이미 한 떼의 사람들이 자리를 잡고 앉아 있었다. 그들은 평소 세태에 민감하고 어떡해서든 출세해 보려고 몸부림치는 약삭빠른 자들이었다. 유방은 그들과 같은 무리가 되어서는 안 된다는 경각심이 들었다.

대청 위의 특별석은 호사스럽게 꾸며져 있었는데, 빈자리 몇 개가 눈길을 끌었다. 잠시 생각을 한 유방은 '유방의 축하금 1만 냥'이라고 쓴 봉투를 접대하는 시자에게 꺼내주었다.

유방을 본 소하는 깜짝 놀랐다. 세상을 비웃듯 거칠 것 없이 행동하는 유방이 이런 방법으로 돈을 밝히는 현령을 비웃고 멀리서 온 여공을 놀리는 것이 틀림없다고 생각했다. 소동이 벌어져서 유방이 곤욕을 당하면 안 된다고 판단한 소하는 여공에게 다가가 소매를 부여잡고 귓

속말을 했다.

"유방은 농담을 잘하는 사람이니 그의 말을 진지하게 받아들이지 마십시오. 못 본 척하고 상대를 하지 않으시면 됩니다."

여공은 일찍이 유방의 자유분방함에 대해서 들었으므로 소하의 말을 이해했지만 그의 말대로 하지는 않았다. 그는 이 '명사'의 모습을 직접 보고 싶은 호기심이 들자 소하의 만류에도 불구하고 쏜살같이 대문으로 달려갔다. 문 앞에서 보니 기골이 장대하고 당당한 태도의 유방에게서 확실히 비범한 기운이 발산되고 있었다. 호감을 느낀 여공은 유방과 예를 차려 인사를 하고는 대청 위로 데리고 왔다. 유방도 마다하지 않고 가슴을 쭉 펴고 성큼 걸어서 귀빈석 중에서도 상석에 자리를 잡았다.

술잔이 돌자 유방은 여유 있고 자연스러운 태도로 뛰어난 언변을 과시했다. 그는 사람들이 권하는 술과 음식을 사양하지 않았다. 입에 발린 말이나 상대를 띄워주는 말은 한마디도 하지 않았지만 어느새 연회의 주인공이 되어버렸다. 이와는 대조적으로 유방의 기세에 완전히 밀린 현령은 꿀 먹은 벙어리처럼 아무 말도 하지 못했다. 현령의 난감한 모습을 본 유방은 속으로 의기양양했다. 술이 거나해지고 배가 부른 손님들이 속속 자리를 뜨자 유방도 입가의 기름기를 닦고 몇 번 트림을 하고는 자리에서 일어났다. 그러자 여공이 남아 있으라는 눈짓을 했다. 여공의 속셈을 눈치 채지 못한 유방은 겁이라곤 없는 성격답게 그대로 주저앉아 큰 술잔에 술을 따라 들이켰다.

여치가 노처녀가 되는 바람에 마음고생이 심했던 여공은 항상 신경을 곤두세우고 청년들을 관찰해 왔다. 사회 경험이 많아 행동거지나 풍기는 분위기로 사람됨과 장래성을 파악할 수 있었던 여공은 유방을 보자마자 딸이 찾던 상대가 바로 이 청년이라는 느낌을 받았다. 그리고 술을 마시면서 세심하게 관찰을 해 보니 유방이야말로 최상의 사윗감이라는 확신이 들었다. 이 기회를 놓쳐서는 안 된다고 생각한 그는 딸을 위해 직접 다리를 놓기로 작정했다.

손님들이 모두 돌아가자 여공은 은근한 목소리로 유방에게 말을 걸었다.

"나는 어렸을 때부터 관상 보기를 좋아했습니다. 많은 사람들의 관상을 봤지만 그대처럼 존귀한 상은 처음입니다. 부디 자중자애하고, 앞으로 큰일을 해내시기 바랍니다."

잠시 말을 멈춘 그는 다시 정중하게 속내를 털어놓았다.

"나에게 딸이 하나 있는데, 인품이 괜찮습니다. 그대에게 시집을 보내 내조를 하도록 하고 싶은데 내 뜻을 받아들일 용의가 있으신지요?"

평소에 싹수가 보인다는 말을 거의 들어본 적이 없는 유방은 여공이 이렇게 말을 하니 비로소 자신을 알아주는 지기(知己)를 만난 듯싶어 뛸 듯이 기뻤다. 게다가 서른 살이 넘도록 가정을 이루지 못해 초조한 마당에 거절할 이유가 없었다. 유방은 그 자리에서 시원스럽게 좋다는 의사를 표시하고 아름다운 여치와 혼인하게 되었다.

유방은 군사를 일으키는 과정에서 뛰어난 모신(謀臣) 장량(張良)을 만나게 되었다.

영천 성부(穎川 城父, 오늘날의 안휘성 호현亳縣 동남부 ─ 옮긴이) 출신인 장량은 유방을 도와 천하를 얻은 한나라 초기 '3대 호걸' 중 한 명으로 유명하다. 또한 그는 삼국시대의 제갈량과 더불어 중국인들의 머릿속에 비상한 두뇌와 지혜의 화신이라는 인상을 강하게 심어준 인물이다.

장량은 전국시대 한(韓)나라의 귀족 가문에서 태어났다. 집안 대대로 한나라의 소후(昭侯), 선혜왕(宣惠王), 양애왕(襄哀王), 리왕(厘王), 도혜왕(悼惠王) 시대에 상국(相國)을 역임했다. 그래서 많은 역사서들이 장량의 집안을 "한 나라에서 5대째 재상을 배출한 가문"으로 기록하고 있다. 장량의 부친이 죽은 후 약 20년이 흐른 기원전 230년, 진시황은 6국에 대한 정벌 전쟁을 시작하면서 가장 먼저 한나라를 공격했다. 혈기방장했던 장량은 진시황이 무력을 앞세워 약자를 능멸한다는 생각에 자신의 힘으로 한나라를 대신해 복수를 하기로 결심한다.

복수의 칼을 갈던 장량은 가산을 털어 무사들과 널리 친교를 맺는다. 심지어 동생이 죽었을 때도 그는 자객을 구해 진시황을 죽이는 데 돈을 써야 한다며 후한 장례를 치러주지 않았다.

그는 무술의 고수를 찾기 위해 회양(淮陽, 오늘날의 하남성 회양현 ─ 옮긴이) 지방을 샅샅이 뒤졌고, 동이(東夷, 오늘날의 요녕성 봉성鳳城현 ─ 옮긴이)까지 유랑을 했다. 동이에서 그가 군장(君長) 창해군(滄海君)을 찾아가 도움을 청하자 창해군은 120근(진한시대의 1근은 600g에 해당 ─ 옮긴이)의 철퇴를 휘두를 수 있는 장사를 소개해 주었다. 이 장사는 장량과 곧바로 막역한 사이가 되었다.

두 사람은 동쪽으로 순행을 나선 진시황이 원무현(原武縣)의 박랑사(博浪沙, 오늘날의 하남성 원양原陽현 동남쪽 - 옮긴이)를 경유할 것이라는 소식을 듣고 미리 길목에 잠복해 있었다. 드디어 진시황의 성대한 행렬을 맞이한 그들은 공격을 감행했다. 그런데 장사는 당황한 나머지 철퇴를 잘못 휘둘러 진시황의 호위병만을 죽이는 실수를 저질렀다. 분노한 진시황은 전국에 수배령을 내렸고, 장사는 생포되어 처형되었다. 간신히 목숨을 건진 장량은 하비(下邳, 오늘날의 강소성 비현邳縣 남부 - 옮긴이)로 도주하여 은둔하였고, 이때부터 희씨 성을 버리고 장량으로 개명했다.

하비에서 많은 호걸들과 인연을 맺은 장량은 진나라를 멸망시킬 계획을 세우는 데 몰두했다. 그런데 하비의 북쪽으로 흐르는 이수(圯水)라는 강에 놓인 돌다리의 양편으로는 녹음이 우거져 경치가 매우 아름다웠다. 장량은 한가하거나 마음이 울적할 때면 이곳에 와서 기분 전환을 하곤 했다.

어느 날 강가의 다리에 이른 장량은 갈색의 삼베 도포를 입은 노인이 난간에 앉아 있는 모습을 목격했다. 옷차림은 평범했지만 노인이 풍기는 평온한 분위기는 예사롭지 않았다. 노인은 장량이 다가오자 일부러 신발 한 짝을 다리 밑으로 떨어뜨리고는 명령이라도 하듯이 당당하게 "이봐 젊은이, 내려가서 내 신발을 좀 주워 오게!"라고 하는 것이었다. 기가 막힌 장량은 모욕감에 노인에게 주먹이라도 휘두르고 싶은 생각이 들었지만 마음을 바꿨다. 나이도 훨씬 어린 자신이 노인과 싸움을 해서는 안 된다는 생각이 들자 순순히 다리 밑으로 걸어가 신발을 주워서 노인 앞으로 가져왔다. 그런데 천만 뜻밖으로 노인은 신발을 손으로 받는 것이 아니라 발을 내밀었다. 신발을 신겨달라는 몸짓에 장량은 화가 치밀어 올랐다. 하지만 노인의 새하얀 수염으로 보아 나이가 상당히 들었을 것 같자 측은지심이 발동했다. 기왕에 가져다준 신발을 신겨준들 자존심이 상하겠느냐는 생각이 든 장량은 무릎을 꿇고 공손하게 신발을 신겨주었다.

신발을 신은 노인은 장량을 쳐다보며 의미심장한 웃음을 짓고는 그대로 자리를 떠버렸다. 뒤도 돌아보지 않는 노인에 대해 호기심이 인 장량은 뒤를 쫓아갔다. 1리는 족히 걸었을 무렵 노인이 갑자기 걸음을 멈추고는 몸을 돌려 장량에게 한마디 했다.

"보아하니 꽤 싹수가 있는 젊은이구먼. 닷새 후에 날이 밝으면 곧장 다리로 나오게. 내가 중요한 이야기를 해 주겠네."

장량은 머리를 숙여 감사의 뜻을 표하며 그렇게 하겠다고 약속했다.

약속한 날이 되자 장량은 해가 뜨기가 무섭게 흥분된 심정으로 다리에 도착했다. 그런데 노인은 이미 다리의 중간에 서 있었다. 장량을 본 노인은 불편한 심기를 감추지 않았다.

"늙은이와 약속을 하고 시간을 지키지 않으니…… 그래서는 안 되지."

장량이 아무런 변명 없이 사과를 하자 노인은 닷새 후에 다시 오라고 했다.

닷새 후 닭이 울자 장량은 서둘러 다리로 갔다. 그런데 또 먼저 나와 있던 노인은 왜 약속을 지키지 않느냐고 화를 내며 야단을 쳤다. 부끄러움을 감추지 못하는 장량에게 노인은 닷새 후에 좀 더 빨리 오라고 명령했다.

세 번째 약속한 날 어둠을 헤치고 장량이 다리로 가니 얼마 후 노인이 나타났다. 얼굴 가득히 만족스런 웃음을 띤 노인은 장량을 칭찬했다.

"젊은이, 이제야 제대로 일을 하는군 그래!"

말을 마친 노인은 노란색 비단으로 싼 책을 꺼내 보였다.

"이 책을 완전히 이해하면 제왕의 스승 노릇을 할 수 있네. 10년 후에는 분명히 큰일을 해낼 것이고, 그로부터 3년 뒤에 제북(濟北, 오늘날의 산동성 치평茌平현 - 옮긴이)의 곡성산(谷城山)에 와서 노란 바위를 찾아보게. 그게 바로 나일 테니."

이렇게 말한 노인은 순식간에 사라졌다. 이 노인은 후일 '황석공(黃石公)'으로 불리게 되었다.

날이 밝아올 무렵 장량이 펼쳐본 책의 제목은 바로 『태공병법(太公兵法)』이었다. 과거 강태공 여상(呂尙)은 서주(西周)의 무왕(武王)을 보필하여 주(紂)를 토벌하는 큰 공을 세워 사람들로부터 '장신(將神)'으로 추앙받았다. 그러므로 강태공의 병법을 밝힌 이 책은 값으로 따질 수 없는 귀한 가치를 지니고 있었다. 그 후 책에 적힌 병법을 깊이 연구한 장량은 강호를 떠돌던 협객에서 심오하고 지혜로운 책사(策士)로 일대 변신을 하게 되었다.

얼마 후 장량은 대택향(大澤鄕)에서 봉기한 진승(陳勝)과 힘을 합치기 위해 하비에서 100여 명의 장정을 모집하였다. 그런데 진가(秦嘉)가 유현(留縣, 오늘날의 강소성 패현沛縣 동남부 - 옮긴이)에서 경구(景駒)를 초왕(楚

王)으로 옹립하자 장량은 계획을 수정, 장정들을 이끌고 유현으로 가서 합류하려고 길을 떠났다. 행군 중 장량은 우연치 않게 유방과 조우했고, 의기투합한 두 사람은 함께 경구를 알현했다.

이 무렵 진나라에 반대하는 세력들은 열세에 놓여 있었다. 진나라의 장한(章邯)은 패배한 진승의 군대를 추격하는 한편 부장(副將)인 사마이(司馬夷)로 하여금 초나라 북부의 반진(反秦) 반란군을 공격하도록 했다. 잔혹한 성격의 사마이는 상현(相縣, 오늘날의 안휘성 숙현宿縣 서북부 – 옮긴이)에서 대학살을 감행한 뒤 탕현(碭縣, 오늘날의 안휘성 탕산碭山현 남부 – 옮긴이)을 점령했다.

상황이 위급해지자 진가는 유방에게 진나라 군대의 포위를 뚫도록 명령했다. 유방은 동양(東陽, 오늘날의 안휘성 천장天長현 서북부 – 옮긴이) 출신의 영군(寧君)과 함께 군사를 이끌고 소현(蕭縣, 오늘날의 안휘성 소현 서북부 – 옮긴이)에서 사마이의 주력 부대와 전투를 벌였다. 그러나 수적인 열세를 극복하지 못해 패배한 유방은 유현으로 돌아왔다.

그 후 진이세(秦二世) 2년(기원전 208년) 2월에 군을 정비한 유방은 초왕의 명을 받들어 탕현을 공격했고 사흘간의 격전 끝에 승리를 거두었다. 탕현의 병졸 6,000여 명과 자신의 3,000여 군사를 합쳐 1만 명에 가까운 병사를 거느리게 된 유방은 한 달 후 하읍(下邑, 오늘날의 안휘성 탕산현 동쪽 – 옮긴이)을 점령했지만, 회군하는 도중 풍읍(豊邑)을 공격하였다가 옹치(雍齒)에게 패하였다.

용맹스럽고 실패를 두려워하지 않는 유방의 강인한 정신력에 감동을 받은 장량은 자진해서 유방에게 몸을 바치기로 결심했다. 유방은 이에 대한 답례로서 장량을 군마를 관리하는 구장(廐將)이라는 자리에 임명했다. 장량은 직무에 충실하면서도 틈이 나면 유방에게 『태공병법』에 대해 소상하게 설명해 주었다.

과거 장량이 다른 사람들에게 『태공병법』을 소개하면 하나같이 심오한 내용을 이해하지 못해 책의 가치를 무시하면서 귀를 기울이지 않았다. 그러나 유방은 그들과 달랐다. 그는 매번 장량의 이야기를 흥미진진하게, 빠져들듯이 경청했다. 더욱 놀라운 사실은 유방이 전투를 할 때면 『태공병법』의 이론을 적절하게 응용한 전법을 구사한다는 것이었다. 이런 일이 반복되자 장량은 "패공(沛公)은 하늘이 낸 사람이다!"라는 감탄을 내뱉었다. 다시 말해 장량은 유방의 놀라운 두뇌에 완전히 무릎을 꿇게 된 것이다.

유방은 장량에게 윗사람처럼 군림하지 않았고, 마치 그를 절친한 친구처럼 대하면서 겸허한 자세로 가르침을 청하고, 그대로 실천하곤 했다. 서로에게 신뢰감을 갖게 된 두 사람은 시간만 나면 밤을 새워가며 많은 대화를 나누었다. 그들에게 있어 유일한 아쉬움이라면 너무 늦게 만났다는 것이었다.

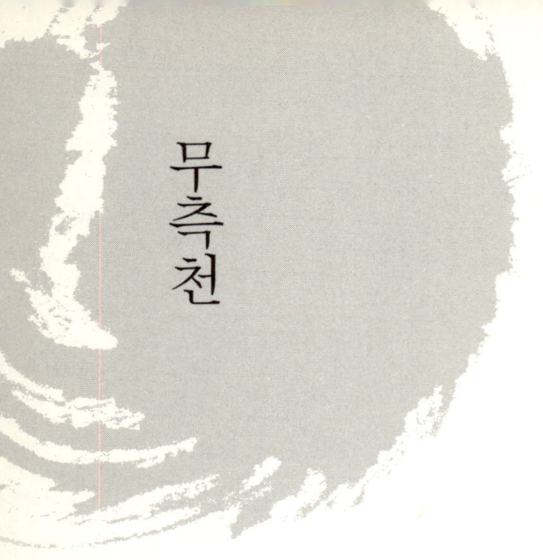

안목과 추진력으로 무장하다

역사적인 인물들은 대부분 어렸을 때부터 보통 사람들과 다르거나, 사람들 눈에 신비로운 구석이 있어 보인다거나, 그것도 아니면 예사롭지 않은 행동을 하는 공통점이 있다. 무측천(武則天)도 예외는 아니었다. 물론 그녀가 태어날 때부터 남달랐다는 건 아니다. 무측천에게는 언니가 한 명 있었으므로 부모는 그녀의 출생을 별로 달가워하지 않았다. 그래서 이름을 짓는 데도 신경 쓰지 않고, 그냥 보통 집안의 둘째 딸들이 그러한 것처럼 '이녀(二女)'라고 불렀다.

무측천은 부모의 시큰한 태도에도 불구하고 하루가 다르게 쑥쑥 자라났다. 희고 통통한 동그란 얼굴에 큰 눈은 유난히 초롱초롱했다. 채 돌도 되기 전에 걷기 시작한 이 아기는 사람들로부터 사랑받을 재롱도 많이 떨었다. 유난히 잘 웃어서 사람들이 간지럼이라도 태울라치면 웃음을 그치지 않았다. 마치 집안 사람들의 불공평한 대우에 항의하고 싸우는 것처럼 적극적으로 사랑을 얻어갔던 것이다.

무측천의 아버지 무사확(武士彠)은 이 무렵 도독장사(都督長史)라는 관직에 있었다. 무측천은 시간이 갈수록 부모의 사랑을 받게 되었다. 부친은 딸을 보는 눈이 달라져 찌푸렸던 미간이 점차 펴졌고, 어머니 양(楊)씨는 매일 몇 번이나 유모에게 딸을 안고 자신의 방으로 오게 했다. 무측천은 점차 많은 장난감을 가지게 되었고 아버지도 자상하게 보살폈다. 하지만 무사확은 기쁜 가운데도 한숨을 지으며 "이 아이가 아들이라면 틀림없이 대단한 인물이 될 텐데……"라고 했다.

무측천의 유모는 머리가 좋은 중년 여자였다. 하루는 그녀가 무사확에게 "이 아이는 남자의 상이니 남장을 시키면 어떻겠습니까? 분명히 잘 어울릴 것입니다!"라고 건의를 했다. 무사확은 수염을 쓰다듬으면서 가볍게 미소를 띤 얼굴로 고개를 끄덕였다. 그날로 유모는 남자 아이 옷을 만들어 무측천에게 입혔다.

유모가 남장을 한 무측천을 안고 들어오자 무사확 부부는 웃음을 터뜨렸다. 이마가 넓고 큰 얼굴에 반짝거리는 눈동자, 뽀얀 살결, 잠시도 가만 있지 않고 움직이는 모습 등이 영락없는 사내아이였기 때문이다. 무사확은 유모에게 남장을 잘 시켰다고 칭찬을 한 뒤 아이를 정성 들여 돌보라고 당부했다. 이날 이후 무사확은 잠시도 이 사랑스러운 아들을 떼어놓으려 하지 않았다. 아이는 천성적으로 활달해서 끊임없이 움직이면서 집 안을 어질러놓았다. 어떤 때는 아버지의 책들을 바닥에 내동댕이치기도 했지만, 무사확은 장난꾸러기 가짜 아들을 워낙 귀하게 여기다 보니 미소를 잃지 않았다.

하루는 무사확이 유명한 관상가 원천강(袁天綱)을 초대하여 부인 양씨의 관상을 보게 했다. 원천강은 그녀를 살펴보다 관상가 특유의 장난기를 발휘하여 한마디 했다.

"부인께서는 틀림없이 귀한 아들을 두셨습니다."

그러자 무사확은 두 아들 원경(元慶), 원상(元爽)과 큰딸을 불러들였다. 원천강은 두 아들을 보고는 "2품에 달할 겁니다"라고 했다. 큰딸에게는 "이 따님도 크게 귀해지겠지만 장래 남편에게는 별로 도움이 되지 못할 것입니다"라는 말을 했다.

유모가 무측천을 안고 들어오자 원천강은 남자 아이의 옷을 입은 무측천의 모습을 보고는 "이 작은 도련님은 특이한 상이어서 쉽게 말씀을 드릴 수 없으니 한번 걸어보게 하십시오"라고 했다. 유모가 아이를 바닥에 내려놓자 몇 걸음 떼는 모습을 본 원씨는 아이에게 머리를 들게 하더니 화들짝 놀랐다.

"이 아드님은 용의 얼굴과 봉의 목을 가진 복희(伏羲)씨의 상입니다. 부귀가 극에 달할 관상이죠."

그는 다시 아이의 옆모습을 살펴보더니 놀라움과 아쉬움을 감추지 못했다.

"안타깝지만 만약 여자였다면 틀림없이 천하의 주인이 될 상입니다."

원천강의 아첨 솜씨는 가히 일품이라 할 만했다.

무사확은 만족스런 기분에 원천강에게 후한 사례를 해서 돌려보낸 뒤 그가 한 말을 곱씹어보았다. 특히 "만약 여자였다면 틀림없이 천하의 주인이 될 상입니다"라는 말이 놀라우면서도 기쁘기 짝이 없었다.

그런데 갑자기 고조부인 무거상(武居常)의 일화가 생각났다. 무거상은 구레나룻이 난 얼굴이 원숭이를 닮았다고 해서 '원숭이 턱'이라는 별명으로 불렸다. 언젠가 그는 이수(伊水)에서 본 거지로부터 이런 말을 들었다.

"나리께서 돌아가신 지 80년쯤 후에 몹시 귀한 여자 후손이 태어날 겁니다."

무사확은 이 말을 아버지인 무화(武華)에게서 들었는데, 지금 생각하니 그 말이 예사롭지 않은 예언인 것 같았다. 그는 그 옛날의 신비로운 거지와 고명한 관상가인 원천강의 말이 다 들어맞을 것 같은 예감을 떨칠 수 없었다. 정말로 이 딸애가 후일 천하의 주인이 될 수 있단 말인가? 한편으로는 믿음이 가면서도 의심스러웠고, 기쁘면서도 당황스럽고 놀라운 기분을 어쩔 수 없었다. 무씨 집안의 아이가 천하의 주인이 된다면 그것은 대역죄가 아닌가? 생각이 여기에 미치자 그는 엄청난 재앙을 막기 위해 집안 사람들에게 원씨가 했던 말을 절대로 입에 올려서는 안 된다고 단단히 주의를 주었다.

그러나 무사확의 마음은 쉽게 평정을 찾지 못했다. 어느 날 그는 우연히 『논어』의 진백(秦伯)편의 한 구절인 '유천위대 유요칙지(唯天爲大 唯堯則之)'를 떠올렸다. 즉 공자는 오로지 하늘만이 위대하나 이에 필적한 사람으로 요임금이 있을 뿐이라고 했던 것이다. 그러자 무사확은 딸이 후일 정말로 천하를 다스리게 된다면 '측천(則天)'이라고 불러야 한다는 생각이 들었다. 그는 마음속으로 딸을 위해 기도했다. 관상가의 말처럼 언젠가 남자들에게만 주어지는 천자가 되는 기회를 얻어 요임금처럼 어질고 위대한 통치자가 되어 만민을 다스리는 대업을 달성하기를 빈 것이다.

결국 무사확의 기도가 이루어져 사랑하는 둘째 딸 '이녀'는 천하의 백성들을 다스리는 정도가 아니라 남자들로 하여금 식은땀을 흘리게 만드는 업적을 이룩했다.

우리에게는 측천무후(則天武后)라는 이름으로 더욱 익숙한 무측천은 무력을 앞세운 진보적인 정책으로 뛰어난 통치를 한 인물이다. 중국 역사상 300명이 넘는 제왕들 가운데 무측천처럼 온갖 풍상을 겪은 인물도 드물다. 궁녀에서 비구니로, 후궁에서 황후로 그리고 결국에는 황제가 된 그녀는 총명함과 권모술수로 적수를 물리쳤다. 그리고 대권을 거머쥔 다음에는 강경한 수단으로 반대파들을 제거하여 황제의 자리를 공고히 했다. 그녀가 권력을 잡는 방법은 평범한 제왕들의 간담을 서늘하게 만들 정도였다.

그런데 그녀의 승리는 비단 권력을 장악하는 데 그치지 않았다. 즉 외부 세력을 진압하여 당 제국의 기업을 유지했다. 이는 당나라 300년 역사상 극성기를 구가한 현종(玄宗)의 '개원성세(開元盛世)'를 이룩하는 토대가 되었다.

무측천이 재위한 초기만 해도 변방 지역이 불안정했으므로 사회적 동요를 막는 데 급급하여 북방 지역에까지 신경을 쓸 겨를이 없었다. 그러나 국내 상황과 백성들의 삶이 안정되자 무측천은 침략 세력에 대해 적극적으로 대처했다. 변방 세력 가운데 가장 강력한 집단은 돌궐(突厥)과 토번(吐蕃)으로 불렸던 티베트족이었다.

돌궐은 중국 고대의 소수민족으로서, 최초에는 준가르(準噶爾) 분지에 거주하였다가 서서히 이동하여 고창(高昌, 오늘날의 신강新疆성 투루판 지역 - 옮긴이)의 북산(北山)에 정착하였다. 5세기 중엽 몽골의 유목민족인 유연(柔然)족에 정복되었던 돌궐은 5세기 말에 유연족이 쇠퇴하자 점차 독립하게 되었다. 그러다가 남북조시대 말엽 돌궐의 수령 아사나사문(阿史那土門, 아사나는 돌궐 수장의 성씨 - 옮긴이)이 대대적인 공격으로 승리를 거두자 유연족의 칸(Khan, 유목민족 군주의 칭호 - 옮긴이)은 자살했다. 사문은 돌궐 정권을 수립했고, 스스로 '이리(伊利)칸'을 자칭했다.

무칸(木杆, 553~572년) 시대에 이르러 돌궐은 전성기를 맞았고, 천산(天山)에 막강한 군영을 건설했다. 돌궐 정권이 성립된 지 얼마 되지 않아 사문의 동생인 실점밀(室點蜜)은 10대 수령과 10만의 군사를 거느리고 티베트 지역을 점령한 뒤 칸의 자리에 오르면서 10성 부락을 건설했다. 이로써 돌궐은 중국의 서부 지역에 독립적인 세력을 구축했다. 이와 동시에 무칸과 타발(佗鉢)칸(572~582년)은 동생과 조카들을 칸의 자리에 앉혀 동부 지역의 각 부족을 분할 통치하도록 했다. 그 결과 돌궐의 지배계급 내부에서는 끊임없이 충돌과 분열이 일어나게 되었다.

토번도 중국의 소수민족 중의 하나로서 장족(藏族, 티베트족)의 선조이다. 토번족은 강족(羌族)에서 갈라져 나온 지파로 일찍이 청장(靑藏) 고원 일대의 척박한 자연환경 속에서 생활하면서 용맹한 민족으로 '지구상의 척추'라는 이 지역을 개척해 나갔다. 토번족들은 샤머니즘을 신앙으로 삼아 잔혹한 형벌을 시행했고, 전투력도 뛰어난 민족으로 알려졌다. 평상시에도 궁과 검을 몸에 지니고 다녔던 그들은 전사한 영웅들을 숭상하는 전통이 있었다.

토번의 왕은 '찬보(贊普)'라고 부르는데, 7세기 전반의 찬보는 송찬간포(松贊干布)였다. 토번 역사상 가장 뛰어난 왕이었던 그는 청장 고원의 수많은 부락들을 통일하여 노예제 정권을 수립한 뒤 오늘날의 라싸를 수도로 삼았다.

이 시기 당의 황제는 태종이었는데, 송찬간포는 당의 문화를 부러워하여 당 황실에 청혼을 했다. 그러자 태종은 정관(貞觀) 15년에 강하왕(江夏王) 이도종(李道宗)으로 하여금 문성(文成)공주를 호위하게 하여 토번으로 보냈다. 송찬간포는 직접 대규모 영접 사절을 이끌고 백매(柏梅, 오늘날의 청해靑海성 악릉호鄂陵湖-옮긴이)에 도착하여 문성공주를 맞이한 뒤 라싸에서 성대한 혼례를 치렀다. 당과 토번의 통혼은 토번족들로 하여금 중원의 선진 문화를 깊이 있게 이해하는 기회를 제공했으며, 경제와 문화 교류를 할 수 있는 여건을 마련하는 계기가 되었다. 이후 한족과 티베트족은 30여 년 동안 우호적인 관계를 맺었다.

그러나 평화는 송찬간포의 죽음을 기점으로 변화를 맞았다. 그가 죽은 지 13년 후 녹동찬(祿東贊)은 무력으로 당의 영토였던 토곡혼(吐谷渾)을 점령한 뒤 소유권을 인정해 달라는 요구를 했다. 그 후 토번이 다시 서역을 공격하여 당의 영토였던 18개 주를 빼앗자 쌍방 간에는 전란 상황이 계속되었다.

고종 황제는 무력으로 토번을 정벌하기로 결심했다. 이해 고종은 설인귀(薛仁貴)를 라싸 도행군대총관(道行軍大總管)에 임명하면서 10만 대군을 지휘하여 토번의 도성을 공격하도록 명령했다. 그러나 당나라 군사는 '안서4진(安西四鎭)'의 대부분을 토번에게 빼앗겼다. 이후 감숙(甘肅) 지역은 끊임없이 토번의 침략을 받게 되었다.

안서4진을 함락당한 후 양정(良廷)은 여러 차례 토번을 공격하여 승리를 거둔 적도 있지만 결국 당에 복속시키지 못했다. 이런 상황은 22년 후에야 획기적인 변화를 맞이하게 되었다.

이해는 바로 무주여의(武周如意) 원년으로서, 무측천이 당의 국호를 주(周)로 바꾼 다음 해이기도 했다. 이 무렵 무측천은 이미 정적들을 모두 제거하여 권력을 공고히 했으며 국력도 증강되었다. 그녀는 고토를 회복할 만한 여건과 실력이 마련되었다는 판단이 서자 토번과 전쟁을 벌여 20년 이상 된 국가적 수치를 설욕하기로 결심했다.

어느 가을날, 무측천은 서주(西州) 도독 당휴경(唐休璟)을 궁으로 불러들였다. 당휴경은 수공(垂拱, 무측천의 연호, 685~688년 - 옮긴이) 연간에 안서(安西) 도호(都護)를 지낸 인물이다. 이에 앞서 토번이 언기(焉耆)를 공격했을 때 안식도(安息道) 대총관이자 문창우상(文昌右相) 위대가(韋待價)와 부사(副使) 염온고(閻溫古)가 열세에 놓이자 당휴경은 전세를 역전시킨 적이 있었다. 그래서 무측천은 깊이 신임하는 당휴경과 토번과의 전쟁에 대해 의논하려 한 것이다.

당휴경을 면대한 무측천은 처음에는 그가 올렸던 상소에 대해 언급을 하지 않은 채 서주의 동향과 민심, 토번의 도발 등에 대해 대수롭지 않은 말투로 질문을 던졌다. 당휴경은 일일이 답변을 하면서도 무측천

의 의중을 살피기 위해 신경을 곤두세웠다. 그로서는 자신이 올렸던,
즉 군사를 일으켜 고토를 회복해야 한다는 주장을 편 상소에 대해 무
측천이 어떤 생각을 가지고 있는지 궁금하기 짝이 없었던 것이다. 그
러나 적극적으로 화제를 '안서4진'으로 돌렸던 그에게 돌아온 대답은
몹시 실망스러웠다. 무측천은 직접적인 답변을 주지 않은 채 별로 중
요하지 않은 이야기만을 했던 것이다. 그러자 인내심이 한계에 달한
당휴경이 흥분하여 소신을 폈다.

태종은 군사적 요충지인 4진을 지키기 위해 온갖 노력을 다했고, 헤
아릴 수 없이 많은 군사들이 이곳에서 피를 뿌렸음에도 불구하고 적의
수중에 넘어갔으니 실로 그 모욕과 수치를 어떻게 잊을 수 있겠냐는
게 그의 요지였다. 당 왕조는 광대한 영토와 수천만의 신민을 소유하
고 있으니 토번쯤이야 별로 중요한 문제가 아니라고 치부할 수 있다.
하지만 오랑캐로 하여금 대당 제국의 국토와 백성들을 유린하도록 허
용하는 것은 선제에 대한 불충이자 왕조의 기업을 잃는 것이니 어찌
통탄하지 않을 수 있겠냐며 열변을 토한 당휴경은 눈물을 흘리며 무릎
을 꿇었다.

"폐하! 4진은 대당의 성스러운 땅이므로 절대로 오랑캐가 차지하도
록 놔둘 수 없습니다. 신하된 자로서, 또한 국가의 소임을 맡은 자로서
4진을 수복하지 못한다면 저는 한시도 마음 편히 지낼 수 없습니다. 청
컨대 폐하께서는 어리석은 신의 충정을 살피시어 군사를 이끌고 나가
반역의 무리를 처단하도록 허하여 주시옵소서. 그리하여 고토에 다시
성은을 내리시고, 백성들이 태평을 누릴 수 있게 해 주십시오! 저의 소

청을 들어주신다면 백성들은 성은을 절대로 잊지 않을 것입니다!”

말을 마친 당휴경은 무측천에게 머리를 조아리며 세 번 큰절을 올렸다.

잠시 후 무측천의 얼굴에 미소가 어렸다. 실상 그녀는 일부러 시원스런 답을 주지 않고 화제를 돌리면서 당휴경을 유심히 관찰했던 것이다. 그러면서 그녀는 머릿속으로는 당휴경의 상소 내용을 실행할 방법을 강구하고 있었다. 태연자약하게 웃음을 지었지만 심리적으로는 안정을 찾기 힘들었던 무측천은 당휴경의 굳은 신념과 충성심을 확인하고는 승리할 수 있겠다는 믿음을 갖게 되었다.

안서4진을 되찾겠다는 결심을 했지만 중차대한 인선 문제를 쉽게 결정할 수 없었던 무측천은 당휴경의 의견을 물었다. 당휴경은 우응(右鷹) 장군 왕효걸(王孝傑)을 추천하며 그 이유를 설명했다.

“손자는 ‘지피지기(知彼知己)면 백전불태(白戰不殆)’라고 했습니다. 즉 적을 물리치려면 반드시 적을 알아야 하는데, 현재 장수들 가운데 토번을 가장 잘 아는 사람은 왕효걸입니다. 몇 년 전 그는 행군부총관(行軍副總管)의 신분으로 공부 상서 유심례(劉審禮)를 수행하여 토번을 정벌하러 나선 적이 있습니다. 대비천(大非川)에서 격전을 벌이던 그가 적에게 잡혀갔을 때 토번의 왕은 ‘왕효걸이 선왕과 매우 닮았다’며 죽이지 않고 융숭한 대접을 한 뒤 귀국하게 해 주었습니다. 효걸은 토번에서 오래 머문 경험이 있어 그들의 실상을 잘 알고 있으므로 군사를 지휘하게 하면 반드시 승리할 것입니다.”

무측천은 당효경의 말에 동감하면서 인재들을 많이 천거하라고 격려했다. 며칠 후 왕효걸을 위무군(威武軍) 총관으로 임명한 뒤 무위(武衛)

대장군 아사나충절(阿史那忠節)과 함께 토번으로 진격하도록 했다. 왕효걸은 기대에 걸맞은 수훈을 세웠다. 10월에 토번군을 대파한 뒤 안서4진을 탈환한 것이다.

이 전쟁에서 서북 지역의 소수민족들은 많은 공을 세웠다. 투루판에서 발굴된 문서에 의하면 당시 언기의 용(龍)씨와 조무구(照武九)라는 사람은 당나라 군사를 도왔는데, 이는 안서4진을 수복하려는 전쟁이 민중으로부터 지지를 받았음을 증명하는 것이라 하겠다.

안서4진이 다시 당나라에게 복속되었다는 소식이 전해지자 무측천은 뛸 듯이 기뻐했다. 그녀는 성대한 연회를 열어 문무백관과 함께 승리를 자축하였고, 궁중에는 환희의 물결이 흘러넘쳤다.

무측천은 4진의 하나인 구자(龜玆)에 안서도호부를 설치하고, 둔병으로 하여금 방위를 하도록 하겠다는 결심을 밝혔다. 그런데 뜻밖에도 일부 대신들은 이의를 제기했고, 심지어 4진을 포기해야 한다는 주장도 나왔다. 그 이유는 4진이 변경의 사막지대에 불과한 데다 인구와 자원이 희박하므로 파병하여 방위를 하게 하면 병력과 인력을 낭비할 뿐이라는 것이었다. 하지만 대다수의 대신들은 이 같은 주장에 동의하지 않았다. 우사(右史) 최융(崔融)은 무측천에게 다음과 같은 상소를 올렸다.

"고종 황제 연간에 관리들이 직무를 소홀히 하여 4진을 잃는 바람에 토번의 세력이 강해지는 기회를 주었습니다. 그리하여 토번의 땅이 언기에서부터 돈황(敦煌)에 이르게 되었습니다. 이제 어렵사리 4진을 회복했는데 어찌 포기할 수 있겠습니까? 만약 4진을 지키지 않는다면 토번은 반드시 서역을 침략하여 강족을 함락시킬 것입니다. 토번과 강족이 힘을 합치면 하서(河西) 지역의 군들에게는 큰 위협이 될 수밖에 없습니다. 2,000리에 걸쳐 펼쳐지는 막하(莫賀)는 물과 풀이 없는 곳이므로 토번이 지키고 있으면 우리 군대는 도저히 건너갈 수가 없습니다. 그렇게 되면 이주(伊州), 서주(西州), 북정(北庭), 안서를 모두 잃게 됩니다.”

무측천은 최융이 우려했던 것처럼 4진 문제에 있어서 조금도 흔들리지 않았다. 4진의 중요성을 잘 인식하고 있는 데다가 피를 흘려 얻은 값진 승리를 아무렇지 않게 수포로 돌릴 수는 없었기 때문이다. 최융의 상소에 동의를 표한 무측천은 3만 명의 군사를 파견하여 4진을 지키도록 했다.

지략이 뛰어난 무측천은 다년간의 치열한 정쟁을 통해 마침내 정적을 모두 제거했다. 또한 군사 면에서도 병법에 능했으므로 일거에 안서4진을 수복하는 성과를 거두었다. 정치가와 전략가로서의 안목과 추진력을 갖춘 그녀는 이 지역에서 둔전제를 실시함으로써 당 왕조의 위상을 공고히 했고, 무엇보다도 장기적인 비전을 가진 통치자임을 증명했다.

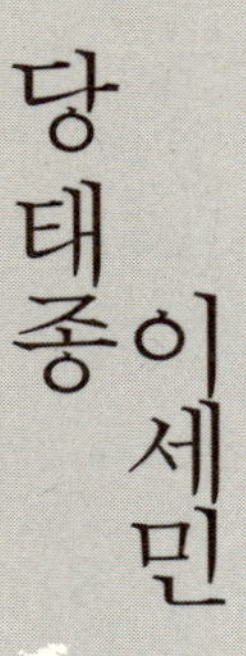

당 태 종 이세민

인재를 적재적소에 기용하는 용인술

이세민(李世民)은 젊은 시절 인재를 자신의 편으로 끌어들이는 데 뛰어났다. 진양(晉陽)에서 거병을 할 무렵 그는 유문정(劉文靜), 배적(裴寂)과 긴밀한 관계를 맺어 함께 거사를 논의했다.

장안(長安)을 함락시킨 후 이연(李淵)이 황제에 등극하자 이세민은 방현령(房玄齡), 두여회(杜如晦), 장손무기(長孫無忌), 정지절(程知節), 위지경덕(尉遲敬德), 진숙보(秦叔寶), 단지굉(段志宏) 등 학자와 무인들을 동원하여 천하를 통일하는 전쟁에서 연승을 거두었다. 그 후 현무문(玄武門)의 난을 일으켜 형인 건성(建成)과 동생 원길(元吉)을 죽이고 황제의 자리를 차지했다.

일찍이 무덕(武德) 4년에 두건덕(竇建德)과 왕세충(王世充)을 생포하여 장안으로 개선한 공을 인정받아 천책상장(天策上將)에 봉해진 이세민은 문학관(文學館)을 건립하여 18학사(學士)를 임명했다. 이 사실에서 알 수 있는 것은, 이때에 이세민은 태자가 아닌 어정쩡한 신분이었지만 문치(文治)의 기반 마련이 자신의 '중대한 임무'라고 생각했다는 것이다. 그렇지 않다면 어떻게 문학관을 건립하여 우수한 인재들을 유치하려는 의욕을 가질 수 있었겠는가?

이세민은 자신이 제위에 등극하기까지 진왕부(秦王府) 출신의 엘리트 문신과 경덕(敬德) 등의 무장들로부터 많은 도움을 받았다는 사실을 깊이 인식하고 있었다. 그러므로 황제가 된 후에도 그는 정치를 잘하기 위한 전제 조건은 인재들을 망라하여 천하를 안정시킨 뒤 발전을 꾀하는 것이라는 철학을 가지고 있었다.

무덕 9년(626년) 8월, 제위에 오른 이세민은 한 달 뒤인 9월에 홍문관(弘文館)을 창설함으로써 인재 중시의 사상을 과시했다.

『정관정요(貞觀政要)』의 택관(擇官)편에는 다음과 같은 기록이 있다.

정관 원년(627년), 태종은 방현령 등의 신하들에게 "나라를 다스리는 근본은 인재의 능력을 파악하여 그에 걸맞는 벼슬을 내리는 것이다. 그러므로 『서경(書經)』에서는 관리를 임명하는 유일한 기준으로 어진 인격과 재능을 꼽았다"라고 말하고 있다.

같은 해, 태종은 우복야(右僕射) 봉덕이(奉德彝)에게 이렇게 말했다.

"안정을 이룩하기 위한 근본은 오로지 사람을 잘 쓰는 데 있다. 그런데 경들이 인재를 추천하지 않으니 짐이 어찌 마음을 놓겠는가?"

"신이 우둔하여 소임을 다하지 못했으나, 지금까지는 지극히 우수한 인물을 보지 못했습니다"라고 봉덕이가 대답하자 태종은 자신의 생각을 피력했다.

"전대의 현명한 왕들은 다른 나라 출신의 인재들도 과감히 등용했다. 그렇지 않다면 부열(傅說, 은나라의 명 재상 – 옮긴이)이나 여상(呂尙, 은나라 말기의 강태공 – 옮긴이) 같은 사람을 어떻게 얻었겠는가? 게다가 어찌 인재가 없겠는가, 다만 사람을 알아보지 못하는 것이지."

당 태종은 '인재를 얻는 것(得人)'을 국가를 안정시키는 근본으로 보았으므로 재상 봉덕이가 인재를 천거하지 않는 데 대한 변명을 반박했고, 봉덕이는 '부끄러움을 느끼며 물러났다'고 한다. 태종이 재상 방현령과 봉덕이에게 인재를 발굴하라는 재촉을 한 것은 건립된 지 얼마 되지 않은 당 왕조가 인재를 절실히 필요로 한다는 사실을 증명하고 있다.

정관 2년(628년), 태종은 방현령과 두여회에게 "눈과 귀를 활짝 열고 어질고 현명한 인물들을 적극적으로 찾아내라"는 당부를 했다.

그 다음 해, 그는 또 두 사람에게 같은 요지의 말을 한 뒤 "인재를 적재적소에 기용하는 것이야말로 재상의 직분"이라고 강조했다.

태종이 인재 등용에 주력한 목적은 바로 천하를 안정시켜 백성들의 삶을 이롭게 하자는 데 있었다. 이 점은 정관 원년 병부원외랑(兵部員外郎) 두정륜(杜正倫)에게 한 말에서 증명이 된다.

"짐이 뛰어난 인물들을 천거하라고 명을 내린 이유는 사적으로 그들을 이용하기 위해서가 아니라 인재들의 능력을 백성들에게 이롭게 하는 데 활용하기 위해서이다. 짐이 보기에 종친과 훈구 대신들 중에는 결출한 인물이 없다. 그러므로 짐은 충직한 경(卿, 두정륜을 지칭 - 옮긴이)에게 인재들을 천거하라는 소임을 맡기는 바이다."

위징(魏徵)은 태종이 즉위 초기 '인재 등용에 애가 탔던' 사실에 대해 긍정적인 평가를 하고 있다. 그 이유는 태종이 신하들에게 인재를 추천하도록 한 뒤에 추천된 신하에게 두터운 신임을 보내면서 적극적으로 활용했기 때문이다. 태종은 재위 기간 동안 시종일관 인재를 등용하는 데 관심을 가졌다. 정관 13년, 태종은 대신들에게 이렇게 말했다.

"천하가 안정될 수 있었던 것은 오로지 현명한 인재들을 썼기 때문이다. 공들이 인재를 알아보지 못하고, 짐도 공정하게 인재들을 등용하지 못한다면 앞으로 뛰어난 인물들을 얻지 못하게 될 것이다."

천하의 어진 인재들을 망라하여 나라를 다스리겠다는 의지는 태종이 다섯 번에 걸쳐 인재를 천거하라는 조서(詔書)를 내린 사실로도 증명이 된다. 그는 치서시어사(治書侍御史) 권만기(權萬紀)에게 "평범한 인물 수백만 명보다도 한 명의 뛰어난 인물을 얻는 것이 더 낫다"는 말로 인재의 중요성을 강조했다.

『제범·구현(帝範·求賢)』에 보면 태종은 "수천 량의 황금도 한 명의 어진 선비만큼 값지지는 않다", "나라를 제대로 다스리기 위해서는 충성스럽고 어진 신하가 필요하며, 이러한 신하를 적재적소에 배치하면 천하는 저절로 다스려진다"라는 말을 했다.

당 태종 이세민은 신하들을 진심으로 대했기 때문에 반정을 일으킬

때 그들로부터 많은 도움을 받았다. 제위에 오른 후에도 신하들과 좋은 관계를 유지하여 역사적으로 유례없는 '정관(貞觀) 성세'를 이룩했다.

특히 신하들 가운데에서도 태종과 가장 막역한 사이였던 인물은 위징(魏徵)이었다. 태종은 "일찍이 제위에 오른 나를 위하여 극진한 충성심으로 나라와 백성을 위해 헌신한 사람은 위징이다. 자고 이래로 그보다 더한 명신(名臣)은 없을 것이다"라고 말한 바 있다. 그는 국사는 물론이고 종실의 대소사를 위징과 상의하며 한없는 신뢰를 보여주었다. 위징이 간신들로부터 의심을 받고, 친인척들이 불만을 가질 때에도 태종은 시종일관 위징을 믿고 감싸주었다.

정관 6년(632년), 태종이 구성궁(九成宮)에서 연회를 베풀어 군신이 함께 즐기는 자리에서 장손인 무기(無忌)가 돌발적인 발언을 했다.

"왕규(王珪)와 위징은 과거 은태자 건성(隱太子 建成, 고조의 맏아들이자 태종의 형 - 옮긴이)을 따랐던 인물들이므로 제가 보기에는 원수나 마찬가지입니다. 그런데 오늘날 이렇게 연회에서 그들을 보리라고는 생각지도 못했습니다."

무기가 이렇게 두 사람에 대한 강한 불만을 토로하자 이에 대해 태종은 심상한 어조로 무기의 말에 일침을 놓았다.

"위징은 확실히 과거에는 우리의 정적이었다. 하지만 오늘날 전심전력으로 국사를 돌보고 있기에 중용을 하였다. 이는 고대의 성현들을 본받은 것이다. 무엇보다도 위징은 내가 잘못을 저지르지 못하도록 목숨을 걸고 간언을 하고 있으니, 이것이 그를 소중하게 여기는 근본적인 이유라 하겠다."

위징은 벼슬에 연연하지 않았으므로 재상에 임명된 이후에 몇 차례나 지병을 이유로 물러나려 했다. 하지만 태종은 위징이 늙고 쇠약하여 직무를 수행할 수 없을 정도는 아니라며 만류하였다. 이에 그치지 않고 위징을 태사(太師)로 삼아 덕이 없고 허랑방탕한 태자 이승건(李承乾)을 엄격히 교육시키도록 했다. 또한 위징이 워낙 청렴하고 검소하여 집에 대청이 없다는 이야기를 들은 태종은 궁중의 건축재를 하사하여 대청을 짓도록 했다. 위징이 위중하였을 때도 태종은 그가 비단 금침을 싫어하는 것을 알고 특별히 면으로 된 이불을 보내주기도 했다.

태종과 우세남(虞世南)의 관계도 사람들을 감동시키기에 충분하다. 정관시대의 방현령, 위징, 두여회, 마주(馬周) 등이 정치적 능력으로 태종의 큰 신임을 받았다면, 우세남은 문학과 서예 방면의 대가로서 고매한 인격과 충직함을 인정받아 중용되었다.

회계 여요(會稽 餘姚, 오늘날의 절강성 여요 – 옮긴이) 출신인 우세남은 태종이 문학관을 창설하자 진왕(秦王)이었을 때부터 문객으로 교분을 쌓은 관계로 18학사 중의 한 명이 되었다. 뛰어난 재능을 타고났기 때문에 당대 '문학의 최고봉' 으로 추앙받은 그는 정관 7년(633년)에 비서감(秘書監)에 임명되어 국가 소유의 서적에 대한 고증과 교정, 천문 역법에 관한 사무를 관장했다.

태종은 정사를 돌보다 시간이 날 때면 우세남을 불러 고전과 역사에 대한 담소를 즐겼다. 이런 기회를 빌려 우세남은 고대 제왕들의 공과에 대해 신랄한 비판을 하여 태종이 정치를 하는 데 많은 도움을 주었다. 그래서 태종은 가신(佳臣)에게 이런 말을 했다.

"짐은 틈이 나면 우세남과 고금의 일에 대해 많은 이야기를 나누었다. 세남은 짐의 말이 옳으면 기뻐하고, 그른 말에 대해서는 우려와 슬픔을 금치 못한다. 짐은 그의 간곡함과 진실성을 높이 사기 때문에 기쁘게 중용한 것이다. 모든 신하들이 그와 같다면 천하를 다스리는 데 걱정할 필요가 없을 것이다."

또한 태종이 위왕(魏王) 이태(李泰)에게 내린 수칙(手勅, 황제가 직접 쓴 조서 - 옮긴이)에는 다음과 같은 표현이 등장한다.

"세남과 나는 일심동체라 할 수 있다. 내가 잘하면 그는 반드시 따르고, 내가 작은 실수라도 할라치면 어김없이 간언을 한다."

일반적으로 문학에 조예가 있는 신하들은 시문을 지어 올려 황제를 즐겁게 했던 데 비해, 우세남은 국사에 대해 깊은 관심을 가지고 직언을 서슴지 않았으므로 실제로 간관(諫官)의 역할을 수행했다고 할 수 있다. 그렇기 때문에 태종은 그를 더욱 극진하게 대우했던 것이다. 태종은 우세남의 5절(五絶, 다섯 가지 뛰어난 분야-옮긴이)은 '덕행, 충직, 박학, 언행, 서한'이라고 열거하며 찬사를 보낸 바 있다.

우세남은 당대 초기의 저명한 서예가이자 문인이었다. 그런데 태종은 그의 덕행과 충직함을 5절 가운데에서도 가장 먼저 꼽았던 것이다. 즉 태종은 세속적인 평판을 초월하여 그를 높이 샀다. 우세남이 죽자 태종은 손수 시를 지어 추모했고, 그의 초상화를 공신들을 모시는 능연각(凌烟閣)에 안치하도록 했다.

한편 태종이 이적(李勣)을 중시 여긴 것은 그의 인재를 보는 또 다른 특징을 시사하고 있다. 이적은 조주 이호(曹州 离狐, 오늘날의 산동성 동명東

明의 동북 지역 - 옮긴이) 출신이다. 수나라 말기에 와강군(瓦崗軍) 장군이었던 그는 당에 투항하여 이씨 성을 하사받아 이세적이 되었지만 황제의 이름과 같은(태종의 이름이 '世民'이므로- 옮긴이) 글자를 써서는 안 되는 휘법(諱法)에 따라 이름을 '적(勣)'으로 바꾸었다. 그러나 이적의 손자인 이경업(李敬業)이 군사를 일으켜 무측천에게 대항을 하자 그녀는 이경업의 성을 다시 서씨로 바꾸어버렸고, 당 황실의 성씨인 이씨 성을 후대에도 사용하지 못하도록 했다.

태종은 이적의 군사적 능력을 잘 알고 있었으므로 즉위한 지 얼마 되지 않아 병주(幷州, 오늘날의 산서성 태원太原의 서남부 - 옮긴이) 도독에 임명했다. 이곳에서 이적은 군대를 정비하여 여러 차례 돌궐족을 물리침으로써 변경 지역을 안정시켰다. 그러자 태종은 이적을 매우 든든한 존재로 생각하여 마치 이민족의 침략을 막는 '만리장성'과 같다는 표현을 써가며 칭찬을 했다.

이적은 병주에서 16년간 복무하면서 동으로는 돌궐족을 정복하고, 설연타(薛延陀, 몽고의 준가르 지역 북부를 차지하고 있었던 터키 계통의 유목민 집단 - 옮긴이)와의 전쟁을 승리로 이끄는 주역이 되었다.

태종이 뛰어난 인물들을 발굴하고 중용하여 국방을 맡긴 것은 수 양제가 백성들의 부담을 가중시켜 만리장성을 축조한 사실과 비교할 때 훨씬 현명하고도 효과적이었다고 하겠다.

이적을 몹시 아꼈던 태종은 그가 병이 들었을 때 수염을 태운 재를 먹으면 낫는다는 말을 듣자 그 자리에서 자신의 수염을 잘라주었을 정도였다. 이렇듯 태종이 신하를 아끼는 마음이 대단했으므로 신하들은 기꺼이 충성을 바쳤는데, 이것을 달리 말하면 태종은 용인술의 대가였다고 할 수 있을 것이다.

태종은 최고 통치권자로서 인재들의 역량을 충분히 이해했고, 그들 모두가 능력을 발휘하게 함으로써 심각한 내우외환과 경제적 난관을 극복하고 부국강병을 이룩할 수 있었다.

명
태
조
주
원
장

통치 기구의 개편과 개혁은 필수

새 왕조가 들어서면 천하는 '존귀한 한 사람'인 황제를 중심으로 재편' 되기 마련이다. 명 태조(明 太祖) 주원장(朱元璋)은 천하를 통일하여 군림하기에 앞서 이미 통치 기구의 개편과 개혁에 착수했다. 하지만 개국 후 개혁은 더욱 절박한 과제로 대두되었다.

그가 보기에 국정 수행을 위해 가장 먼저 갖춰야 할 것은 중앙에서 지방에 이르기까지 치밀한 관료 조직을 건설하는 것이었다. 관료 사회가 느슨하고 허점이 있으면 정치가 문란해진다는 역사적 교훈을 인식하고 있던 태조는 수시로 조직을 점검하고 보완해야 한다고 생각했다.

명대 초기 중앙과 지방의 정부 조직은 기본적으로 원대의 제도를 그대로 유지했다. 용봉(龍鳳) 10년(1364년) 정월, 태조는 스스로 오왕(吳王)이라 칭하면서 관료들을 임명했다. 이 무렵 정국은 전쟁의 여운이 미처 가시지 않은 데다 진우량(陳友諒)의 아들 진이상(陳理尙)이 아직 굴복하지 않은 상황이었다. 게다가 동오(東吳)의 장사성(張士誠)이 호시탐탐 노리고 있어 역대 관료 조직들을 연구할 겨를이 없었으므로 원대의 제도를 모방하여 3개월이라는 짧은 시간 동안 대충 관료 조직을 완성했다. 그 내용을 보면 관료 조직과 정무를 총괄하는 중서성(中書省)의 우두머리인 우상국(右相國)과 좌상국에 각기 이선장(李善長)과 서달(徐達)이, 평장정사(平章政事)에는 상우춘(常遇春)과 유통해(兪通海)가 임명되었다. 또한 중서성 밑에는 4부(四部)가 설치되어 조세, 의례, 법률, 건설과 토목 등의 사무를 담당하도록 했다.

하지만 개국 후에는 국가 기구의 설치가 한시도 지체할 수 없는 절박한 문제로 떠올랐다.

원나라에서는 오른쪽을 왼쪽보다 더 귀하게 여겼기 때문에 우상국이 좌상국보다 더 높은 위치였다. 그런데 오나라 원년(1367년), 명 태조는 우좌상국의 위계를 좌우상국으로 바꾸었다. 그가 우좌를 ‘좌우’로 바꾼 근거는 고대의 의례에서 기인하였다. 즉 고대에는 ‘좌우’가 올바른 순서인데, 원대에 들어 몽골이 오른쪽을 더 숭상하는 바람에 좌우의 위상이 전도되었다는 것이다. 그러므로 명 태조는 좌승상을 우승상보다 상위에 두는 개혁을 하였다.

이와 더불어 고대의 제도에 따라 홍무(洪武) 원년(1368년) 8월에는 4부를 폐지하고 중서성 밑에 이, 호, 예, 병, 형, 공의 6부를 설치하였다. 6부의 최고권자는 상서(尚書)이고, 시랑(侍郎) 등의 관직을 두었다. 이부(吏部)는 6부 가운데 가장 위상이 높은 부서로서 모든 관리에 대한 선발과 인사, 상벌, 고과 등의 직무를 수행했다. 호부(戶部)는 전국의 호구를 관리하면서 토지, 부역과 세금, 재정 등을 관리했다. 예부(禮部)는 의례, 제사, 공거(貢擧, 재능 있는 인재를 발탁하여 수도로 올려보내는 일 – 옮긴이), 교육 기관 관리, 대외 관계 등을 총괄했다. 병부(兵部)는 전국적으로 군관의 선발과 훈련, 군사 업무를 담당했다. 형부(刑部)는 입·사법 처리 등을 주요 업무로 했다. 공부(工部)는 토목과 건설, 수리 사업 및 교통 등에 관한 사무를 처리했다. 이러한 6부 체제는 승상제도를 계승하는 것이 었다.

한편 원대 중서성의 최고 수장은 중서령(中書令)으로서 태자가 그 자리에 올랐지만 상설직은 아니었다. 그런데 명대 초기에 중서성과 도독부(都督府)의 관리들은 상소를 올려 원대의 제도 그대로 중서령을 태자가 맡되 상설직으로 해야 한다는 건의를 했다. 이에 대해 태조는 반대 의견을 피력했다. 즉 "옛 제도를 따르려 한다면 반드시 좋은 점만을 취사선택해야 한다. 그런데 통치를 위해서는 부정적인 면들도 그대로 답습할 수밖에 없다. 그렇지 않고 장점만을 취하려 한다면 높은 산을 오르려다 중도에 하산하거나, 강을 건너려다 배를 바꿔 타는 것과 같아서 목적지에 도달하기 힘들어질 수가 있다"라는 것이 이유였다.

다시 말해 태조는 원대의 제도가 역대 제도에 근거한 것도 아니고 현명하고 유능한 관리들을 선발하지 못했으므로 명분상으로나 실제적으로 답습하기에 적당하지 않다는 생각을 한 것이다. 따라서 그는 앞으로 나라의 대사를 태자에게 보고하는 것은 좋지만 중서령의 자리에 앉을 필요는 없다고 천명했다. 그 결과 명대에는 태조가 중서령 직을 폐지한 후 나라가 멸망하기까지 부활하지 않았다.

중앙의 최고 군사 기구는 대도독부(大都督府)였다. 개국 전에는 원대의 최고 군사 기구인 추밀원(樞密院)을 설치하고 태조가 직접 지휘했으나 용봉 7년(1361년)에 추밀원을 대독부로 개명하고, 조카인 주문정(朱文正)을 대도독에 임명하여 국내외의 군사 업무를 총괄하도록 했다. 대도독의 휘하에는 좌우도독과 동지(同知), 부사(副使), 첨사(僉事) 등의 관직을 두었다. 용봉 11년(1365년), 주문정이 해임되면서 대도독 직이 폐지되었고, 그 후 계속 좌도독과 우도독이 대도독부의 수장이 되었다.

명대 초기 중앙의 최고 감찰기구인 어사대(御史臺)는 오(吳) 원년(1367년) 10월에 태조에 의해 창설되었다. 좌어사대부(左御史大夫)와 우어사대부에는 각기 탕화(湯和)와 등유(鄧愈), 어사중승(中丞)에는 유기(劉基)와 장일(章溢)이 임명되었고, 그 밑으로는 시어사(侍御史) 등의 관직을 두었다.

중서성, 대도독부, 어사대는 3대부(三大府)로 불리면서 대권을 분할하였다. 그 근거가 되는 것은 태조의 "나라에 3대부를 두어 중서성은 정사, 대도독부는 군사, 어사대는 감찰을 책임지게 함으로써 조정의 기강을 유지하도록 한다"는 언급이었다.

이 밖에도 오나라 원년(1367년)에는 급사중(給事中)을 두어 시종(侍從), 간언, 감찰 등의 사무를 담당하도록 했다. 그 후 홍무 6년(1374년)에는 급사중을 6과(六科)로 분리하여 6부에 상응하는 권한을 부여했다. 매 과에는 급사중 2명을 임명했는데, 6과의 급사중은 독립적으로 활동하면서 직접 황제의 명령을 집행했다.

개국 초기에 태조는 새로운 체제를 만들면서 불만이었던 원대의 구제도가 아닌 자신의 생각대로 개혁을 단행하기를 원했다. 따라서 명대 초기는 태조의 구상이 점차 구체화되는 시기였다고 할 수 있다.

이런 측면에서 볼 때 지방 행정기구의 개혁은 정치 개혁에 대한 전주곡이었다고 할 수 있다.

홍무 9년(1376년), 태조는 중서성을 폐지하고 전국을 12개의 승선포정사사(承宣布政使司)로 편제했다. 흔히 포정사(布政司)로 불리는 이 행정구역은 절강(浙江), 강서(江西), 복건(福建), 북평(北平), 광서(廣西), 사천(四川), 산동(山東), 광동(廣東), 하남(河南), 섬서(陝西), 호광(湖廣), 산서(山西)이다. 후에 운남(雲南)을 평정하여 운남포정사사를 더하여 승선포정사사는 모두 13개가 되었다. 포정사의 관할 지역은 기본적으로 원대의 중서성과 일치하고, 포정사(布政使) 1명을 두었다가 후일 민정과 재정을 담당하는 좌포정사와 우포정사 2명으로 늘렸다.

이 밖에도 제형안찰사사(提刑按察使司)를 설치하고, 안찰사를 최고권자로 하여 형벌과 감찰 업무를 관장하도록 했다. 군사 기구로는 도지휘사사(都指揮使司)가 있고, 수장인 도지휘사는 군사 업무를 총괄했다. 포정사사, 안찰사사, 도지휘사를 통칭하여 3사(三司)라 했는데, 이들 기구는 상호 견제를 하면서 조정의 명령에 따라 독립적으로 지방의 사무를 관장했다. 승선포정사사는 이름에서 알 수 있듯이 황제의 명령을 받아(承宣) 지방을 통치하는 기구이므로 황제의 명령을 직접 이행할 뿐 중서성에 예속되지 않았다. 태조는 후일 중서성의 권력을 3분함으로써 원대의 지방 분권화와는 달리 지방 권력을 중앙에 집중시켰다.

태조의 지방 기구에 대한 개혁은 중앙 집권을 가속화하여 지방 세력의 할거 가능성을 차단한 것이었다. 이 개혁은 이후 중앙 정치 기구를 대대적으로 개편하는 데 있어 자신감으로 작용했다. 그런데 이러한 지방 기구의 개편은 태조의 권력 강화 구상의 첫 단계에 불과한 것이었다.

중앙 정치 기구를 개혁하기 위해 칼을 뽑아 든 태조는 우선적으로 중서성의 직권을 대폭 제한했다. 원래 전국의 정무와 대신들의 상소는 중서성을 통해야만 했고, 중서승상이 황제에게 보고를 하는 형식을 취했다. 그런데 홍무 3년(1370년), 태조는 찰언사(察言司)를 설치하여 전국에서 올라오는 보고서인 주장(奏章)을 처리하도록 했으나 이 기구는 오래가지 못하고 폐지되었다.

홍무 10년(1377년)에는 통정사사(通政使司)를 설치하여 황제의 명령을 출납하고, 주장을 처리하도록 하여 찰언사보다 더 큰 권한을 부여했다. 그래서 통정사사는 조정 안팎인 내정(內廷)과 외정(外廷)이 소통을 하게 만드는 창구 역할을 했다. 홍무 11년, 태조는 6부가 중서성에 먼저 보고를 하지 않고 직접 황제를 면대하여 사무를 논할 수 있게 함으로써 승상을 폐지할 준비를 갖췄다.

정권 안정을 위한 군사력 강화

한 무제(漢 武帝) 유철(劉徹)은 황제의 권력을 강화하기 위해 지방에 대한 통제를 확대하는 한편, 대외적으로는 침략 세력을 물리쳐 영토를 확장하는 데 힘썼다. 또한 군대는 권력의 지주라는 사실을 명확히 인식하여 한대 초기의 군제를 유지하면서 서서히 개혁에 착수해 나갔다.

고조(高祖) 유방은 건국 후 진(秦)대의 '병을 농에 소속시키는(寓兵於農)' 징병제를 실시함으로써 병역과 요역(徭役)을 하나로 결합시켰다. 이 제도에 따르면 남자는 23세부터 56세 사이에 총 2년간의 병역을 치르되 1년은 출신 지역의 군(郡)이나 국(國)의 지방군인 '정졸(正卒)'로 복무해야 한다. 나머지 1년은 경사(京師)나 변경 지역에서 복무하는데 전자를 '위사(衛士)', 후자를 '술졸(戌卒)'이라 불렀다. 이 밖에도 장정은 매년 한 달 동안의 요역의 의무를 완수해야 하는데, 이를 '경졸(更卒)'이라 했다. 병역이나 부역을 대신하기 위해서는 납전(納錢) 300(일설에는 2,000

이라고도 한다 - 옮긴이)을 바치거나 다른 사람을 대신 시킬 수 있는데, 이를 '과경(過更)'이라 했다.

군대의 병종(兵種)은 지역이나 전쟁의 성격에 따라 달랐으며, 대체로 4종으로 분류되었다. 즉 현대의 보병에 해당하는 '재관(材官)', 전차를 운용하는 '경거(輕車)', 기병 부대인 '기사(騎士)', 수군에 해당하는 '누선(樓船)'이 바로 그것이다. 군대의 체제는 지방군과 중앙군으로 나누었다. 지방군은 각 군과 국에 편성된 군대로서 각기 도위(都尉)와 중위(中尉)에 의해 통솔되었다. 현지 사정에 따라 병종을 달리하는 지방군은 도위와 중위의 지휘에 따라 군사 훈련을 받았고, 매년 가을에는 '도시(都試)'라 불리는 검열을 받았다. 지방군의 군사 이동은 철저히 황제의 명령에 따라야 했다. 전쟁이 발생하여 지방군을 차출해야 하는 상황에서는 임시로 장수를 파견하여 군대를 지휘하도록 하고, 전쟁이 끝나면 군대를 원래의 군이나 국으로 귀속시켰다.

수도인 경사(京師), 즉 장안을 지키는 임무를 수행하는 중앙군은 북군과 남군 두 부대로 편성되었다.

북군의 명칭은 미앙궁(未央宮)의 북쪽에 주둔했기 때문에 생긴 것으로 주요 임무는 경사를 보위하면서 성문과 성 내외의 방위를 책임지는 것이었다. 황제가 출행을 할 때는 선두에서 연도를 정리하면서 의장대의 역할을 했다.

남군의 주요 임무는 황궁을 보위하는 것으로서, 황제의 외출 시에 호위를 담당했다. 미앙궁의 궁성 안에 주둔했던 이 부대는 군영이 북군과 반대에 있었으므로 남군이라는 명칭을 얻게 되었다.

북군과 남군은 각기 독립적으로 황제의 명령을 받았으므로 태위(太尉)도 간섭할 수 없었다. 두 군의 병력은 각 군과 국이 보유하는 군사 수를 능가함으로써 황제의 막강한 군권을 상징적으로 보여주었다. 북군과 남군은 보완적이면서도 견제 관계를 유지하면서 황제의 안전을 책임졌는데, 때로는 황제의 명령에 따라 출정하기도 했다. 이로써 북군과 남군은 황제의 위협 세력에 대한 막강한 방패 역할을 했다.

북군의 위사(衛士)는 대부분 경사 주변 지역인 삼보(三輔 , 경조京兆, 풍익馮翊, 부풍扶風 - 옮긴이) 출신이었고, 남군의 위사는 삼보 이외의 군국 지역에서 징발한 장정이었다. 위사들의 복무 기한은 일반적으로 1년이고, 연초에 입대하여 연말에 귀향하는 군 복무를 '번상(番上)' 이라 했다.

중앙의 북군과 남군의 인원은 4만 명으로 수적으로는 부족하지 않았지만 복무 기간이 1년에 불과한 농민들은 말 타기, 활쏘기 등과 같은 군사 훈련에 미처 숙달하기도 전에 귀향을 함으로써 전투력 향상에 지장을 초래했다. 이 밖에도 무제가 오랜 기간 동안 이민족을 토벌하는 데 북군과 남군을 동원했으므로 '국내'(실제로는 수도를 지칭 - 옮긴이)에 군대가 없는 상황이나 정변 발생에 대비하기 위해 1년에 한 번씩 교체되는 '번상' 군이 아닌 상비군이 필요했다.

그래서 무제는 우선적으로 황제의 궁정을 직접 보위하기 위해 기문군(期門軍), 우림군(羽林軍), 우림고아(羽林孤兒) 등의 금위군을 창설했다. 한대 초기부터 궁정에는 궁성을 지키는 남군 이외에도 황제의 곁에서 호위하는 '낭(郎)' 이 있었다. 궁궐 내전과 아문을 수비하는 임무를 수행하는 낭관(郎官)은 대부분 관료와 귀족 자제 출신이었다. 낭관의 숫자는 원래 제한이 없었고 낭관의 책임자는 낭중령(郎中令)이고 그 밑으로 낭중장(郎中將), 서장(署長), 낭중, 중낭장, 서장, 중낭, 외낭장, 서장, 외랑 등의 직책이 있었다.

낭관의 숫자가 계속적으로 증가하는 상황에서 무제는 건원(建元) 3년(기원전 138년)에 기문군을 창설했다. 기문군은 무기 관리와 황제의 수행 임무를 담당했는데, 정원이 없었으므로 많을 때는 1,000여 명에 달했다. 그런데 기문군의 군사는 주로 천수(天水), 농서(隴西), 안정(安定), 북지(北地), 상군(上郡), 서하(西河) 등 6개 군의 '양갓집 자제'로 충원했다. 소위 '양갓집 자제'는 의생, 무속, 상인, 백공(百工, 장인, 현대적 의미의 기술직 - 옮긴이) 집안 출신이 아닌 일반 백성을 뜻한다. 기문군의 충원이 6개 군에 집중된 이유는 이 지역이 변경이어서 사람들이 용맹스럽고 전투력이 뛰어났기 때문이다. 기문군이라는 이름은 무제가 사냥이나 순행을 나갈 때 먼저 궁전의 문에서 대기했기 때문에 붙여진 것이고, 최고권자는 기문부시(仆射)라 불렸다.

태초(太初, 무제의 정식 연호, 이전에 쓰던 '건원'은 태초부터 소급하여 적용한 것이다 - 옮긴이) 원년(기원전 104년), 무제는 다시 6군의 '양갓집 자제'들로 우림군을 창설했다. 우림군의 원래 명칭은 건장영기(建章營騎)로서, 건장궁(建章宮)을 지켰기 때문에 붙여진 것이다. 건장영기는 후일 우림기(羽林騎)로 개명되었는데, '우림'은 '깃털(羽)처럼 빠르고 숲(林)처럼 무성하다'는 말에서 따온 것이다. 우림군의 군사는 약 700명으로 우림령(羽林令)에 의해 통솔되었다. 우림고아군은 무제의 명에 따라 전사한 군인의 자손들을 우림군의 영내에서 기르면서 기마술과 궁술 등을 가르친 뒤 편성한 금위군이다. 우림고아의 숫자는 제한을 두지 않았다.

기문군, 우림군, 우림고아 등 3종의 금위군은 번상의 위사들과 달리 상비군이었으므로 평상시에 엄격한 사상 교육과 군사 훈련을 받아 군주와 국가에 대한 충성심이 높고 전투 능력도 뛰어났다. 이들은 무제의 지근거리에 있었기 때문에 항상 관찰의 대상이 되었다. 또한 광록훈(光祿勳)은 금위군의 품행과 능력을 매년 평가하여 등급을 매겼다. 무제는 금위군 소속 군사들 중 능력과 성격이 뛰어난 자들을 전쟁, 변경 지역, 주둔 부대 등의 각급 지휘관으로·임명하였다. 그 결과 무제는 전국 각지의 군대들을 효율적으로 통제할 수 있게 되어 사회 안정과 대외 전쟁에서 승리를 거두는 등의 목적을 순조롭게 달성할 수 있었다.

한편 둔병을 관리하는 8교위(校尉)제는 경사의 군사력을 강화하기 위해 창설되었다. 원정(元鼎) 6년(기원전 111년), 무제는 다시 7명의 교위(둔병을 관리하는 무관직 - 옮긴이)가 7개의 부대를 지휘하는 7교위 체제를 갖추었다. 7교위의 명칭과 성격은 다음과 같다.

둔기(屯騎, 기병 - 옮긴이), 보병(步兵, 임원문林苑門의 보병 - 옮긴이), 월기(越騎, 월족 출신으로 구성된 기병 - 옮긴이), 장수(長水, 장수, 선곡宣曲의 흉노족으로 구성된 기병 - 옮긴이), 호기(胡騎, 지양池陽의 흉노족으로 구성된 비상설 기병 - 옮긴이), 사성(射聲, 우수한 사수射手들로 구성된 부대 - 옮긴이), 호분(虎賁, 경거 부대 - 옮긴이).

각 교위군의 인원은 수백 명에서 많으면 1,000여 명에 달했는데, 7교위는 중루(中壘) 교위에 귀속되었다. 교위군은 한족, 흉노족이나 월족과 같은 소수민족, 궁술이 뛰어나 선발된 경우와 같이 출신 배경이 다양했다. 교위군은 창설 당시에는 북군에 예속되었지만 북군의 번상 위사들과는 달리 상비군이어서 장기적으로 경사의 성문 내외에 주둔했다.

한편 경보(京輔)3도위, 성문교위, 북군을 지휘하는 중위는 경성과 경사 지역을 방위하는 책임을 졌으므로 지위가 높고 권력도 셌다. 그러나 중위가 반란을 일으킬 수도 있는 위험을 방지하기 위해 무제는 원정 4년(기원전 113년) 경사 인근의 내사(內史)의 관할 지역에 경보도위, 좌보도위, 우보도위의 3도위를 두어 경사 지역을 방위하도록 했다. 또한 성문교위로 하여금 수도의 성문을 지키도록 했다.

또 무제는 태초(太初) 원년(기원전 104년) 내사의 관할 지역을 경조윤(京兆尹), 좌풍익(左馮翊), 우부풍(右扶風)으로 3분하여 '삼보(三輔, 군郡급에 해당 - 옮긴이)'라 불렀다. 이와 동시에 중위를 집금오(執金吾)로 개칭했다. 집금오는 삼보의 최고 군사권자였지만 직권은 약화되었다. 3도위와 성문교위는 상호 견제를 하는 관계였고, 상비군의 8교위와 북군 중의 위사도 서로 보완과 견제를 했다. 이로써 북군은 경사를 보위하는 임무와 반란의 가능성을 차단하는 역할을 수행했고, 중앙 군대가 안정됨에 따라 지방을 효과적으로 통제하게 되었다.

이 밖에도 무제는 군사력 강화의 일환으로 병력의 공급원을 확대하는 조치를 단행했다. 그 이유는 장기간 대외 전쟁을 치른 결과 징병제로는 빈번한 전쟁의 수요를 충족하기 힘들었기 때문이다. 그리하여 죄수, 이민족, 노예 등의 군대 편입과 모병제가 실시되었다.

변방 지역을 개척함에 따라 한의 속민(屬民)이 된 소수민족들은 군대의 주요한 구성원이 되었다. 소수민족 가운데 가장 큰 비중을 차지한 것은 흉노족이고, 다음은 서역(西域)과 화월(和越)인이었다.

흉노족 출신의 군사들은 대부분이 한과의 전쟁에서 투항한 전사들이었다. 흉노의 군대와 부족들은 무제와의 전쟁에서 계속하여 투항했는데, 비교적 높은 계급의 장수들이 투항한 경우만도 22건에 달했다. 이들이 투항할 때의 규모는 한 번에 최소한 수백 명, 많으면 수만 명에 달했고, 투항 후에는 흉노와의 전쟁에 투입되었다.

흉노 출신의 병사들은 말 타기와 활쏘기에 능숙하고, 흉노의 사정에 밝았으므로 전쟁에서 중요한 역할을 해냈다. 공을 세워 제후에 봉해진 장수들도 많았는데, 대표적인 인물로는 조신(趙信), 조안계(趙安稽), 걸룡(桀龍), 고불식(高不識), 부명(仆明), 성만(成娩) 등이 있다.

한에 귀속된 서역의 나라들은 한의 군대가 서정(西征)을 할 때 동원되어 전쟁에 참여했다. 예를 들어 원봉(元封) 3년(기원전 108년), 무제는 대장 조파노(趙破奴)에게 소수민족으로 구성된 부대인 '속국기(屬國騎)'와 군 소속의 병사 수만 명을 이끌고 고사(姑師)를 공격하도록 명령했다. 태초 4년(기원전 101년)에 이광리(李廣利) 장군은 대완(大宛)을 두 차례 정벌하기 위해 서역의 한 나라였던 오손(烏孫) 출신의 군사 2,000명을 동원했다. 그리고 천한(天漢) 2년(기원전 99년)에 무제는 흉노의 투항자인 개화왕(介和王) 성만을 평릉후(平陵侯)에 봉한 뒤 누란(樓蘭)국을 정벌하도록 했다. 이와 같이 서역 출신들은 한나라가 서역을 차지하기 위한 전쟁에서 많은 공을 세웠다.

이민족인 남월(南越)인들은 해전에 강한 전통을 가지고 있었다. 그래서 무제는 남월을 정벌할 때는 투항한 남월의 군사들을 참전시켰다.

한에 귀순한 정엄(鄭嚴)과 전갑(田甲)은 각기 과선(戈船) 장군과 하뢰(下瀨) 장군에 임명되어 남월의 승상 여가(呂嘉)를 생포하기도 했다. 남월의 장수와 군사들은 한나라가 자신의 조국을 정벌하는 데 있어 결정적인 역할을 했던 것이다.

소수민족의 징발은 부족한 병력의 보충과 더불어 한나라 군대의 취약점을 보강하는 일석이조의 효과를 거두었다. 또한 소수민족 출신의 병사들은 대부분 현지에서 징병했으므로 군사비를 절감하는 장점이 있었다. 이렇듯 소수민족 부대는 무제가 군사력을 증강하는 주요한 수단이었다.

또한 소수민족 군사들은 전쟁 수행, 변경 지역 방위 이외에도 경사를 보위하는 임무를 수행했다. 예를 들어 북군에 속하는 월기, 장수, 호기 교위군들은 각기 월나라, 장수호인(長水胡人), 흉노인들로 구성된 기병대였다.

군사 제도의 골간인 징병제 이외에도 무제는 모병제를 실시했다. 8교위의 사졸들은 모병제를 통해 구성된 직업 군인들로서, 중국 모병제의 효시가 되었다. 실제로 천한 4년(기원전 97년)에 '용감사(勇敢士)'를 흉노 정벌전에 동원했다는 기록이 있는데, 이들은 바로 모병으로 충원된 군사들을 지칭하는 것이다.

결론을 말하자면 무제는 기본적으로는 과거의 제도를 따르면서도 상비군 창설과 병력 충원의 다원화 등을 통해 군사력을 한층 강화했다. 그래서 막강한 군대를 토대로 왕조를 공고히 하고, 정권을 안정시키면서 침략 전쟁으로 영토를 확장할 수 있었던 것이다.

기회가 왔을 때 두각을 나타내다

북주(北周)는 북제(北齊)를 멸망시킴으로써 중원을 통일하는 쾌거를 이룩했다. 후일 수의 문제(隋 文帝)가 된 양견(楊堅)은 이립(而立)이라는 서른 살에 북제와의 전쟁에 참가하여 처음으로 수훈을 세웠다.

북제 하청(河淸) 4년(565년), 무성제(武成帝)는 황태자 고위(高緯)에게 양위하고 물러났다. 제위를 물려받은 고위는 천통(天統)이라는 연호를 썼고, 흔히 후주(後主)라 불렀다. 그런데 후주는 방탕하고 음주가무에 빠져 쾌락만을 일삼았으므로 '아무런 걱정이 없는 천자' 라는 비웃음을 샀다. 그래서 북제는 간신배들이 득세하는 몰락의 시대로 접어들었다. 이런 상황에서 북제의 명장인 곡율광(斛律光)이 무평(武平) 3년(572년)에 암살당하자 북주의 무제는 천하를 통일할 기회가 왔다며 크게 기뻐했다.

북주는 서부 변경 지역에 위치한 데다 인구가 북제의 절반인 1천만 명에 불과했다. 하지만 무제의 개혁 정치로 인해 북주는 부국강병을 이룩해 천하 통일을 위한 토대를 마련했다. 그는 균전제, 부역 경감, 수리시설 개선, 근검절약의 기풍 조성, 불교 금지, 노예 해방, 부병(府兵)제의 개혁 등 많은 업적을 남겼다.

외교에 있어서 북주는 북의 돌궐과는 화친, 남의 진(陳)과는 동맹 정책을 시행했다.

건덕(建德) 4년(575년) 가을, 무제는 문무백관을 소집하여 북제를 멸할 계책을 논의했다. 장안성의 대덕전(大德殿)을 환하게 밝힌 채 무제는 자신감에 넘친 말투로 대신들에게 북제의 군주가 황음무도하여 인심을 잃었으니 정벌해야 한다는 당위성을 설명했다. 이번 출병의 목적은 하양(河陽, 오늘날의 하남성 맹진孟津 - 옮긴이)을 함락하여 북제 군사의 기세를 꺾는 것이었다. 그런 후에 군사들에게 잠시 휴식을 취하게 하면서 때를 기다렸다가 일거에 북제를 멸망시킨다는 것이 무제의 계획이었다.

무제는 북제를 공격할 병력을 6로(路)로 나누어 각기 장군을 임명함과 동시에 사신을 남방의 진나라에 보내 약속한 시기에 북제를 진격하도록 협약을 맺었다. 7월에 들어서자 북주의 대군이 정식으로 출정을 했다.

수군의 총지휘자로 임명된 대장군 양견은 3만 명의 수군을 이끌고 위수(渭水)에서 동진하여 무사히 하양에 도착했다. 도중에 북제의 군사로부터 한 번도 저지를 당하지 않자 양견은 육상과 해상에서 협공을 하면 반드시 승리할 것이라는 자신감을 갖게 되었다. 과연 양견이 예상했던 대로 북주의 군대는 빠른 시간 내에 하양을 점령했다. 그런데 연이어 낙구(洛口, 오늘날의 하남성 공현鞏縣 - 옮긴이)로 진격하려 할 때 무제가 병에 걸렸다는 소식이 들려왔고, 양견은 급히 회군할 수밖에 없었다.

다음 해(576년), 무제의 병이 차도를 보이자 다시 북제를 정벌하기로 결정하고, 출병에 앞서 1차 때와는 다른 명령을 무제로부터 받았다. 즉 먼젓번에는 황하의 남쪽에서 공격을 함으로써 적의 배후를 무너뜨릴 뿐 심장부를 강타하지 못했으므로 이번에는 공격 목표를 바꾼다는 것이다. 왜냐하면 진주(晋州, 오늘날의 산서성 임분臨汾 - 옮긴이)의 창시자 고환(高歡)이 처음으로 군사를 일으켰던 성지와 같은 곳이므로 이곳을 공격하면 분명히 대규모의 지원군이 올 것이기 때문이다. 이때 성을 공격하여 승리한 뒤 파죽지세로 동진하여 북제의 수도를 함락시키면 천하를 통일할 가능성이 매우 높았다. 무제는 자신의 구상을 밝히면서 이번 기회는 하늘이 준 선물이므로 이를 거절하면 분명히 후회하게 될 것이라고 강조했다.

무제는 14만 5,000명의 군사를 우 3군, 좌 3군, 전군(前軍)으로 나눈 뒤 각기 수공(隋公) 양견, 구숭(丘崇), 제왕(齊王) 우문관(宇文寬)으로 하여금 지휘토록 했다. 이해 양견의 나이 36세였다.

진주를 지키던 장군 최경숭(崔景嵩)은 북주의 군사가 쳐들어온 사실을 천지(天池, 오늘날의 산서성 영무寧武 서남쪽의 관잠산管涔山 - 옮긴이)에서 사냥을 즐기고 있던 후주에게 보고했다. 그러나 가장 총애하는 풍숙비(馮淑妃)와 함께 있던 후주는 북주의 군사 규모가 보잘것없다고 무시한 채 사냥을 계속했다. 그 결과 진양(晋陽, 오늘날의 산서성 태원太原 - 옮긴이)이 함락되었고, 후주는 제위를 불과 여덟 살짜리 태자 고항(高恒)에게 넘겨주고 물러났다.

북주 건덕 6년(577년) 2월, 북주군은 업성(鄴城)을 점령하여 후주와 고항을 생포했다. 그러나 북제의 잔여 세력인 광녕왕(廣寧王) 고효형(高孝珩)과 임성왕(任城王) 고해(高諧)는 신도(信都, 오늘날의 하북성 기현 冀縣 - 옮긴이)를 근거지로 하여 저항을 했다. 무제는 양견과 우문헌(宇文憲)에게 진압을 명령했고, 고효형과 임성왕은 생포되었다.

북제가 멸망한 지 얼마 안 되어 무제는 다시 회남(淮南) 지역을 차지하는 개가를 올렸다. 이로써 북주의 영토는 남으로는 장강, 북으로는 돌궐과 경계를 이루게 되었다. 무제는 돌궐과 강남(장강 이남 지역 - 옮긴이)을 평정하겠다는 야심을 품었지만 대업을 이루지 못한 채 선덕(宣德) 원년(578년)에 병으로 사망했다.

제2장

고도의 정치력을
드러내다

패주, 달리 말해 패왕은 '난세의 영웅'이다. 따라서 패주는 무력을 바탕으로 위엄 있게 행동한다. 군덕은 패주가 신하를 통제하고 명령하는 고도의 정치적 수단으로서, 권모술수의 성격이 농후하다고 할 수 있다. 군주가 군덕을 체화했다면 통치의 비결을 터득한 것이므로 항상 승리할 수 있는 고지에 올라선 것이다.

뛰어난 인물도 죽여야 할 때가 있다

중통(中統) 원년(1260년) 4월, 쿠빌라이(忽必烈)는 사경(赦經)을 남송에 보내 국경을 다시 확정하고, 은견(銀絹) 20만 필을 조공으로 바칠 것을 요구했다. 그러나 쿠빌라이의 기대와는 달리 1년이 지나도록 남송은 은견을 보내지 않았고, 사경의 소식도 묘연했다.

분노한 쿠빌라이는 중통 2년(1261년) 7월에 송나라를 정복한다는 다음과 같은 칙서를 내렸다.

"짐이 즉위한 이후 전쟁을 하지 않겠다는 각오로 작년에 사신을 송에 보내 화의를 청했다. 그런데 송은 원대한 안목을 결여한 채 우리가 작은 틈이라도 보이면 도발을 일삼아 왔기에 평안할 날이 없었다. 짐이 올봄에 환궁하자 대신들은 남벌을 단행해야 한다는 청을 하였지만 두 나라가 평화롭게 지내기를 바라는 마음에 사신이 돌아오기만을 기다렸다. 그러나 짐이 환궁한 지 반년이 넘도록 화의를 성사시켜야 하는 사신은 여전히 소식조차 없다. 송은 예의를 아는 나라로 자부를 하면서 어떻게 이토록 도리를 모른단 말인가? 피차간의 옳고 그름은 이제 확연해졌다. 예의가 통하지 않으니 싸움이 불가피할 수밖에 없다. 이제 왕도정(王道政)에게 칙서를 보내니 경들은 군사와 무기를 정비하고 장수들을 소집하여 수륙 양 방면으로 진격하도록 하라. 경들은 종묘사직과 신령의 보우를 받아 이번 싸움에서 반드시 승리하고, 병사들에게 짐의 뜻을 분명히 밝히고, 각자 최선을 다하되 짐의 명령을 절대로 어겨서는 아니 된다.”

쿠빌라이는 칙서에서 남송이 사신을 억류토록 한 부당성을 지적하면서 남송을 멸망시킬 수밖에 없다는 의지를 표명하였다.

그러나 쿠빌라이는 정치 감각이 뛰어난 인물이므로 화를 참지 못하면서도 한편으로는 사경이 아직은 송을 공격할 시기가 아니라고 했던 말을 떠올렸다. 이성을 되찾은 그는 일단 송을 공격하지 않기로 결심했다.

결과적으로 볼 때 쿠빌라이가 송을 대대적으로 공격하지 않은 것은 현명한 처사였다. 그 이유는 이 무렵 몽고는 몽케칸이 송을 공격할 때보다 형편이 좋지 않았기 때문이다. 즉위한 지 1년 남짓한 쿠빌라이는 여전히 칸의 자리를 넘보는 아리크부케와 치열하게 싸움을 하는 와중이어서 권력을 완전히 장악하지 못한 상태였고, 설상가상으로 한족 출신의 이단(李壇)이 반란을 일으킨 상황이었다. 게다가 경제도 어려워서 내란이 빈발했다. 이런 형편에서 쿠빌라이는 송을 공격할 여력이 없었던 것이다.

쿠빌라이는 심사숙고를 한 뒤 송나라의 처사에 대해 잠시 인내를 하고, 그 대신 모든 힘을 내란 진압과 국내 정치의 안정화에 쏟기로 결정했다.

그리하여 쿠빌라이는 직접 대규모 군사를 지휘하여 아리크부케와 이단의 반란을 평정했다. 이와 동시에 관료 조직을 개편하여 지방 세력들에게 관직을 주는 방법으로 불만을 잠재웠다. 그 결과 빠른 시간 내에 쿠빌라이 정권은 안정을 찾았고, 경제도 활기를 찾게 되었다.

남송 말기 원나라의 백안(伯顔)이 임안(臨安)을 포위하자 공제(恭帝)는 투항할 준비를 했다. 이 틈을 타서 도종(度宗)의 아들 익왕(益王), 위왕(衛王) 등은 임안을 탈출하여 무주(婺州)를 거쳐 온주(溫州)에 도착했다. 장세걸(張世傑), 육수부(陸秀夫) 등도 성을 빠져나와 온주에 있는 왕들을 찾아왔다가 복주(福州)로 갔다.

한편 문천상(文天祥)은 원군에게 잡혀 진강(鎭江)까지 올라갔다가 시종의 도움으로 탈출하여 복주에서 장세걸, 육수부와 만나 아홉 살의 조시(趙昰)를 제위에 앉혔으니 그가 바로 단종(端宗)이다. 단종 즉위 후 격문을 돌려 원군에게 대항할 것을 호소하자 강남의 서부, 복건, 광동의 남부와 동부 등지에서 대원(對元) 항쟁이 전개되었다.

지원(至元) 13년(1276년) 10월, 쿠빌라이는 탑출(塔出)에게 강서에서 광동으로 진격하도록 했다. 이와 동시에 아자한(阿剌罕), 동문병(董文炳), 사도(唆都)에게는 행성의 군사를 지휘하여 절강성 동부에서 복건으로 이동해 장세걸을 압박하도록 했다. 11월에 들어 장세걸은 단종을 모시고 천주(泉州)로 피신하였으나 시박사(市舶司) 관리 포수경(蒲壽庚)이 투항하자 다시 조주(潮州)로 도주했다.

이 무렵 서북 지역의 제왕 해도(海都)가 반란을 일으켰는데, 설상가상으로 진압을 하도록 파견한 몽케의 아들 석리길(昔里吉)도 반란을 일으킨 뒤 왕자 나목(那木)과 승상 안동(安東)을 인질로 잡고는 회군하여 화림(和林)을 공격했다. 상황이 악화되자 쿠빌라이는 위기의 진원지인 북방을 평정하기 위해 평남(平南)의 군대를 이동시켰는데, 그 바람에 강남 일대는 취약 지역이 되었다.

문천상은 유리한 시기를 놓치지 않기 위해 적극적으로 수복 작전을 폈다. 진강에서 복주로 온 문천상은 여무(呂武)와 두호(杜滸)에게 각기 강회(江淮)와 온주에서 의병을 일으키도록 하여 빠른 시간 내에 원에 대항할 세력을 형성했다. 문천상은 이들을 이끌고 강서 남부, 복건 서부, 광동 동부 지역 등으로 이동하면서 현지의 지원군과 협력하여 원군과 싸워 매주(梅州), 광주(廣州), 호주(湖州), 소무(邵武), 흥화(興化) 지역을 되찾았다. 그리고 공주(贛州)에 속한 현들을 전부 수복하였고, 길주(吉州)의 8개 현 가운데 절반을 되찾았다. 승리의 소식이 전해지자 각지에서 의병들이 조직되었고, 강서 남부와 광동 동부에서는 극적인 변화가 일었다.

전세가 불리해지고 있다는 소식을 들은 쿠빌라이는 분노를 터뜨렸다. 송나라의 수도를 함락시키면 다른 지역은 쉽게 손에 넣을 것으로 생각했는데 문천상으로 인해 원군이 일패도지했다는 사실이 믿기 어려웠기 때문이다. 하지만 쿠빌라이는 문천상에 대해 분노와 함께 탄복의 감정을 동시에 느꼈다. 탄복을 할 수밖에 없는 이유는 수도가 함락되어 황제가 포로로 잡히고, 고위 관리들까지 속속 투항하는 상황에서 분연히 군대를 조직하여 '양 떼를 덮치는 호랑이'처럼 원에 항쟁을 계속했기 때문이었다. 부패할 대로 부패한 송나라에 그와 같은 인물이 있다는 것은 기적이나 마찬가지였다. 분노를 느낀 것은 서북 제왕들의 반란을 진압하느라 정신이 없을 때 문천상이 나타나 강남 지역을 수복했기 때문이었다.

그러나 정치가와 군사가로서 뛰어난 능력을 지닌 쿠빌라이는 극도로 복잡한 상황에서도 냉정하게 전황을 파악하고 새로운 전략을 세웠다. 즉 여전히 주력을 북방에 집중하기로 결정한 뒤 백안(伯顏)과 아술(阿術) 등에게 해도와 석리길의 반란을 진압하게 하는 동시에 남방의 군사력을 강화한 것이다. 강서행성을 설치하여 탑출, 맥술정(麥術丁), 철리첩목아(徹里帖木兒), 장영실(張榮實), 이항(李恒), 야적미실(也的迷失), 실리문(失里門), 정붕비(程鵬飛), 포수경(蒲壽庚) 등에게 강서 행중서성 사무를 담당하면서 수륙 양 방면으로 복건과 광동을 공격하도록 했다. 그 후 장홍범(張弘範)과 이항을 몽고 한군도원수(漢軍都元帥)로 임명하여 육로와 해상에서 송의 잔여 세력을 소탕하도록 명했다. 탑출과 가거정(賈居貞)에게는 공주에 설치한 행중서성을 본거지로 하여 강서, 복건, 광주 등을 안정시키고 후방에서 전방에 대한 공급을 책임지도록 했다.

군대들은 쿠빌라이의 새로운 배치와 전략을 철저히 이행했다.

한편 어린 황제는 원군의 추격을 당해 도처로 피신을 다니다 건강을 해쳐 갑자기 병사했다.

원군의 공격을 받아 패전을 거듭하던 문천상은 아내 구양(歐陽)씨와 딸 등 가족이 원군에게 포로로 잡히는 비극을 당하기도 했다. 지원 15년(1278년) 12월, 문천상은 조양(潮陽)을 떠나 해풍(海豐)에 도착한 뒤 남령산(南嶺山)에 들어가 진지를 구축하기로 했다. 얼마 후 해풍 이북의 오파령(五坡嶺)까지 행군한 문천상의 군대가 식사를 준비할 때 원군의 기습을 당했다. 원군의 향도 역할을 한 자는 투항한 진의(陳懿)였다.

원군에게 잡힌 문천상이 장홍범에게 인도되었을 때 장홍범은 투항을 권했다. 하지만 문천상은 의연하게 거절을 했다. 별수 없어진 장홍범은 문천상을 군중에 넘긴 뒤 이항과 함께 남송의 최후의 거점인 애산을 공격하기로 결정했다.

지원 16년(1279년) 2월, 애산에 도착한 장홍범은 문천상에게 장세걸이 투항하도록 권하는 서신을 써달라는 요구를 했다. 이에 대해 문천상은 "내가 부모를 지키지는 못할망정 다른 사람들에게 부모를 배반하도록 할 수 있단 말이냐?"라며 끝까지 응하지 않았다.

문천상을 움직일 수 없다고 생각한 장홍범은 결사적으로 애산을 공격하도록 명령을 내렸다.

한편 장세걸은 1,000척의 배들을 일자형으로 늘어서게 한 뒤 바깥쪽의 배들과 밧줄로 연결하고, 사방으로 철책을 쳐서 마치 성벽과 같이 보이도록 했다.

이 모습을 본 장홍걸은 작은 배들에 풀을 가득 실은 뒤 기름으로 불을 붙여 바람의 방향에 따라 송군의 군선 쪽으로 흘러가게 했다. 적벽

대전에서와 같이 화공(火攻)으로 송 군대의 군선들을 불태우려 했던 것이다. 그러나 장세걸은 화공을 예상하고 배에 두껍게 진흙을 발라두어서 불이 쉽게 붙지 못하게 했고, 준비해 둔 긴 막대기로 원군의 불붙은 배들을 접근하지 못하게 막았다. 그래서 바다에서 옴짝달싹 못하게 된 배들은 전소되었다.

화공이 실패하자 장홍범은 대포로 돌과 불화살을 쏘아 엄호를 하면서 남북으로 협공을 하여 송의 수군이 탄 군선에 뛰어들어가 백병전을 벌이도록 했다. 송의 군사들은 완강히 저항했지만 중과부적으로 인해 전멸을 당했고, 육수부는 아홉 살의 어린 황제와 함께 배에서 투신하여 죽음을 맞이했다. 장세걸은 가까스로 포위를 뚫고 탈출하였지만 파도에 배가 뒤집히는 바람에 죽고 말았다. 이로써 남송은 멸망하였다.

장홍범은 애산을 함락한 후 기쁨에 겨워 대대적으로 잔치를 벌여 승리를 자축했다. 이 자리에서 장홍범은 다시 문천상을 구슬렸다.

"나라가 망했고, 승상은 충과 효를 다했으니 이제 마음을 바꾸어 우리 황제에게 충성을 바치면 재상이 될 수 있을 것이오."

그러나 문천상은 조금도 동요하지 않고 대꾸했다.

"나라가 망해 가는데 구하지 못했으니 그 죄가 죽어서도 씻기지 않을 것이다. 그런데 어떻게 감히 죽음을 피하고 두 마음을 가질 수 있겠느냐! 다만 이 한 몸 죽음으로써 나라에 보답할 수 있게 해다오."

장홍범도 고집을 굽히지 않으며 투항할 것을 권했다.

"일단은 살아남아서 그 충절을 기록하시오. 나라가 망했다고 그냥 죽음을 택한다면 누가 그 절개를 기록할 수 있겠소?"

문천상의 대답도 여전했다.

"상나라가 망하자 백이와 숙제는 주나라의 알곡을 먹지 않고 그대로 죽었다. 나도 이미 죽은 몸이나 마찬가지인데 사실을 기록할지의 여부에 개의할 마음 따위는 없다."

문천상의 굳은 의지로 보아 절대로 투항하지 않으리라는 판단을 한 장홍범은 쿠빌라이에게 사람을 보내 문천상의 처리 방법을 물었다.

쿠빌라이는 남송의 인재가 많이 죽어서 아깝게 생각하면서도 한편으로는 안도의 한숨을 쉬던 차에 장홍범이 보낸 사자로부터 문천상의 절개에 대한 소식을 들었다. 그는 아직도 그런 인재가 있다는 사실에 놀라움을 금치 못하면서 '그 곧은 절개와 능력이 안타깝다!'며 장홍범에게 문천상을 죽이지 말고 원의 수도인 대도(大都)로 압송해 오라는 명령을 내렸다. 쿠빌라이로서는 어떡해서든 문천상을 설득하여 중용하기로 결심을 한 것이다.

지원 16년(1279년) 10월, 문천상이 대도로 압송되어 오자 쿠빌라이는 대신들에게 그를 전향하게 할 방법을 찾도록 명했다. 문천상을 설득하겠다는 자들이 앞 다퉈 나섰고, 그중에서도 원에 항복한 유초염(留楚炎)과 왕적옹(王積翁)이 적극적으로 나섰지만 문천상에게서 매국노라는 욕만 먹고 목적을 달성하지 못했다. 쿠빌라이는 다시 송의 공제(恭帝)를 보내 문천상이 투항하도록 했다. 황제를 보자 그 자리에서 무릎을 꿇은 문천상은 대성통곡을 하며 "황상께서는 돌아가십시오"라고만 말하고는 침묵을 지켰다. 백안 휘하의 장수들도 찾아와 원에게 충성을 하라는 설득을 멈추지 않았다. 그들의 요지는 "송의 재상이었으니 이제 원나라의 재상이 되어도 무방하다. 승상은 나라와 운명을 같이하겠다는 각오지만, 천자가 통일을 한 지금 원의 재상이 되는 것도 차선책이다"라는 것이었다. 재상 직과 후한 녹봉으로 문천상을 유혹하려는 시도들 또한 먹혀들지 않았다.

계속되는 설득이 통하지 않고 마침내 승상 패라(孛羅)가 나섰을 때 문천상은 이렇게 말했다.

"자고로 흥하면 망하고, 제왕장상(帝王將相)도 모두 죽게 마련이다. 어느 시대에도 예외는 없다. 나는 송에 충성을 다한 결과 지금과 같은 처지가 되었다. 오늘 죽는다 해도 나는 아무런 여한이 없다."

패라가 물었다.

"이제껏 재상은 종묘와 성곽을 지키며 운명을 같이했지만, 위기 앞에서 도망가는 자도 있지 않는가?"

그러자 문천상이 대답했다.

"재상으로서 나라를 섬기는 자가 있는가 하면 나라를 팔아먹는 신하도 있다. 그렇지만 위기의 상황에서 도망가지 않는 매국노도 있고, 도망을 가지만 매국노가 아닌 신하도 있는 법이다."

패라가 다시 물었다.

"그대는 두 명의 왕을 세웠지만 도대체 무엇을 이뤘는가?"

"군주를 모셔서 종묘사직을 유지하는 것은 신하의 책임이다. 이 일을 제대로 했으면 족한 것이다."

패라는 또 물었다.

"이제는 그렇게 할 수 없다는 사실을 잘 알면서도 왜 고집을 부리는가?"

"부모가 병에 걸렸는데 백약이 소용없다고 아무런 치료도 하지 않으면 사람이라고 할 수 없다. 이제 나에게는 죽음만이 있을 뿐 다른 말은 필요가 없다."

이 대목에 이르러 화가 날 대로 난 패라는 사실 그대로 쿠빌라이에게 보고했다. 하지만 쿠빌라이는 문천상의 절개에 더욱 감동을 받아 그대로 가둬두라는 명령을 내렸다. 시간을 두고 문천상의 고집을 꺾어볼 요량이었던 것이다.

드디어 쿠빌라이는 문천상을 불러들여 죽어도 굽히지 않는 의지를 시험해 보기로 했다.

"네가 송을 섬기듯이 나를 섬긴다면 재상의 자리에 앉힐 것이다."

문천상의 대답은 조금도 변함이 없었다.

"송의 재상이었던 내가 나라가 망했는데 어찌 살 생각을 하겠소. 죽음만이 내 길이라는 것을 잘 알고 있소이다."

쿠빌라이가 "재상을 하지 않겠다면 추밀(樞密)을 시켜주겠다"고 말을 바꾸자 문천상은 "그저 나를 죽여주시오"라고 했다.

결국 지원 19년(2383년) 12월 9일, 문천상은 대도 시시(柴市)에서 의연하게 죽음을 맞이했다. 그의 나이 47세였다.

끝없는 욕망은 결국 자멸로 끝난다

유방은 지혜로 한신을 사로잡음으로써 큰 우환을 제거했다는 생각
에 무척 뿌듯해했다. 전긍(田肯)은 표(表, 신하가 자신의 생각을 기술하여 황제
에게 올리는 상주문 – 옮긴이)에서 다음과 같은 말을 했다.

"폐하께서 한신을 잡고, 삼진의 땅에 도성을 건설하신 것은 극히 고
무적인 일입니다. 삼진은 그 어느 지방보다도 백 배는 조건이 좋은 천
혜의 땅입니다. 이곳에서 반란을 일으킨 제후국을 무력으로 진압한다
면 높은 지붕에서 물을 들이붓는 것과 같아서 절대적으로 우세를 점할
수 있을 것입니다. 또한 제(齊)나라 땅도 등한시할 수 없습니다. 그곳은
동으로는 비옥한 평야가 있고, 서로는 황하가, 남으로는 태산(泰山)이
있어 병풍 역할을 하고, 북으로는 발해(渤海)의 풍부한 해산 자원이 있
습니다. 그 넓이가 사방 1,000리에 달하고, 우수한 병사가 백만 명이
넘으니 다른 지방의 열 배는 됩니다. 따라서 황실의 자제가 아니라면

절대로 그곳의 왕으로 봉해서는 안 됩니다."

유방은 전긍의 표에 두 가지 중요한 사실이 함축되어 있는 것을 발견했다.

첫째, 삼진과 제나라를 평정하는 데 큰 공을 세운 한신을 신중하게 대해야지 성급하게 대처해서는 안 된다. 둘째, 제후왕을 다스리는 것은 손쉬운 일이 아닌데, 성씨가 다른 인물은 믿을 만하지 못하므로 종실 사람들에게만 봉작을 내려야 한다는 것이다.

유방이 보기에 일리가 있는 생각이었으므로 전긍에게는 황금 500근을 상으로 내렸고, 전국적으로 사면령을 내리는 명분을 이용하여 한신의 죄를 사한 뒤 초왕(楚王)에서 회음후(淮陰侯)로 격하시켰다. 또한 수도에 호화 주택을 한 채 마련하여 한신에게 이곳에서 말년을 보내라는 명령을 내렸다.

원래 초나라 영토는 두 부분으로 나뉘어져 있었다. 즉 회하 이남은 형국(荊國)이라 불렸으며 유방의 사촌형인 유가(劉賈)가 왕으로 있었고, 회하 이북은 초국(楚國)으로서 유방의 동생인 유교(劉交)가 왕으로 있었다. 이 밖에도 유방의 아들 유비(劉肥)는 제왕(齊王)으로 제나라의 70여 개 성을 지배했다.

한편 유방은 제후왕들을 효과적으로 다스리기 위하여 부절(符節)을 제작했다. 이 부절은 한 쌍이 두 개로 이루어져 조정과 제후왕들이 각기 한 개씩 소지하게 되었다. 앞면에는 제후국들이 준수해야 할 규율과 의무가 씌어 있고, 조정에서는 이 사항들을 잘 준수했는지 정기적으로 검사했다.

　　그런데 한신은 조정의 신하에 대한 통제에 대해 승복을 하지 않았다. 그래서 그가 선택한 소극적인 저항 방법은 병을 핑계로 유방을 알현하는 의식에 참여하지 않고, 유방이 행차할 때도 수행을 하지 않는 것이었다. 그는 또한 조정에 충성을 다하는 장령들에게도 울분을 참지 못했다. 왜냐하면 그들과 같이 행동을 한다는 것이 자신의 위상을 낮추는 것이라 여겨졌기 때문이다.

　　유방은 한신의 화를 풀어주면서 속셈을 파악하기 위해 수시로 한담을 나눌 기회를 만들었다. 하루는 장수들의 능력 문제가 화제로 떠올랐다. 유방이 솔직하게 물었다.

　　"장군이 보기에 과인은 얼마나 많은 군사를 다스릴 수 있겠는가?"

　　"10만 명은 통솔하실 수 있습니다."

　　한신이 심드렁하게 대답했다.

　　유방의 얼굴에 순간적으로 불쾌감이 스쳤지만, 곧바로 평온한 표정으로 다시 물었다.

　　"그렇다면 장군은 몇 명의 군사를 다스릴 수 있소?"

　　한신이 의기양양한 어투로 대답했다.

　　"대장군은 거느리는 병사가 많을수록 좋습니다. 다다익선이죠!"

　　유방은 웃음을 머금은 표정을 잃지 않았으나 목청이 높아져서 다시 물었다.

　　"군사를 많이 다스릴수록 좋다면서 어째서 나에게 잡혔는가?"

　　순간 말실수를 깨달은 한신은 황급히 변명을 했다.

　　"폐하는 비록 병사들을 통솔하는 데에는 뛰어나지 않지만 장수들을 거느리는 데에는 비상한 능력을 가지고 계십니다.”

이렇게 말한 그는 다시 번드레한 몇 마디를 덧붙였다.

“다시 말해 폐하께서는 타고난 성인이시며, 신령의 보좌를 받고 계십니다. 그에 비해 소신은 그저 평범한 인간인데 어찌 폐하와 감히 비교할 수 있겠습니까?”

유방은 짧게 웃음을 짓고는 자리를 떴다. 그날 이후로 유방은 한신에 대한 경계심을 풀지 않았다.

한신은 유방에 대한 원망이 더해지면 더해질수록 잘못된 길로 빠져들었다. 그래서 결국에는 소극적인 저항이 아니라 난을 일으키기로 밀모를 하게 되었다.

이 당시 유방의 총애를 받는 신하들 가운데 진희(陳豨)라는 인물이 있었다. 유방은 그를 양하후(陽夏侯)에 봉하여 거록(巨鹿)이란 곳에 보내 조정을 대표하는 대왕(代王) 상국(相國)으로서 흉노의 침입을 막는 중요한 임무를 부여했다.

진희는 과거 상사였던 한신을 매우 존경했고, 개인적인 친분도 꽤 두터웠다. 그는 거록으로 떠나기 전 작별 인사를 하기 위해 한신을 찾아갔다. 그런데 한신은 기회가 왔다는 생각에 진희를 반란에 동참시키기로 작심했다. 둘만의 자리를 만든 한신은 진희의 손을 잡고 관심과 걱정을 듬뿍 실은 목소리로 소곤거렸다.

“자네가 가려는 대(代)땅은 모든 세력들이 노리는 요충지대여서 천하의 정예군들이 격돌하게 되어 있네. 얼핏 생각하면 자네가 황제로부터 깊은 신임을 받고 있기 때문에 중차대한 임무를 부여받은 것 같지?

하지만 황상은 편협하고 의심이 많은 성격이어서 머지않아 누군가가 자네가 반란을 일으켰다고 무고를 하면 한두 번은 믿지 않겠지만, 세 번째는 틀림없이 믿을 것이네. 그러면 군사를 이끌고 자네를 토벌하러 가려고 할 걸세. 정말로 그런 일이 생기면 내가 자네를 도와줄 터이니 두려워하지 말게. 우리가 손을 잡고 협조를 하면 일거에 천하를 얻을 수 있어!"

진희는 감격해서 눈물을 쏟았다.

한신으로부터 지지를 받자 두려울 게 없어진 진희는 대군(代郡)에서 흉노와 내통하여 조정을 배반했다. 분노한 유방은 직접 대군을 거느리고 출정하여 진희를 토벌하려 했다. 출발 전 그는 한신에게 수행하도록 명령했다. 하지만 한신은 건강이 좋지 않다는 핑계를 대고 장안(長安)의 집에 남아 있었다.

유방이 대군으로 떠나기 직전 한신은 진희에게 편지를 보내 행동을 통일할 시간을 가르쳐주었다. 그는 심복들을 소집한 뒤 황제의 가짜 칙서를 공개했는데, 그 내용은 투옥 중인 죄수들과 관노들로 군대를 구성하여 반란을 일으키려는 여후(呂后)와 태자 유영(劉盈)을 진압하라는 것이었다. 한신은 또한 세계 최초의 것으로 짐작되는 연을 만들어 하늘에 띄운 뒤 미앙궁까지의 거리를 계산하여 지하로 길을 내서 황궁의 여후와 태자를 암살할 계획을 세웠다.

모든 준비가 완료되자 한신은 진희의 회신을 기다렸다. 그런데 이때 죄를 지어 감옥에 갇혔던 한신의 가신이 죽음을 당할 처지에 놓이게 되자 그 동생으로 하여금 여후에게 한신의 음모를 밀고하게 했다.

여후는 즉각 한신을 잡아들일 생각을 했으나, 순간적으로 두려움이 앞섰다. 지와 용을 겸비한 한신을 체포한다는 것이 그리 쉬운 일은 아니라는 계산이 선 것이다. 그래서 여후는 승상 소하와 의논을 했다.

소하는 여후의 말에 대경실색했다. 비록 한신과 보통 사이가 아니지만 국가의 안위와 관계된 문제에 있어 사적인 감정을 내세울 수는 없었다. 그는 여후와 대응책을 생각해 냈다. 즉 대군에서 황제의 사자가 온 것으로 위장하여 진희가 죽음을 당했다는 소식을 전하게 한 뒤, 군신들을 궁으로 불러 축하연을 연 다음 기회를 보아 한신을 체포하는 것이다.

그런데 한신은 궁으로 들어오라는 전갈을 듣자 반신반의하는 마음에 아프다는 핑계를 대고 집 밖으로 나가지 않았다. 계획이 뒤틀어지자 여후는 소하에게 명령을 내렸다.

"결자해지라는 말이 있습니다. 문제를 만든 사람이 해결을 해야죠. 과거에 승상께서 도망간 한신을 불원천리하고 쫓아가 데리고 온 적이 있지요? 그러니 한신은 승상에게 각별한 정이 있을 겁니다. 이번에도 직접 한신의 집에 가서 데리고 오십시오."

할 말이 없는 소하는 마음을 굳게 먹고 한신을 찾아갔다.

"장군께서 몸이 편치 않지만 오늘의 모임은 특별한 것입니다. 게다가 황상께서도 조정에 계시지 않으니 불편을 감수하고서라도 꼭 참석하여 축하를 하는 것이 좋겠습니다."

한신은 절친한 사이인 소하가 자신을 속일 리가 없다는 생각에 그를 따라 입궁하기로 결정했다.

궁문으로 들어서자마자 한신은 매복하고 있던 무사들에게 번개처럼 결박되었다. 정신을 차린 한신이 고개를 들어보니 소하의 그림자도 찾을 수 없었다. 비로소 상황을 파악한 그는 소하를 원망하는 감정이 치솟았다. 그리고 자신의 성공과 패배가 모두 소하로부터 기인했다는 사실에 기가 막혔다. 한신으로서는 자신의 거대한 배(船)가 이렇듯 소하의 손 안에서 뒤집히리라고는 꿈에도 생각하지 못했던 것이다.

여후는 한신이 포박된 현장에 나타나 살기등등하게 참수를 하라는 명을 내렸다. 한신은 장낙궁(長樂宮)의 종을 걸어놓은 종실(鐘室)에 가둬졌다가 처형장으로 끌려갔다. 처형 직전 그는 통곡을 하며 비탄한 감정을 토로했다.

"내 괴통(蒯通)의 말을 듣지 않았다가 아녀자와 소인의 함정에 빠진 것이 후회막심하다. 이는 하늘에서 나를 벌하시는 것이다!"

여후는 한신을 처형한 후 화근을 없애기 위해 그의 가족과 친척들도 모조리 죽였다.

초나라를 버리고 한에 합류한 한신은 유방의 신임을 바탕으로 뛰어난 군사적 능력을 발휘하여 수많은 전쟁에서 승리를 거두는 혁혁한 공을 세웠다. 그래서 그는 '한초삼걸(漢初三傑, 소하, 장량, 한신을 지칭 - 옮긴이)'이 되었고, '병선(兵仙)'이라는 명예로운 별명도 얻었다. 하지만 그는 성공 후에는 절제를 해야 한다는 사실을 망각했다. 끝없는 욕망으로 인해 이성을 잃고 위험한 길로 들어선 그를 기다린 것은 바로 자멸이었던 것이다.

무측천

한번 결정한 일은 후회하지 않는다

무측천은 서경업(徐敬業)의 반란을 진압하는 동시에 배염(裴炎) 사건을 처리하면서 같은 방법을 사용했다. 그것은 바로 피도 눈물도 없는 잔혹한 방법이었다.

배염은 무측천의 잔인한 성격을 잘 알고 있었으므로 투옥되는 순간 다시는 살아서 나가지 못하리라 생각했다. 이에 앞서 "그대는 공신이고, 당대의 재상이니 죄를 인정하고 용서를 구하면 태후께서 죽음은 면하게 할 것입니다"라고 권하는 이가 있었다. 배염은 고개를 가로저으며 쓴웃음을 지었다.

"재상을 옥에 가두는 것은 있을 수 없는 일입니다. 더 이상 무슨 말이 필요하겠습니까?"

며칠 후 배염은 낙양의 도정(都亭)에서 참수를 당했다. 그는 사형 직전에 형제들에게 이렇게 말했다.

"형제들 모두 스스로의 실력으로 관직에 올랐을 뿐 나의 도움을 받은 것이 하나도 없는데, 이제 내 죄에 연루되었으니 너무 슬픕니다!"

이날 무측천이 대리시(大理寺)로부터 배염의 재산을 몰수했다는 보고를 듣고 있을 때 내시가 밀표(密表)를 가지고 들어왔다. 밀표는 태복시승(太僕寺丞) 배주선(裴冑先)이 쓴 것으로 내용은 100자 내외로 간단했다. 즉 태후를 알현하여 어떤 일에 대해 품의를 받고 싶다는 것이었다. 그런데 배주선은 배염의 조카로 17세에 불과했지만 머리가 뛰어나서 무측천이 아끼는 인물이었다. 밀표를 본 무측천은 배주선이 배염의 죄를 직접 폭로하려고 그러는 것이라 짐작했다. 생각이 여기에 미치자 무측천은 대리시 관리들을 물러나게 한 뒤 내시에게 즉각 배주선을 불러들이라 명했다.

한 시간 정도가 지나 배주선이 들어왔다. 흰 도포를 입은 그는 머리에 두건을 쓰고 베로 만든 신발을 신고 있었다. 큰절을 올린 그는 흥분과 당황함을 감추지 못한 채 입을 열었다.

"태후께서 죄인인 저를 저어하지 않고 이렇게 불러주셨기에 그저 감격할 뿐입니다."

무측천은 배주선을 뚫어지게 쳐다보며 물었다.

"무슨 말을 하고 싶어서 표를 올린 것이냐?"

배주선은 무릎을 땅에 꿇으며 "신은 폐하께 꼭 아뢸 말씀이 있습니다"라고 했다. 무측천은 자신이 예상했던 말이 나오리라는 것을 짐작하고 짐짓 과장된 위엄이 담긴 목소리로 단호하게 일침을 놓았다.

"너의 백부는 반란을 일으키려 한 역적이니 그 죄가 도저히 죽음을 면할 수 없는 것이다. 네가 사적인 감정을 배제하고 대의를 위해 역적의 잔당에 대해 이야기를 한다면 실로 신하의 직분을 다하는 것이고, 갸륵한 충성심을 표현하는 것이라 하겠다. 편히 앉아서 이야기를 하도록 해 봐라!"

그러나 배주선은 머리를 가로저으며 앉지를 않았다.

"소신의 뜻은 그런 것이 아닙니다."

무측천의 표정이 어두워지면서 물었다.

"그러면 너는 백부를 대신해서 억울함이라도 호소하려는 것이냐? 네 백부는 10대 죄악의 하나인 모반죄를 저질렀으니 사면을 받을 수 없다."

"소신은 백부를 위하여 구명을 하려는 것이 아니라, 폐하를 위하여 진언을 하려는 것입니다. 폐하께서는 이씨 집안의 며느리로서 선제께서 버린 천하를 얻어 조정을 좌지우지하고 계십니다. 그런데 폐하께서는 이씨 집안을 내치시고 무씨 집안 사람들을 대거 등용하셨습니다. 소신의 백부는 사직에 충성을 다하다 오히려 무고를 당하였고, 자손들까지도 죽음을 당했습니다. 폐하의 행동을 소신은 몹시 안타깝게 생각하고 있습니다. 그러니 폐하께서 권력을 태자에게 물려주고 은거하신다면 가문을 보전할 수 있을 것입니다. 그렇게 하지 않으시면 하늘의 분노를 사서 만약 변란이 발생했을 때 구원받지 못할 것입니다."

이 대목에 이르러 무측천은 배주선의 뜻을 정확히 파악했다. 그녀는 어린 나이의 배주선이 대담하기 짝이 없는 말을 하는 모습에 마음속으로 경악을 금치 못했다. 하지만 권력과 관계되는 발언이나 문제에 있어 예민할 수밖에 없는 그녀는 호통을 쳤다.

"네가 정말로 자존망대하여 헛소리를 지껄이고 있구나!"

그러고는 좌우 시종들에게 배주선을 끌고 나가도록 했다. 배주선은 몸부림을 치며 큰 소리로 외쳤다.

"지금이라도 제 말을 들으시면 늦지 않습니다!"

생각할수록 화가 난 무측천은 배주선에게 100대의 장형을 명했다.

그러나 무측천은 명령은 그렇게 내렸으면서도 심기가 편치 않았다. 배주선의 가시 돋친 말에 분노와 증오심이 일면서도 한편으론 측은한 마음이 생기는 모순적인 감정을 어쩔 수 없었던 것이다. 어린 나이에도 불구하고 죽음을 두려워하지 않고 직언을 하는 배주선의 기개와 배짱은 여느 신하들에게서는 찾아보기 힘든 것이었다. 지금 조정의 신하들에게 없는 것이 바로 이런 강직함이 아닌가! 배주선이 관복을 벗고 흰 도포를 입고 왔던 사실은 이미 죽음을 각오했다는 뚜렷한 증거가 아닐 수 없었다. 이런 인물이 나라를 위해 충성을 다한다면 얼마나 바람직한 일이란 말인가. 복잡한 심정을 정리한 무측천은 결국 그를 죽이지 못하고 도성에서 5,000리나 떨어진 곳으로 유배를 보냈다.

권력을 장악한 무측천은 자신에게 조금이라도 불리한 상황을 용납하지 않았다. 조금이라도 의심이 가는 자들은 억울한 죽음이 되더라도 하나도 남기지 않고 주살했다.

서경업과 배염 사건은 모두 한 사람과 연루되었으니 그가 바로 명장 정무정(程務挺)이다.

정무정은 낙주 평은(洛州 平恩) 출신으로 부친 정명진(程名振)은 대업(大

業, 수 양제의 연호 – 옮긴이) 말년에 보동(普東) 현령을 역임했다. 용맹스러움으로 이름을 떨친 정명진은 당나라 건국 후 영년(永年) 현령에 임명되었고, 태종이 유흑활(劉黑闥)을 정벌할 때 군량을 운반하는 병사들을 전멸시키는 큰 공을 세웠다. 그 후 태종의 요동 정벌에 참여하여 소규모 군사로 여러 개의 성을 격파하고 명장으로 이름을 떨쳤다. 고종 연간에는 고구려의 군대를 귀서수(貴端水)에서 물리치고 신성(新城)을 불태워 수많은 인명을 살상하기도 했다. 정명진이 용역(龍逆) 2년(662년)에 사망하자 조정에서는 우위대장군(右衛大將軍)에 봉하고, 열(烈)이라는 시호를 내렸다.

정무정은 어렸을 때부터 부친의 영향을 받아 무예를 익혔다. 부친을 따라 이민족 정벌 전쟁에 참여하여 용맹을 떨친 그는 우영군위(右領軍衛) 중낭장(中郎將)에 임명되었다. 후에는 좌무위(左武衛) 대장군 겸 선우도(單于道) 안무대사(按無大使)가 되어 돌궐의 침입을 막는 임무를 수행하게 되었다. 군사적 능력뿐 아니라 지략에도 뛰어난 그는 군대 내에서 큰 신망을 얻게 되어 병사들의 존경과 절대적 복종을 이끌어냈다. 돌궐족은 그의 이름만 들어도 도망을 갈 정도여서 오랫동안 변경을 침략하지 못했다.

그는 무측천에게 충성을 다한 인물이었다. 문명(文明) 연간에 그는 우영군 대장군 장호훈(張虎勛)과 함께 무측천의 밀지를 받자 군사를 이끌고 입궁하여 중종(中宗)을 퇴위하게 만들었다. 무측천이 황제로 등극하지 않고 칭제(稱帝)하는 데 진력을 다한 그는 큰 재물을 상으로 받았고, 아들과 동생들도 관직에 오르게 되었다.

그러나 정무정은 터무니없는 무고를 당하게 된다. 누군가가 정무정이 서경업, 배염 등과 교유를 하면서 반역을 획책했다고 밀고를 한 것이다. 무측천은 처음에는 믿지 않았지만 과거의 일들을 반역의 단서로 해석하게 되었고, 의심은 점차 눈덩이처럼 커져갔다.

조로(調露, 고종의 연호 - 옮긴이) 연간(679~680년)에 돌궐의 아사나복념(阿史那伏念)이 반란을 일으켰을 때 정양도(定襄道) 행군총관(行軍總管) 이문간(李文暕), 조회순(曹懷舜), 두의소(竇義昭)는 연패를 당했다. 조정에서는 예부 상서 배행검(裴行儉)에게 진압을 명하면서 정무정을 부장(副將)으로 임명했다. 정무정과 부총관 당현표(唐玄表)가 금아산(金牙山)에 주둔하고 있던 돌궐군을 공격하자 도망을 치던 아사나복념은 배행검에게 투항했다. 조정에서는 돌궐의 항복을 배행검의 공로로 인정하여 상을 내리려 했으나 중서령 배염은 실제로 공을 세운 인물은 정무정이라고 진언을 했다. 고종은 배염의 말을 신뢰하여 배행검에게는 논공을 하지 않는 대신 정무정을 우위장(右衛將)으로 승진시키고, 평원군공(平原郡公)의 작위를 내렸다.

또한 정무정은 서경업의 무리인 당지기(唐之奇), 두구인(杜求仁)과도 절친한 사이였다. 무엇보다도 그는 배염이 투옥된 후 무고함을 주장하는 상소를 올렸다. 즉 배염은 충성심이 지극한 명재상이므로 소인배의 말을 믿고 함부로 죽여서는 안 된다는 것이었다.

무측천은 일련의 사건들을 연결시켜 본 결과 정무정이 배염의 일당이라는 확신을 하게 되었다. 그러자 그녀는 좌응양(左鷹揚) 장군 배소업(裴紹業)에게 정무정의 군대에 침투하여 그를 암살하라는 밀명을 내렸다.

변경에서 위용을 떨쳤던 명장 정무정은 결국 잔인하게 죽음을 당했고, 그의 가족들도 연좌법에 따라 가산을 몰수당했다. 돌궐족은 정무정의 사망 소식을 듣자 크게 잔치를 벌이며 환호했을 정도였다. 이와는 대조적으로 비탄과 분노에 떨던 부하들은 사당을 세웠고, 출정할 때마다 이곳에서 정무정에게 승전을 기원하는 의식을 치렀다.

조정 대신들도 정무정의 억울한 죽음에 강한 불만과 함께 애석한 마음을 숨기고 있었다. 무측천 또한 가끔씩 정무정의 생전의 활약에 대해 언급을 했지만 그를 죽인 데 대해 후회는 하지 않았다. 그녀의 입장에서 보면 황제의 권력은 철통같이 지켜야 하는 것으로, 설령 억울한 사람을 죽이는 한이 있더라도 회한을 가져서는 안 되는 것이었다.

명태조
주원장

당옥으로 군사권을 장악하다

명 태조는 홍무(洪武) 3년(1370년)에 공신들에게 봉작을 내린 이래로 두 차례의 대규모 논공행상을 했다. 첫번째는 홍무 12년(1379년)에 서부 정벌에 대한 공로를 인정하여 12명을 제후에 봉한 것이고 두 번째는 운남(雲南)을 평정한 후 내린 봉작이었다. 이 밖에도 작은 봉작을 받은 사람들이 적지 않았는데 재위 기간 중 태조가 공(公)과 후(侯)에 봉한 인물은 각기 9명, 54명이었다.

이들 중에는 입신양명 후 권력을 남용하여 불법적인 행위를 하는 사례가 적지 않았다. 더욱이 문제가 되었던 것은 이들의 부하나 가노(家奴)들 가운데 몇몇이 호가호위하면서 평민들의 토지를 빼앗고, 심지어는 소송에도 간섭을 하는 등의 만행을 저지른 것이었다. 이들의 착취는 국가적 차원에서 보면 노동력 유실과 국가 수입의 감소를 초래하여 왕조의 이익, 더 나아가 왕조의 불안정을 조성하는 위기적 요소가 되었다.

공신들의 횡포와 부정부패를 금지하기 위해 태조는 여러 차례 칙령을 내렸다. 홍무 5년(1372년)에 반포한 「신계공후철방(申戒公侯鐵榜)」 이외 13년(1380년)의 「신계록(臣戒錄)」, 19년(1386년)의 「지계록(至戒錄)」, 21년(1388년)의 「대고무신(大誥武臣)」 등은 무장과 공신들에게 자중자애를 경고하는 성격이 강했다. 그러나 현실은 태조의 바람과는 정반대였다. 잦은 금령의 반포는 바로 공신들의 부패가 갈수록 심해졌다는 것을 증명하는 것이고, 그 결과 태조와 공신들 간의 갈등도 증폭되었다.

건국 초기에 태조는 분봉제도를 제정한 후 논공행상을 했다. 첫번째 대규모 분봉은 홍무 11년(1378년)에 이뤄졌고, 같은 해에 2차 분봉이 이뤄졌다. 24년(1391년), 호유용(胡惟庸) 반란 사건이 종결된 후 3차 분봉이 이뤄졌다. 이 무렵 황실은 이미 확고하게 기반을 다졌으므로 공신과 무신들로부터 군권을 회수할 시기였다.

남옥(藍玉)은 안휘 정원(定遠) 출신으로 기골이 장대하고 얼굴은 대추처럼 붉은색이었다. 그는 상우춘(常遇春)의 손아래 처남으로서 매형을 따라다니며 수많은 전투에 참여하여 용맹스러움으로 승승장구했다. 상우춘은 기회가 날 때마다 태조에게 남옥을 칭찬했고, 태조도 상우춘과의 깊은 인연을 생각하여 그를 많이 아꼈다. 홍무 12년(1379년), 서북 지역의 정벌에서 공을 세운 남옥은 영창후(永昌侯)에 봉해졌다. 이를 계기로 그는 홍무 연간의 중, 후반기를 통해 중요한 장수로 부상했다.

전국을 종횡하며 전쟁을 치렀던 남옥은 홍무 26년(1393년) 정월에 수도로 돌아왔다. 그런데 역사 기록에 의하면 다음 달인 2월에 모반죄로 처형되었다. 태조는 전쟁의 피로도 풀리지 않은 대장군을 이렇게 저세상으로 보낸 것이다. 이 사건을 시작으로 피비린내 나는 당옥(黨獄, 우리의 사화土禍와 비슷한 개념 - 옮긴이)이 끊임없이 일어나게 되었고, 그 결과 명대 초기의 공신과 숙장(宿將)들이 거의 다 죽음을 당하는 비극을 맞이했다.

남옥이 처형되기 1년 전인 홍무 25년(1393년) 4월 25일, 태자 주표(朱標)가 병으로 죽었다. 8월에 태조는 2명의 제후를 죽였는데 강하후(江夏侯) 주덕흥(朱德興)과 정녕후(靖寧侯) 엽승(葉昇)이었다. 주덕흥은 군대의 휘장을 제대로 관리하지 않았다는 애매한 죄명으로 죽음을 당했지만, 내막은 매우 복잡했다. 엽승의 경우는 호당(胡黨, 호유용 일파를 지칭 - 옮긴이)의 일원이라는 이유로 처형당했다. 그는 남옥과는 인척 관계였는데, 처형당할 때 남옥은 변경에서 반란을 진압하느라 분망했다.

홍무 26년(1393년) 2월 8일, 남옥이 여느 때와 다름없이 조정에 들어왔을 때 금의위(錦衣衛) 지휘 장헌(蔣瓛)이 나타나 그가 모반죄를 지었다고 고발했다. 태조는 즉시 남옥을 체포하게 한 뒤 이틀 뒤에 처형했다.

호유용(胡惟庸) 사건과 남옥 사건은 태조와 공신들 사이의 충돌이 첨예화된 결과라 하겠다. 태조는 당옥을 이용하여 14년 동안 4만5천여 명을 죽였다. 당옥은 부정한 권신 귀족과 부호들에게 타격을 가하는 것이 목적이었지만, 이보다 더 중요한 목표는 권력을 태조 한 사람에게 집중하여 극대화하는 것이었다.

남옥 사건으로 죽음을 당한 공신과 장수들은 수없이 많은데, 전해지는 바에 의하면 이부상서 첨휘는 남옥이 함께 반란을 모의했다고 거짓 자백을 하는 바람에 처형을 당했다고 한다. 첨휘가 고압적으로 실토를 하라고 윽박지르자 무죄를 주장하던 남옥이 억울한 마음에 "저 자도 나와 같은 무리이다!"라고 한마디 했던 것이 받아들여져 그대로 처형을 당한 것이다. 남옥의 모반 사건과 관련되어 처형당한 사람만도 1만 5천여 명이었다.

남옥을 제거한 뒤 봉작을 받은 개국 공신과 무장들 가운데 살아남은 사람은 신국공(信國公) 탕화(湯和), 송국공(宋國公) 풍승(馮勝), 영국공(潁國公) 부우덕(傅友德) 정도였다. 탕화는 보신술이 뛰어난 인물이라 일찌감치 은퇴를 했다가 홍무 23년(1390년)에 중풍으로 쓰러졌다.

홍무 26년(1393년) 3월 11일, 풍승과 부우덕은 군사를 이끌고 산서(山西)와 북평(北平)으로 가라는 명령을 받았다. 태조는 칙서에서 이들에게 진왕(晉王) 주강(朱棡)과 연왕(燕王)의 통제를 받으라고 했다. 칙서는 또한 군사 기밀에 관한 보고를 할 때는 두 부씩을 작성하여 각기 조정과 두 왕들에게 보이라는 규정도 명기했다. 나흘 후 태조는 진왕과 연왕에게 군대 내에서 상벌을 할 때 중대 사항은 보고를 하되 별로 중요하지 않은 것은 자율적으로 결정하라는 칙서를 내렸다.

그런데 이에 앞서 홍무 23년(1390년)에 부우덕과 왕필은 연왕과 진왕의 북벌에 참여한 적이 있었다. 북벌은 태조가 아들인 연왕과 진왕을 단련시키기 위해 단행한 것이었다. 그런데 남옥 사건 이후 왕실은 군권을 완전히 장악했고, 남은 실력자는 풍승과 부우덕 두 사람뿐이었다.

부우덕은 홍무 27년(1394년) 11월에 죽었는데, 그의 죽음에 대해서는 많은 의문이 남아 있다. 남옥 사건에 연루되어 사약을 받았다는 설, 원인을 알 수 없는 급사를 했다는 설, 자살설 등 각기 다른 역사적 기록이 존재하는 것이다. 그러나 떠도는 소문의 공통점은 그가 선종을 하지 못했다는 것이다. 부우덕이 죽은 후 풍승의 운명도 바람 앞의 등 불이 되어버렸다.

풍승은 본명이 풍국승(馮國勝)으로 정원(定遠) 출신이다. 일찍이 그는 형 풍국용(馮國用)과 함께 주원장에게 의탁했다. 두 사람은 문무를 겸비한 인재여서 주원장의 총애를 받았다. 풍국용은 최초로 금릉(金陵)을 공략하여 왕조를 열어야 한다는 건의를 했는데, 젊은 나이에 병으로 죽고 말았다. 풍승은 다년간 전쟁에 참여하여 수훈을 세웠다. 홍무 5년(1372년), 서달(徐達), 이문충(李文忠), 풍승은 각기 군대를 거느리고 북정에 나섰지만 풍승만이 승리를 거두고 개선했다. 그 후에 풍승의 딸이 주왕비(周王妃)에 봉해짐에 따라 풍승은 태조의 장인이 되었다. 서달과 이문충이 죽은 후 그는 군의 통수(統帥)가 되어 모든 전쟁에서 승리를 거두었다.

그러나 그는 전쟁 기간 중에 탐욕스럽게 재물과 명마 등을 긁어모으고, 항복한 적의 여자들을 강제로 취하는 등의 불명예스런 행동을 일삼았다. 그러자 태조는 풍승에게 상을 내리지 않았고, 대장군의 인신을 압수한 뒤 고향인 봉양(鳳陽)으로 돌아가도록 명했다. 이후 풍승은 출정을 하거나 변방을 지키는 임무를 수행하기는 했지만 대장군의 지휘권을 다시 얻지는 못했다.

홍무 28년(1395년) 초, 풍승은 친척인 번부(樊父)와 반목하는 관계가 되어버렸다. 그러자 평소에 풍승의 일거수일투족을 태조에게 보고했던 번부가 무고를 했다. 무고의 내용인즉슨 풍승이 탈곡장에 무기를 숨겨둔 의도가 불순하다는 것이었다. 실상은 적적함을 견디기 힘든 풍승이 탈곡장에 옹기를 묻어두고 그 속에 넣은 돌태(흙덩이를 고르거나 땅을 다지는 돌로 만든 연장 - 옮긴이)가 굴러다니는 소리를 듣곤 했던 것이다. 돌태 구르는 소리는 마치 전투를 할 때 울리던 북소리와 같았기 때문에 왕년에 전장을 누비던 자신의 모습을 떠올릴 수 있어 많은 위안이 되었던 것이다. 태조는 풍승을 곧장 불러들이도록 한 뒤 술을 한잔 권하면서 "짐은 아무것도 묻지 않겠다"라고 했다. 풍승은 불길한 예감이 들었지만 말을 많이 할수록 불리하다는 생각에 아무 말 없이 단숨에 술을 마신 뒤 물러났다. 얼마 후 그는 세상과 하직했다. 그는 부우덕에 비해 불과 두 달 정도를 더 살았다.

풍승의 죽음을 끝으로 군 내의 용맹한 장수들은 거의 다 죽음을 당했다. 태조는 군권을 황실로 집중시켰고, 이로써 황실과 국가에 눈엣가시와 같은 존재로 여겼던 공신과 장수들을 제거하는 목적을 달성했던 것이다.

유학자 동중서를 중용하다

열여섯 살이라는 어린 나이에 제위에 오른 무제는 야심이 많고 혈기가 넘치는 정력적인 황제였다. 즉 역대 황제들이 이룩한 토대 위에 국가를 발전시키고, 백성들의 삶을 개선하여 역사적으로 빛나는 업적을 쌓겠다는 포부를 지녔던 것이다.

치국의 방도를 이해하고 있었던 그가 가장 큰 비중을 둔 문제는 현명한 인재들을 발탁하여 최대한 능력을 발휘하게 만드는 것이었다. 묵자(墨子)는 "현자를 존중하는 것이 정치의 근본"이며, "현명하고 어진 인사들의 많고 적음에 따라 나라의 운명이 결정된다"고 말했다. 순자(荀子)도 "뛰어난 군주는 사람을 얻는 데, 어리석은 군주는 세력을 얻는 데 골몰한다. 능력 있는 신하를 얻으면 몸이 편하고 나라를 잘 다스릴 수 있어 큰 공을 세우고 명예도 얻을 수 있다. 이에 비해 유능한 신하를 얻는 데 신경 쓰지 않으면 고생을 하면서도 나라는 어지러워지고,

사직도 위태로워질 수밖에 없다"고 설파했다. 따라서 무제는 등극한 다음 해인 건원(建元) 원년(기원전 140년) 10월에 승상, 어사, 중이천석(中二千石), 이천석(二千石) 및 제후국의 상(相)들에게 현능한 인물들을 천거하라는 명령을 내렸다.

황제의 명을 받은 조정과 군(郡), 국(國)의 관리들은 적극적으로 다양한 인재들을 찾아 상신했다. 제가(諸家)의 학자들도 경쟁적으로 자천을 하며 나섰다. 그래서 빠른 시간 내에 전국의 인재들이 속속 경사(京師)로 몰려들었다. 도가, 유가, 명가, 법가, 음양가, 종횡가 등의 학자들과 현직에 있는 관리들, 재야 인사, 갓 성인이 된 청년, 백발의 노인 등 실로 다양한 인물들이 황제의 부름을 고대하며 목을 빼는 형국이 된 것이다.

인재 선발에 큰 기대를 건 무제는 직접 치국의 도를 묻는 문제를 출제했다. 그런데 도가파 인물들의 답안은 천편일률적이었다. 즉 '무위의 다스림', '관리가 아무 일도 하지 않으면 백성들은 자연히 부유해진다', '법령이 지나치게 많으면 도적들도 많아진다', '백성들을 다스리기 힘든 이유는 지배자의 간섭이 심하기 때문이다' 따위의 한가한 이론뿐, 유용한 의견은 없었다. 무제는 탁상공론에 심기가 불편해져서 답안들을 집어던졌다.

그 다음으로 읽은 법가파의 답안들은 한결같이 신불해(申不害), 상앙(商鞅), 한비(韓非) 등의 사상을 기술하고 있었다. 권술(權術)로 신하들을 다스리고, 엄격한 법치로 나라를 다스려야 한다는 주장에 무제는 일견 고개를 끄덕였지만 만족스럽지는 못했다. 종횡가의 주장도 무제의 마음에 들지는 않았다. 그가 생각하기에 소진과 장의 같은 종횡가들은 단지 세 치 혀로 부귀를 얻은 뒤에 천자를 배반하는 자들이니 그들의 생각은 고려할 가치도 없었다.

그런데 갑자기 '천인합일(天人合一)', '군권신여(君權神與)', '『춘추(春秋)』의 대일통(大一統)'이라는 단어가 들어간 글이 무제의 시선을 끌었다. 논리정연하면서 비범한 문필을 자랑하는 이 문장은 유가를 정통적 가치로 숭앙하면서 잡다한 학파들을 배척해야 한다는 주장을 펴고 있었다. 몇 번을 반복해서 읽은 무제는 감탄을 금치 못했다.

문장의 말미에 적힌 작성자의 이름은 바로 광천(廣川) 출신의 동중서(董仲舒)였다. 동중서의 박학함에 대해 일찍이 들은 바가 있었던 무제는 명불허전이란 말의 뜻을 절감했다. 무제는 동중서의 글에 '최고의 현량(賢良)'이라는 친필을 쓰고는 내시에게 그를 불러들이도록 했다. 이 소식이 전해지기가 무섭게 궁중 안팎의 사람들은 설왕설래를 하면서 동중서가 과연 어떤 인물인지 호기심의 눈을 번뜩였다.

얼마 후 내시의 안내를 받은 동중서가 미앙궁 정전(正殿)에 들어와 무제에게 큰절을 올렸다. 마흔 살 정도 되는 동중서는 크지도 작지도 않은 키와 몸집에다 검은색 옷을 입고 베로 만든 신발을 신은 차림이었다. 희고 맑은 피부에 수염이 가슴께까지 내려왔고, 길고 가는 눈은 형형한 빛을 발하고 있었다. 겸허한 표정과 몸가짐이었지만 침착하면서도 기품이 넘치는 모습은 학자의 풍모가 역력했다. 무제는 동중서의 외모에 마음속으로 흡족함을 감추지 못했다.

"짐을 보필할 큰 인물로서 조금도 손색이 없도다!"

동중서가 절을 마치자 무제가 입을 열었다.

"덕과 재능이 출중하고, 뛰어난 의견을 개진하였기에 짐은 그대를 최고의 현량으로 선발했다. 하지만 짐이 이해할 수 없는 몇 가지 문제들이 있으니 상세하게 설명해 보도록 하여라."

이어서 무제는 천도(天道)와 인간의 관계, 역사적으로 존재했던 대치(大治)와 대란(大亂)의 원인, 백성들의 화합을 이루는 문제, 청렴한 정치, 천하의 안정 등에 대해 책문(策問)을 했다. 무제의 질문에 일일이 대답을 한 동중서는 세 편의 글을 써서 바쳤다. 이 글은 후일 「천인삼책(天人三策)」으로 불려졌다.

동중서의 글을 읽은 무제는 흥분하여 쉽사리 안정을 찾지 못했다. 그 이유는 동중서의 글이 바로 자신이 오랫동안 구상했던 바와 일치했기 때문이었다. 체계적으로 이론화하지 못했던 생각들이 이제 동중서의 글을 통해 확연하게 그 모습을 드러냈으니 무제로서는 그 기쁨을 이루 형용할 수 없었던 것이다.

다시 말해 동중서의 문장에는 군주의 권력은 하늘에서 부여했다는 군권천수(君權天授)와 천하 통일의 이론이 담겨 있고, 개혁을 통해 위업을 달성할 수 있는 구체적인 조치들이 열거되어 있었던 것이다. 무제는 그 자리에서 동중서를 강도왕국(江都王國)의 상(相)에 봉한 뒤 강도의 역왕(易王) 유비(劉非)를 보필하라는 명을 내렸다.

무제가 동중서를 그토록 높이 평가했음에도 불구하고 조정에 남겨두지 않은 까닭은 무엇인가? 해답은 바로 역왕 유비를 견제하기 위해서였다. 유비는 무제의 이복형으로 원래 여남왕(汝南王)에 봉해진 인물이었다. 오나라와 초나라가 반란을 일으켰을 때 열다섯 살에 불과했던 유비는 장군으로 출정하여 혁혁한 공을 세웠다. 어린 나이에 반란을 제압한 그는 강도 역왕이 되어 오나라의 고토(故土)를 다스리게 되었고, 경제로부터 천자의 정기(旌旗)를 하사받았다. 뛰어난 두뇌와 용맹스러움을 모두 갖춘 유비는 무력과 재력을 겸비하고 있었다.

따라서 이복형에 대한 경계심을 풀 수 없었던 무제는 동중서로 하여금 유비에게 군신의 예의를 가르치도록 하여 가일층 통제하려는 목적을 지녔던 것이다. 물론 이 기회를 통해 동중서의 정치력을 관찰하겠다는 의도도 배제할 수 없었다. 동중서는 과연 무제의 기대에 어긋나지 않게 강도국에서 발군의 능력을 발휘했다.

그러나 건원 6년(기원전 135년), 동중서는 요동의 고묘(高廟)와 장릉(長陵) 고원(高園)에서 대화재가 발생한 데 대한 책임을 지고 투옥되었다. 사면을 받아 감옥에서 나온 뒤에도 그는 승상 공손홍(公孫弘)의 시기와 모함을 받아 중앙의 관리로 남지 못하고 교서왕(膠西王) 유단(劉端)의 상국(相國)으로 임명되었다. 유단은 무제의 형으로 음험하고 잔인한 성격의 소유자로서 조정에서 파견한 상국들을 교묘하게 제거했다. 이 사실을 알고 있는 동중서는 칭병을 한 뒤 고향으로 내려가 저술에 몰두했다. 그러나 동중서를 몹시 아꼈던 무제는 조정에 큰일이 있을 때마다 사신을 보내 그의 의견을 구했다. 태초(太初) 원년 (기원전 104년), 동중서는 병으로 세상을 떠났다.

동중서 이외에도 뛰어난 정치적 식견으로 무제의 총애를 받았던 인물로는 회계(會滑) 출신의 유생 엄조(嚴助)를 들 수 있다. 엄조의 뛰어난 두뇌와 실무 능력을 높이 평가한 무제는 그를 중대부(中大夫)에 발탁하여 조정에서 활약할 기회를 주었다. 또한 공손홍은 예순이라는 고령에도 불구하고 춘추 공양학(春秋公羊學)에 정통하였으므로 박사로 임명되었다.

일찍이 태자의 태부(太傅)를 역임했던 승상 위관(衛綰)은 유학을 정통으로 삼으려는 무제의 의중을 읽어내고는 이 사실을 유리하게 이용하기로 작심했다. 그래서 "백가를 물리치고 유가만을 정통으로 삼아야 한다"는 동중서의 주장에 상찬을 하는 무제에게 "법가와 종횡가는 국정을 문란케 하므로 모두 배제해야 한다"는 강력한 주장을 펴는 상소를 올렸다. 무제는 이 상소를 즉시 비준했다.

이로써 동중서의 주장은 위관의 주청(奏請)과 무제의 비준을 거쳐 한대의 개혁과 새로운 정치의 핵심 사상으로 자리매김하게 되었다.

건원 6년(기원전 135년) 5월, 태황태후 두(竇)씨가 실명한 지 오래된 두 눈을 영원히 감았다. 45년간 궁정을 지켰던 그녀의 죽음은 낡은 정치의 종결을 의미했다. 이와 동시에 22세의 한 무제가 조모의 속박에서 벗어나 대권을 온전히 장악하여 새로운 시대를 열게 되는 출발점이 되었다.

무제는 동중서의 "제자백가를 축출하고 오로지 유가를 정통으로 삼아야 한다"는 건의를 잊지 않고 실행에 옮기기 시작했다. 먼저 정권을 개편하기로 작정한 무제는 태황태후의 장례를 제대로 치르지 못했다는 명분을 만들어 그녀의 수족 노릇을 하던 승상 허창(許昌)과 어사대부 엄청(嚴青)을 퇴진시켰다. 무제는 승상에 외숙부이자 유가사상의 신봉자인 전분(田蚡)을, 어사대부에는 한안국(韓安國)을 임명하고, 유가를 정통 사상으로 하는 정치 혁신의 지침을 발표한 뒤 순조롭게 이행해 나갔다.

무제는 중대한 일을 하여 효과를 보려면 반드시 비범한 인물을 등용해야 한다는 사실을 깊이 인식하고 있었다. 한나라가 무위 정치를 핵심으로 하는 노장사상을 숭상한 지 70여 년이 지나면서 사회 전반에 끼친 영향은 매우 컸다. 그런데 이제 유교를 새로운 정치의 이념으로 삼으려는 것은 실로 중차대한 변화였다.

문제는 관리들이 낡은 관행에 안주하고 탐욕스런 행태로 일관하면서 황제의 뜻을 실천하지도, 백성들을 교화해야 하는 임무도 수행하지 못하는 것이었다. 그러므로 정치를 혁신하기 위해서는 우선 무능하고 부패한 관리들을 유능한 인물들로 교체하는 것이 급선무였다. 그리하여 무제는 새로운 관리 선발 제도의 제정과 다양한 조치를 통해 필요한 인재들을 양성하고, 관계 진출의 길을 넓혀주기로 결심했다.

찰거(察擧)제도의 정립

'찰거제'는 중앙과 군국의 고급 관리들이 현량한 선비들을 중앙에 천거하는 제도를 말한다. 이 제도는 주(周)대의 향거(鄕擧)를 통해 선발한 '수사(秀士)'와 제후들이 매년 '천자에게 선비를 바치던' 관행이 변화된 형태라 할 수 있다. 한대에는 찰거제로 새롭게 발전하게 되었다.

징소제(徵召制)

덕망이나 재능, 학식이 뛰어나지만 벼슬을 원하지 않는 인사들에 대해 무제는 징소제를 통해 조정에 들어오게 하여 관리로 임용했다. 징소제는 진나라 시대에 이미 실행되었던 것으로 무제가 계승, 발전시켰다.

자천(自薦)

무제는 관계 진출의 통로를 넓히기 위해 일반인들이 스스로를 추천할 수 있도록 적극 유도했다. 자천제는 '자현죽(自衒鬻)'이라고도 불렸는데, 이는 스스로 재능을 드러내고 팔아먹는다는 부정적인 의미를 내포한 표현이었다.

태학(太學) 설립

무제는 동중서의 "태학을 설립하여 우수한 교사들로 하여금 천하의 선비들을 양성하도록 하라"는 건의를 받아들였다. 일찍이 건원 5년(기원전 136년)에는 『시경(詩經)』, 『서경(書經)』, 『역경(易經)』, 『예기(禮記)』, 『춘추(春秋)』의 오경박사를 두었다. 오경박사는 태상(太常, 9경 중의 하나로 의전을 담당 – 옮긴이)의 감독을 받으면서 유가의 경전을 연구하고 조정의 전례와 정사에 관한 토론에 참여하고, 황제에게 자문을 하기도 했다. 오경박사제를 도입한 것은 태학 설립을 위한 준비 과정의 일환이었다.

위에서 말한 조치들을 통해 관리 임용의 길을 넓힌 무제는 고위 관리와 대부호의 자제들 이외에도 중소 지주와 사회적으로 하층계급에 속하는 자들도 관직에 진출할 수 있는 기회를 제공했다. 그리하여 무제는 집안 배경, 나이, 이력 등에 구애받지 않는 선발 방법으로 뛰어난 인물들을 대거 정권에 편입할 수 있었다.

예를 들어 공손홍(公孫弘)은 빈한한 옥리(獄吏) 가문 출신으로 바닷가에서 돼지를 키우며 살았으나 무제의 눈에 들어 승상까지 역임했다. 평민 출신인 주부언(主父偃)은 자천으로 관직에 올라 1년에 네 번이나 관직을 옮기는 승승장구를 하여 제국(齊國)의 상이 되었다. 복식(卜式)은 양치기에서 어사대부가 되는 행운을 누렸고, 상홍양(桑弘羊)은 비천한 상인 출신에서 어사대부가 되었다. 위청출(衛青出)은 노비에서 대사마(大司馬) 대장군이 되었고, 흉노족 출신으로서 한에 투항한 김일제(金日磾)는 시중, 부마도위, 광록대부 등을 역임한 뒤 산동의 제후에 봉해졌다.

무제는 유가를 유일한 정통사상으로 삼고 유학자들을 주로 등용했지만 다른 학파의 현량들을 배척하지는 않았다. 즉 그들의 '말' 가운데 취할 바가 있고, 국가의 시책에 반대를 하지 않는 유능한 인물들은 중용을 했던 것이다. 장탕(張湯)과 조우(趙禹)는 법률에 관한 해박한 지식으로 인해 사법을 관장하는 정위(廷尉)가 되었고, 급암(汲黯)은 인격이 뛰어난 노장사상의 권위자라는 이유로 발탁되어 여러 차례 군수를 역임한 뒤 구경(九卿)이 되었다. 종횡가의 주부언과 음양가의 엄안(嚴安)은 처음에는 궁정을 출입하는 자격을 얻어 조정의 의론에 참여했다.

광범위하게 인재를 발탁하여 두루 기용한 덕분에 무제 시대는 역사적인 흥륭기로 기록될 수 있었다. 그래서 역사가 반고(班固)는 무제의 성공적인 용인술을 이렇게 평가했다.

"한대는 많은 인재들이 배출되고 활약한 시대였다. 학문이 깊고 인품이 뛰어난 인물로는 공손홍, 동중서, 예관(倪寬)이 있고, 성실한 인물로는 석건(石建)과 석경(石慶)을 들 수 있다. 소박하고 강직한 인물의 대표적인 이는 급암과 복식이 있고, 어진 인품의 소유자는 한안국과 정당시(鄭當時)를 꼽을 수 있다. 법률을 정비한 인물은 조우와 장탕이고, 문장에서 뛰어난 인물은 사마천(司馬遷)과 사마상여(司馬相如), 해학과 익살을 가진 인물로는 동방삭(東方朔)과 매고(枚皐)가 있다. 사람을 대하는 법과 화술의 대가는 엄조(嚴助)와 주매신(朱賣臣), 역법에는 당도(唐都)와 낙하굉(落下閎), 음악에는 이정년(李廷年), 계략과 방책을 세우는 데는 상홍양, 사신으로는 장건(張騫)과 소무(蕭武), 군사에서는 위청과 곽거병(霍去病), 군주의 유언을 받든 곽광(霍光)과 김일제 등이 대표적인 인물이다. 이 밖에도 일일이 열거할 수 없을 만큼 수많은 인재들이 있다. 이들은 공을 세우고 제도를 정비하여 후세에 막대한 영향을 미쳤다."

바로 이러한 인재들이 특장을 발휘함으로써 무제는 서한의 전성기를 이룩할 수 있었다.

지도자가 갖춰야 할 10가지 군사적 재능

당이 통일 전쟁을 하는 과정에서 가장 큰 공을 세운 인물은 젊은 통수 진왕(秦王) 이세민이었다.

무덕(武德) 원년, 이세민이 대군을 거느리고 설거(薛擧)와 설인고(薛仁杲) 부자를 격파하여 농우(隴右)를 평정했을 때 그의 나이는 불과 22세였다.

무덕 2년에서 다음 해에 걸쳐 이세민은 유무주(劉武周)와 송금강(宋金剛)을 대파하여 하동(河東)과 대북(代北) 지역을 차지했다.

무덕 3년에서 4년 사이에는 동정을 단행하여 왕세충(王世充)과 두건덕(竇建德)을 포로로 잡고, 두복위(杜伏威)를 경사에 들어오게 만들었다.

무덕 4년에서 5년에 걸쳐 유흑달(劉黑闥)을 대파했을 때 이세민의 나이는 26세였다.

당의 일련의 통일 전쟁 중에서 형주(荊州)의 소선(蕭銑)이 이효공(李孝恭)과 이정(李靖)의 군대에 투항한 것을 제외하고 주요 지방 세력들은 모두 이세민에게 평정되었다. 무덕 5년, 천하를 통일하는 전쟁은 거의 완료되었다. 무덕 6년, 유흑달과 서원랑(徐圓朗)이 피살되었다. 무덕 7년, 보공석(輔公祏)이 반란을 일으켰지만 이 반란은 통일 과정에서의 작은 소란에 불과한 정도였다.

당 태종 이세민이 통일 전쟁에서 행한 중대한 역할은 그가 중국 역사상 탁월한 군사 지도자임을 증명한 것이다. 그는 걸출한 청년 지도자로서 최소한 다음과 같은 열 가지 군사적 재능을 갖추고 있었다.

넓고 멀리 볼 줄 아는 전략적 안목

이세민의 뛰어난 전략적 안목이 처음으로 빛을 발한 것은 진양(晉陽)에서 거병을 하면서 서쪽으로 장안을 공격한 뒤 다시 동부를 점령해야 한다는 주장을 폈을 때였다. 성공적으로 장안을 공격한 후 그는 형 건성(建成)과 함께 동도(東都)를 구하라는 명을 받았다. 하지만 그는 과감하게 동도를 포기해야 한다는 주장을 했는데, 그 이유는 관중에서의 세력이 공고하지 않으므로 동도를 얻어도 수비하기가 쉽지 않기 때문이라는 것이었다. 그러므로 먼저 관중을 위협하는 세력을 제거할 것을 최우선적인 전략 목표로 내세웠다. 유무주(劉武周)가 하동을 점령했을 때 고조는 "적의 세력이 막강하므로 하동을 포기하고 관서를 잘 지키라"는 명령을 내렸다. 그러나 이세민은 "태원(太原)은 왕업을 다지고 국가의 근본이 되는 곳"이라며 출전을 주장했다. 이 세 가지 사실로 미루어볼 때 이세민은 원대한 전략적 안목을 지닌 군사가라고 하겠다.

전쟁의 전반적인 흐름을 읽어내는 능력

전세를 조정할 수 있는 능력은 이세민이 연전연승을 거둘 수 있었던 중요한 원인 중의 하나였다. 동쪽을 정벌하라는 명령을 받았을 때, 그는 왕세충과 두건덕이라는 강적들을 상대해야 하는 상황에서 왕세충을 먼저 공격하는 전략을 취했다. 낙양을 지원하러 갔을 때는 왕세충과 두건덕 군대와 동시에 전투를 하는 전법으로 승리를 거두었다. 즉 주력군은 두건덕을 공격하고, 왕세충은 성문 밖으로 나오게 만들어 투항을 이끌어낸 것이다. 이로써 왕세충과 두건덕을 모두 격파하는 일거양득의 효과를 거두었다.

적진을 정찰한 뒤 교전하는 습관

이세민은 중요한 싸움을 목전에 두고는 항상 소수의 기병을 이끌고 직접 적진을 찾아가 적군의 동태를 살피면서 아군과 적군의 전력을 분석했다. 또한 지형을 파악한 뒤 작전을 짜서 적을 격파할 준비를 갖추었다. 전투 예상 지역을 정탐하러 다니는 위험한 행동으로 인해 적에게 포위당하는 위기를 겪기도 했지만 이러한 습관을 포기하지는 않았다.

적의 예봉을 피하는 지구전 전술

설거 부자, 유무주, 송금강, 왕세충, 두건덕, 유흑달 등은 막강한 군사력을 갖춘 이세민의 적수들이었다. 그런데 기세등등한 적군을 맞이하면 이세민은 지구전으로 버티다가 상대가 지친 상태에서 기습전을 벌여 승리를 거두곤 했다. '견고한 벽을 쌓아 적의 예봉을 피한다' 는 이세민의 지구전 전술은 유무주, 송금강, 왕세충, 두건덕과의 전투에서 효과를 발휘했고, 이를 계기로 전세를 유리하게 전환시켰다.

견인불발의 꿋꿋한 정신력

설거 부자, 유혹달, 왕세충, 두건덕 군대와 팽팽하게 접전을 벌일 때는 평균 60여 일을 대치했다. 양군의 실력이 막상막하인 상황, 특히 아군의 순간적인 실수가 패배를 부를 수 있는 상태에서는 장수의 의지와 배짱이 전세를 결정짓게 된다. 이세민이 왕세충의 낙양 궁성을 공격할 때 적군의 우세한 화력에 밀려 고전을 면치 못하자 부장인 유홍기(劉弘基)는 퇴각을 주장했고, 고조도 회군하라는 밀명을 내렸다. 그러나 이세민은 낙양성을 포위 공격해야 한다는 주장을 굽히지 않았다. 또한 두건덕이 대군을 이끌고 왕세충을 지원하기 위해 왔을 때에도 신안(新安)으로 후퇴해야 한다는 부장들의 건의를 거절했다. 결과적으로 볼 때 이세민의 견인불발의 꿋꿋한 정신력은 적군과 대치했을 때 큰 힘으로 작용했고, 이를 바탕으로 반격을 가하여 적을 물리칠 수 있었다.

적의 전력이 약화되었을 때 맹공을 펼치는 작전

이세민은 적군과의 대치 상태에서 상대가 약화되면 맹렬한 기세로 공격을 하여 적군을 전멸시키는 작전을 폈다. 이런 작전의 전형적인 사례는 유무주의 부하인 맹장 송금강을 추격했을 때였다. 송금강을 격파하기 위해 이세민은 이틀 동안을 굶고, 사흘간 잠도 자지 않으면서 뒤따라갔다. 부장 유홍기가 추격을 멈추고 휴식을 취할 것을 권하자 이세민은 "내가 멈추면 상대로 하여금 전력을 보충할 기회를 주는 것이므로 다시는 공격을 할 수 없게 된다"며 일축했다. 결국 그는 송금강의 부대를 전멸시켰다.

기회 포착과 과감한 결단력

이세민의 군사적 능력 가운데에서도 돋보이는 점은 싸움에 임하면 기회를 잘 포착하는 것이다. 특히 일단 전기가 마련되면 과감한 결단으로 전세를 아군에게 유리하게 변화시킴으로써 승리를 이끌어냈다. 대표적인 사례는 두건덕의 군대와 1개월간 접전을 벌이다 상대의 계략을 역이용하여 공격을 함으로써 승리하고, 두건덕도 생포하는 개가를 올린 것이다.

기병을 이용한 우회 전술

속도전에 유리한 기병을 잘 활용한 것은 이세민의 용병술 가운데 두드러진 특징이었다. 결전을 치를 때에 그는 기병으로 하여금 적군의 뒤쪽이나 측면을 기습하여 적진을 교란시켰다. 이러한 우회 전술은 이세민이 적진을 돌파하는 중요한 수단이 되었다.

공격의 선봉에 서는 용맹함

이세민은 전투에 임하면 사병들의 선두에서 공격을 하는 용맹함을 잃지 않았다. 왕세충과의 전투에서 그는 진숙보(秦叔寶), 정지절(程知節), 위지경덕(尉遲敬德), 적장손(翟長孫) 등에게 기병을 지휘하여 돌아가면서 적진을 공격하도록 했고 그때마다 자신은 공격의 선봉에 섰다. 그는 많은 전투에서 적에게 포위가 되었지만 위험한 순간에는 뛰어난 활솜씨로 위기를 탈출하여 한 번도 부상을 당하지 않았다. 군을 통솔하면서 항상 선봉에 섰기에 군대의 사기는 드높았고, 이는 전쟁에서의 승리를 보장하는 요소로 작용했다.

인재를 아끼고 결집시키는 능력

인재를 아끼고 능력을 발휘하게 하는 이세민의 휘하에는 용맹한 장수들이 운집했다. 대표적인 인물이 위지경덕, 정지절, 진숙보, 이세적(李世勣), 이신통(李新通), 이도현(李道玄)이다. 또한 소우(蕭瑀), 설수(薛收), 방현령(房玄齡), 봉덕이(封德彝), 곽수각(郭守恪) 등은 참모의 역할을 한 대표적인 모사들인데, 이들 중 적지 않은 인물들은 이세민의 적대 세력 출신이었다. 이세민은 이들 장수와 모사들의 보좌를 받아 파죽지세로 적을 물리치고 중국을 통일하는 전쟁에서 승리할 수 있었다.

당
현
종
이
융
기

원리원칙에 입각해 관료 사회를 개혁하다

당 현종(唐 玄宗) 이융기(李隆基)가 즉위한 후에도 무측천의 딸 태평공주는 대권에 대한 집착을 버리지 않은 채 궁중에 큰 세력을 형성하고 있었다. 그래서 7명의 재상 가운데 4명이 그녀의 심복이었고, 문무백관 가운데 대다수가 그 영향권에 있을 정도였다. 이런 상황에서 현종은 자신의 세력을 결집하여 태평공주와 일대 결전을 벌일 준비를 해나갔다. 개천(開天) 2년(713년) 7월 3일, 현종은 태평공주가 재상 두회정(寶懷貞)과 우림군(羽林軍)을 이끌고 다음 날 정변을 일으킬 것이라는 정보를 입수하고는 선수를 쳐서 공주와 그 일당 수십 명을 죽였다. 연이어 공주에게 유착했던 관리들을 모두 축출한 현종은 몇 차례의 피비린내 나는 숙청을 한 다음에야 권력을 공고히 할 수 있었다.

현종이 조정을 장악한 다음 가장 먼저 착수한 작업은 관료 사회의 정비와 유능한 인물들을 등용하는 것이었다. 비대해진 관료 조직에서 불필요한 인물들을 제거한 현종은 간관(諫官)들이 의사 결정에 참여하는 제도를 부활시켰고, 특히 현령의 선발에 역점을 두었다. 또한 관료들의 인사고과를 엄격하게 시행하여 상벌을 분명히 하자 관료 조직은 새롭게 변신했다. 그가 가장 중시한 것은 재상의 등용이었다. 그래서 개원 연간에는 어진 재상들이 많이 나와 '개원성세(開元盛世)'를 이루는 데 한몫을 했다.

무측천 시대에는 민심을 얻기 위해 관리들을 과도하게 선발했다. 그 부작용으로 "간관은 수레를 가득 채울 정도이고, 용도 폐기된 간관도 말(斗)로 셀 정도"라는 말이 나올 정도였는데, 중종의 복위 후 아내인 위후(韋后)와 딸 안락(安樂)공주가 조정을 좌지우지하면서 이런 현상은 더욱 심화되었다. 안락공주는 중종의 묵칙(墨勅, 황제가 붓으로 직접 써서 내리는 칙령 - 옮긴이)을 자신이 남발하고, 뇌물을 받고 벼슬을 파는 등의 행위를 서슴지 않았다. 그녀는 미리 칙서를 써놓고는 중종에게 애교를 떨어 서명을 하고 어인(御印)을 찍게 만든 다음 중서성에 넘겼다. 이런 방법으로 관직을 산 사람들을 '사봉관(斜封官)'이라 했는데 30만 전을 내면 묵칙을 살 수 있고, 3만 전이면 승려의 도첩을 살 수 있었다.

현종은 즉위 후 관직 매매를 근절하기 위해 외관, 시관(試官), 검교관(檢校官) 등을 한 번에 수천 명이나 파면하기도 하여 관료 사회의 면모를 일신하였다. 또한 그는 앞으로 관리의 소양과 숫자를 엄격하게 관리하고, 기준에 부합하는 자만을 승진시킬 것이라고 천명했다.

개원 5년(717년), 권력이 어느 정도 안정된 뒤 현종은 정관 연간의 제도를 부활하라는 명령을 내림과 동시에, 간관과 사관들이 조정의 극비

사항을 논의하는 자리를 제외하고는 황제와 재상들이 의사 결정을 하는 모든 회의에 참여할 수 있도록 했다.

현종은 무엇보다도 직접적으로 백성들과 접촉하는 현령을 선임하는 데 많은 신경을 썼다. 때로는 직접 문제를 내어 현관들이 치국안민의 방법을 이해하고 있는지의 여부를 판가름하기도 했다. 시험 결과 성적이 우수한 관리는 그에 걸맞은 대우를 보장했으나, 자질이 없는 관리는 즉시 파면했다.

관리들의 자질을 높이기 위해 현종은 엄격한 고과 제도를 시행했는데, 「관료 사회 정비에 관한 칙서」는 매년 10월에 각 도의 안찰사가 민간의 사정을 파악하기 위해 순찰을 한 뒤 지방관을 5등급으로 분류하여 이부에 보고하도록 했다.

인사고과와 함께 상벌에 대한 규정도 더욱 뚜렷해졌다. 현종은 선행에 대해서는 상을 내려 격려하고, 죄를 지으면 반드시 책임을 물어야 한다는 인식이 강했으므로 재위 기간 동안 이 원칙을 철저히 지켜 나갔다.

관료 사회를 정비함에 있어 인원 감축을 제외하고 관건이 되는 것은 뛰어난 인물의 등용이다. 현종은 이 점을 잘 알고 있었으므로 집권 전반기에는 어질고 덕이 있는 인물들, 특히 재상들을 선임하는 문제를 매우 중시했다. 그의 통치 기간 중에 명재상들이 많이 배출되었는데, 예를 들어 요숭(姚崇)은 긴급한 정무를 처리하는 데 탁월한 능력을 보였고, 권력의 운용에도 정통하여 '위기 전담 재상'이라는 평을 받았다. 역사 기록에 의하면 요숭과 노회신(盧懷愼)이 함께 재상으로 있을 때 요숭이 10여 일 동안 휴가를 보내고 돌아와 노회신이 결단을 내리지 못해 산더미처럼 쌓여 있던 미결사항을 번개처럼 처리하여 사람들을 놀라게 했다는 일화가 있다.

어느 해인가 산동에 메뚜기 떼로 인해 흉년이 들었는데 지방관이 메뚜기를 박멸할 시도도 하지 않으면서 "메뚜기 재해는 천재이므로 인력으로는 해결할 수가 없습니다. 조정에서 어진 정치를 펴면 재해도 자연히 발생하지 않을 것입니다"라는 상소를 올렸다. 그러자 요숭은 즉석에서 답변을 썼다.

"그대의 생각대로라면 지방관이 덕정을 하면 메뚜기 떼가 그 지방에 들어가지도 않았을 것이다. 그곳의 메뚜기들은 그대가 덕이 없다는 증거가 아니겠는가?"

할 말이 없어진 지방관은 요숭의 명령에 따라 구충 작업을 했다. 요숭의 후임자인 송경(宋璟)은 법에 충실한 행정 처리와 인재 발탁에 뛰어났으므로 사서에서는 두 사람을 명재상의 대표적 인물로 평가하고 있다.

이들 이외에도 장구령(張九齡)과 한휴(韓休)는 중대한 문제들에 대해 현종에게 올바른 간언을 한 것으로, 장가정(張嘉貞)은 관료 조직의 관리에, 장설(張說)은 문장 실력, 이원덕(李元德)과 두섬(杜暹)은 청렴한 생활로 유명했다. 이들은 각기 다른 장점으로 서로를 보완하여 '개원성세'를 이룩하는 데 큰 기여를 했다.

일련의 조치와 노력을 통해 개원과 천보(天寶) 연간은 당대를 통틀어 사회 경제적으로 최고의 번영을 구가했다. 원결(元結)이 남긴 기록에 의하면 이 무렵엔 농민들의 근로 의욕이 매우 높아 농경이 매우 발달했다고 한다. 또 두우(杜佑)는 당시 곡물의 가격이 상당히 낮았다는 기록을 남기고 있다.

농업의 발전은 상공업의 발전을 촉진하여, 도성인 장안에는 동쪽과 서쪽에 각기 가게들이 즐비하게 들어섰다. 시장은 사방으로 뻗어 있었는데, 물자가 풍부하고 활발한 거래가 이루어졌다.

경제적 번영에 힘입어 문화와 과학 기술도 발전했다. 남북조시대에 서적과 문물이 대량으로 소실되었기 때문에 당대 초기에는 수집과 정리 작업이 진행되었지만 효과는 별로 없었다. 그런데 현종은 즉위 후 서적과 문물 복구 작업에 큰 관심을 보였다. 그는 소문관(昭文館) 학사 마회소(馬懷素)를 도서사(圖書使)에 임명하여 저원량(儲元量)과 함께 도서의 정리와 편찬 작업을 하도록 했다. 이와 더불어 장안과 낙양에 집서원(集書院)을 설립하여 전국의 저명한 학자들을 초치한 뒤 저술과 학문 연구에 정진하도록 했다.

한편 현종의 즉위 초기에 변방은 매우 불안정한 상태였다. 무측천의 통천(通川) 원년(696년), 거란의 이진충(李盡忠)은 내부적 갈등을 이용하여 부하들을 선동, 반란을 일으켜 영주(營州)를 점령한 뒤 영주 도독의 관할 지역인 연창(連昌) 등 12개의 성을 빼앗는 개가를 올렸다. 무측천은 왕효걸을 파견하여 반격을 하도록 했으나 대패를 했고, 그도 전사했다. 이후 유리한 고지를 점령한 거란의 귀족들은 중국 내지를 침범하여 민간인들을 살상했다.

장안(長安) 3년(703년), 서쪽의 돌궐 귀족 오질륵(烏質勒)이 안서 4진의 하나인 쇄엽진(碎葉鎭)을 함락시킨 뒤 북정(北庭) 서부의 일부 지역을 차지하여 실크로드로 통하는 길이 봉쇄되는 사태가 벌어졌다. 북방에서는 돌궐 귀족이 홍도(弘道) 원년(683년)에 울주(蔚州, 오늘날의 하북성선 울현 – 옮긴이), 정주(定州, 오늘날의 하북성 정현 – 옮긴이), 만리장성 이북의 대편(大片)을 점령했다. 당 정부는 하는 수 없이 수공(垂拱) 원년(685년)에 안북도호부를 임시로 동성(同城)으로 옮겨 개원 초기까지 유지했다. 즉 현종이 즉위했을 당시에는 서부의 쇄엽과 정주, 북부의 운주(運州) 이북과 동북부의 요서 12개 주를 돌궐과 거란족에게 점령당한 상황이었던 것이다. 이 영향으로 감숙과 하북의 백성들은 빈번하게 약탈과 죽음을 당했고, 변방의 불안정으로 국가적 통합이 위협을 당하고 있었다.

상황이 이렇다 보니 현종은 즉위 후 곧바로 정치적 안정, 경제 발전에 역점을 두는 한편 전쟁을 수행하기 위한 준비를 시작했다.

병제 개혁

개원 11년(723년), 재상 장설(張說)의 부병제를 모병의 형태인 용병제(傭兵制)로 개편해야 한다는 주장을 받아들인 현종은 전국적으로 군사 12만을 모병하여 위사(衛士)로 충당하라는 명령을 내렸다. 이들 위사는 '장종숙위'(長從宿衛, 장기간 숙위로 근무한다는 뜻 – 옮긴이) 혹은 '장징건아'(長徵健兒)라 불리면서 수·당 이래 부병이 윤번제로 숙위를 담당하던 역할을 대신하게 되었다.

병제 역사상 중요한 개혁이었던 용병제는 10여 년간의 시행을 거쳐 성공적인 제도임이 입증되자 개원 25년(737년)에는 전국적으로 확대 실시하게 되었다. 그 결과 장정들이 변경의 수비에 투입되어 겪었던 어려움들이 해소되었고, 병역을 위해 이동해야 하는 사회적 비용과 노동력이 절감되는 효과를 보게 되었다. 이 밖에도 용병제는 실시 초기에 실업 인구를 군대로 흡수하였으므로 실업 문제의 완화에 기여했고, 한 지역에서 장기적으로 복무하면서 훈련을 받은 군사들로 인해 군대는 질적 개선과 전투력 향상을 이룰 수 있었다.

군대의 정비

현종은 「연병조칙(練兵詔勅)」을 반포하여 서북 군진의 병력 증강을 위해 엄격한 선발과 고도의 훈련을 시키되 불필요한 사역을 금지하도록 했다. 또한 군사 훈련의 질을 높이기 위해 병부 시랑과 태상경(太常卿)을 보내 훈련 상황을 관찰, 감독하고 문제가 있으면 해결하도록 했다.

군마와 군량의 공급 문제 해결

현종은 즉위 당시 24만 필에 불과한 군마의 부족 문제를 해결하기 위해 태복경(太僕卿) 왕모중(王毛仲)을 한구사(閑廐使)에 임명하여 군마 사육을 책임지도록 했다. 그리하여 개원 23년(725년)에 이르러 군마는 43만 필로 증가했고, 소와 양의 숫자도 늘어났다.

전쟁을 준비하는 과정에서도 현종은 상황을 면밀히 분석하여 실지를 수복해 나갔다. 개원 5년(717년)에 거란에게 17년간 빼앗겼던 영주 등 13개 주를 수복한 뒤 송경례(宋慶禮)를 도독으로 임명하여 둔전 120무를 경영하면서 방위를 책임지도록 했다.

제3장

시대와 형세를
읽는 눈

시대의 흐름을 파악하고 형세를 판단하여, 나아갈 적절한 시기를 아는 것은 매우 중요하다. 천하를 얻기 위해서는 시기를 잘 포착하여 행동을 하되 때에 따라서 융통성을 발휘해야 한다. 기존의 관습이나 규칙을 답습하다 보면 절호의 기회를 놓칠 수 있기 때문이다.

대의명분이 설 때까지 기다린다

당 고조(唐 高祖) 이연(李淵)은 장안에 입성하자마자 약법(約法) 12개 조를 선포했다. 약법은 살인, 약탈, 탈영, 반역자는 사형에 처하되 수대의 잔혹한 법과 형벌은 폐지한다는 것이었다. 수의 학정과 착취에 시달려왔던 관중의 백성들에게 있어 약법은 복음과도 같은 것이어서 민심은 자연히 이연에게로 기울었다.

이와 동시에 이연은 대왕(代王) 양유(楊侑)를 황제에, 양제를 태상황(太上皇)으로 추대하고, 대업 13년을 의녕(義寧) 원년으로 바꿨다. 형식적이기는 하지만 양유는 이연을 대승상이자 당왕(唐王)에 봉하고, 무덕전(武德殿)을 승상부로 내주며, '교(教)'를 '령(令)'으로 바꿨다. 수대의 제도에 의하면 번왕의 명령은 '교'라고 칭할 뿐 '령'이라 해서는 안 되었다. 그런데 이연의 명령을 '령'으로 부를 수 있게 한 것은 형식적으로도 그가 황제와 별 차이가 없음을 인정한 조치였다.

이연은 대승상으로서 군사상의 기밀과 국가에 관한 중대사, 예악, 전쟁, 군사, 군비, 무기, 군량, 문무백관에 관한 권한을 행사할 수 있었다. 그러나 사실상 이러한 규정은 이연이 스스로 정한 것이고, 형식상으로만 수의 황제가 권한을 부여한 것처럼 위장한 것이었다. 며칠 후 이건성은 왕세자가 되었고 이세민은 진국공(秦國公), 이원길은 태원을 지키는 제국공(齊國公)에 봉해졌다.

이연은 장안을 점령하고서도 왜 즉시 왕조를 바꾸지 않고 오히려 양유를 공제(恭帝)로 추대했을까?

이 질문에 대한 해답은 당시 수많은 지방 세력들이 수 왕조를 수호한다는 기치를 내세웠던 데서 찾을 수 있다. 당시 이밀, 두건덕, 왕세충 그리고 각지의 수많은 관리들은 여전히 상당한 힘을 가지고 있었고, 관중의 주와 현들은 완전히 귀속되지 않았다.

이러한 때에 이연이 칭제를 한다면 반대 세력의 무장 봉기와 관료 및 지주들의 반발로 인해 사면초가가 될 수밖에 없었던 것이다. 그 밖에도 이연이 수 왕조를 보호한다는 기치를 내세워 장안에 들어왔을 때는 양제가 건재했으므로 명분을 저버리고 황제가 된다는 것은 시기상조였다. 무엇보다도 정치적인 위선을 스스로 폭로할 수는 없었으므로 공제를 옹립하되 과도적인 꼭두각시 황제로 만들었던 것이다.

그렇다면 수 왕조를 그대로 놔두면서도 이연은 왜 양제를 황제로 옹립하지 않은 것인가?

그 이유는 양제를 황제의 자리에 그대로 놔두면 왕조를 교체하려는 목적을 달성할 수 없기 때문이었다. 즉 양제의 수명이 언제 다 할지는 아무도 알 수 없는 일이고, 백성들과 지방 관료들로부터 원성과 저항을 받고 있었으므로 옹립할 명분이 없었던 것이다.

의녕 2년(618년) 2월, 공제는 이연을 상국(相國)으로 승격시키고 구석(九錫)을 하사하는 등의 예우를 했다. 이연은 속히 새 왕조를 세우려는 마음이 간절했지만 양제가 존재하는 이상 너무 빨리 자신의 목적을 드러낼 수 없다고 생각했다. 그래서 그는 승상부를 상국부로 바꾸고, 구석을 거절했다. 이러한 행동은 그의 신중하고도 치밀한 성격이 드러난 것이라 하겠다.

다음 달인 3월, 우문화(宇文化)는 강도(江道)에서 양제를 목 졸라 죽인 뒤 진왕(秦王) 양호(楊浩)를 황제의 자리에 앉혔다. 이로부터 얼마 후 왕세충은 동도(東都)에서 월왕(越王) 양동(楊侗)을 황제로 옹립했다. 같은 시기에 몇 명의 수 황제가 존재하는 기이한 상황에서 지방 세력들이 제왕을 자처하는 경우도 비일비재했다. 따라서 이 시점에서는 이연이 왕조를 교체한다 해도 제위를 찬탈했다는 비난을 받지 않을 것임이 자명했다. 이연은 은밀하게 황제가 될 준비 작업에 박차를 가하면서도 겉으로는 양제의 죽음에 비통해하는 모습을 연출했다. 즉 문무백관을 거느리고 대흥전(大興殿)의 후전(後殿, 침소로 쓰이는 편전 - 옮긴이)에서 가장 크게 곡을 함으로써 신하의 도리를 다하는 것처럼 보이는 효과를 노렸던 것이다.

이 정도면 황제로 즉위할 여건이 충분했지만, 이연은 그렇게 생각하지 않았다. 연극이 좀 더 계속되어야 한다고 판단한 그는 부하들에게 머리를 굴려 각본을 좀 더 쓰도록 명령했다. 그래서 4월 들어 공제는 양위를 한다는 칙서를 내렸고, 배적(裵寂)은 문무백관 2,000명 이상이 연서한 상소를 올렸다. 그 내용은 다름 아닌 이연이 황제의 자리에 올라야 한다는 것이었고, 이연은 이를 거절했다. 배적 등은 이연을 직접 면대하여 즉위할 것을 권했다.

"신들은 대당의 장수들로서 폐하가 당의 황제가 되지 않는다면 관직을 사퇴하고 귀향할 수밖에 없습니다. 폐하께서는 부디 심사숙고하셔서 우리들로 하여금 계속해서 관직에 머물 여지를 주시기 바랍니다."

이에 대해 이연은 "배공은 어째서 이렇게 나를 압박하는가? 내가 다시 신중히 생각해 볼 시간을 주기 바라네"라고 대답했다.

단호하게 거절을 하지 않으면서 즉석에서 승낙을 하지 않는 이연의 태도는 제위를 받아들일 용의를 충분히 드러낸 것이었다. 그러자 배적과 추종 세력들은 태원의 혜화 스님과 촉군(蜀郡, 오늘날의 사천성 성도成都—옮긴이)의 위원숭(衛元嵩)이라는 가공의 인물이 지었다는 노래들을 퍼뜨렸다. 노랫말은 '하늘의 뜻을 거부하면 불길하다'는 내용으로 이연에게 세상 사람들이 모두 이 노래를 부르고 있다며, 속히 황제가 되어야 한다고 재촉을 했다.

예부터 왕조가 바뀔 때면 '하늘의 계시'를 빙자한 노래나 상징들을 조작하여 퍼뜨림으로써 새로운 황제가 천명을 받아 민심에 순응해야 한다는 여론과 분위기를 형성했던 것이다. 이렇듯 거듭되는 권고와 거절 끝에 이연은 드디어 무대 전면으로 나왔다.

의녕 2년(618년) 5월 20일, 이연은 장안의 태극전에서 당 고조로 등극했다. 연호는 무덕, 수도는 장안으로 정해졌다. 이연의 아들들인 이건성은 황태자, 이세민은 진왕(秦王) 겸 상서령(尙書令), 이원길은 제왕(齊王)으로 봉해졌다.

당 고조 이연은 통치 전반기인 무덕 연간에는 신하들의 의견을 존중했다. 특히 중대한 문제를 해결해야 할 때는 다양한 의견들을 청취한 뒤 가장 우수한 의견을 채택하곤 했다.

무덕 원년에는 법 질서가 문란하여 가벼운 죄를 짓고도 사형을 당하는 사례가 많았지만 고조 본인은 별로 신경을 쓰지 않았다. 그러자 감찰어사 이소립(李素立)은 황제와 백성들이 모두 준수해야 하는 법이 제대로 집행되지 않으면 백성들은 속수무책이 되는데, 폐하는 새로운 왕조를 열었으면서도 왜 법 질서를 바로잡지 않느냐는 내용의 상소를 올렸다. 고조는 이소립의 주장이 일리가 있음을 인정함과 동시에 그의 능력을 높이 사서 7품의 청요관(淸要官) 벼슬을 내렸다.

소세장(蘇世長)은 원래 왕세충의 신하였는데, 왕세충이 평정을 당하자 당 왕조에 귀의했다. 그는 이연과 오래전부터 교분이 있었으므로 서로의 성격을 잘 이해했다. 한번은 그가 이연을 수행하여 고릉(高陵, 오늘날의 섬서성 고릉 – 옮긴이)으로 사냥을 갔는데, 첫날 사냥에서 만족할 만한 수확을 얻었다. 이연이 신하들에게 "그대들은 오늘 사냥이 즐거웠는가?"라고 묻자 소세장은 이렇게 대답했다.

"폐하께서 국사를 돌보지 않으시고 사냥만 즐기시면 100일도 되기 전에 즐거울 일이 없어질 것입니다."

이연은 얼굴색이 변하며 화를 내려다 순간적으로 표정을 바꿔 웃음을 터뜨리며 한마디 했다.

"너의 광기가 또 발작을 하는구나."

그러자 소세장은 엄숙한 목소리로 일침을 가했다.

"제 말을 개인적인 말이라 치부하면 미쳤다고 할 수 있을지 몰라도 폐하와 국사를 위해서 하는 말들이니 모두 충성심에서 나온 것입니다!"

한번은 피향전(披香殿)에서 연회가 열렸을 때 그는 고조에게 "이곳은 수 양제가 지은 것이죠? 그자가 아니라면 이렇게 화려하고 사치스런 건물을 짓지 않았을 겁니다"라고 했다. 분명히 자신이 지은 건물을 소세장이 양제가 지었다고 말하는 의중을 간파한 고조는 한마디 쏘아붙였다.

"경은 직언을 잘하는 것 같지만 속마음은 진실되지 않구려."

소세장은 전혀 기가 죽지 않은 모습으로 충언을 올렸다.

"저는 정말로 누가 지었는지 모릅니다. 이 궁전을 보니 유리기와를 사용하는 등 화려함의 극치를 자랑하고 있으니 이는 근검절약을 하는 제왕이라면 지어서는 안 될 것이라 사료됩니다. 만약 폐하께서 지으셨다면 천부당만부당한 일을 하신 겁니다. 제가 과거에 군공을 세웠을 때 폐하의 거처를 본 적이 있는데, 그곳은 겨우 비와 바람을 가릴 수 있는 정도였습니다. 그런데도 폐하께서는 그렇게 누추한 처소에 전혀 불만이 없으셨습니다. 백성들이 양제의 사치함과 무도함에 분노하여 폐하의 편에 섰기에 대업을 이루셨다는 교훈을 결코 잊어서는 안 될 것입니다. 그런데 아직도 수의 궁궐에 머무시면서 사치함을 더하고 계시니 이렇게 가다가는 어떤 결과를 초래할지 심히 두려울 뿐입니다!"

고조는 소세장의 바른 말에 수긍을 하고 피향전을 더 이상 이용하지 않았다.

고조 이연은 수를 타산지석으로 삼아 민간의 질곡들을 이해하려는 노력을 하면서 백성들의 부담을 경감하는 일련의 조치들을 취했다. 손복가(孫伏伽)는 여러 차례 상소를 통해 잡다하고 과중한 세제를 개혁해야 한다는 주장을 펴서 관철시켰다. 일반 범죄에 있어서도 고조는 특수한 사정들을 참작하여 적절하게 형벌을 내렸다. 예를 들어 군공을 세운 엄감라(嚴甘羅)라는 자가 관청에서 절도를 하다 체포되자 고조는 친히 국문을 했다. 범죄 동기를 추궁받은 엄감라가 "배고픔과 추위를 견딜 수 없어서"라고 대답하자 고조는 "너를 빈곤하게 만든 것은 우리의 죄"라며 석방을 했다.

고조의 이러한 태도는 봉건 황제들 가운데 보기 드문 것이었다. 또한 백성들을 위한 정책들은 사회적 모순과 갈등을 완화하는 데 효과가 있었고, 궁극적으로는 당의 통치 기반을 다지는 데 긍정적으로 작용했다.

고조 통치의 후반기에 들어 국내의 할거세력들이 거의 다 평정되어 정치적 안정이 이뤄졌고 생산력도 회복되었다. 이런 상황에서 고조는 황제 권력을 절대화하려는 생각을 품게 되었고, 그 결과 점차 신하들의 진언을 무시하게 되었다.

사실상 고조는 집권 초기부터 황권을 강화하려는 마음이 강했지만 천하가 안정되지 않은 상태에서 마음대로 권력을 행사할 수는 없었다. 그러나 권력이 공고해지자 더 이상 자제할 필요가 없어진 것이다. 그가 간언을 선뜻 수용했던 것은 일시적인 전략이었을 뿐, 정세가 변하자 권력욕에 불타는 본색을 드러냈다.

무덕 5년(622년), 왕세충과 두건덕 같은 지방의 세력가들은 일찌감치 제거되었고, 유일하게 잔존하고 있는 하북의 유흑달을 제외하면 전국은 당 왕조에 완전히 통일되었다. 고조는 천하가 안정되었다는 생각에 전횡을 일삼았고, 황실의 종친들 또한 예외는 아니었다. 심지어 일부 종친들의 노복조차 주인의 권력을 빙자하여 세도를 부리고, 조정의 관원들까지 능멸하는 일이 적지 않았다.

윤덕비(尹德妃)의 부친인 아서(阿鼠)는 딸이 고조의 총애를 받는 것을 이용하여 일탈을 서슴지 않았다. 하루는 진왕부(秦王府)의 관리인 두여회(杜如晦)가 아서의 집 앞을 지나는데 하인 몇 명이 두여회를 강제로 말에서 끌어내려 구타를 하여 손가락 하나를 부러뜨리는 사건이 벌어졌다. 하인들은 감히 말에서 내리지 않고 지나려 했다는 이유로 무고한 사람을 폭행한 것이다. 게다가 아서는 두여회를 고발하는 동시에 윤덕비를 시켜 고조에게 "진왕의 심복이 아서의 집안을 모욕했다"고 읍소를 하게 했다.

고조는 격노하여 이세민을 불러들이게 한 뒤 호통을 쳤다. 이세민이 몇 번이고 해명을 했지만 고조는 도통 믿지를 않았다. 아들의 말도 믿지 않는 고조가 신하들의 말을 듣지 않는 것은 어쩌면 당연한 일인지도 모른다.

고조는 법을 집행하는 데에도 많은 문제가 있었다. 이원길이 태원에서 백성들을 착취하는 만행을 저지르다가 유무주가 공격을 해오자 성을 버리고 도주했을 때였다. 이때 고조는 신하들의 입을 막기 위해 이원길의 관직을 박탈했다가 다음 달에 복직시켰다. 실제로 이원길에게 아무런 벌을 내리지 않은 것이다. 고조가 잠시 이원길의 벼슬을 빼앗았던 것은 제스처에 불과했던 것이고, 아들을 징벌할 마음은 애당초 없었다. 이와는 대조적으로, 걸출한 장군인 이정(李靖)은 소선(蕭銑)을 진압하러 가는 과정에서 출병이 지체되었다는 이유만으로 처형을 당했다.

민심이 천심이다

진승(陳勝)이 봉기를 일으켰다는 소식은 빠른 시간 내에 도처로 전해
졌다. 진(秦)의 폭정에 큰 불만을 품었던 관동의 백성들은 단결하여 망
설임 없이 관리들을 살해한 뒤 진승의 군대에 합류했다. 특히 초나라
영토였던 지역에서는 진에 대한 저항이 격렬했는데, 『사기』의 '진섭세
가(陳涉世家)'에서는 이 당시의 상황을 "이 무렵 초나라 병사 수천 명이
집결했다"고 기록하고 있다. 더욱이 진나라에서 지방 관리를 역임했던
자들 가운데도 생명과 재산을 지키기 위해 반진(反秦) 투쟁에 동참하는
경우도 있었다.

농민 저항군이 기현(蘄縣)을 점령했다는 소식이 패현에 전해지자 현
령은 당황하여 어찌할 바를 몰랐다. 그는 두꺼운 얼음이 녹기 시작했
으니 이제 딛고 있는 발밑의 땅이 꺼질 거라는 위기감을 느꼈다. 휘하
의 1,000여 명 남짓한 관병으로 농민 저항군을 상대하기란 거의 불가

능했다. 게다가 평소에 악랄한 짓을 많이 하여 백성들의 원성이 자자했으므로 계속해서 진의 조정에 충성을 다하다가 잡히면 죽음을 면할 수 없다는 생각도 들었다. 현령은 생각이 이에 이르자 소하와 조참을 불러 반진의 대열에 합류하는 것이 어떨지 의견을 물었다.

소하와 조참은 현령이 정치적 투기를 하려는 것이라 눈치 챘지만, 변덕이 심해서 번복을 잘하는 현령을 따라서 행동하면 위험하다는 생각을 했다. 두 사람이 생각하는 진정한 영웅은 바로 유방이었다.

그래서 두 사람은 현령을 완곡하게 설득했다.

"주공께서는 진의 조정이 임명한 관리십니다. 과거에 모든 사람들에게 조정에 충성을 하라고 하셨다가 지금 갑자기 기의군에 참여하면 패현의 백성들이 선선히 주공의 명령을 듣겠습니까? 어쩌면 기의가 성공하기 전에 주공의 머리가 먼저 땅에 떨어지는……"

말이 채 끝나기도 전에 현령은 식은땀을 흘리면서 떨리는 목소리로 물었다.

"그러면…… 도대체 어떻게 해야겠나?"

소하는 숱이 별로 없는 턱수염을 만지작거리면서 골똘하게 생각하는 척 뜸을 들이다 입을 열었다.

"방법이 한 가지 있기는 하지만, 아마도 주공께서 동의를 하실 것 같지 않습니다."

현령은 조급한 마음을 숨기지 못하고 소하에게 빨리 이야기하도록 재촉했다.

그러자 소하는 진지한 어투로 방법을 가르쳐주었다.

"주공께서 조정에 반기를 들 생각이 있으시다면 어쩔 수 없이 도주한 사람들이 돌아오도록 하십시오. 그 숫자가 수백 명은 될 터이니, 그들이 주공을 돕고, 휘하의 부하들도 한몫을 하면 감히 주공의 명령을 듣지 않을 자는 없을 것입니다."

현령은 소하의 진의를 파악했다. 그것은 바로 유방을 돌아오도록 만들라는 것이 아닌가. 내키지도 않고, 불쾌하기까지 한 제의였지만 묘책이 없는 현령은 유방에게 산에서 내려와 거사를 함께 도모하자는 편지를 썼다. 구체적인 방법은 소하에게 일임했다.

한편 패현에서 개를 잡아 파는 번쾌(樊噲)는 유방의 처 여치(呂雉)의 동생인 여수(呂嬃)와 혼인을 하여 유방과 동서가 되었다. 그는 망탕산(芒碭山)에 입산한 유방과 소하 사이를 오가며 연락을 취하면서 떠도는 정보와 소문들을 전해 주었다. 그래서 소하는 현령이 쓴 서신과 자신의 계책을 밝히는 편지를 번쾌에게 주면서 유방에게 전달해 달라고 했다.

유방은 현령의 서신에 기가 찬 듯한 표정을 보였지만, 연이어 소하의 글을 읽고는 얼굴에 웃음이 번지더니 즉시 번쾌와 함께 부하들을 모두 이끌고 기세등등하게 패현을 향해 떠났다.

일행이 패현에서 멀지 않은 곳에 다다랐을 때 소하와 조참이 당황해서 달려오는 모습이 보였다. 그들은 중대한 변화가 생겼다고 했는데, 내용인즉슨 번쾌가 떠난 지 얼마 안 되어 현령이 후회를 하면서 자신의 말을 번복했다는 것이다.

현령은 유방을 쉽사리 자신의 명령에 따르지 않는, 길들이기 힘든 인물로 생각했다. 유방이 정장(亭長)이었을 때도 자신을 존중하지 않았고, 특히 여공의 잔치 때는 너무도 당당한 태도로 자신을 무시했다고 생각한 것이다. 무엇보다도 끔찍했던 일은 유방은 복역 중이던 죄수들을 석방시켜서 불의에 저항하는 영웅으로 부상하면서 사람들의 존경을 한 몸에 받았고, 자신은 형편없는 인물로 욕을 먹었던 것이다. 예전에 유방을 잡아두었다가 이제 돌아오라고 청한다면 유방은 과거에 좋지 않았던 감정 때문에 명령을 듣지 않을 테고, 그렇다면 이리를 방으로 끌어들이는 꼴이 되지 않겠는가?

이렇게 현령이 후회를 하고 있을 때 누군가가 소하와 조참이 유방과 음모를 꾸미고 있다는 밀고를 했다. 화가 나면서도 두려운 현령은 두 가지 명령을 내렸다. 첫째는 성문을 닫고 굳게 지키면서 유방이 성 안으로 들어오지 못하게 하라는 것이고, 둘째는 소하와 조참을 잡아서 즉각 처형하라는 것이었다. 소하와 조참은 이 소식을 듣고 야밤에 성벽을 넘어 도주한 뒤 유방을 찾아 나섰다가 운 좋게도 상봉했던 것이다.

이미 쏜 화살은 돌아오지 않는 법. 의지가 굳은 유방은 상황이 변했지만 패현을 손에 넣은 뒤 민중 봉기를 할 계획을 바꾸지 않았다. 그는 의연하게 부하들을 거느리고 계속해서 전진했다.

패현의 성 아래 도착하니 삼엄한 경비로 인해 분위기는 살벌했다. 분위기를 살핀 유방은 부하들에게 휴식을 취하도록 명령했다. 그는 심리전을 펴기로 결심하고 성 안의 백성들로부터 호응을 얻어낼 방법을 강구했다. 우선 유방은 소하에게 격문을 작성하도록 했다. 그 내용은 다음과 같았다.

"천하의 백성들이 일찍이 진나라의 폭정으로 인해 갖은 고초를 겪었다. 그러나 진왕(진승을 지칭 - 옮긴이)이 거병을 하니 도처에서 호응을 하고 있어 진(秦)나라는 이제 그 운명이 소진했다고 할 수 있다. 게다가 제후들의 대군이 파죽지세로 승리를 거두고 있다. 그런데도 패현 현령은 여전히 진나라 황제의 충복을 자처하고 있으니 어찌 그런 자를 위하여 성을 지켜야 한단 말인가! 차라리 그를 죽인 뒤 모두가 믿을 수 있는 사람을 선발하여 제후와 손을 잡고 대업을 달성해야 할 것이다. 그러지 않고 있다가 성이 함락당하여 재산과 인명을 빼앗긴다면 후회를 해도 소용없을 것이다.”

흰 비단에 격문 몇 장을 베끼게 한 유방은 화살촉을 제거한 화살대에 격문을 달아 성 안으로 발사하게 했다. 패현의 백성들은 원래 현령을 증오하고 유방을 그리워했던 터라 마지못해 성을 지키고 있었다. 그러므로 격문을 본 청년들은 자발적으로 공격대를 결성하여 현령을 살해한 뒤 성문을 열어 유방의 부대를 영접했다.

패현에 들어간 유방은 현령이 되어달라는 원로들의 부탁을 거절하면서 그 이유를 밝혔다.

“오늘날 천하가 어지러워 군웅들이 할거하고 있는데 지도자를 잘못 선택하면 일패도지할 수밖에 없습니다. 나는 목숨이 아까워 여러분의 추대 의사를 거절하는 것이 아니라 무거운 책임을 감당할 능력이 부족할까 걱정하여 거절하는 것입니다. 그러니 여러분들께서는 다시 한 번 나보다 더 적합한 인물이 있는지 생각해 보시기 바랍니다.”

이 무렵 패현에서 인망이 두터웠던 인물은 유방을 제외하면 소하와 조참뿐이었다. 그런데 이 두 사람은 문관 출신이어서 휘하에 거느리는 병사가 하나도 없는 데다, 지도자가 되었다가 자칫 가족이 몰살당할지도 모른다는 소심함 때문에 지도자로 추대되는 것을 극구 사양했다. 이런 상황에서 사람들은 이구동성으로 유방에게 지도자가 되어야 한다고 주장하며 말했다.

"우리는 평소에 장군께서 초인적인 담력과 걸출한 능력을 가지셨다고 들었습니다. 그러니 장군께서 선두에 서신다면 모두가 안심할 것입니다!"

점쟁이도 "유방이 수령이 되시는 것이 가장 길하다는 점괘가 나왔습니다"라고 말하기도 했다. 그래도 유방은 고집을 꺾지 않다가 결국에는 모든 사람들의 성의를 받아들였다. 이때 그의 나이 이미 48세였다.

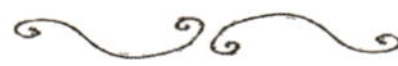

제(齊)나라에서 전횡(田橫)과 교전을 벌이던 항우는 팽성(彭城)이 함락당했다는 소식을 듣고 분노를 터뜨렸다.

근거지를 잃고 인명과 재산이 적의 손에 유린당하는 상황에서 심리적 안정을 찾을 수 없었던 것이다. 항우는 비로소 장량의 말을 쉽게 믿었다가 기만당했다는 사실을 깨달았다. 초나라에 가장 큰 위협은 관동의 제왕 전영(田榮)이 아니라 다양한 음모 술수를 구사하는 한왕 유방이었던 것이다. 항우는 자신이 큰 실수를 저질렀음을 인정하지 않을 수 없었다.

초나라 군사들은 팽성에서 부모가 죽음을 당하고 처자식이 온갖 수모를 당하고 있는 현실에 광분하여 유방과 결사적으로 싸워야 한다고 부르짖었다. 그러자 항우는 3만 명의 정예 병사를 선발하고 준마를 내주어 기병대를 구성했다. 성양(城陽)의 전투를 부하에게 맡긴 항우는 직접 기병대를 지휘하여 노(魯, 오늘날의 산동성 곡부曲阜- 옮긴이)에서 출발, 호릉(胡陵, 오늘날의 산동성 어대魚臺 동남부 - 옮긴이)을 거쳐 밤낮을 쉬지 않고 팽성으로 치달았다.

한편 유방은 초의 군대가 동쪽에 있고 서쪽은 자신의 후방이므로 팽성을 공략한 후 군대를 팽성 동쪽에 집결시키고, 서쪽에는 소수의 군사들만을 주둔하게 했다. 이 정보를 입수한 항우는 적의 허점을 노리는 전술을 활용하기 위해 일제히 성문 서쪽을 공격한 뒤 동쪽으로 질주하여 날이 채 밝기도 전에 강공을 퍼부었다.

때는 4월, 한기가 느껴질 정도의 차가운 바람이 불어왔다. 초왕의 궁실에서 단잠에 빠져 있던 유방은 갑자기 바깥에서 수런거리는 소리에 잠을 깬 뒤 황급히 달려온 시종으로부터 팽성이 함락당했다는 보고를 들었다. 서둘러 궁실을 빠져나온 유방은 산처럼 쌓인 병사들의 시체를 보고 놀라 군사를 지휘할 엄두도 내지 못하고 동쪽으로 도주했다.

정오 무렵 유방의 군대는 팽성 동북부의 곡수(谷水)와 사수(泗水)에 도착했다. 물살이 세고 깊은 두 강이 합쳐지는 이곳에는 몇 척의 작은 배만 있어 한 번에 태울 수 있는 인원은 지극히 제한적이었다. 초나라 군사가 용기백배하여 추격하는 가운데 유방의 군사들은 힘겹게 저항하면서 도주를 계속했다. 활에 맞고, 물에 빠져 죽고, 도망을 치다 밟혀서 죽는 등 전사자의 수는 10만여 명에 달했다.

동쪽으로의 통로가 막히자 유방의 군대는 다시 남쪽을 향해 단숨에 영벽(靈壁, 오늘날의 안휘성 숙현宿縣 서북 – 옮긴이)에 도착했다.

그런데 영벽에는 휴수(睢水)가 진로를 막고 있었다. 도도히 흐르는 강물은 깊이를 알 수 없게 깊은 데다 강폭이 넓어서 맞은편이 보이지 않았고, 뒤쪽으로는 안개와 먼지가 자욱한 상태에서 초의 군대가 추격하는 소리가 들려왔다. 혼비백산한 유방의 군대는 그대로 물에 빠졌고, 그 결과 익사자가 10만 명이 넘었다. 시체들로 인해 강물이 흐르지 못할 정도가 되었고, 핏물이 강을 온통 붉은색으로 물들였다.

강둑에 남아 있다 초의 군대에 포위된 유방의 군사는 서북 방향으로 도주를 하던 중 다시 대량의 죽음을 당했다. 유방을 발견한 초의 군사가 "한왕을 사로잡아라!"라고 소리치자 순식간에 겹겹이 포위망이 생겼다. 유방은 목숨이 경각에 달했음을 감지하고는 하늘을 쳐다보며 고함을 쳤다.

"하늘이시여, 한을 멸하지 마시옵소서!"

그런데 놀랍게도 유방의 말이 채 끝나기도 전에 서북 방향에서 갑자기 광풍이 불면서 천지가 캄캄해지고, 나무와 집들이 쓰러져버렸다. 하늘에서는 돌 모래가 비 오듯 떨어져 코앞의 사람도 분간하기 어려울 정도가 되었다. 너무나 갑작스런 기상 변화에 놀란 초나라 군사들은 어찌할 바를 몰랐고, 유방은 이 틈을 타 포위를 뚫고 20리 이상을 도망쳤다. 추격하는 소리가 잦아들자 유방은 그때서야 걸음을 멈추고 뒤를 돌아다보았다. 그를 따라온 부장들은 10여 명에 불과했다. 점검을 해보니 은왕(殷王) 사마묘(司馬卯)와 하남왕(河南王) 신양(申陽)은 이미 죽음을 당했고, 위왕(魏王)은 중상을 입었다. 색왕(塞王) 사마흔(司馬欣)과 적왕(翟王) 동예(董翳)는 투항을 했고, 나머지 왕들은 각자 도주를 했다. 동정에 나섰던 수십만 명이 하루아침에 모래성처럼 무너져버린 사실 앞에 유방은 비통함을 감추기 힘들었다.

풍읍(豊邑)의 집으로 돌아온 유방은 인적은 간 데 없이 난장판이 된 모습에 가슴이 아려왔다. 얼마 후 그는 집을 등지고 길을 가다 한 대의 마차가 질주해 오는 것을 보게 되었다. 길 옆의 숲에 숨어서 보니 마차에 탄 사람은 자신의 참승(參乘, 수레의 오른쪽에서 호위하는 장수 - 옮긴이)인 하후영(夏候嬰)이었다. 기쁜 마음에 그는 숲에서 뛰어나와 마차를 가로막았다.

하후영은 휴수에서 유방과 헤어진 후 도처를 돌아다니며 그를 찾았으나 소식을 알지 못해 몹시 초조한 상태였다. 그 후 유방이 패현으로 돌아왔다는 소문을 듣자 곧바로 찾아오는 길에 이렇게 해후한 것이다. 위난 가운데 상봉한 두 사람의 기쁨은 각별했다. 하후영은 유방을 부축하여 마차에 타게 하고는 길을 떠났다.

마차가 한참 길을 가던 중 그들은 길 옆에서 두 명의 아이들이 우는 소리를 들었다. 어딘가 귀에 익은 울음소리에 유방이 마차의 발을 걸어 올리고 보니 아이들은 놀랍게도 자신의 자식들이었다. 이 아이들은 후일 효혜(孝惠) 황제가 된 유영(劉盈)과 노원(魯元)공주이다. 이때 그들의 나이는 여섯 살과 여덟 살이었다.

유방은 기쁘고도 놀라운 마음을 가누지 못한 채 하후영에게 마차를 멈추게 한 뒤 자식들을 안아서 태웠다. 아이들 말에 의하면 항우는 팽성을 반격하면서 사람들을 시켜 유씨 집안 사람들을 모조리 잡아들이게 했다는 것이다. 할아버지와 할머니는 급히 도망을 가다가 병사들에게 잡혀서 어디론가 끌려갔고, 식구들은 뿔뿔이 흩어져버렸다. 두 아이는 춥고 굶주림에 떨면서 방금 전의 자리에서 구걸을 했다는 것이었다.

그동안의 사정을 듣고 난 유방은 탄식을 하면서 자식들을 가슴에 꼭 품었다. 하후영도 눈가가 붉게 물들고 목이 막혀버렸다.

그렇게 한참을 가고 있는데 마차 뒤로 먼지가 자욱하게 일면서 초나라 기병들의 추격이 눈에 들어왔다. 하후영은 채찍을 휘두르며 속도를 내려 했지만 며칠 동안을 쉬지도 않고 달린 말은 이미 피곤에 지친 상태였다. 말은 채찍질에도 불구하고 제대로 달리지 못했고, 갈수록 마차의 속도는 느려졌다.

하후영이 어찌할 바를 모르고 당황해하자 유방은 갑자기 마차의 무게를 줄이기 위해 자식들을 마차에서 내려놓았다. 놀란 하후영이 급히 말에서 내려 아이들을 꺼안고 마차에 탔고, 유방은 다시 아이들을 내려놓으면서 소리를 버럭 질렀다.

"그 애들은 상관 말고 빨리 달려라!"

하후영이 못 들은 척 다시 아이들을 마차에 태우면, 유방은 내리게 하는 실랑이가 세 번이나 반복되었다. 그러자 유방은 보검을 빼들고 하후영에게 마구 휘둘렀다. 아이들을 가슴에 안은 하후영이 이리저리 칼을 피하며 버티는 참에 초나라 기병들이 다가왔다. 유방과 하후영은 마차에서 내려서 초군과 한바탕 격전을 벌일 태세를 갖추었다.

초의 기병을 지휘하는 자는 정고(丁固, 정공이라고도 한다 - 옮긴이)로서 유방과는 과거에 잘 알던 사이였다. 유방이 보기에 정고는 입으로는 영웅을 자처하면서 의리를 내세우지만 실제로는 잇속만 따지는 소인 배였다. 순간적으로 상황을 살핀 유방은 하후영과 단둘이서 무장한 기병들을 상대한다는 것이 무리라는 생각이 들었다. 따라서 힘겹게 싸우기보다는 뭔가 꾀를 써야겠다고 마음먹은 유방은 장검을 땅에 내던지고는 두 손을 모아 주먹을 쥔 채 정고에게 예를 차렸다.

"정 장군, 내가 알기로 당신은 대단한 영웅이고, 나 또한 천하를 도모하는 인물입니다. '꾀꼬리는 꾀꼬리를 알아보고, 영웅은 영웅을 알아본다'는 말이 있소이다. 오늘날 내가 이런 처지로 전락했는데 장군께서 한 번만 살 길을 열어준다면 평생 그 은혜와 덕을 잊지 않겠소이다!"

정고는 원래 앞의 마차 속에 한왕 유방이 타고 있는 줄도 몰랐다. 그는 단지 상부로부터 명령을 받들어 부대를 이끌고 순찰을 돌고 있던 참이었다. 그런데 한왕에게서 '영웅'이라는 말을 듣자 뿌듯한 기분이 드는 것을 어쩔 수 없었다. 생각해 보면 한왕이 팽성을 잃기는 했지만 관중에 아직도 큰 세력을 형성하고 있으므로 오늘 그대로 살려주어도 괜찮을 것 같았다. 즉 이후에 한왕이 득세를 하면 자신도 공신이 되는 것이니 이런 기회에 인정을 보여주는 것도 괜찮겠다는 판단이 섰던 것이다. 그러자 정고는 손을 흔들어 병사들에게 길을 터주도록 한 뒤 한왕 유방을 떠나가게 했다.

기회는 스스로 만드는 것

몽케에게는 어머니가 같은 세 명의 동생 쿠빌라이, 훌라구, 아리크부케가 있었다. 그는 생전에 칸의 계승 문제를 매듭짓지 않았기 때문에 세 명의 동생들도 칸의 자리를 승계할 수 있는 자격이 있었다.

훌라구는 이미 동으로 아무르 강과 인더스 강, 서쪽으로 소아시아, 남으로 페르시아만, 북으로 카프카스 산에 이르는 광대한 영토를 점령한 뒤 하나의 나라를 건설하려는 야심을 불태우고 있었으므로 중원에는 뜻이 없었다. 그래서 칸의 자리는 쿠빌라이와 아리크부케가 쟁탈전을 벌이는 양상을 띠게 되었다.

몽케가 서로군을 이끌고 조어(釣魚) 산성을 공격할 때 쿠빌라이의 동로군은 장강의 북안에 도착하여 악주(鄂州)를 압박하고 있었다. 그런데 몽케가 군영에서 죽자 이복동생은 밀사를 보내 이 사실을 쿠빌라이에게 알리며 속히 막북으로 돌아가 민심을 수습하고 황제에 즉위할 것을 권했다. 쿠빌라이 휘하의 장수들도 철병할 것을 주장했다. 그러나 쿠빌라이는 대규모 군사를 거느리고 왔다가 아무런 소득도 없이 돌아갈 수 없다며 강을 건너 악주를 공격했다.

이 무렵 여진족인 올량합대(兀良合臺)가 교지(交趾)에서 옹주(邕州, 오늘날의 광서성 남녕南寧 - 옮긴이)와 계주(桂州, 오늘날의 광서성 계림 - 옮긴이)를 거쳐 담주(潭州, 오늘날의 호남성 장사長沙 - 옮긴이)에 다다랐다는 소식을 들은 쿠빌라이는 대장 패도로(覇都魯)를 악주(岳州, 오늘날의 호남성 악양岳陽 - 옮긴이)로 보내 영접하도록 했다. 이로써 쿠빌라이와 올량합대가 악주를 두고 남북으로 협공을 하는 형세가 된 것이다.

남송 조정은 이 상황에 대해 경악을 하여 급히 가사도(賈似道)를 우승상 겸 추밀사에 임명한 뒤 군대를 지휘하도록 했다. 이 밖에도 사천 합주에 있는 여문덕에게는 원군을 보내 몽케가 죽고 몽고 서로군도 북으로 철수했으니 급히 악주로 이동하라는 명령을 내렸다. 쌍방이 병력을 집결한 상황에서 승부를 예측하기 힘들었지만, 문제는 가사도였다. 그는 풍류를 즐기는 나약한 인물로 군사적 지식이 전혀 없었다. 몽고군의 용맹스러움에 놀란 그는 악주를 지키기 어렵다는 계산이 서자 조정의 징계가 두려운 나머지 몰래 사자를 쿠빌라이에게 보내 화친을 청했다.

한편 아리크부케는 막북 화림(和林)의 군대를 장악했고, 몽케의 남정에 참여했던 군대의 일부 군사들도 편입한 상태였다. 그는 막북과 막남의 군사 규모를 크게 확장했을 뿐만 아니라 쿠빌라이가 다년간 경영했던 개평에서 연경에 이르는 지역을 빼앗으려 했다. 이는 쿠빌라이 입장에서 보면 매우 급박한 상황이라 하지 않을 수 없었다.

아란답아(阿蘭答兒)가 군대를 이끌고 개평에서 100여 리 떨어진 곳까지 왔을 때 쿠빌라이의 아내인 찰필(察必)은 즉시 사람을 보내 질책했다.

"군대를 이동하는 것은 대사인 데다, 태조 황제(칭기즈 칸 - 옮긴이)의 증손인 진금(眞金, 쿠빌라이와 찰필 사이의 아들 - 옮긴이)이 이곳에 있는데 어찌 아무런 통고도 없이 들이닥쳤단 말인가?"

아란답아가 우물쭈물하며 시원한 대답을 하지 못했다는 소식을 전해 들은 찰필은 문제가 있음을 직감하고 심복인 태축대(太丑臺)와 야고(也苦)를 통해 남쪽 전선에 있는 쿠빌라이에게 보고하도록 했다.

태축대와 야고는 악주의 몽고군 진영에 도착하자마자 쿠빌라이에게 수상한 정보를 알려주었다.

"아리크부케가 보낸 탈리적(脫里赤)이 아란답아와 밀담을 나눈 뒤 몽고군과 찰홀척(札忽惕)의 군대에서 시위군을 차출했는데 그 이유를 알 수가 없습니다."

당시 몽고인들에게는 문서를 전할 때 제3자는 이해할 수 없는 은어로 적는 습관이 있었다. 찰필이 보낸 서신에는 "큰 물고기의 머리가 잘려져 있고, 작은 물고기에서 당신과 아리크부케를 제외하면 누가 남겠습니까? 당신은 돌아올 수 있습니까?"라고 적혀 있었다.

쿠빌라이는 이 소식을 듣고 어찌할 바를 모르다가 제후왕, 대장, 막료 등을 소집하여 대책을 상의했다.

학경(郝經)은 당시 상황을 이렇게 분석했다.

"지금 악주의 송나라 군사는 합심하여 굳게 수비를 하고 있는 데다 여문덕의 지원병이 이미 성안으로 들어갔습니다. 그리고 몽케칸의 죽음으로 인해 칸 자리를 둘러싼 쟁탈전이 벌어지고 있다는 사실을 알고 그들은 사기 백배해 있습니다. 남송의 승상 가사도가 지휘하는 지원군들이 사방에서 모여들고 있지만 우리는 서로군의 지원을 받지 못하는 상태에서 돌아가려 해도 돌아갈 수가 없습니다. 그러므로 위기는 적에게서 온 것이 아니라 우리 내부에 있는 것입니다. 게다가 국내가 공백 상태이고 정세가 복잡한데도 아리크부케는 사면령을 내려서 탈리적을 단사관(斷事官)에 임명하여 상서성을 담당하게 했고, 연경을 점령하여 황제 행세를 하고 있습니다. 대왕께서는 평소 인망이 높고 군사를 거느리고 있지만 금의 세종과 해릉(海陵)의 일을 망각해서는 아니 되십니다. 정륭(正隆) 6년(1161년), 해릉왕은 송나라를 공격하여 장강까지 진출하였다가 우윤문(虞允文)에게 패하였습니다. 이 기회를 틈타 금의 세종은 후방에서 독자적인 세력을 구축했고, 후퇴하던 해릉왕은 강제적으로 군사들에게 강을 건너도록 명했다가 부하에게 죽음을 당했습니다. 지금은 해릉왕과 세종이 알력을 빚었던 상황과 유사한데, 만약 아리크부케가 '몽케칸의 유지를 받들어 황제가 되려고 한다면' 대왕께서 돌아가서야 되겠습니까? 그러므로 나는 역대 성왕들을 본받아 나아가야 할 때 나아가고, 물러서야 할 때는 물러서야 한다는 건의를 드리는 바입니다. 모든 일은 조상과 사직, 그리고 천하의 백성들을 생각하여 분발하되 단호하게 군대를 움직이고, 대계를 세워 행동함으로써 모든 화를 미연에 방지해야 합니다."

학경은 또한 군대가 강을 건너지 못하도록 한 뒤 송과 화친을 맺어 회남, 한상(漢上), 재기(梓夔) 땅을 반납하고 매년 조공을 바치도록 건의했다. 그는 또한 쿠빌라이가 군대를 보내 몽케의 유해와 옥새를 받고, 사신을 보내 훌라구, 아리크부케, 서가(西哥), 말가(末哥) 및 제왕과 부마들을 화림에 모이도록 하라는 주장을 했다. 이와 동시에 변경, 경조(京兆), 성도(成都), 서량(西凉), 동평(東平), 서경, 북경 등에 관리를 보내 위무를 하여 질서를 안정시키고, 태자 진금(眞金)으로 하여금 연도(燕都, 오늘날의 북경 - 옮긴이)를 방위하도록 해야 한다고 했다. 이렇게 하면 대권을 장악하고 사직도 평안해질 것이라는 것이었다.

쿠빌라이는 아리크부케의 군사적 위협을 의식하고 있었지만 당시의 정세에 대해 학경과 같은 깊은 인식은 없었다. 그러므로 학경의 주장을 들은 뒤 즉시 송과 화친을 하고 후퇴하기로 결심했다.

그런데 공교롭게도 남송에서는 가사도가 사신 송경(宋京)을 보내 화친과 함께 자진해서 몽고에 대해 신하로 예를 다하겠다면서 장강을 국경으로 하고, 매년 몽고에 은 20만 량과 비단 20만 필을 조공으로 바치겠다는 제의를 했다. 화친을 할 생각을 하고 있던 쿠빌라이는 가사도의 조건을 그대로 수용한 뒤 몽고로 귀환하기로 결정했다.

쿠빌라이는 몽고로 돌아가기 전 군사권을 패도로에게 넘기고 엿새 후에 장강 북부로 후퇴한 뒤 명령을 기다리기로 했다. 그러고는 염희헌(廉希憲)에게 먼저 몽고로 가서 사태를 관찰하도록 했다.

이때에 이르러 쿠빌라이와 아리크부케의 칸 자리를 둘러싼 싸움은 일촉즉발의 상황이 되었다. 처음에 쌍방이 충돌했던 지역은 두 군데였다. 한 지역은 개평에서 연경에 이르는 곳으로 아리크부케는 탈리적과 아란답아에게 막남으로 하여금 군사를 징집하게 하고, 재물을 긁어모아 먼저 이곳을 점령함으로써 쿠빌라이의 귀로를 차단하려 했다.

또 다른 지역은 섬서, 사천, 감숙으로 상황이 매우 복잡했다. 몽케가 죽은 후 아들 아속알(阿速歹)은 부친의 유해와 옥새를 가지고 막북으로 가서 화림을 지키고 있던 아리크부케와 회동했다. 두 사람은 아리크부케의 즉위와 몽케의 장례에 대해 의논하면서, 군의 지지에 대해서도 분석을 했다. 몽케의 휘하에서 송을 공격했던 군대는 대장 합자불화(哈剌不花)에 의해 통솔되다가 육반산(六盤山)으로 본영을 후퇴한 뒤 섬서와 사천 등에 흩어져 있었다. 이들 군대는 각기 아리크부케와 쿠빌라이를 지지하는 세력, 그리고 양자 간에서 눈치를 보는 세력으로 나눠져 있었다. 그런데 합자불화는 육반산에 주둔하고 있던 혼도해(渾都海)의 군대와 합류한 뒤 아리크부케를 지지하게 되었다.

이와 동시에 아리크부케는 절친한 사이인 유태평(劉太平)과 곽노해(霍魯海)에게 관중에서 상서성 일을 책임지게 하면서 육반산의 군대와 협조하여 세력 기반을 넓히도록 했다. 사천에 주둔하고 있던 몽고군 원수 유린(紐璘)의 부하들은 육반산의 군대와 긴밀한 관계를 맺고 있었는데, 부원수 걸대불화(乞臺不花)는 적극적으로 아리크부케를 지지했다. 군사들의 가족들은 대부분 막북에 있었으므로 쿠빌라이를 반대하는 입장으로 돌아설 가능성이 높았다. 그래서 아리크부케는 심복들을 군대에 재배치하고, 하급 군관들을 비단으로 매수하여 하루빨리 섬서, 사천, 감숙 지역을 자신의 세력권으로 만들려 하였다.

칸은 반드시 쿠릴타이 회의를 통해 선출된다는 사실을 잘 알고 있는 쿠빌라이는 무슨 수를 써서든지 제왕들의 지지를 얻어내야 한다고 생

각했다. 당시 몽고의 제왕은 동도(東道) 제왕과 서도(西道) 제왕 두 부류
였다. 칭기즈 칸은 분봉을 할 때 둘째 동생인 합철아(哈撒兒)를 동도 제
왕들 가운데 유일한 최고권자로 지명했다. 형제와 조카들 가운데 합철
아를 가장 신임한 칭기즈 칸은 관례대로 아들들에게도 최고의 관직과
봉호(封號)를 내렸다. 합철아에게는 이상가(移相哥), 야고(也苦), 탈홀(脫忽)
이라는 아들이 왕으로서 일정한 세력을 가지고 있었다.

그러나 실력 면에서 보면 칭기즈 칸의 넷째 동생인 철목가알적근(鐵
木哥斡赤斤)의 후예들이 월등했다. 칭기즈 칸은 철목가알적근을 가장 총
애해서 형제들이 함께하는 자리에서 최고의 상석에 앉게 했을 정도였
고, 군사를 제후들에게 나눠줄 때도 5,000명이나 하사했다. 그리고 이
병사들을 기반으로 세력을 확장한 철목가알적근의 아들 탑찰아(塔札兒)
는 대규모의 군사를 소유하게 되어 막강한 위력을 과시하게 되었다.

동도의 제왕들은 중국 문화에 깊이 동화된 거란과 여진족들의 거주
지역에서 활동했기 때문에 한족의 경제와 문화적 영향을 많이 받았다.
그래서 그들은 쿠빌라이의 한화 정책 및 농업 중시 정책을 잘 이해했으
며, 왕래가 잦아 유대감이 강한 편이었다. 이런 관계는 쿠빌라이로 하
여금 동도 제왕들을 최우선적인 포섭의 대상으로 생각하게 만들었다.

그런데 동도 제왕들 가운데서도 가장 영향력이 있는 탑찰아는 몽케
로부터 남송에서 아무런 공을 세우지 못하고 돌아왔다는 질책을 받아
불만이 컸다. 쿠빌라이는 이 점을 이용하여 탑찰아를 자신의 편으로
끌어들이기 위한 노력을 하였다. 즉 염희헌을 보내 탑찰아를 위로한
뒤 동도 제왕들이 쿠빌라이를 지지하도록 설득하게 하고, 그 다음 단

계에서는 그들의 영향력을 이용해 서도 제왕들의 지지를 얻어내려 한 것이다.

칸의 자리를 차지할 준비가 갖추어지자 쿠빌라이는 1259년 말 몽고로 돌아가는 길에 장문겸(張文謙)에게 상정(商挺)을 찾아가 자문을 구하도록 했다.

상정은 "군사를 철수하여 돌아가는 길에 장강 북부에 머물다가 기습을 당한다면 어떡하겠습니까?"라고 했다. 장문의 말을 전해 들은 쿠빌라이는 상정의 말에 정신이 번쩍 들면서 화를 냈다.

"나에게 이런 중요한 충고를 한 사람이 없었다. 상정이 아니었다면 우리는 대패를 할 뻔했다."

그래서 쿠빌라이는 급히 강북 군영으로 사신을 보내 철저히 방비를 하도록 했다. 얼마 후 아리크부케의 사자가 와서 군대를 이동하려는 시도를 하자 쿠빌라이의 부하들은 그를 죽였다.

잠시도 쉬지 않고 길을 달린 쿠빌라이는 빠른 시간 내에 연경에 도착했다. 아리크부케의 명을 받아 연경에서 군대를 집합시켜 서행을 준비하던 탈리적 등은 쿠빌라이가 이렇게 빨리 돌아올 줄은 몰랐기에 크게 당황했다. 쿠빌라이의 질타를 당한 그들은 우물쭈물하며 어찌할 바를 몰라 하다가 군대를 해산하라는 단호한 명령을 받고 그대로 이행했다. 곧이어 쿠빌라이는 사자를 강북에 보내 패도로에게 군대를 이끌고 돌아오라고 했다. 올량합대도 소문을 듣고 연경으로 돌아왔다.

이때에 이르러 쿠빌라이는 염희헌과 탑찰아의 활약에 힘입어 동도 제왕들, 서도의 일부 제왕들, 몽고 귀족과 대부분의 한인 지주 계급으로부터 지지를 획득하게 되었다. 아리크부케도 몽케의 황후 홀도대(忽都臺), 몽케의 아들 옥룡답실(玉龍答失), 아속알, 석리길, 찰합대(察合臺) 칸국의 통치자 합자욱렬(合剌旭烈)의 미망인 올로홀(兀魯忽), 찰합대의 손자 아로홀(阿魯忽), 탈합아의 아들 내만대(乃蠻臺), 오고타이의 손자 도이적(覩爾赤) 등 제왕과 일부 몽고 귀족과 몇몇 한인 지주들로부터 지지를 받았다.

수적인 열세에도 불구하고 아리크부케는 기선을 제압하기 위해 감국(監國)의 신분을 이용하여 쿠빌라이에게 화림으로 와서 몽케의 장례에 참석하고, 쿠릴타이를 소집하여 새로운 칸을 선출하자고 요구했다. 아리크부케의 속셈은 쿠빌라이를 막남의 근거지에서 벗어나 고원무립의 상태에 빠지게 하여 자신의 뜻을 이루려는 것이었다.

쿠빌라이는 아리크부케의 통고를 무시한 채 제왕들을 자신의 편으로 만드는 작업을 계속하면서 개평에 모여 칸을 선출하겠다고 선포했다.

긴장이 고조된 상태에서 중통(中統) 원년(1260년) 3월에 쿠빌라이는 먼저 개평에서 쿠릴타이를 소집하여 황제가 되었다. 쿠릴타이에서 쿠빌라이의 동생들을 대표한 말가, 서도 제왕을 대표한 합단(合丹, 오고타이의 아들 – 옮긴이)과 아지길(阿只吉, 찰합대의 아들 – 옮긴이), 동도 제왕을 대표한 답찰아, 이상가, 홀자철아(忽剌鐵兒, 칭기즈 칸의 동생 합적온哈赤溫의 아들 – 옮긴이), 조도(爪都, 칭기즈 칸의 동생 별리고대別里古臺의 손자 – 옮긴이)는 사전에 치밀하게 준비한 대로 쿠빌라이에게 한 목소리를 냈다.

"전하께서는 태조의 적손이시고 가장 어진 어른이시니 마땅히 천하를 다스리셔야 합니다."

　그런데 쿠릴타이에 참석한 사람들은 제왕 40여 명, 공신인 패도로와 울량합대 등이었다. 훌라구, 멸아가와 같은 왕들은 지리적으로 워낙 멀리 떨어져 있어 참석하지 못하였으므로 쿠빌라이는 황제의 자리를 수락하기를 망설였다. 염희헌과 상정은 주저하는 쿠빌라이에게 은밀하게 충고를 했다.

　"기선을 제압해야 합니다. 천명은 감히 거부할 수 없는 것이고, 인정도 물리쳐서는 아니 됩니다. 기회를 한번 놓치면 절대로 다시 잡을 수 없습니다."

　쿠빌라이는 두 사람의 말에서 힘을 얻어 우려를 떨쳐버리고 황제에 즉위하기로 결심했다.

　쿠빌라이는 즉위 후 관직을 마련하여 한족 출신의 선비들을 임용하고, 중서성과 십로선무사(十路宣撫司) 및 중원의 한족에 관한 사무를 담당하는 연경행중서성 등의 행정기구를 설치하여 중원에서의 통치 기반을 공고히 했다. 후에 쿠빌라이는 국호를 원(元)으로 바꾸고 정식으로 왕조를 건립하여 통치했다. 쿠빌라이의 묘호는 세조(世祖)이다.

위기 시에는 의심보다 신속한 결단을

고조는 이원길이 진왕 이세민을 죽여야 한다고 소청을 했을 때 큰 공을 세운 바 있고 죄상이 뚜렷하지 않다는 이유로 응낙하지 않았다. 그러나 이원길이 이러한 주장을 한 데 대해 질책하지는 않음으로써 사실상 두 사람의 갈등에 관해서는 이원길의 편임을 넌지시 드러냈다. 이건성과 이원길은 고조의 의중을 파악하게 되자 이세민을 제거하는 작업에 박차를 가했다.

이세민이 미처 행동을 취하기에 앞서 이건성과 이원길은 그의 심복인 위지경덕(尉遲敬德)과 단지굉(段志宏)을 뇌물로 매수하려 했다. 그러나 두 사람이 뇌물을 거절하자 이세민의 또 다른 심복인 맹장 정지절(程知節)을 무고하여 강주(康州, 오늘날의 감숙성 성현成縣 - 옮긴이)자사로 쫓아버렸다. 이 밖에도 진왕의 주요 모사인 방현령과 두여회를 고조에게 모함하여 진왕부에서 축출하도록 만들었다. 이들을 물질적으로 매수할 수 없다는 사실을 잘 알고 있었으므로 중상모략으로 '귀향' 하도록 하여 다시는 진왕을 만나지 못하게 한 것이다.

위급한 상황에서도 이세민이 부하들에게 행동 지침을 내리지 않자 진왕부에 남아 있던 심복 장손무기와 외삼촌인 고사렴(高士廉), 우후거기장군(右侯車騎將軍) 후군집(侯君集), 위지경덕 등은 계속해서 건성과 원길 형제를 죽이도록 권했다. 하지만 이세민은 이들의 끈덕진 진언에 뚜렷한 입장을 보이지 않고 망설였다. 그는 이미 영주(靈州) 대도독 이정(李靖)과 행군총관 이세적(李世勣)에게 의견을 물어보았지만 황제의 혈육과 관계되는 중대한 문제이므로 태도를 분명히 하지 않았다.

그런데 공교롭게도 돌궐의 침입으로 인해 벌어진 일련의 사태는 이세민으로 하여금 결단을 내리도록 만들었다.

돌궐의 욱사설(郁射設)은 수만 명의 기병을 거느리고 하투(河套) 지역의 황하 남안에 진을 치고는 오성(烏城)을 공격했다. 이건성은 고조에게 이세민을 대신하여 이원길이 북상한 각 군을 지휘하도록 하자는 건의를 했다. 이를 받아들인 고조는 원길에게 우무위대장군 이예(李藝)와 천기장군(天紀將軍) 장근(張瑾)을 독려하여 오성을 구하도록 명했다. 그런데 출발에 앞서 원길은 고조에게 진왕부의 위지경덕, 정지절, 단지굉, 진숙보와 정예 병사들을 선발하여 함께 돌궐을 정벌하고 싶다는 의견을 냈다. 진왕부의 맹장과 정예군을 차출하려는 목적은 진왕 이세민을 살해하기 위해서였다. 건성은 원길에게 이렇게 말했다.

"우리는 진왕의 정예 군사를 얻었고, 수만 명의 군사를 거느리게 되었으니 우리와 진왕이 곤명지(昆明池)에서 송별연을 연 뒤 죽여버린 다음 장막이 무너져 죽은 것으로 처리하면 주상께서도 믿지 않을 수 없을 것이다. 그리고 사람들을 시켜 우리가 국무를 맡아야 한다는 주청을 올리게 하면 된다. 제위에 오른 뒤 나는 너를 제위를 계승할 태제(太弟)로 삼을 것이다. 위지경덕과 그 무리들을 손에 넣으면 일시적으로는 저항을 할지 모르지만 끝내 불복하지 않을 수 없을 것이다."

한편 동궁의 기밀을 담당하는 왕질(王旺)은 건성과 원길의 밀모를 알아채고 이세민에게 즉시 보고했다. 원래 건성과 원길이 위지경덕과 정지절을 거액으로 매수하려 할 때 이세민도 암암리에 동궁부의 건성의 부하들을 매수해 놓았다. 그래서 동궁에서 요직을 맡고 있는 상하(常何, 호위 담당 - 옮긴이)와 왕질은 동궁의 정보를 이세민에게 몰래 알려주고 있었다.

왕질의 고발을 들은 이세민은 즉시 장손무기와 위지경덕을 불러 대책을 의논했다. 이들은 이세민에게 먼저 손을 써야 한다고 주장했다. 이세민은 "골육상쟁은 시대를 막론하고 엄청난 죄악이다. 우리가 조만간 화를 당할 것이라는 사실은 알지만, 그들이 마수를 뻗치기를 기다렸다가 의롭게 물리치는 것은 어떠하겠는가?"라며 머뭇거렸다.

"살인을 좋아하는 사람은 없습니다. 지금 여러 사람이 죽음으로 왕께 충성을 다하려 하는 것은 하늘의 뜻이라 할 수 있습니다. 재앙이 눈앞에 있는데 왕께서 주저하며 행동을 취하지 않으신다면 어떻게 종묘사직을 지키겠습니까! 대왕께서 제 말을 받아들이지 않으신다면 저는 더 이상 여기에 머물지 않고 초야에 은둔하겠습니다."

위지경덕의 단호하고도 결연한 태도 표명에 이어 장손무기도 한마디 했다.

"일찍이 경덕의 말씀을 듣지 않으셨기에 오늘날 이런 낭패를 겪고 있습니다. 경덕이 떠난다면 저도 따라서 물러나 다시는 대왕을 섬기지 않겠습니다."

두 사람의 말을 듣고 난 이세민이 입을 열었다.

"내가 거사를 완전히 포기한 것은 아니니 공들은 어떻게 해야 좋을지 계획을 세워보도록 하시오."

"어떤 일을 당했을 때 의심을 하는 것은 지혜롭지 못함이요, 위기를 당했을 때 결단을 내리지 못하는 것은 용감하지 않기 때문입니다. 그런데 대왕께서는 평소 800여 명의 용감한 병사들을 거느리고 있으시니 그들에게 갑옷을 입히고 무기를 들게 하면 일은 자연히 성사될 것입니다!"

이세민은 막료들에게도 의견을 물었는데, 그들도 이구동성으로 즉각 행동을 취할 것을 주장했다. 그리고 점쟁이를 불러 점을 치도록 명령했는데, 이때 마침 장공근(張公謹)이 외부 소식을 가지고 들어왔다. 그는 귀복(龜卜, 거북점 - 옮긴이)을 바닥에 내던지며 화를 냈다.

"점괘가 불안을 해결해 줄 수 있단 말입니까? 지금은 의심하고 주저할 그 무엇도 없는데 왜 점을 치시는 겁니까! 점쟁이가 불길하다고 하면 그대로 주저앉으시렵니까?"

장공근의 단호한 언행은 마침내 이세민의 마음을 움직였다. 그리하여 이세민은 위지경덕, 장손무기 등과 상세한 계획을 논의했다.

이세민은 장손무기에게 비밀리에 모사 방현령 등을 만나 거사 계획을 알려주도록 했다. 그런데 방현령은 천자가 다시는 진왕을 모시지 못하도록 했는데 다시 이세민을 만나면 법에 따라 죽음을 당할 것이니 명령을 따를 수 없다고 했다. 방현령의 반응은 사실 죽음이 두려워 그런 것이 아니라, 일부러 이세민을 자극하여 결단을 내리도록 하기 위함이었다. 장손무기가 방현령의 말을 전하자 이세민은 벌컥 화를 냈다.

"방현령과 두여회가 감히 나를 배반하는구나!"

그러고는 칼을 뽑아 위지경덕에게 주며 분부했다.

"공이 방현령을 찾아가 다시 한 번 이야기를 해 보고 정말로 오지 않겠다면 그 목을 쳐서 가지고 오라!"

위지경덕은 방현령과 두여회가 올 수 없다고 한 진정한 의도가 이세민으로 하여금 결단을 내리게 하기 위한 것임을 잘 이해했으므로 장손무기와 함께 두 사람에게 최후통첩을 했다.

"왕께서는 이미 결심을 하셨으니 공들은 속히 진왕부에 들어와 같이 모의를 하도록 합시다. 우리 네 사람은 함께 들어갈 수 없으니 변장을 하고 갑시다."

위지경덕은 방현령과 두여회에게 도사 복장을 하게 해서 장손무기와 함께 진왕부로 들어가도록 하고, 자신은 다른 길로 돌아갔다. 그날 밤 행동 계획을 확정했으니, 때는 바야흐로 무덕 9년(626년) 6월 2일이었다.

6월 3일, 태사령 부혁(傅奕)은 고조에게 금성이 또 진왕부에 출현했다며 '진왕이 천하를 차지할' 징조로 해석된다는 비밀 상소를 올렸다. 고조가 이 사실에 대해 이세민의 이견을 묻자 그는 건성과 원길이 각기 장첩호(張婕好), 윤덕비(尹德妃)와 불륜 관계를 맺고 있다는 밀주(密奏)

를 올리면서 다음과 같은 말을 덧붙였다.

"신은 형제들에게 아무런 원한을 살 만한 일을 하지 않았는데 요즘 들어 저를 죽이려 하는 움직임이 있습니다. 아마도 왕세충과 두건덕을 위해 복수하려는 의도 같습니다. 신이 억울한 죽음을 당한다면 황상과의 군신 관계를 다하지 못하는 것이며, 저승에서도 적들을 보기 부끄러울 것입니다."

이세민의 '왕세충과 두건덕을 위해 복수하려는' 것 같다는 말은 고조의 마음을 흔들었다.

그래서 고조는 이세민에게 "내일 국문을 할 터이니 일찍 입궐하라"는 명을 내렸다.

6월 4일, 날이 채 밝기도 전에 위지경덕, 장손무기, 후군집(侯君集), 장공근, 유사립(劉師立), 공손무달(公孫武達) 등은 이세민이 대기시켰던 병사들을 이끌고 입궁하여 현무문 내에 매복시킨 뒤 이건성과 이원길이 입궐할 때 죽이려고 대기하고 있었다. 새벽이 되자 고조와 배적, 소말(蕭瑀), 진숙달(陳叔達), 봉덕혁(封德奕), 우문사 등이 입조하여 왕자들이 들어오기를 기다리고 있었으니 이때 건성과 원길은 이미 현무문을 통과했다. 임호전(臨湖殿)에 이르렀을 때 두 사람이 뭔가 이상한 기운을 느껴 말머리를 돌리는 순간 이세민이 돌연 말을 타고 나타나 뒤에서 불렀다. 원길이 몸을 돌리자 이세민은 3발의 화살을 쐈지만 불발에 그쳤다. 이세민은 다시 1발의 화살로 건성을 죽였다.

이때 위지경덕이 70명의 기병을 이끌고 도착하여 활을 쏘자 말에서 떨어진 원길은 나무들 사이로 숨었다. 이세민은 말을 타고 추격했지만 나뭇가지에 옷이 걸리는 바람에 땅에 떨어졌다. 이 모습을 본 원길은 번개같이 나타나 이세민의 활을 빼앗아 그것으로 목을 졸라 죽이려 했다. 그 순간 위지경덕이 나타나자 원길은 무덕전으로 도망을 쳤다. 하지만 그는 위지경덕이 쏜 화살을 피하지 못하고 죽음을 맞이했다.

고조가 이미 현무문 내에서 벌어진 일을 들은 상태에서 이세민은 위지경덕을 궁으로 들여보내 호위 업무를 행하도록 했다. 그가 갑옷 차림에 창을 들고 편전에 나타나자 고조는 깜짝 놀라 황급히 물었다.

"오늘 난을 일으킨 자가 누구냐? 경은 왜 여기에 왔는가?"

"진왕께서 태자와 제왕이 난을 일으키자 병사들을 지휘하여 죽였습니다. 혹여 폐하께서 놀라실까 봐 신이 호위를 하러 온 것입니다."

진상을 알게 된 고조는 '호위'라는 두 글자가 자신에게는 불길한 징조라 여겨져 배적 등에게 앞으로 어떡해야 할지 하문했다.

배적은 원래 태자 건성을 지지하던 인물이었으므로 심사가 복잡하여 아무런 대답을 하지 않았다. 이세민과 가까웠던 소우(蕭瑀)와 진숙달은 고조에게 당당한 주장을 폈다.

"건성과 원길은 원래 불순한 의도를 가졌으나 호응하는 세력을 얻지 못하자 큰 공을 세우고 덕망이 높은 진왕을 질투하여 간교한 음모를 꾸몄습니다. 오늘 진왕이 그들을 죽였으니 그 공이 세상을 덮을 정도이고, 모든 선비들이 한 마음으로 그를 섬기려 하니 폐하께서는 국사를 그에게 전적으로 맡기심이 합당할 것입니다."

고조는 건성과 원길 왕자가 죽음을 당했다고 했을 때 사태의 심각성을 어렴풋이 인식했지만, 위지경덕이 호위를 하겠다고 하고, 소우와 진숙달의 제위를 이세민에게 넘겨주라는 말에 기가 막혔다. 만약 그렇게 하지 않는다면 어떻게 될지 상상하기조차 끔찍했다. 그리하여 고조는 즉시 태도를 표명했다.

"맞는 말이다! 일찍이 그런 생각을 했는데 마침내 숙원을 이루게 되었다."

고조가 대신들에게 양위 의사를 밝히는 순간에도 진왕부를 지키는 사병과 동궁, 제왕부의 사병들은 싸움을 하고 있었다. 이 사실을 안 위지경덕은 고조에게 모든 병사들이 진왕의 지휘를 받도록 하는 친필 칙령을 내려달라고 청했다. 고조는 어쩔 수 없이 위지경덕의 요구를 들어주었다. 얼마 후 천책부(天策府) 사마인 우문사는 칙령을 낭독했고, 싸움을 하던 병사들은 무기를 내려놓았다. 고조는 또한 황문(黃門, 환관의 별칭 – 옮긴이) 시랑 배구(裴矩)를 동궁에 보내 군사를 해산시키도록 명했다. 그러고는 이세민을 불러 위로의 말을 했다.

"최근 들어 너에 대한 좋지 않은 소문이 난무해서 마음고생이 심했을 것이다."

이세민의 부장들은 건성과 원길 휘하의 100여 명을 전부 죽여야 한다고 주장했다. 그러나 위지경덕은 두 왕자의 부하들은 큰 죄를 지은 것도 아닌데 모두 죽인다면 나라가 안정될 수 없다며 극력 반대했다. 그의 말을 들은 이세민은 건성과 원길의 부하들을 죽이지 않기로 결심했다.

6월 4일, 고조는 건성과 원길 두 사람만 반역죄를 지었을 뿐이므로 부하들은 일체 추궁하지 않겠다는 조서를 내렸다. 또한 "나라의 모든 일은 진왕의 재가를 받아야 한다"는 선언을 했다.

6월 7일, 고조는 이세민을 태자로 봉하면서 앞으로 나라의 군사와 국가에 관한 큰일들은 태자에게 처리하도록 한 뒤 자신에게 상주하라는 명령을 내렸다. 이로써 고조는 모든 권력을 이세민에게 넘겼다.

8월 계해(癸亥)일, 고조는 자신의 뜻을 백성들에게 알리는 제서(制書)를 발표했다. 그 내용은 제위를 태자 이세민에게 양위한다는 것이었다. 하지만 이세민은 몇 번이고 거절했고, 고조는 거절을 받아들이지 않았다.

같은 달 갑자(甲子)일, 이세민은 동궁 현덕전(顯德殿)에서 황제에 등극했고, 모든 죄인을 사면하는 대사천하(大赦天下)의 은전을 베풀었다.

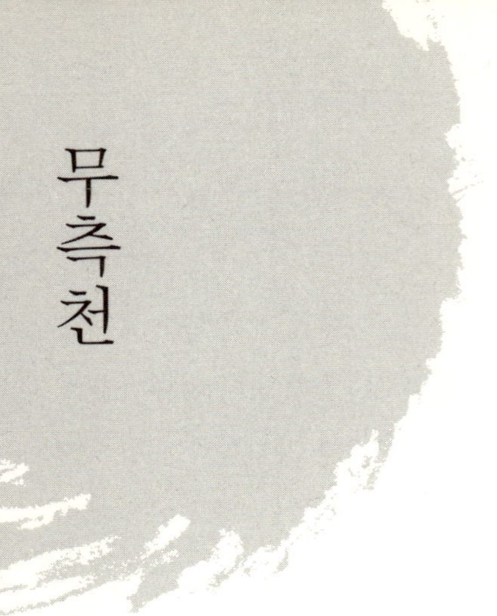

큰 야망은 시기와 인재를 부른다

큰일을 이루려는 사람은 의지와 계략을 갖춰야 하지만, 절호의 기회가 따라주지 않으면 상당한 어려움에 부딪힐 수밖에 없다. 이런 면에서 볼 때 무측천은 천시(天時)와 인화(人和), 즉 하늘과 인간으로부터 도움을 받는 행운을 누렸다.

홍도(弘道) 원년(683년) 11월, 고종 이치(李治)는 병이 깊어져 거의 죽음의 문턱에 다다르게 되자 황제가 천지에 제사를 지내는 봉선(封禪) 의식을 취소했다.

하루는 극심한 두통에 시달리면서 실명 단계에 이른 고종이 어의 진명학(秦鳴鶴)을 침전으로 불러들였다. 고종은 뛰어난 의술로 유명한 진명학을 신뢰하여 하루도 빠지지 않고 진맥을 하도록 했다. 진명학은 갖은 처방을 다 써도 낫지 않는 고종의 병으로 인해 고민이 많았다. 이날 그는 새로운 치료법을 생각해 냈는데, 그것은 바로 침으로 머리를 찔러 피를 내는 것이었다. 발 뒤에서 이 말을 엿듣고 있던 무측천은 어의의 방법이 과연 신통한 것인지 의심이 가면서 마음속이 복잡해졌다. 부부간의 정리로 생각하면 고종의 병이 낫기를 바라지만, 권력을 생각하면 황제가 속히 죽었으면 하는 마음을 숨길 수 없었던 것이다. 그녀의 이런 심리적 갈등은 이미 오래된 것이었지만, 오늘처럼 심사가 복잡하지는 않았다. 그녀는 고종의 병이 치유되면 자신이 어떤 결과를 맞이할지 잘 알고 있었으므로 황제와 원수가 되는 한이 있더라도 정치적 야망을 포기할 마음이 없었다. 생각이 여기에 머물자 그녀는 발 뒤에서 나와 어의에게 화를 벌컥 냈다.

"무모하기 짝이 없는 놈! 감히 침으로 천자의 머리를 찌를 생각을 하다니 정말로 극악무도하구나. 네 놈은 죽어 마땅하다!"

어의는 너무 놀라 고개도 들지 못한 채 용서를 구했다. 이 모습을 본 고종은 무측천의 말에 아무런 대꾸도 하지 않았지만, 두통이 워낙 심한지라 머리에 굵은 침을 빽빽이 꽂더라도 참을 수 있을 것 같았다. 그래서 어의에게 효과가 없을지 몰라도 일단 침을 맞겠다고 했다.

고종의 반응에 할 말이 없어진 무측천은 어의에게 침을 놓도록 했다. 어의가 먼저 고종의 정수리 혈을 자극한 후, 이어서 두개골에 반 촌쯤 되는 침을 놓자 피가 조금씩 흘렀다. 그 순간 고종은 소리를 질렀다.

"머리가 하나도 아프지 않고 눈도 잘 보인다. 진명학, 그대는 정말 훌륭한 어의로다!"

진명학이 시술을 하는 동안 무측천은 매서운 눈초리로 지켜보면서 어의가 실수를 하여 고종이 고통스럽게 비명을 지르기를 바랐다. 그러나 놀라운 침의 효과를 보자 무측천은 무척 실망스러웠지만 겉으로는 기쁨에 겨운 듯 "하늘이 도와주신 겁니다! 하늘도 무심치 않으십니다!"라며 축하를 했다. 그리고 그녀는 비단 100필을 진명학에게 내리며 찬사를 연발한 뒤 황제의 병을 고치는 것은 나라에 충성을 다하는 것이라고 격려했다. 또한 황제의 건강이 완전히 회복되면 큰 상을 내리겠다고 했다.

진명학은 머리를 조아리며 감사를 표했지만 무측천의 속셈을 알기에 마음이 편치 않았다. 그는 권력의 속성과 황실의 복잡한 내막을 아는 인물이었으므로 고종을 치료하다가는 자신이 목숨을 잃겠다 싶어 병을 핑계 삼아 귀향했다.

얼마 후 56세의 고종은 세상을 떠났다. 고종의 유언에 따라 태자가 중종으로 즉위했지만 중대사는 모두 무측천이 재가했다. 중종 이현(李顯)은 온순한 성품에 어머니인 무측천을 몹시 두려워했으므로 허수아비 황제가 된 것이다.

태후가 된 무측천은 택주(澤州)자사인 한왕(韓王) 원가(元嘉)가 반란을 일으킬까 우려하여 3공의 관직을 추가로 내려 위무를 했고, 정국을 안정시키기 위해 유인궤(劉仁軌)는 좌복야, 배염(裴炎)은 중서령에 임명했다.

다음 해 정월 연호를 사성(嗣聖)으로 바꾸고, 태자비 위(韋)씨를 황후로 승격시킴과 동시에 그 아버지인 위현정(韋玄貞)을 보주(普州) 참군에서 예주 자사로 발탁했다. 위현정은 자사가 되자 황후에게 자신을 더 높은 관직으로 옮겨달라는 부탁을 했다. 중종은 장인인 위현정을 상서성 시중으로, 유모의 아들에게는 5품관의 벼슬을 하사하려 했으나 대신들의 격렬한 반대에 부딪히고 말았다.

중서령 배염은 능력도 없는 인물을 황제의 장인이라는 이유로 사사로이 고관에 임명하면 조야의 반발을 살 것이라고 진언했다. 하지만 중종은 자신은 한 나라의 군주로서 관직을 하사할 권한이 있다고 불만을 터뜨리면서, 국척(國戚)인 위현정이 시중이 되더라도 아무런 문제가 될 것이 없다고 일축했다.

중종의 반응에 당황한 배염은 무측천에게 사정을 호소했다. 무측천은 대수롭지 않은 듯했으나 중종의 처사에 화가 치밀었다. 즉위한 지 얼마 안 된 중종이 자기 사람들을 중용하려 하고, 당파를 형성하다 보면 나라가 위씨 천하가 될 것이 아닌가? 생각이 여기에 미치자 무측천은 중종을 황제로 만들었으니 폐할 수도 있다는 생각이 들었다. 그녀는 절대로 중종 마음대로 권력을 휘두르게 해서는 안 되겠다는 결심을 굳혔다.

무측천은 배염에게 황제가 권력을 남용하면 대신이 마땅히 직언을 해야 하는 법이라며 칭찬을 했다. 그녀는 또한 배염에게 중종을 폐위시킬 뜻을 암시했다. 배염은 경악을 금치 못하며 혹시 자신이 잘못 말을 해서 그런 것이 아닌가 하여 무측천에게 용서를 빌었다. 무측천은 정색을 하며 "폐위는 대사인데 어찌 내가 헛소리를 하겠느냐! 내 뜻은 확고하니 나를 위해 충성을 바칠 각오가 되었느냐?"라고 다그쳤다.

조정에서 온갖 풍상을 겪은 노련한 배염은 무측천에 대해 잘 알고 있었다. 그녀는 결코 황제의 어머니로 만족할 만한 인물이 아니었고, 더 큰 야망을 가지고 있음이 확실했다. 그래서 배염은 머리를 조아리며 조정의 신하로서 나라를 위해, 당 왕조의 제업을 완성하기 위해 목숨을 바치는 것도 두렵지 않다고 했다. 무측천은 흐뭇한 웃음을 지으며 신중하고 비밀스럽게 행동하라고 거듭 당부했다.

무측천이 건원전(乾元殿)에 신하들을 모아놓자 배염은 병사를 이끌고 나타나 중종을 폐위하여 여능왕(廬陵王)으로 강등한다는 태후의 성지를 낭독했다. 이를 들은 중종은 경악하여 무릎을 꿇고 모후에게 즉위한 지 얼마 되지 않았고, 국정에만 충실한 자신이 도대체 무슨 죄를 지었냐고 물었다.

무측천은 서릿발 같은 어조로 힐문했다.

"천하는 대당(大唐)의 것인데, 너는 천하를 위현정에게 바치려 했다. 그런데도 죄가 없다고?"

중종은 변명을 하려 했지만 대전에 집결한 군사들과 그들의 칼에서 뽑어져 나오는 차가운 검광에 놀라 입이 떨어지질 않았다. 게다가 신하들 가운데 자신을 변호하는 말을 하는 자가 하나도 없다는 사실에 두려움은 더욱 커졌다. 그는 이제 상황을 돌이킬 수도 없고, 모후의 위세에 저항할 수도 없는지라 고개만 숙이고 있었다. 잠시 후 무측천이 눈짓을 하자 배염은 두 명의 병사에게 중종을 수금하도록 명령했다. 이로써 중종은 겨우 두 달 동안 제위에 앉았다가 쫓겨나는 불운한 황제가 되고 말았다.

무측천은 다시 이단(李旦)을 황제에 앉혔다. 예종(睿宗)이 된 이단은 중종의 동생으로서 고종의 여덟 번째 아들이었다. 스물두 살에 황제가 된 이단은 처음에는 은왕(殷王)에 봉해졌다가 후일 옹주(雍州) 겸 예왕(豫

王)이 되었다. 이단은 글자 그대로 허수아비 황제였다. 황제라는 이름은 얻었지만 실권은 하나도 없던 그는 별전에 유폐된 채 나랏일에는 손도 대지 못했고, 대권은 모두 무측천이 장악하였다.

무측천은 동도(東都)인 낙양에 머물면서 유인궤를 서경인 장안에 머물도록 했다. 무측천의 횡포에 불만을 품은 유인궤는 늙고 병이 많아 중임을 감당할 수 없다며 사의를 표하는 상소를 올렸다. 그는 상소에서 한대의 여후(呂后)가 전권을 휘둘렀던 역사를 생각하여 후대에 치욕스런 평가를 받지 않도록 해야 할 것이라는 경고를 했다. 무측천은 화가 났지만 유인궤가 태종과 고종 황제를 섬긴 노신인 데다 충성스럽고 직언을 잘하여 태종으로부터 큰 상을 받았던 사실 때문에 쉽게 치죄를 할 수 없었다. 다시 말해 무측천은 천하를 다스리자면 유인궤와 같은 신하의 보필이 필요하다 여겼던 것이다. 그래서 유인궤의 상소에 무측천은 분노를 드러내지 않으면서 조카인 비서감 무승사(武承嗣)에게 자신이 직접 쓴 위로의 서한을 전달하도록 했다.

서한의 내용은 황상이 어리석어서 자신이 섭정을 하고 있지만 그 목적은 어디까지나 나라를 위해서라는 것이었다. 그 다음으로 유인궤가 경사에 머물기를 원치 않고, 여후의 일을 경계로 삼으라고 한 말은 수치스러움과 위안을 주었기에 많은 도움이 되었다고 치켜세웠다. 또한 덕이 높고 큰 존경을 받고 있는 유인궤에게 평소부터 예를 다해 대했는데, 지금 조정을 다스리면서 많은 어려움을 겪고 있기에 도움을 원하니 노약함을 이유로 물러나서는 안 된다고 했다.

간곡하면서도 부드러운 어투의 무측천의 서신은 노신에 대한 존중과 허심탄회하게 보필을 원한다는 뜻을 담고 있었다. 하지만 그녀의 인격과 성품을 아는 사람의 입장에서 보면 서한은 진실성이 전혀 없는 말장난에 불과했다. 유인궤는 자신이 선택할 길이 딱 두 가지임을 직감했다. 한 가지는 무측천에게 충성을 하면서 계속해서 고관으로 남는 것이고, 또 다른 하나는 무측천의 성지에 저항을 한 뒤 예상되는 후환을 감수하는 것이었다. 시국을 판단하는 안목이 있는 그로서는 전자를 택할 수밖에 없었다.

2월 들어 태후 무측천이 낙양궁 무성문 내의 무성전(武成殿)에 오르자 예종과 왕공들은 '천후(天后)'를 존호(尊號)로 삼았다. 이후로 무측천은 자신전(紫宸殿)에 상주하면서 옅은 자색의 휘장 뒤에서 수렴청정을 했다. 예종은 그야말로 유명무실한 존재가 되어버렸다.

5월, 고종의 유해가 낙양으로 돌아와 석 달 후에 건릉(乾陵)에 안치되었고, 묘호는 고종으로 정해졌다. 무측천은 직접 애도의 글을 지어 고종의 덕을 기림과 동시에 비통한 모습을 보여주었다. 이해 9월 무측천은 연호를 광택(光宅)으로 정하고, 황제의 정기를 황금색으로 바꿨다. 연이어 대대적인 제도 개혁을 단행하여 우선 8품 이하의 관복을 짙은 청색으로, 궁의 명칭을 태초궁으로, 상서성은 문창대(文昌臺), 우복야는 우승상, 문하성은 난대(鸞臺), 문하시중은 납언(納言), 중서성은 풍각(風閣), 중서령은 내사(內史), 어사대는 좌숙정대(左肅政臺)로 바꿨다. 좌숙정대와는 별도로 우숙정대를 설치하여 각 주를 감찰하도록 하고, 좌숙정대는 수도의 관리와 군대를 감독 관리하면서 칙서를 처리하도록 했다.

이 밖에도 성(省), 시(寺), 감(監), 솔(率) 등이 들어가는 관청의 이름을 바꾸었다. 고종 연간에 무측천은 장안과 낙양을 오갔으나, 집정 후 동도인 낙양을 신도(神都)로 개명한 뒤 20년 가깝게 신도에만 머물렀다. 그래서 낙양은 자연스럽게 정치의 중심이 되었다.

이때에 이르러 무측천은 사실상의 여자 황제가 되었다. 험난한 풍상을 고스란히 겪으며 30년 가깝게 야심을 불태운 강인하고 지략이 뛰어난 이 여인은 마침내 67세의 나이에 당의 최고 권력을 거머쥠으로써 숙원을 이루어냈다.

천자를 내세워 제후를 호령하는 전략

조조(曹操)가 독자 세력을 구축했을 때 다른 주요 세력들도 나름대로 특징과 장점을 가지고 있었다. 예를 들어 손책(孫策)은 장강의 험난한 지세를 이용해 수비하기에 유리했고, 유비는 '한의 황실을 부흥한다'는 구호로 사람들의 호응을 받았다. 이렇듯 군웅이 할거하는 상황에서 패업을 달성하기 위해서는 반드시 자신의 장점을 활용하여 지지를 얻어야 했다. 조조는 치밀한 분석 끝에 '천자를 옹립한다'는 구호로 정치적 우위를 점하기로 결심했다. 하지만 이 구호는 사실상 '천자를 내세워 제후를 호령하는' 전략이었다.

중국에는 예로부터 "귀신을 잡으려면 종규(鐘馗, 전설상의 역귀疫鬼를 쫓는 신 - 옮긴이)의 힘을 빌려야 한다"는 말이 있다. 이에는 이, 눈에는 눈이라는 말도 있듯이 이런 방법은 매우 효과적인 전략이라 할 수 있다. 왜냐하면 한쪽이 귀신이라면 분명히 종규를 두려워할 것이기 때문이다. 달리 말하면, 종규를 부리는 사람은 모든 귀신을 부리고 호령할 수 있는 힘이 있는 것이나 마찬가지라는 의미이기도 하다.

동서고금을 막론하고 위업을 달성하는 사람들은 '기치'를 내세워 천하를 호령하고 실익을 얻었다. 잘 알려진 바대로 춘추시대의 첫 번째 패자였던 제환공(齊桓公)은 '존왕양이(尊王攘夷)'를 주장하여 정치적·군사적 실권을 획득했다. 그러므로 조조의 '천자를 내세워 제후를 호령하는' 전략은 기치를 내세워 소기의 목적을 달성하는 전형적인 사례라 할 수 있다.

그러나 '귀신을 잡기 위해 종규의 힘을 빌리는' 방법이 실패한 예도 적지 않다. 멀리 갈 것도 없이 조조보다 조금 일찍 같은 전략을 구사했던 동탁(董卓)이야말로 실패자의 대표적인 예라 할 수 있다.

조조보다 한발 앞서 동탁은 한의 헌제(獻帝)를 패권을 차지하기 위한 '깃발'로 삼았다. 초평(初平) 원년(190년) 2월, 동탁은 헌제를 옹립하여 장안으로 천도한 뒤 미앙궁에 유폐하다시피 했다. 그리고 자신은 장안성 동쪽에 미오(郿塢)라고 불리는 보루를 지어 머물렀다. 미오는 성벽의 높이와 폭이 7장(丈, 1장은 약 3.3미터 - 옮긴이)에 달했는데, 그 높이가 장안성과 같았으므로 '만세오'(萬歲塢, 만세는 황제를 뜻하는데, 결국 만세오는 황제의 보루와 같다는 뜻이다 - 옮긴이)라 불렸다. 동탁은 낙양 등지에서 약탈한 대량의 금은보화와 식량 따위를 미오에 보관했는데, 식량은 30년은 족히 먹을 정도의 양이었다고 한다. 그는 의기양양해서 이렇게 말했다.

"만약 대사가 성공하면 나는 천하를 다스릴 것이고, 그렇지 못한다면 이 재물들을 지키며 평생을 살 것이다."

주나라 초기에 문왕은 여상(呂尙)을 태사로 삼았고, 무왕은 즉위 후 그를 아버지처럼 섬겼다. 그런데 동탁은 불온하게도 태사 여상을 자처하면서 '상부(尙父)'라는 호칭을 썼다. 그는 황태자만이 탈 수 있는 청개거(靑蓋車)를 탔고, 친척들에게는 대대적으로 봉작을 내렸다. 동생인 동만(董旻)은 악후(鄂侯), 형의 아들인 동황(董璜)은 시중 겸 중군교위에 임명하여 군사권을 장악하도록 했다. 심지어 동씨 집안의 자손이라면 어린아이에게조차 관직을 내렸고 남자는 후(侯), 여자는 읍군(邑君)에 봉해졌다. 그래서 이들이 조정에 나오면 그 기세가 대단했다.

그러나 불운하게도 동탁은 단지 패악무도하고 음란한 폭도에 불과했을 뿐, 자신의 장점을 활용하는 방법을 몰랐다. 그래서 권력을 잡은 지 얼마 안 되어 '불에 탄 시체로 저잣거리에 버려지는' 말로를 맞이했다.

동탁의 불행에서 교훈을 얻기 위해 조조는 모사들의 다양한 주장을 어떻게 수용할 것인지 고심했다. 그래서 조조는 건안 원년(196년)의 신년 하례 회의에서 막료와 장수들에게 중대한 문제를 해결해야 할 때 어떡하면 가장 우수한 의견을 채택할 수 있는지 물었다.

지략이 풍부하고 수염이 많기로 유명한 정욱(程昱)이 먼저 의견을 내놓았다.

"정보에 의하면 황상께서 양봉(楊奉)과 동승(董承)에 이끌려 관중을 떠나 안읍(安邑)에 머물고 계시다고 합니다. 만약 기회를 엿보아 황상을 모셔 온다면 틀림없이 우위를 점할 수 있을 것입니다."

순욱(荀彧)도 정욱의 의견을 거들고 나섰다.

"예주(豫州)는 중앙의 사예(司隷) 지역과 지척에 있는 곳으로 우리의

세력권이라 할 수 있으니 만약 황제를 모셔 온다면 낙양과 허도(許都)
가 가장 이상적입니다. 그러므로 예비 작업으로 먼저 예주 내의 다른
세력들을 제거해야 합니다."

맹장으로 소문난 조인(曹仁)은 다른 의견을 제기했다.

"장막(張邈)의 세력을 이미 제거하기는 했지만 여포와 진궁(陳宮) 등이
서주를 차지한 채 원술(袁術)과 결탁하고 있으니 언제라도 다시 연주(兗
州)를 위협할 가능성이 있습니다. 그러므로 제가 생각하기에는 먼저 동
쪽을 안정시키고, 다음으로 원술과 여포를 물리친 뒤에 예주를 차지하
는 것이 합당합니다."

하후돈(夏侯惇)의 의견도 조인과 별 차이가 없었다.

"군사적인 입장에서만 본다면 예주는 사예와 형주(荊州)와 인접해 있
으나 지금은 원술, 유표(劉表)와 가까운 군사 세력들이 있으니 관망을
하는 것이 나을 듯합니다. 예주를 공격했다가 오히려 북방의 원소(袁
紹), 동부의 여포, 남방의 유표, 서북의 서량(西凉)과 사예의 군단으로 겹
겹이 포위를 당한다면 크게 낭패를 볼 것입니다."

장수와 막료의 절대 다수가 하후돈의 의견에 동감을 표하자 조인은
자신감을 가지고 의견을 개진했다.

"천자를 모셔 오는 게 반드시 유리하지는 않습니다. 동탁이 모든 세
력으로부터 비난을 받았던 사실과 현재 우리의 실력을 감안하면 천자
를 내세웠다고 해서 제후를 호령하게 된다는 보장이 없습니다. 만약
일이 잘못되면 이익은커녕 큰 화를 당할지도 모릅니다."

만총(滿寵)의 생각도 같았다.

"현재 가장 절실한 것은 원소의 동향을 파악하는 것입니다. 그 이유는 원소가 천자를 모실 수 있는 가장 큰 힘을 가지고 있기 때문입니다. 만약 이런 때에 원소와 척지는 일이 발생하면 큰 위기를 맞게 될 터이니 신중을 기해야 합니다."

아무 말 없이 설왕설래를 듣던 조조가 입을 열었다.

"기주부(冀州府)에서 전해 온 소식에 의하면 원소의 진영은 천자를 모시는 데 있어 의견이 분분하다고 합니다. 원로들은 반대를 하고 있고, 원 장군도 별로 흥미가 없다고 합니다. 게다가 공손찬(公孫瓚)과의 전쟁도 계속되고 있는 상황이어서 그쪽에서 모종의 행동을 취할 가능성은 거의 없다고 봐야 할 겁니다."

그러자 순욱이 흥분해서 장광설을 늘어놓았다.

"천자를 모셔 오는 것은 절대로 공리를 위해서가 아닙니다. 예전에 고조(유방을 가리킨다-옮긴이)께서는 항우를 꺾기 위해 동벌을 나설 때 의제(義帝)를 위해 복수를 한다는 명분을 내세웠기에 천하의 제후들로부터 호응을 얻을 수 있었습니다. 동탁이 난을 일으켰을 때 천자는 관중으로 몸을 피하셨고, 장군께서는 처음으로 황제를 위해 싸운다는 의군을 일으켰지만 산동의 혼란으로 인해 우리는 관중 지역을 챙길 여력이 없었습니다. 비록 전투가 계속되고 있지만 저는 장군께서 여전히 왕실을 위하는 마음이 있고, 천하를 평정하실 뜻이 있다는 것을 잘 알고 있습니다. 황제를 옹립하는 것은 백성들의 기대에 부응하는 것이므로, 뚜렷한 명분으로 호걸들을 결집하는 것은 정당한 전략입니다. 또한 대의로써 인재들을 우리 편으로 만드는 것은 바람직하다고 할 수 있습니다. 설령 다른 세력들이 공격해 오더라도 우리를 쉽게 무너뜨릴 수는 없습니다. 무엇보다도 중요한 것은 속히 결정을 내려야 한다는 것입니다. 다른 세력들이 행동을 개시한 다음 우리가 움직인다면, 그때는 후회를 해도 소용이 없습니다."

이렇듯 쉽사리 의견의 일치를 보지 못한 채 격론이 벌어지자 조조는 갑자기 과거에 동탁에 반대하는 연맹을 형성할 때 자신과 원소가 나눴던 대화가 생각났다.

원소는 조조에게 "만약 이번 거병이 실패하면 그대가 보기에 어디를 거점으로 삼는 것이 가장 좋겠는가?"라고 물었다.

조조는 "장군의 생각은 어떠십니까?"라고 반문했다.

그러자 원소는 황하 이북의 기주 산간 지역을 거점으로 하여 북방 이민족의 협력을 이끌어낸 다음 남쪽을 정벌하여 패권을 차지하는 것이 이상적이라고 대답했다.

당시에 조조는 원소의 시각에 동의를 하지 않았는데, 그 이유는 지리적인 이점도 중요하지만 더욱 중요한 것은 민심이라고 생각했기 때문이었다. 확실히 순욱의 말대로 한의 헌제는 이미 유명무실한 존재가 되었지만 혼란스런 정국에서 여전히 천하의 민심을 하나로 모으는 구심점이 될 수는 있었다.

드디어 조조는 과감하게 헌제를 옹립하기로 결심했다.

허도로 천도하여 전전긍긍하고 있던 헌제를 옹립한 것은 조조의 정치 생애에서 가장 성공적인 전략이라 할 수 있었다. 조조가 이런 결정을 내렸던 이유는 모든 문신과 무장들보다 높은 위상을 획득하기 위한 목적뿐만 아니라 헌제를 통일 전쟁의 도구로 삼기 위함이었다. 즉 앞으로 헌제의 이름을 명분으로 하여 적을 정벌하거나 인사를 단행할 수 있고, 적을 수동적인 입장으로 만들 수 있어 정치적으로 압도적인 우위를 점할 수 있는 것이다. 다른 한편으로는 헌제를 옹립하는 것이 객관적으로도 나라와 백성들에게 유익함이 없지 않았다.

군웅이 할거하면서 서로 상대를 무너뜨리고 천하를 차지하려는 판국에 조조가 헌제를 강력하게 보호한 것은 다음과 같은 이점이 있었다.

첫째, 헌제는 비록 조조의 허수아비로 전락하게 되지만 최소한 폐출되거나 살해되는 위험에서 벗어나 최고 권력의 상징으로 남을 수 있다. 둘째, 헌제가 조조의 보호를 받고 있는 한 황제를 위협하는 세력들의 야심이나 행동은 어느 정도 제약을 받게 된다. 그럼으로써 중앙 집권 체제를 어느 정도 유지하여 군웅들에 의해 나라가 분열을 거듭하는 상황을 방지하고, 통일 국가로의 과정을 앞당길 수 있다는 것이다.

남과 다른 시각으로 상황을 파악한다

951년 음력 정월, 곽위(郭威)는 정식으로 황제에 등극하면서 국호를 주(周), 연호를 건원(建元)으로 정했다. 곽위의 휘하에서 사졸에 불과했던 조광윤(趙匡胤)은 삼진(三鎭)을 정벌하고 거란을 막아내는 등 전역에서 수훈을 세웠다. 특히 단주(澶州) 병란에서 문무를 겸비한 능력은 광채를 발했다.

관리 집안의 출신이었던 그는 어렸을 때부터 독서를 많이 했고, 무술 실력도 뛰어나 일찌감치 곽위의 밑에서 두각을 드러낼 수 있었다. 즉 곽위는 이 우수한 젊은이의 능력을 발견하자 곧바로 동서반(東西班) 행수로 발탁했던 것이다. 동서반 행수는 황제를 직접 호위하는 부대의 하위 책임자로 직책은 높지 않았지만 매우 중요한 임무를 수행하는 직책이라고 할 수 있었다. 따라서 동서반 행수가 되었다는 것은 황제의 신임이 두텁다는 증표라 하겠고, 일단 능력을 인정받으면 더 높은 자리로 중용될 가능성이 높았다. 아무리 뛰어난 인재라도 인정을 받지 못하고 사장되는 경우가 비일비재한 시대에 황제의 눈에 띄었다는 사실만으로도 이미 행운을 잡은 것이나 마찬가지였다.

동서반 행수 시절 조광윤은 곽위, 즉 주 태조의 눈에 군계일학과 같은 존재로 비쳐졌다. 그래서 주 태조는 파격적으로 그를 활주(滑州, 오늘날의 하남성 활현 동부 – 옮긴이) 흥순(興順)의 부지휘사로 임명했다. 이 무렵 태조의 수양아들인 시영(柴榮)은 단주에서 수도로 돌아와 개봉윤(開封尹)의 자리에 앉았다. 개봉윤은 요직 중의 요직으로 아무나 담당할 수 있는 관직이 아니었다. 표면적으로 보면 수도의 시장이지만 그 위상은 재상에 뒤지지 않고, 중요성은 재상을 능가했다. 개봉윤은 황제의 안위를 직접적으로 책임지게 되므로 황제가 가장 신임하는 최측근 인사가 임명되는 것이 관례였다.

개봉윤이 된 시영은 과거 업도(鄴都)에서 거란족과 싸울 때와 단주 병란 시에 조광윤의 재능에 대해 들은 바가 있었으므로 기회가 되면 자신의 측근으로 만들 생각을 하고 있었다. 그러던 차에 조광윤이 활주에서 부지휘사로 있다는 소식을 듣자 곽위에게 휘하에 유능한 부하가 없다는 이유를 들어 조광윤을 천거했다. 곽위의 흔쾌한 동의를 받아 조광윤은 개봉부의 마직군사(馬直軍使)가 되었다.

현덕(顯德) 원년(954년), 주 태조 곽위가 병으로 죽자 시영이 승계를 했으니 그가 바로 세종이다. 곽위는 원래 시영의 고모부이고, 고모인 성목(聖睦)황후는 조카인 시영을 어렸을 때부터 직접 키웠다. 시영은 준수한 용모와 무술 실력을 갖춰 곽위의 사랑을 독차지했다.

세종은 즉위하자마자 조광윤을 금군(禁軍)의 책임자로 임명했다. 얼마 후 북한(北漢)의 유숭(劉崇)이 침략을 하자 세종은 신하들의 반대를 무릅쓰고 친히 출정하여 고평(高平, 오늘날의 산서성 진평쯤 동북부 - 옮긴이)에서 전투를 벌이게 되었다.

유숭은 주의 군대가 규모가 크지 않은 것을 보고 오만하게 장담을 했다.

"우리 군사만으로도 주군을 격파할 수 있는데 거란에게 원조를 청할 필요가 있겠는가? 오늘의 전투는 비단 적을 쳐부수는 데 목적이 있는 것이 아니라 거란에게 우리의 막강한 전력을 과시하는 데 있다."

싸움이 시작되자 과연 유숭이 예상했던 것처럼 주의 장수 번애능(樊愛能)과 하휘(何徽)는 북한의 기세에 눌려 도주를 했다. 우군(右軍)이 무너지자 남은 보병 1,000여 명은 투항을 했다. 전세가 불리해지자 세종은 친히 군대를 이끌고 전장으로 나갔다. 숙위장(宿衛將)이었던 조광윤은 상황이 심상치 않자 "주군께서 위험한 지경에 처하셨는데 우리가 어찌 수수방관할 수 있겠는가. 적과 결사적으로 싸우도록 하자!"고 군사들을 격려했다.

또한 장영덕(張永德)에게는 "적군이 자만하고 있으니 우리가 죽을힘을 다해 싸우면 승리할 수 있습니다. 장군은 활을 잘 쏘는 병사들을 이끌고 좌익을 담당하고, 나는 우익을 맡아 서로 협력하면 이 위기를 극복할 수 있습니다"라고 했다.

장영덕은 조광윤의 의견에 따라 각기 2,000명의 군사를 이끌고 전투에 참여했다. 조광윤이 앞장서서 적진으로 향하자 용기백배한 군사들은 일당백의 기세로 북한의 병사들을 공격했다. 그리하여 북한 군사들의 시체가 산처럼 쌓일 정도가 되었다. 1,000명의 기병을 이끌고 도주를 했던 번애능과 하휘도 승리의 소식을 듣자 되돌아왔다.

고평 전투에서 승리를 거둔 후 세종은 번애능과 하휘의 행동에 화가 치밀어 전전긍긍했다. 하루는 세종이 누워서 휴식을 취하는데 장영덕이 들어오자 이렇게 물었다.

"번애능과 하휘를 어떻게 처리하면 좋겠는가?"

장영덕은 솔직하게 대답했다.

"두 사람은 평소에 무사안일로 일관하면서 공을 가로채는 인물들이어서 중임을 맡을 자격이 없습니다. 그들은 적을 보자마자 도망을 쳤으니 죽여 마땅합니다. 현재 폐하께서 천하를 평정하려 하시면서 군법을 제대로 집행하지 않는다면 백만 명의 용감한 군사가 있어도 아무런 소용이 없습니다."

장영덕의 말에 더욱 분노가 커진 세종은 베개를 내동댕이치며 소리를 질렀다.

"그대의 말이 전적으로 옳다!"

세종은 그 즉시 번애능과 하휘능, 그리고 도망을 쳤던 70여 명을 효수형에 처했다.

논공행상을 함에 있어서 장영덕은 세종에게 조광윤이 고평 전투에서 보인 기지와 용맹스러움을 극찬했다. 사실상 대부분의 사람들은 승리를 예상하지 못했었고, 세종이 친히 참전하다고 했을 때 대신들은 반대를 했다. 그러나 세종은 친정에 나서야 하는 이유와 함께 당 태종이 천하를 평정하기 위해 자주 친정에 나섰던 예를 들며 대신들을 설득하려 했다. 그러자 노신 풍도(馮道)는 세종이 친정에 나서지 못하도록 하기 위해 불경스런 반문을 했다.

"폐하가 당 태종과 비견할 만하다고 생각하십니까?"

세종은 풍도의 말에 극도로 불쾌했지만 반대 일색의 분위기를 무시하고 결국 고평 전투에 나섰다. 당시 형세를 분석한 조정 관리들은 승리할 가능성이 거의 없다는 비관적인 견해를 내놓았으므로 번애능과 하휘가 싸우지도 않고 도망을 친 사실에 대해 별로 놀라지도 않았다.

이렇듯 대부분의 신하들이 승리에 대한 믿음도, 대책도 없는 위기 앞에서 조광윤이 적을 제압할 방법을 제시하고, 더 나아가 용감하게 솔선수범을 보여 장병들을 독려한 사실은 아무리 극찬을 해도 모자랄 만한 수훈이었다. 이와 동시에 조광윤은 개인적으로 더 큰 무대로 나아갈 만한 중요한 계단을 마련했다고 할 수 있다.

생사의 기로에서 적이 제거되다

북주의 무제가 세상을 뜨자 제위에 오른 태자 우문윤(宇文贇)은 선제(宣帝)가 되었다. 그리고 그의 장인이 바로 양견(楊堅)이다.

선제는 건덕 원년(572년)에 태자가 되었고, 5년 후에는 부친 무제의 명을 받들어 토곡혼(吐谷渾)을 공격했다. 이 전투에는 대장군 왕궤(王軌)와 궁정(宮正) 우문효백(宇文孝伯)이 수행했다. 그런데 전역을 수행하는 동안 태자는 부도덕한 행동을 일삼았고, 궁윤(宮尹) 정역(鄭譯)도 여기에 한몫을 했다. 궁에 돌아온 왕궤가 태자의 잘못을 사실대로 고하자 무제는 대노하여 태자와 정역에게 태형을 내렸다. 정역은 벼슬에서 쫓겨났는데 얼마 후 태자는 그를 다시 불러들였다. 그러자 왕궤는 다시 무제에게 간언했다. 즉 태자가 인자한 성품도 아니고 효성스럽지도 않다는 평이 자자하므로 황실을 이끌 능력이 없는 것 같다는 것이었다.

하루는 궁전에서 연회가 열렸는데 왕궤가 무제에게 술을 따라 올리면서 한마디 했다.

"폐하는 성군이신데 후사가 걱정됩니다."

무제가 후계자를 정하는 데 있어 왕궤가 극진한 충성심으로 군주를 위해 한 말이었다. 무제도 그의 충정과 의견을 이해하고 받아들였지만 둘째 아들인 우문찬(宇文贊)도 재목은 아니었고, 나머지 아들들은 모두 어려서 태자를 폐하기 어려웠다.

이 시기에 양견은 정역의 편에 서 있었다. 그 이유는 앞으로 천하가 태자의 것이 될 것이라 확신했기 때문이었다. 그런데 하루는 왕궤가 예상치 못하게 무제에게 직언을 했다.

"태자는 사직의 주인이 될 만한 인물이 아닙니다. 또한 양견은 반역의 관상을 가진 자입니다."

이 말을 전해 들은 양견은 간담이 서늘해지면서 자신의 재능을 드러내지 말아야겠다고 다짐하며 매사에 몸을 사렸다. 그러나 태자 우문윤이 등극한 후 상황은 양견에게 유리한 방향으로 전개되었다. 왜냐하면 우문윤이 왕비 양여화(楊麗華), 즉 양견의 딸을 황후에 봉했기 때문이다. 그로부터 두 달 후 양견은 호주(亳州) 총관에서 승격하여 상주국(上柱國)과 대사마(大司馬)를 겸하게 되었다. 양견은 사위인 선제를 부추겨서 우문헌(宇文憲)과 왕궤를 죽였는데, 그 과정은 다음과 같다.

선정(宣政) 원년(578년) 6월 28일, 선제는 우문헌에게 궁으로 들라 일렀다. 이에 앞서 선제는 곳곳에 무사들을 매복하였다가 우문헌이 대전에 들어오면 일제히 덤벼들어 체포하도록 조처했다. 계획대로 우문헌을 잡은 선제는 모반죄를 지었다며 이실직고하도록 했다. 그런데 억울함을 호소하는 우문헌에게 불리한 증인이 나섰다. 그는 대장군 우지(于智)로서 우문헌의 면전에서 우문헌이 모반을 꾀했다는 사실을 '폭로' 했다. 이자는 구실을 만들어 우문헌의 집에 묵은 적이 있었던 것이다.

우문헌은 비통함과 분노가 교차하는 와중에도 왜 이런 일이 발생했는지를 생각해 냈다. 불행의 씨앗은 바로 자신이 몇 년 전 무제에게 했던 말이었던 것이다.

"양견은 외모가 심상치 않습니다. 신은 그를 볼 때마다 섬뜩함마저 느낄 정도입니다. 누군가의 밑에 있을 사람은 아니니 일찌감치 제거해야 할 겁니다."

말을 한 사람은 경계를 하지 않았지만, 양견의 귀에 이 말이 들어감으로써 초래한 결과는 이렇게 끔찍한 것이었다. 우문헌은 그 자리에서 교살형을 당했다. 그때 그의 나이 겨우 서른다섯 살이었다.

우문헌은 우문태(宇文泰)의 여섯 번째 아들로서, 선제의 숙부였다. 서위(西魏) 대통 10년(544년)에 태어난 그는 지략이 뛰어났는데, 제나라를 평정하는 데 공을 세워 대사마(大司馬), 소총재(小冢宰), 대총재(大冢宰) 등의 요직을 역임했다. 그는 우문효백, 우문신(宇文神)과 절친한 사이였으나 두 사람도 선제에게 죽음을 당했다.

왕궤는 태원의 명문가 출신으로 오환(烏丸)씨라는 성을 하사받았기 때문에 사람들로부터 오환궤로 불렸다. 그는 직선적이고 호탕한 성격에 머리도 좋았는데, 무제 선정(宣政) 원년(578년)에 진(陳)의 장수 오명철(吳明徹)과 그 휘하의 보병과 기병 3만 명을 생포하는 큰 승리를 거두었다. 그러나 그는 정역이 권력을 잡자 자신이 선제가 태자였을 때 밉

보였으므로 화를 면하기 힘들다고 직감하고는 심복들에게 말했다.

"무제 시절에 나는 사직을 위하여 직언을 하였다. 이제 내가 어떤 일을 당할지는 불 보듯 훤하다."

그는 무제에게 태자를 폐출하도록 더 강력하게 나서지 못했음을 후회했다. 이때에 그는 서주(徐州) 총관으로서 회남 지역을 다스리고 있었으므로 자신만을 위한다면 충분히 모반을 일으킬 수도 있었다. 하지만 그는 끝내 북주를 배반하지 않으면서 이렇게 자위했다.

"지금 죽음을 기다리고 있지만 인의에 어긋나는 짓은 하지 않겠다. 아마도 천 년 후에는 나의 마음을 알아줄 것이다."

현실은 그의 예상과 어긋나지 않았다. 대성(大成) 원년(579년) 2월, 선제는 무심코 정역에게 자신의 발에 있는 상처가 누구 때문이냐고 물었다. 그러자 정역은 왕궤의 이름을 거론했다. 이 말에 격분한 선제는 즉시 내사(內史) 두경신(杜慶信)을 서주로 보내 왕궤를 죽이도록 했다. 이때 양견이 회심의 미소를 지었음은 두말할 나위가 없다.

양견은 대성 원년 정월에 태후승(太后丞)으로 승격되어 사보(四輔)의 하나가 되었다. 그는 선제의 어리석음을 교묘히 이용하여 자신에게 불리한 북주의 충신들이 제거되자 권력을 탈취할 야심을 키워 나갔다.

같은 해 2월, 선제는 태자 우문천(宇文闡)에게 양위를 하였다. 정제(靜帝)가 된 우문천은 연호를 대상(大象)으로 바꿨다. 선제는 천원(天元)황제라 자칭했고, 황후 양씨는 천원 황태후가 되었다. 대상 원년(579년) 7월, 양견은 사보 가운데 최고의 자리를 차지하면서 북주의 실권을 완전히 장악했다.

제4장

영웅이 시대를 만든다

난세를 평정하여 패업을 이룬 군주는 절대로 앉아서 기회를 기다리지 않고 스스로 역사를 만든 사람이다. 유방처럼 시대의 흐름을 타고 군사를 일으키기도 하지만, 조광윤처럼 낡은 체제를 전복하기 위해 군란을 일으키기도 하는 것이다.

따라서 천하를 얻고자 하는 인물이라면 대세를 정확히 읽은 뒤 중요한 시기에 '영웅이 시대를 만든다'는 기개로 일어서야 꿈을 이룰 수 있다.

인품과 지략으로 상대를 내 편으로 만든다

후주(後周)의 세종 시영(柴榮)은 하루빨리 천하를 통일하려는 염원을 가지고 있었다. 그래서 남정에 성공한 후 잠시 전력을 정비한 뒤 다음 해에 북쪽의 거란을 쳤다.

현덕(顯德) 6년(959년) 4월 초, 세종은 보병과 기병 수만 명을 거느리고 창주(滄州, 오늘날의 하북성 창현 동쪽 - 옮긴이)를 출발하여 거란과의 국경 지역을 공격했다.

거란은 후주의 군대가 남당(南唐)을 정복할 당시의 막강한 군사력에 대해 익히 들은 바라 후주군이 공격할 것이라는 소식을 듣자 공포감에 휩싸였다. 영주(寧州, 오늘날의 하북성 청현靑縣 - 옮긴이)를 지키던 장수 왕홍거(王洪擧)와 익진관(益津關)의 종정휘(終廷輝)는 성을 바치고 투항했다.

조광윤은 기병을 지휘하여 신속하게 먼저 와교관(瓦橋關, 오늘날의 하북성 웅현雄縣 - 옮긴이)을 공격했다. 이곳의 우두머리인 요내빈(姚內斌)은 조광윤의 위용에 대해 잘 알고 있었으므로 먼저 백기를 들었다. 이어서 막주(莫州, 오늘날의 하북성 임구任丘 북부 – 옮긴이)자사 유초신(劉楚信)과 영주(瀛州, 오늘날의 하북성 하간河間 – 옮긴이)자사 고언휘(高彦暉)도 항복함으로써 와교관 남쪽의 모든 주들은 세종에게 투항을 했다. 이로써 세종은 수도를 떠난 지 겨우 42일 만에 병사들의 피를 거의 흘리지 않은 채 눈부신 전과를 올리게 되었다.

그런데 거란은 주의 위력에 놀라 급히 사신을 북한(北漢)에 보내 후주와 대결하도록 했다. 후주의 북벌은 순풍에 돛을 단 듯 순조로웠으므로 쉽게 거란을 멸망시킬 것으로 보였다. 그런데 유주(幽州, 산해관 주변지역 – 옮긴이)를 함락시킬 준비를 하던 도중에 피로가 누적되었던 세종은 불행히도 병으로 쓰러졌다. 세종은 병세가 점점 악화되자 하는 수 없이 남쪽으로 귀환했다. 그에게 있어 시급한 문제는 유주를 공략하는 것이 아니라 후사의 결정이었다.

천하 통일의 큰 뜻을 품고 있었던 세종은 좌고우면하면서 많은 우려를 했다. 그 이유는 바로 일곱 살짜리 아들을 누가 충성스럽게 보좌하여 자신의 업적을 지켜 나갈 것인지 확신이 서지 않았기 때문이었다.

세종이 보기에 이 조건을 만족시킬 만한 인물은 장영덕(張永德)과 조광윤뿐이었다.

자격을 따져보니 그들은 절도사와 중앙의 금군(禁軍)을 관장하는 요직을 거친 조정의 중신이었고 두 사람과의 관계를 따져보면 장영덕은 곽위(郭威)의 사위이자 세종의 매형이고, 조광윤은 황제가 되기 전부터 절친한 친구였다. 인간적으로도 두 사람은 모두 세종과 사이좋게 지냈다.

장영덕과 조광윤은 험난한 시기에 세종 곁에서 어려움을 극복하도록 도왔다. 군주에 대한 그들의 태도 또한 흠잡을 것이 없었다. 장영덕은 충성심을 가지고 우직스러울 정도로 모든 명령을 이행했고, 세종을 위해서라면 직언도 마다하지 않았다. 조광윤 또한 세종의 명령에 충실했으며, 군주를 위해서는 자신의 친인척도 제거할 정도였다. 이모저모 따져보아도 두 사람 가운데 누가 더 믿을 만한가를 일시에 판단하기는 무척 힘들었다.

그런데 마침내 한 사건이 세종으로 하여금 조광윤에게 희망을 걸게 만들었다. 사건의 발단은 거란을 정복하러 가는 길에 세종이 한 개의 나무 막대기를 발견한 데서 비롯되었다. 문서를 읽기 위해 가죽 주머니를 열었더니 그 안에 누가 넣었는지 알 수 없는 2, 3척 길이의 나무 막대기가 있었다. 막대기의 앞면에는 '點檢作天子'(점검작천자, 점검은 벼슬 이름. 즉 점검이 천자가 된다는 뜻 - 옮긴이)란 다섯 글자가 씌어 있었다. 그 뜻을 몰라 이런저런 추측을 하던 세종은 홀연 '점검'이 바로 현직 도점검(都點檢)인 장영덕을 의미한다는 데 생각이 미쳤다. 그렇다면 장영덕이 천자가 될 것이란 말인가? 좀 더 생각해 보면 곽위와의 관계에 있어 장영덕은 사위이지만 자신은 처조카이자 수양아들에 불과하므로 어느 쪽이 더 가까운지는 말할 나위도 없었다.

그렇다면 자신이 곽위의 제위를 승계했을 때 장영덕이 진정으로 축하를 했었는지 의심하지 않을 수 없었다. 장영덕이 제위를 뺏겼다고 생각했다면 앞으로 자신의 어린 아들이 황제가 되는 것을 과연 원할 것인가? 막대기에 쓰인 다섯 글자는 어쩌면 하늘이 자신으로 하여금 장영덕을 경계하도록 하기 위한 것일지도 모른다. 이 같은 결론을 얻은 세종은 장영덕에 대해 의심을 품게 되었다.

세종은 만일의 사태에 대비하기 위해 군사권을 쥐고 있는 장영덕의 도점검 직을 삭탈하고 조광윤에게 넘겼다. 이로써 조광윤은 일시에 군정 요직을 장악하게 되어 최고의 실권을 가진 중신으로 급부상하게 되었다.

현덕 6년 여름, 세종은 야심을 실현하지 못하고 사망했다. 향년 39세에 불과한 그는 이승에 대한 큰 미련을 가지고 이 세상을 뜬 것이다.

일곱 살의 시종훈(柴宗訓)은 부친 세종의 뒤를 이어 공제(恭帝)가 되었다. 한참 뛰어놀아도 시원찮을 어린아이가 과연 천하를 다스릴 수 있단 말인가? 나라를 다스리는 일은 당연히 일부 노신들의 몫이 되어버렸다. 재상 범질(范質) 등은 문신으로서 정국을 완전히 장악할 만한 권세가 없었고, 장영덕은 지위는 높지만 군사적 실권을 박탈당한 터였다. 조광윤은 군사권은 가지고 있지만 한통(韓通)으로부터 견제를 받는 입장이었다. 이 밖에도 곽위와 절친한 노신들은 지방에서 군사를 거느리며 할거하고 있었다.

많은 중신들 가운데 가장 머리 회전이 빠른 인물은 두말할 나위 없이 조광윤이었다. 그는 후주의 태조 곽위와 세종 시영을 섬겼는데, 두 황제 모두 역사상 손꼽힐 만한 명군이었다. 큰 뜻을 품고 있었던 조광윤은 두 황제의 성공의 비결을 세심하게 관찰하여 배우려 노력하는 한편 실패의 교훈도 잊지 않았다. 따라서 조광윤의 언행은 상당 부분이 곽위와 시영에게서 배운 것이라 할 수 있었다.

조광윤은 재능도 많았을뿐더러, 오만함으로 인해 사람들이 가까이

할 수 없는 그런 인물은 아니었다. 평상시에 그는 문신과 무장들을 화합하게 하여 단결을 이뤄냈다. 또한 조광윤의 동생인 조광의(趙匡義) 역시 능력이 뛰어난 인물이었다. 이들은 모두 조광윤의 귀중한 인적 자산이 되었다. 그리하여 조광윤은 이러한 인적 자산을 기반으로 시영의 사후에 정권을 장악한 인물이 되었다.

태조는 번진의 할거와 절도사의 권력 비대화로 인한 전대의 폐해를 잘 알고 있었으므로 이런 상황을 변화시키기로 결심했다. 그러나 그는 구제도를 개혁하는 과정에서 새로운 문제에 직면했다. 그것은 바로 절도사들과 황제를 호위하는 금위군 장수가 오랜 심복이나 친구로서 자신이 황제가 되는 데 큰 공을 세웠다는 점이었다. 그들이 역사적으로 황제를 배반했던 절도사들과는 다르다고 해도 그 세력이 커지는 것을 방치해서는 안 되었다. 그래서 태조의 심중을 파악한 조보(趙普)는 여러 차례 석수신(石守信), 왕심기(王審琦) 등을 군사와 정치권에서 무관한 한직으로 밀어내야 한다는 건의를 했다.

그러나 태조는 조보의 다급한 마음과는 달리 쉽사리 결정을 내리지 못했다. 그는 조보에게 "석수신 등은 절대로 나를 배반할 인물이 아닌데 무엇을 걱정하는가?"라고 물었다.

조보는 "저도 그들이 반란을 일으키리라 걱정하지는 않습니다. 하지만 제가 그들을 자세히 관찰해 보니 군사나 정치 분야에서 요직을 맡을 만한 능력이 없으므로 부하들을 철저하게 복종하게 만들 수 없을 것입니다. 그런 상태에서 만일 누군가가 반란을 일으킨다면 어떻게 되겠습니까?"라고 대답했다.

조보의 말을 들은 태조는 갑자기 정신이 번쩍 들었다. 군권을 장악한 심복이자 오랜 친구들이 자신이 제위에 오르도록 도와주었지만, 그들이 영원히 믿을 만한 존재인지 누가 감히 보장할 수 있겠는가? 자신도 원래는 시영의 심복이자 절친한 친구이지 않았던가? 그래서 시영이 임종 시에 자신에게 권력과 함께 어린 아들을 맡겼던 것이다. 아마도 시영은 자신이 가장 신뢰했던 인물이 아들이 등극해야 할 제위를 빼앗으리라고는 상상도 하지 못했을 것이다. 자신이 배신을 했던 기억을 떠올리자 태조는 신뢰하는 신하들로부터 배신을 당할 것이라는 생각을 떨칠 수 없었다.

이날을 계기로 태조는 결심을 굳히고 행동에 착수했다. 그의 행동은 철저하고도 세밀한 계획을 바탕으로 진행되었으므로 만족할 만한 효과를 거두었다.

하루는 태조가 석수신을 비롯한 가까운 신하들을 불러 술자리를 가졌다. 주흥이 어느 정도 무르익자 태조는 시종들을 물러나게 한 뒤 은밀하게 속내를 털어놓았다.

"그대들이 힘을 실어주지 않았다면 나는 오늘날의 자리에 오르지 못했을 것이다. 나는 절대로 그대들의 은혜와 공을 잊지 않을 것이다. 그러나 황제 노릇을 하기는 너무 힘들다. 절도사처럼 즐거움을 맛볼 수도 없고, 황제가 된 이후로 하루도 편안하게 잠을 이룬 적이 없다."

석수신은 '황제가 된 이후로 하루도 편안하게 잠을 이룬 적이 없다'

는 말이 이해가 가지 않자 "무슨 연유로 그러하신지요?"라고 물었다. 그러자 태조는 "내 상황을 이해하기란 어렵지 않을 것이다. 나를 보면서 누군들 황제의 자리에 앉아보고 싶다는 생각을 하지 않겠느냐?"

이 말을 들은 석수신은 모골이 송연해지면서 분명히 누군가를 의식하고 한 말이라는 생각에 머리를 조아리며 한마디 했다.

"폐하께서는 어찌 그런 말을 하십니까? 천명이 이미 확실해졌는데 누가 감히 다른 마음을 먹겠습니까!"

태조는 기다렸다는 듯이 조보와 했던 대화의 내용을 흘렸다.

"상황은 그대들이 생각하는 것과는 아주 다르다. 그대들이 설사 딴 마음을 먹지 않는다 해도, 부하들 가운데 탐욕스런 자들이 그대들을 추대한다면 황제의 자리를 마다할 수 있겠느냐?"

좌중의 인물들은 무릎을 꿇고 머리를 조아리면서 눈물을 흘렸다.

"저희들이 너무 어리석어서 그런 점은 생각지 못했습니다. 부디 폐하께서 저희들을 불쌍히 여기시어 살 길을 열어주십시오."

그러자 태조는 벼르고 벼른 계획을 밝혔다.

"삶이란 마치 한순간 문틈 사이로 스며드는 햇빛과도 같다. 이른바 부귀를 탐하는 자들이란 기껏해야 돈을 좀 모으고, 일신의 쾌락을 꾀하면서 자손들이 빈궁하지 않도록 하고 싶은 마음을 가진 자들이다. 나는 그대들이 군권을 포기하지 않고 절도사로 남으려 하면서 토지와 집을 사들이는 이유를 알고 있다. 그것은 자손 대대로 잘살게 하고, 가무에 능한 미녀들을 쉽게 손에 넣으며, 매일 향락적인 생활을 하면서 오래 살고 싶어 그런 것이 아니냐? 나는 다시 한 번 그대들과 좋은 인연을 맺고 싶다. 이렇게 해서 군신 간에 서로 의심을 하지 않는다면 얼마나 좋겠느냐?"

태조의 의중을 읽은 석수신이 답례의 말을 했다.

"폐하께서 이토록 저희들을 생각해 주시니 새 삶을 얻은 망극함을 이루 헤아릴 수가 없습니다."

바로 그 다음 날, 석수신과 그 일파는 건강상의 이유를 들어 요직에서 해임해 줄 것을 청했다. 날아갈 듯이 기쁜 태조는 그들을 불러 지극하게 위로한 뒤 큰 상을 내렸다. 시위도지휘사 겸 귀덕(歸德)절도사인 석수신은 천평(天平)절도사로, 전전부도점검(殿前副都點檢) 겸 충무절도사 고회덕(高懷德)은 귀덕절도사로, 전전도지휘사 겸 의성(義成)절도사인 왕심기는 충정(忠正)절도사로, 시위도우후(侍衛都虞侯) 겸 진안(鎭安)절도사인 장영탁(張令鐸)은 진수(鎭守)절도사로 임명되었다. 이들은 절도사이기는 했지만 실제로는 군권을 박탈당한 유명무실한 존재로 전락한 것이다. 하지만 이들은 다행스럽게도 엄청난 상을 받았으므로 별다른 불만을 품지 않았다.

이상은 역사적으로 유명한, 태조가 술자리를 빌려 개국공신들의 병권을 박탈한 일화이다.

지기들을 규합하여 제위에 오르다

위진남북조시대는 빈번한 전쟁으로 인해 사회적 불안정이 극심했다. 위나라가 동서로 분열되고, 동위와 서위를 각기 북제와 북주가 계승했던 역사를 듣고 겪은 양견은 무제 시대에 들어 권력이 막강해지자 황제가 되겠다는 꿈을 드러내기 시작했다.

북주의 중반기 이후 양견은 우문획(宇文護)의 전횡으로 민심이 이반하는 틈을 타 세력을 확장해 나갔다. 무제가 불교를 탄압하여 반발을 살 때는 반사 이익을 챙겼고, 선제가 폭정을 하자 북주를 멸망시킬 준비를 했다.

우문획과 등을 돌린 양견은 관리들을 자신의 편으로 끌어들여 세력을 키웠는데, 그중 첫 번째 대상으로 삼은 인물은 방황(龐晃)이었다.

방황은 유림(楡林, 오늘날의 내몽고 – 옮긴이) 출신으로 일찍이 우문태(宇文泰)의 시위로 있다가 무제의 보정(保正, 561~565년) 연간 초기에 표기(驃

騎)대장군으로서 위왕(衛王) 우문직(宇文直)을 따라 양양(襄陽, 오늘날의 호북성 양번襄樊-옮긴이)에 부임했다. 양견은 수주(隨州) 자사로 임명되어 가는 길에 양양을 들리게 되어 방황을 알게 되었다. 그들은 처음부터 마치 오래된 친구처럼 의기투합했으므로 방황은 양견이 떠날 때 자신의 속내를 털어놓았다.

"공께서는 외모가 범상치 않으시니 역사에 이름을 남길 것입니다. 황제가 되시면 저를 잊지 말아주십시오."

"그 무슨 망언인가!"

양견은 당황해서 방황의 말을 끊었다.

후일 방황은 상산(常山) 태수가 되어 정주(定州) 총관인 양견을 상사로 모시게 되자 자주 왕래를 했다. 그런데 얼마 안 있어 양견이 이임을 하게 되어 두 사람은 작별의 술잔을 기울였다.

"연(燕)과 대(代)는 군대가 막강하므로 만약 그들을 규합하여 거사를 하면 천하를 도모할 수 있을 것입니다"라며 방황은 양견에게 북방에서 거병을 하라는 권고를 했다.

그러나 양견은 방황의 손을 잡으며 "아직은 때가 아니네"라며 거절했다. 그 후 양견은 양주(揚州) 총관으로 임명되었을 때 방황을 휘하로 불러들였고, 승상이 된 후에는 방황을 개부(開府)로 임명하여 부하들을 관리 감독하도록 했다.

양견의 어렸을 때부터 절친한 친구로 태원 출신의 곽영(郭榮)이 있었다. 북주가 북제를 멸망시킨 후 사수대부(司水大夫)가 된 곽영은 생각과 뜻을 양견과 같이하였다. 어느 날 밤 양견은 곽영과 함께 달을 감상하다가 야심을 털어놓았다.

"내가 하늘의 움직임을 관찰하고, 요즘 돌아가는 형세를 분석해 보니 주나라는 이미 그 기운이 다 하여서 내가 주를 대신할까 하네."

곽영은 아무런 대꾸도 하지 않았지만 양견의 생각에 동의했다.

양견과 전장을 누볐던 '전우' 우문경(宇文慶)은 양견과 천하 대사를 논하는 사이였다. 우문경은 하남 낙양 출신으로 양견은 그와 함께 우문획을 암살할 계획을 같이 모의했을 정도로 그를 신뢰했다. 제(齊)나라를 정복하는 전쟁에서 수훈을 세운 우문경은 무제의 상찬을 받아 대장군으로 승격한 뒤 여남군공(汝南郡公)에 봉해졌다.

하루는 양견이 우문경에게 대담한 발언을 했다.

"천원(天元, 선제宣帝를 지칭 – 옮긴이)은 덕을 쌓지 못한 데다 관상을 보면 장수할 것 같지 않네. 내가 보건대 앞으로 법을 더욱 잔혹하게 집행하고 미색을 밝히면, 앞날이 길 것 같지 않아."

이어서 양견은 '앞날이 길 것 같지 않은' 원인을 분석했다.

"제후들의 힘이 부족하여 명령이 통하지 않고, 나라의 기강이 엉망이야. 게다가 황제의 친신 세력들은 다 제거가 되었으니 어찌 오래갈 수 있겠나!"

이어서 양견은 구체적으로 위험한 인물들을 거론했다.

"위지형(尉遲逈)은 성망이 높으니 반란을 일으키면 동조하는 자들이 많아 나라가 위태로워질 것이야. 더욱이 황제의 자제들이 탐욕스럽고 경망스러워서 덕을 쌓지 않았으니 멸망할 수밖에 없지. 사마소(司馬消)는 야심을 가지고 있지만 지략을 갖추지 못했으니 큰 위험이 되지는 않을 것이네. 하지만 그자가 강남에서 난을 일으키면 골칫거리가 될 것이야. 왕겸(王謙)은 어리석고 무모해서 주제를 모르고 난을 일으킨다 해도 별로 위험스럽지는 않겠지.”

양견의 분석은 후일 모두 현실로 나타났다.

조군(趙郡) 출신의 천궁도상사(天宮都上士)인 이악(李諤)은 정세를 꿰뚫는 안목을 가진 비범한 인물이었는데, 그의 능력을 높이 산 양견은 그를 자신의 사람으로 만들었다. 대사마인 양견이 지방으로 갈 때마다 이악은 열두 가지 책략을 올렸다. 양견은 매번 거절을 했지만 결국은 이악의 건의를 받아들여 조정 내에 세력을 키우기로 결심했다. 후일 양견은 황제가 된 뒤 군신들에게 이렇게 말했다.

“오늘날 내가 제업을 달성하게 된 것은 이악의 힘이다.”

평릉(平陵) 출신의 두여정은 양견의 손위 처남이자 죽마고우였다. 속이 깊고 도량이 크면서 능력도 뛰어난 인물인 두여정은 차비중대부(伙飛中大夫)를 역임했다. 그 후 양견이 승상이 되었을 때 두여정은 궁중에서 황제를 호위했다.

민부중대부(民部中大夫)인 이예성(李禮成)은 농서(隴西) 출신으로 아내가 일찍 죽자 양견이 여동생과 혼인시켜 심복으로 만들었다.

사헌대부(司憲大夫) 원효구(元孝矩)는 낙양 출신으로 북위 황족의 후손이었다. 원효구의 딸과 맏아들 양용(楊勇)의 혼인을 계기로 양견은 원효구를 친신으로 만들었다.

이 밖에도 대장군, 주국 그리고 예주 총관을 겸임한 우문흔(宇文忻)은 일찍이 양견과 뜻을 같이하며 협력 관계를 맺었다.

한편 서한 말기 중국에 들어온 불교는 점차 발전하여 위진남북조시대에 극성기를 맞이하게 되었다. 지배 계층뿐만 아니라 일반 백성들도 전쟁의 고통을 겪으면서 불교를 신봉하게 된 것이다. 우문태 역시 독실한 불교 신자였다. 그런데 북주 건덕 3년(574년), 무제는 불교를 억압하기 위해 불상을 파괴하고 불경을 불태웠다. 또한 무제는 북제를 멸망시킨 후 대대적으로 북제의 불경과 불상을 파괴하여 승려들의 원성을 사게 되었고, 이는 북주의 통치 기반을 동요시키는 원인이 되었다. 양견은 억불 정책의 부작용을 잘 알고 있었으므로 불교를 숭상하고 절을 재건하는 방법으로 민심을 얻기로 결심했다. 민심을 사기 위한 노력은 당연히 권력을 획득하기 위한 준비였다.

무제의 뒤를 이어 황제가 된 선제는 재위 기간이 2년밖에 되지 않았지만 그 부도덕함과 폭정은 북주가 멸망하게 된 결정적인 요인이 되었다. 그의 패륜적인 행동을 살펴보면 다음과 같다.

첫째, 비윤리적이고 황음으로 흐른 사생활을 들 수 있다. 무제가 죽은 바로 다음 날 선제는 영당(靈堂)에서 과거에 무제에게 맞아 생긴 상처를 만지며 "이 늙은이가 너무 늦게 죽었어!"라고 욕을 했다. 23일째 되는 날에는 궁 안의 모든 사람들에게 상복을 벗게 하고 탈상하였으며 1년도 채 되지 않아 궁전에서 가무를 즐기면서 계속해서 후궁의 숫자를 늘렸다. 어떤 때는 한 달이 넘도록 조정에 나오지 않을 정도로 정사를 돌보지 않았다. 또한 과도한 음주로 인해 하루 종일 취한 상태로 보내기 일쑤였다.

둘째, 원칙 없는 잔혹한 형벌 제도도 문제였다. 선제는 「형법요제(刑

法要制」를 폐지하면서 형벌을 가볍게 했다. 그러나 얼마 후 다시 「형경성제(刑經聖制)」를 제정하여 잔혹한 형법을 부활시켰다.

선제의 포악하고 인륜에 거슬리는 행동은 수나라의 멸망을 재촉하는 요인이 되었고, 양견은 이를 빌미로 새 왕조를 건설할 준비에 박차를 가했다.

봉건시대의 군주는 전통적으로 중대사를 앞두면 조상의 음덕을 입기 위해 제례를 올렸다.

개황 7년(587년) 11월 23일, 양견은 출생지인 동주 풍익(同州 馮翊, 오늘날의 섬서성 대려大荔-옮긴이)에 있는 조상의 사당을 찾아 고유제(告由祭)를 올렸다. 이것은 그가 오랫동안 준비했던 대규모 군사 행동이 멀지 않았음을 예고하는 장면이었다.

원래 양견과 동행하기로 했던 내사령 이덕림은 병으로 인해 풍익에 가지 못했다. 출발 전 이덕림은 양견에게 누차 진(陳)을 평정할 전략을 건의했다. 동주에 도착한 양견은 이덕림에게 진을 공격할 예정이니 합류하여 의논을 하자는 서한을 보냈다. 진을 정벌하기 전에 비밀 군사 회의를 열어 이덕림의 지혜를 빌리기 위한 제안이었던 것이다. 그리하여 양견과 측근들은 작전 계획을 짜서 수도로 돌아왔다. 귀로에 양견은 말 위에서 채찍으로 남쪽을 가리키며 한마디 했다.

"진을 평정하는 날 칠보로 엄공(嚴公)을 단장하여 산동에서 그를 능가할 자가 없게 할 것이다."

이 말은 이덕림이 산동 출신이므로 진을 멸하고 천하를 통일하면 이덕림에게 후한 상을 내리겠다는 암시였다. 이로써 양견과 그 부하들은 마음속으로 진을 정벌할 태세를 갖췄다.

이에 앞서 조정의 신하들은 앞 다퉈 진을 정벌할 방책들을 내놓았다. 따라서 광범위하게 의견을 청취하고 수렴한 뒤 확정한 양견의 정벌 계획은 성공 가능성이 높았다.

왕장술(王長述)은 양견의 부친 양충(楊忠)과 같은 연배로 북주의 중서사인(中書舍人), 병부대부, 주자사(州刺史), 총관 등의 관직을 역임했고, 다수의 정벌 전쟁에서 개선한 바 있었다. 그는 양견이 승상으로 주의 정치를 좌지우지할 때 왕겸의 유혹에 넘어가지 않았다. 개황 초기에는 진을 정벌할 계획을 세웠고, 수군의 전력을 강화하는 등의 공헌을 하여 양견으로 하여금 "미래에 원수로 삼을 것"이라는 말을 하도록 만들었다. 그러나 그는 천하 통일을 보지 못한 채 남녕(南寧, 오늘날의 광서성 남녕 - 옮긴이)을 평정하러 가던 길에 병사했다.

두정(杜整)은 개황 초기에 양상(楊爽)이 지휘하는 돌궐 정복 전쟁에 참여하여 행군총관 겸 원수부장사(元帥府長史)를 지냈다. 전쟁이 끝난 후 비밀리에 양견에게 진을 정복할 전략을 건의하여 능력을 인정받음으로써 양양(襄陽, 오늘날의 호북성 양번襄樊 - 옮긴이)의 행군총관에 임명되었으나 야심을 이루지 못하고 임기 중에 병으로 사망했다.

발해조(渤海莜, 오늘날의 하북성 경현景縣 - 옮긴이) 출신의 고매(高勱)는 북제의 태위이자 청하왕(清河王) 고악(高岳)의 아들이었다. 북주에 투항한 그는 양견으로부터 능력을 인정받아 광주 자사에 임명되었다.

양견에게 정책을 건의한 인물들은 조정 대신, 지방 관리, 고명 대신, 젊은 장수 등 그 범위가 광범위했다. 그중에서도 고경(高熲), 최중방(崔仲方), 양소의 의견은 대부분 채택되었다. 고경이 경제 부문에 주력한 반면, 최중방과 양소는 군사 면에서 뛰어난 전략을 건의했다.

문무를 겸비하고 지략이 뛰어난 최중방은 북주 무제 연간에 제나라를 평정할 20개 안을 헌상했으며, 왕궤를 수행하여 양(梁)나라와의 전쟁에 종군했다. 진나라에 대한 정벌을 앞두고 상주로서 고향에 있던 최중방은 미처 탈상을 하기 전 괵주(虢州)자사에 임명되자 전쟁에 대한 예상과 전략을 내놓았다. 양견은 그의 탁월한 군사적 안목에 감탄하여 중앙으로 불러들였다.

양소도 진을 정복할 전략을 수차례 내놓았고, 신주(信州)총관에 임명된 후에는 영안(永安, 오늘날의 사천성 봉절奉節-옮긴이)에서 군선을 건조했다.

한 대신이 군선을 상류에서 비밀리에 건조해야 한다는 주장을 하자 양견은 호통을 쳤다.

"우리가 하늘을 대신하여 진을 멸하려 하는데 어찌 숨어서 배를 만들란 말이냐!"

그러고는 선박을 제조할 때 나온 폐기물과 톱밥을 장강에 흘려보내도록 했다. 이는 진나라로 하여금 군선 제조 사실을 알게 하여 두려움에 떨게 하려는 양견의 심리 전술이었던 것이다.

강온 양책으로 군신들을 수족같이 부리다

경제(景帝)의 아들 유철(劉徹), 즉 후일의 무제(武帝)가 황태자가 되어
동궁에 머물게 되자 태자태부와 태자소부 등은 미래의 황제에게 필요
한 교육을 시켰다.

이에 앞서 문제 시대에 양왕(梁王)의 태부 가의(賈誼)는 태자를 잘 교
육하는 것이 나라와 백성을 위한 근본적인 대계임을 강조하는 상소를
올렸다. 경제도 태자의 조기 교육을 매우 중시했다.

한대 초기부터 도가의 황로(黃老)사상이 주류를 이루면서 군주들은
황로학을 제창했다. 특히 경제의 모친인 두(竇)태후는 노자에 심취하여
황실과 두씨 집안 자제들에게 반드시 도가를 공부하도록 했다. 태자
유철도 예외는 아니어서 어렸을 때부터 노장 사상에 대한 공부를 많이
했다.

그러나 경제는 유학에 정통한 위관(衛綰)을 태자의 스승으로 선택했

다. 위관은 충성심이 뛰어나고 원칙에 충실한 인물로서 문제 연간에 중낭장으로 승격했다. 경제 연간에는 학문과 인격이 뛰어나다는 평가를 받아 하간왕(河間王) 유덕(劉德)의 태부가 되었다. 그의 영향으로 유덕은 고문과 유학에 심취했고, 예악 발전에 힘을 쏟았다. 또한 품행이 바르고 근검절약하는 생활과 아랫사람들에게 너그러운 태도로 산동의 수많은 유생들로부터 존경을 받았다.

무제는 즉위 후 유가 이외의 제가들의 건의를 물리치라는 위관의 주장을 받아들였다. 위관은 승상이 된 후 유학자 왕장(王臧)을 태자소부로 천거하였고, 유가사상을 보급하는 데 전력을 다했다. 그런데 경제가 유학자를 황태자의 스승으로 삼은 데에는 깊은 뜻이 있었다. 그는 많은 사상들이 첨예하게 대립하는 가운데 노장사상에 의거한 정치가 국가 발전에 부적합하다는 판단을 내렸던 것이다. 하지만 여러 가지 제약으로 인해 대대적인 개혁을 단행할 수 없었으므로 모든 희망을 태자에게 걸었다.

머리가 좋고 조숙한 태자는 깊이 있고 정치한 이론 및 현실 정치와 접목된 유가사상에 매료되었다. 달리 말해 노장사상이 무위 정치를 주장하고, 낡은 관습을 지키는 데 집착하는 것과는 달리 유가는 군자의 역할과 진취적인 행동을 강조할 뿐만 아니라 존군사상, 예의의 중시, 인의의 실천, 애민사상, 통합 정신, 덕으로 오랑캐들을 복속시켜야 한다는 등의 실천적 덕목을 강조했던 것이다. 혈기방장하고 야심 찬 소년인 태자 유철은 유가의 학설이 자신의 성격과 취향에 잘 맞고, 오초(吳楚)7국의 난과 흉노의 계속되는 침입을 막는 데도 유가가 큰 도움이 된다는 생각을 굳히게 되었다. 태자는 노장사상이 지배적인 분위기에서 유학을 공부하면서 신선한 자극을 받아 새로운 정치관을 형성하게 되었다. 그리하여 유가는 태자가 이후 50여 년 동안 정치를 하는 데 필요한 사상적 기초가 되었다.

다재다능한 유철은 도가와 유가를 학습하는 한편 음악, 문학, 사냥 등 다양한 분야에도 흥미를 가지고 즐겼다. 문학 가운데에서도 특히 사와 부를 좋아하여 매승(枚乘)과 가의(賈誼)의 작품을 애송하곤 했다. 또한 인격 수양을 통해 정치적 소양을 키우는 데에도 주력했다.

경제는 태자에게 국가적 대사를 논의하는 자리에 참여하도록 하여 정치적 실무 능력을 키워주었다.

경제후(景帝後) 원년(기원전 143년), 형법을 관장하는 정위(廷尉)가 형사 사건을 심리한 기록들을 올렸다. 경제는 방년(防年)이라는 자의 대역죄에 관한 형량이 부당하다는 생각이 들었지만 적당한 대안이 떠오르지 않자 태자를 불러 의견을 물었다.

태자는 기록을 읽어보고 즉시 대답했다.

"이 사건은 대역죄라 보기 힘듭니다. 사람들은 계모를 '친어머니처럼 여겨야 한다'고 말하는데, 이는 계모가 사실상 어머니가 아님을 뜻하는 것입니다. 그럼에도 불구하고 부친이 계모를 사랑하기 때문에 자식들도 어머니처럼 모셔야 한다는 당위성을 부여한 것입니다. 그런데 이 사건을 보면 계모가 방년의 부친을 살해했습니다. 그녀가 남편을 죽일 때는 이미 부부간의 인연을 끊은 것이니 자녀들과 계모의 관계도 소실한 것으로 봐야 합니다. 따라서 방년이 죽인 사람은 그의 모친이 아닌 한 자연인에 불과하므로 일반적인 살인죄로 형량을 정해야 합니다."

경제는 태자의 합리적이고도 논리 정연한 분석에 감탄하며 칭찬을 아끼지 않았다. 정위와 대신들도 오체투지를 하며 태자의 총명함을 칭송했다.

유철은 미래의 군주로서 조정 대신들의 언행을 관찰하면서 충성심과 진정성이 있는지 파악하려 노력했다. 왜냐하면 장래에 자신이 기용할 만한 인물인가를 파악하는 것이 중요하다고 생각했기 때문이다. 그 결과 태자는 경제에게 많은 공을 세웠지만 거만한 주아부(周亞夫)를 삭탈관직하도록 강력히 주장했다.

경제전 3년(기원전 154년)에 일어난 오초7국의 난으로 한나라는 위기를 맞이하게 되었다. 경제는 화의를 청했으나 거절당하자 중위 주아부를 태위 대리로 승격시켜 평정하도록 했다. 주아부는 적의 군량 운반로를 차단하였다가 일시에 대반격을 하는 방식으로 3개월 만에 난을 평정했다. 경제는 그를 태위로 승격시켰고, 5년 뒤에는 다시 승상으로 기용했다.

주아부는 강직하면서도 자부심이 대단한 성격으로 원리원칙을 고수하면서 권력자들과 소원하게 지냈다. 어떤 때는 황제의 명령에도 복종을 하지 않아 일부 왕후 공경들로부터 미움을 샀고, 경제도 그에 대한 불만이 없지 않았다. 경제전 7년(기원전 150년), 경제가 황태자 유영(劉榮)을 임강왕(臨江王)으로 강등시키자 주아부와 두영(竇嬰)은 재고할 것을 간청했다. 경제는 화를 내며 그들의 간청을 뿌리쳤다.

한편 왕 미인은 자신이 황후로, 아들이 태자로 되는 것을 주아부가 저지하였다는 이유로 그에게 원한을 품고 있었다. 후일 두 태후와 경제가 왕 황후의 오빠인 왕신(王信)을 제후에 봉하려 하자 주아부는 극력 반대했다.

"황제께서는 애당초 유씨 성이 아니면 왕으로 봉하지 않고, 공을 세우지 않은 자는 제후에 봉하지 않는다고 하셨습니다. 왕신은 황후의 오라버니이기는 하지만 조그만 공도 세운 바가 없는데 어찌 제후에 봉하실 수 있단 말입니까?"

경제는 불쾌했지만 주아부의 의견을 따라 왕신을 제후에 봉하지 않았다. 이 일로 인해 주아부를 철천지원수처럼 여기게 된 왕신은 양왕과 손을 잡고 기회가 될 때마다 경제와 태후, 황후에게 주아부를 중상모략했다.

경제중 3년(기원전 147년), 경제는 투항한 흉노의 왕 서로(徐盧) 등 5명을 제후에 봉하여 계속적인 투항을 유도하려 했다. 이에 대해 주아부는 주군을 배신하는 자들을 후대하는 것은 절개를 지켜야 할 대신들에게 좋지 않은 본보기가 될 것이라며 반대하고 나섰다. 경제는 주아부의 의견을 무시하고 서로 등에게 봉작을 내렸다. 그러자 주아부는 병을 핑계로 정무를 돌보지 않았고, 경제는 주아부를 승상 직에서 물러나게 했다.

얼마 후 경제는 비록 주아부에게 불만이 많았지만 공로를 감안하여 다시 불러들일 생각을 했다. 경제후 원년(기원전 143년), 경제는 주아부를 궁으로 불러들여 잔치를 열어주었다. 태자도 배석한 자리에서 주아부가 자리에 앉자 썰지 않은 큰 고기 덩어리가 나왔는데, 젓가락이 없어서 먹을 수가 없었다. 주아부는 잠시 불쾌해하다 큰 소리로 궁인에게 젓가락을 가져오라고 시켰다. 경제가 웃으며 물었다.

"어찌 그러는가? 이래도 그대의 요구를 만족시킬 수 없단 말인가?"

그러자 주아부는 관을 벗고 엎드려 사죄했다. 경제는 다시 관직에 부를 뜻을 표했고, 황감한 주아부는 머리를 떨구고 돌아갔다. 이날 이후로 태자는 주아부의 일거수일투족을 지켜보았다.

주아부가 돌아간 후 경제가 태자에게 물었다.

"네가 보기에 주아부가 어떠하냐?"

"그자는 오만하고 거칠 것이 없어서 어쩌면 장래에 난을 일으킬지도 모릅니다."

경제는 고개를 끄덕이며 감탄했다.

"맞다! 그는 매사에 앙앙불락하는 자이니 앞으로 어찌 젊은 군주를 잘 보좌하겠느냐! 짐은 그를 너의 신하로 만들 수 없다."

경제는 주아부의 뒷모습을 보며 이미 마음을 굳혔던 것이다.

"저자를 반드시 제거해야지, 그대로 놔둘 수는 없다."

얼마 후 경제는 주아부가 무기를 숨긴 채 불순한 음모를 꾀하고 있다는 죄목으로 옥에 가두었다. 주아부는 옥중에서 닷새 동안 식음을 전폐하며 울분에 떨다 피를 토하고 죽었다.

태자는 경제가 주아부 사건을 처리하는 모습을 보면서 법가가 숭상하는 존군사상을 확실히 배웠다. 즉 황제는 지고무상의 신성불가침한 존재이므로 신하가 아무리 혁혁한 공을 세우고 지위가 높더라도 추호라도 불순하게 굴면 가차 없이 제거해야 하는 것이다. 설사 죄명을 날

조하는 한이 있어도 그것은 문제가 되지 않는다. 또한 생사여탈권과 상
벌은 황제가 신하를 다루는 주요한 두 가지 수단으로, 황제는 강온 양
책을 병행함으로써 군신들을 수족과 같이 부릴 수 있어야 하는 것이다.

후일 무제가 될 태자 유철은 유가, 도가, 법가를 모두 섭렵하면서 미
래에 나라와 백성을 다스릴 능력을 끊임없이 키워 나갔다.

한 무제는 무안후(武安侯) 전분(田蚡)을 승상으로 임명했으나 그의 강
력한 권력 행사가 정권에 위협이 된다는 생각에 불만이 많았다.

전분은 5척 단구에 추한 외모의 소유자로 비열하고 탐욕스러울 뿐만
아니라, 인덕과 능력이 결여된 인물이었다. 하지만 태후의 동생이라는
이유만으로 제후에 봉해졌다가 재상의 자리를 차지했다. 그의 정치력
은 순전히 사적으로 양성한 문객들의 머리에서 나온 것이었다. 누나인
태후의 위세에 호가호위한 그는 자신의 주장을 꺾지 않는 성격이었으
므로 무제는 하는 수 없이 수용하곤 했다.

전분은 고위 관료의 임면권을 남용했을 뿐만 아니라, 태후와 황제의
이름을 빙자하여 관리들의 생사여탈까지 관여하는 횡포를 부렸다.

두영(竇嬰)은 두태 황태후가 살아 있을 때 위기후(魏其侯)에 봉해졌던
대장군이었으므로 조야에 영향력이 막강했다. 이 시절 낭관에 불과했
던 전분은 두영에게 극도의 아부를 했다. 대화를 하거나 술을 따를 때
에는 항상 무릎을 꿇을 정도였고, 두영을 마치 친아버지처럼 떠받들었
다. 두영은 전형적인 아첨꾼인 전분을 적극적으로 키워주었다. 그러나

두태 황태후가 죽은 뒤 실세한 두영이 후작으로서 한가롭게 집에만 있게 되자 약삭빠른 조정의 관리와 선비들은 새로운 승상 전분에게로 몰려들었다. 두영은 완전히 찬밥이 되었지만 오직 중랑장과 연국(燕國)의 상을 역임한 관부(灌夫)만이 그의 곁을 떠나지 않았다.

전분은 승상이 된 후 두영을 안중에도 두지 않았을 뿐만 아니라 심지어 그의 토지를 빼앗으려 했다. 그러자 뛰어난 전공을 세웠던 강직한 성격의 관부는 전분의 배은망덕함과 방자함에 치를 떨었다.

어느 날 관부는 연회 자리에서 술김에 전분에 대한 울분을 토로하며 욕설을 퍼부었다. 앙앙불락하던 전분은 죄목을 날조한 뒤 누나인 태후를 꼬드겨서 원광(元光) 4년(기원전 131년) 겨울, 관부와 그를 비호하던 두영을 죽였다.

전분의 전횡은 이미 황제의 권력과 위엄을 크게 침해한 것이었다. 박학다식하고 유교를 표방하면서 법가를 통치 수단으로 삼았던 무제는 전분의 권력 남용과 개인 세력의 확장에 대해 점점 더 인내할 수 없게 되었다. 마침 이 무렵 전분이 돌연 중병으로 쓰러지는 일이 벌어졌다. 무고한 두영과 관부를 죽인 뒤 심리적인 불안감을 떨치지 못했던 전분은 그들의 원혼에 시달리는 악몽을 계속 꾸다가 급사했던 것이다. 그가 죽은 후 과거 태위 시절 회남왕 유안(劉安)과 제위를 계승할 밀모를 꾸민 사실이 드러났다. 격분한 무제는 "그자가 아직 살아 있다면 가문의 씨를 말렸을 것이다!"라며 증오의 감정을 숨기지 않았다.

사실상 전분이 '황제의 꿈'을 꾼 것이 우연이라고 할 수 없는 것이, 재상과 황제 간의 갈등은 역사적으로 그 뿌리가 깊었기 때문이다.

한대는 진의 제도를 모방하였으므로 승상은 가히 무소불위의 권한을 가지고 있었다. 승상의 직권은 구체적으로 다음과 같다.

첫째, 관리의 선발과 임용에 대한 권한을 갖고 있었는데, 심지어 2,000석을 받는 고급 관리도 모두 승상이 임면할 수 있었다.

둘째, 모든 관리들에 대한 탄핵과 형벌을 행할 수 있는 권한을 가지고 있었으며, 고급 관리를 처형해도 사후에 황제에게 상주하면 되었다.

셋째, 군국(郡國)의 재정과 인사고과에 관한 권한을 가지고 있었다. 즉 군국의 재정 지출, 호구 변화, 지방관인 군수와 국상의 업적을 황제에게 보고하여 논공행상을 결정했다.

넷째, 문무백관을 지휘하여 조정 대사를 논의, 결정하는 권한을 가지고 있었다.

다섯째, 황제의 조령(詔令)이나 제도가 불합리하거나 위법이면 비토할 수 있는 권한을 가지고 있었다.

따라서 황제는 지위와 권력이 막강한 승상을 극진히 예우했다. 예를 들어 한대 초기의 승상 소하는 칼을 소지하고 신발을 신은 채 입조할 수 있었으며, 황제를 면담할 때도 미리 사유를 말하지 않아도 되었다. 황제는 승상에게 예의를 갖추기 위해 승상이 들어오면 자리에서 일어나야 했다. 또한 수레나 마차에 앉아 있을 때 승상이 다가오면 반드시 내려서 답례를 해야 했다.

승상은 정책 결정, 사법, 행정을 관장하는 권한을 가졌으므로 개인에 따라 권력 장악의 정도가 차이가 났지만, 기본적으로 제도적 틀을 벗어나지는 못했다. 봉건 국가에서 권력은 실제로 2분되었는데, 그 기본 정신은 "도덕은 군주에게서, 제도와 법률은 재상에게서 나온다"는 것이었다. 다시 말해 군주는 큰 정치의 방침을 제시하고, 승상은 그 방침을 실행해야 하는 것이다.

무제는 정력적인 성격답게 무한 권력을 추구하는 제왕이었다. 그는 동중서의 "『춘추』에서 천하 통일은 하늘과 땅의 이치이며 고금의 원리라 했습니다. 천지 만물은 하나로 통일되고, 천하의 만민이 천자에 의해 통일이 되는 것도 하늘의 도리입니다"라는 주장에 적극적으로 찬동했다.

또한 하늘의 상도(常道), 즉 영원불변한 진리는 바로 천자가 천도에 따라 나라를 다스리는 것이므로 나라에는 두 명의 존귀한 자가 있어서는 안 된다고 여겼다. 즉 군주는 국가의 근본이므로, 군주를 지극하게 떠받드는 것은 나라가 잘 되기 위한 가장 중요한 일인 것이다. 이런 인식을 기초로 하여 무제는 군권을 강화하여 승상의 권력을 약화시키기로 결심했다.

무제는 승상의 군국 사무에 관한 결정권을 박탈하여 황권을 강화하기 위해 '중조(中朝)'를 구성했다. 중조는 학문에 뛰어나고 간언을 잘하는 인물들을 선발하여 구성한 기구로서, 내조(來朝)라고도 했다. 이들은 황궁을 수시로 출입하면서 황제에게 자문을 하고, 정치에 참여하면서 중요한 정책들을 기획했다. 중조에 속한 관리들은 경력이 일천하고 직책이 낮았으므로 황제의 입장에서는 무조건적인 복종을 얻어낼 수 있었다. 이들은 중요한 정책 결정에 참여했을 뿐만 아니라 때로는 무제의 뜻을 받들어 승상 등 공경 대신들과 열띤 토론을 벌였다. 따라서 의견 차가 심할 때는 대신들을 비판하고 잘못을 지적하는 행동도 서슴지 않았다.

　무제는 중조를 활용하여 시정의 큰 틀을 정하면서 조정의 결정권을 장악했다. 또한 중조의 구성원들을 통해 공경들을 축출하고, 승상으로 대표되는 '외정(外廷)'의 권위를 대대적으로 약화시켰다. 그 결과 외정은 황제의 명령을 충실히 따르면서 행정 사무만을 담당하는 기구로 전락하고 말았다.

　한편 승상을 재야에서 발탁하는 전통은 한대 초기에 시작되었다. 전통적으로 승상들은 개국공신이나 공신의 후손이 발탁되는 불문율이 있었으므로 당연히 후작의 작위를 가지고 있었다. 따라서 큰 공을 세운 데다 명문 집안 출신인 승상은 관리들의 수장으로서 막강한 권력을 가지고 오만하게 군림했다. 이런 현실을 개선하기 위해 무제는 원조(元朝) 5년(기원전 124년) 11월, 재야에 있었던 어사대부 공손홍을 일약 승상으로 발탁했다.

　무제는 법적으로 승상의 권력을 제한함으로써 그 위상을 추락시켰고, 조금만 잘못하면 가차 없이 죽였기 때문에 대신들은 승상이 되는 것을 경원시하게 되었다.

　무제가 죽을 때의 승상 전천추(田千秋)를 제외하면 그의 통치 후반기에 비명횡사를 면하고 선종을 한 재상은 석경(石慶)이 유일했다. 석경이 10년이라는 긴 시간 동안 승상으로 재임하면서 죽음을 면한 비결은 극도로 몸을 낮추고 신중하게 처신하면서 복지부동으로 일관하는 것이었다. 그는 승상이 된 후 9년 동안 아무런 건의도 한 적이 없었다. 딱

한 번 무제에게 소충(所忠)과 구경 중의 일원이었던 함선(咸宣)을 처벌해야 한다고 청원했으나 두 사람은 아무런 처벌도 받지 않았고, 오히려 석경이 벌을 받았다.

그가 승상으로 있을 때 한은 남쪽으로 월나라, 동쪽의 고구려, 북으로 흉노, 서로 대완(大苑)을 정벌하는 전쟁을 치렀으므로 무제는 전국을 순행하면서 사원 중수, 봉선 의식 거행, 예악 정비 등에 힘을 기울였다. 그러나 이런 중요한 일들을 치르면서도 무제는 석경의 의견을 물어본 적이 한 번도 없었다. 심지어 조정 회의에 부르지 않는 경우도 있었고, 석경 또한 이를 문제시한 적이 없었다. 그런데도 석경은 자주 견책을 당하여 난감한 적이 많았다. 승상이 완전히 조정의 장식물이 되어버린 것이다.

승상이 권세를 누릴 수 없게 되자 이찰(李蔡)에서 석경에 이르기까지 승상부에는 찾아오는 사람이 없어 영빈관이 폐허와 같이 되어버렸다. 공손하(公孫賀)와 굴이(屈氂)가 승상일 때는 영빈관이 붕괴되자 마구간, 수레를 보관하는 곳, 노비들의 방으로 이용되었다.

승상의 권한이 철저히 박탈당하여 황제의 권력이 아무런 제약을 받지 않게 되자 무제는 진시황과 같은 독재 군주가 되고 말았다.

확실한 전략과 비전으로 권력 변화에 대처하다

이연은 태원에서 군사를 일으킨 후 불과 반년 만에 장안을 점령하고, 계속해서 산서, 관중, 사천 등으로 세력을 확장하여 제왕이 될 기반을 쌓았다. 그가 짧은 시간 내에 성공을 거둘 수 있었던 건 뛰어난 군사적 능력과 관중 지역이 무주공산일 때 공격을 하는 등 기회를 잘 포착한 점 등도 원인이었지만, 무엇보다도 정치적으로 확실한 전략과 비전을 가지고 권력 변화에 잘 대처했기 때문이었다.

이밀(李密)은 와강군(瓦崗軍)의 수령으로서 귀족 출신이었다. 그의 조부는 북주의 태보(太保)이자 위국공(魏國公)이었고, 부친인 포산공(蒲山公) 이관(李寬)은 수대의 주국을 역임했다. 그는 어렸을 적부터 수의 실력자 양소로부터 귀여움을 받았고 그 아들 양현감(楊玄感)과도 친하게 지냈다. 대업 9년, 이밀은 양현감이 수에 대해 반란을 일으켰을 때 동참하여 세 가지 전략을 건의했다.

최상책은 양제가 멀리 요동에 있으므로 지금의 북경 서남부를 공격하여 숨통을 조이자는 것이었다. 왜냐하면 양제는 고구려와 접경하고 있고, 퇴로가 없으므로 2주 정도면 군량이 떨어져 군사들이 탈영을 할 것이므로 싸우지 않고도 승리할 수 있기 때문이었다. 그 다음으로 좋은 방법은 관중이 천연적인 요새로서의 이점을 가지고 있으므로 장안을 공략하면 양제가 돌아온다고 해도 충분히 싸워 이길 수 있다는 것이었다. 세 번째 방법은 동도로 진격하는 것인데, 이는 둔병이 굳게 성을 지키고 있으므로 승산이 별로 없다는 단점이 있었다. 그런데 양현감은 동도를 공격하는 가장 좋지 않은 전략을 채택했고, 예상대로 반란은 실패로 돌아갔다. 이것은 이밀의 군사적 안목이 비범함을 보여주는 실례였다.

그 후 이밀은 수의 추격을 피하기 위해 와강군에 들어갔다. 용감하고 리더십이 있는 데다 정치적인 식견이 뛰어난 그는 와강군에서 승승장구했다. 와강군의 수령이었던 적양(翟讓)은 자신의 능력이 이밀에 미치지 못함을 깨닫고 자진해서 수령의 자리를 내주려고까지 하였다. 그러나 이밀은 적양이 진심으로 자신을 위하여 그런 것이라 믿지 않았으므로 경계를 하다 결국 계략을 꾸며 적양을 죽였다. 이밀은 적양이 죽은 후 양제가 멀리 강도(江都)에 있고, 자신의 세력이 강대하여 대적할 상대가 없다는 자만심에 빠져 패악 무도한 짓을 서슴지 않았다. 그는 이연에게 보병과 기병 수천 명을 이끌고 하내(河內, 오늘날의 하남성 심양(沁陽-옮긴이)로 와서 자신과 손을 잡자는 내용의 서신을 보냈다. 이것은 실제로 자신이 '맹주(盟主)'가 되려는 욕심에서 한 제의였던 것이다.

그런데 이연은 이밀의 제의를 받을 무렵 거병을 한 지 얼마 되지 않은 상태에서 관중으로 향하고 있던 터라 고민을 할 수밖에 없었다. 즉 이밀과 어떤 관계를 맺느냐에 따라 관중의 점령 여부가 판가름나기 때문이었다.

그는 부하를 시켜 이밀에게 최대한 성의를 표시하되 공조를 사양하는 내용의 편지를 쓰도록 했다. "의병을 일으킨 목적은 나라를 구하고 수 황실을 보전하기 위함이다. 내 비록 용렬하지만 천명을 알고 있는데, 이밀을 제외하고는 아무도 천하의 백성들을 구할 수 없을 것이다. 이밀이 하루속히 웅지를 펴면 충심으로 옹립할 것이다. 그러나 와강군과 합류를 하는 문제는 심양과 진주가 불안정하므로 당장은 응낙을 할 수 없다"는 것이었다. 서신에서 이연은 이밀을 한껏 치켜세우면서도 자신은 수를 멸망시킬 마음이 없음을 밝혔다. 그러면서도 이밀에게는 '천명'을 받들어 황제가 되라는 암시를 주었다.

답신을 받은 이밀은 입이 찢어져라 좋아하면서 휘하의 장수들에게 자랑을 했다. 즉 이연이 위협 세력이 될 수 없음을 증명하면서 자신이 얼마나 잘난 인물인가를 과시한 것이다. 이후로 양측은 계속해서 서신 왕래를 했는데, 이로 인해 이밀은 이연에 대해 더 이상 경계와 대비를 하지 않았다.

하지만 이연은 이밀에게 공손한 태도를 보이면서도 속으로는 치밀하게 정치적 계산을 하고 있었다. 그 이유는 당시 이밀이 이끄는 와강군의 전력이 막강하고, 세력 판도가 크므로 자신이 제대로 실력을 갖추지 않은 상태에서 밉보여서는 안 되기 때문이었다. 그러므로 이연은 와강군으로 하여금 동도 낙양의 수나라 군대를 견제하도록 하면서 자신은 서쪽으로 장안을 점령한 뒤 동도의 왕세충과 이밀을 굴복시키는 어부지리를 얻으려 한 것이다. 두 사람을 평정하기만 하면 자연히 전국을 통일하려는 목적은 달성되는 것이었다.

이밀은 원래 만만히 볼 만한 인물이 아니었다. 그가 양현감에게 제시했던 전략에서도 알 수 있듯이 야심과 실력을 겸비했던 것이다. 그러나 이밀은 정치적 경험이 풍부하여 권력의 생리를 꿰뚫고 있는 데다 지략이 뛰어난 이연과 비교하면 풋내기에 불과했다. 바꿔 말하자면 이연의 정치적 수완은 10만 대군과 대적할 만큼 위력을 가지고 있었던 것이다.

곽읍(霍邑)을 점령한 뒤 이연이 논공행상을 하려 하자 군리(軍吏)들은 '노예' 출신과 '평민' 출신 군사를 차별하여 대우해야 한다고 주장했다. 그러나 이연은 "목숨이 왔다 갔다 하는 판에 귀천을 따지고 차별을 한단 말인가. 공을 세운 사람에게는 출신 성분을 묻지 말고 공정하게 상을 내려야 한다"고 반박했다. 이 말처럼 이연이 출신을 따지지 않는 평등사상을 가지고 있었던 것은 아니다. 오히려 그의 머릿속에는 계급이나 신분 의식이 뿌리 깊게 박혀 있었다. 다만 전시에 논공행상을 제대로 하지 않으면 군심이 불안해져서 전력에 손실을 초래할까 봐 짐짓 군사들의 출신 성분 따위는 논하지 않는 척했을 뿐이다.

한편 이연은 관중 출신의 수나라 군사가 포로가 되었을 때 귀향 의사를 밝히면 5품 산관(散官) 벼슬을 주어 돌려보냈다. 산관은 아무런 권한이 없고, 5품 이하는 녹봉도 없었지만 일반 백성들이나 군사들에게는 신분을 과시할 수 있는 수단이 되었다. 이런 식으로 민심을 산 이연의 방법은 아무나 흉내 낼 수 있는 것이 아니었다.

이 밖에도 이연은 선혜위(宣惠尉)와 수덕위(綏德尉)라는 두 종류의 산관직을 만들어 투항하는 군사들의 순서에 따라 벼슬을 주었다. 산관을 양산한 이유에 대해 그는 이렇게 설명했다.

"산관 직을 만든 이유는 덕으로 군사들을 감화시키고, 백성들로 하여금 나를 인의를 갖춘 인물로 생각하게 하기 위해서이다."

이 말에서 알 수 있듯이 이연은 정치 선전의 중요성을 잘 알고 활용할 줄 아는 인물이었다. 그는 또한 70세 이상의 노인들에게는 통의(通義), 조청(朝請), 조산대부(朝散大夫) 등의 산관 벼슬을 주었다. 관직을 내릴 때에는 직접 임명장을 써서 주었는데, 이연의 서체는 '기존의 서법에 얽매이지 않는 분방한 필체'로 유명했다. 글도 워낙 빨리 써서 하루에 1,000명 이상의 임명장을 쓴 적도 있었다. 벼슬을 얻은 사람들은 이연의 친필 임명장을 매우 소중하게 여겼다. 관중에 입성한 뒤 이연은 농민 기의군들에게 관작을 주는 데 인색하지 않음으로써 좀 더 쉽게 장안을 점령할 수 있었고, 순조롭게 군의 규모를 확대해 나갔다.

실패의 정확한 원인분석은 대업의 초석

팽성 대전 후 초와 한의 판도는 완전히 역전되었다. 승리한 항우가 기세등등해진 반면, 유방은 거병 이후 최대의 위기를 맞이하게 된 것이다.

경솔하게 초의 도성을 공격했다 휴수(睢水)에서 60만 대군을 잃자 유방은 냉정하게 패인을 분석하고 크나큰 교훈을 얻었다. 패인은 다름 아닌 오만함과 나태였다. 그러나 그는 실패에 굴하지 말고 다시 재기해야 한다는 결의를 다졌다.

유방은 항우가 쉽사리 이길 수 없는 강적이라는 깨달음을 얻자 진정한 승리를 얻기 위해서는 조급함을 버리고 충분히 준비하면서 확실한 전략을 짜야 한다는 각성을 하게 되었다. 이를 위해 그는 하읍(下邑)에서 탕군(碭郡)으로 이동하면서 장량과 치밀하게 전략을 검토했다. 유방은 장량에게 물었다.

"함곡관 동부는 비옥한 토지이지만 내가 독차지할 능력이 없다. 그래서 초를 멸망시킬 대업을 다른 사람에게 맡기고 싶은데 누가 적임자인가?"

장량은 한참을 생각하다 입을 열었다.

"구강(九江)의 왕영포(王永布)는 초나라에서 가장 용맹스런 장군으로 여러 번 큰 공을 세웠습니다. 하지만 이번에 항우가 동으로 제나라를 공격할 때 왕영포는 참전하지 않았습니다. 이는 두 사람 간에 갈등이 있기 때문일 것입니다. 동맹 관계인 팽월(彭越)과 제왕 전영(田榮)은 항우와는 숙적으로서 현재 위나라 땅에서 초나라와 전쟁을 벌이고 있습니다. 그러니 이 두 사람을 우리 편으로 끌어들일 수 있습니다. 대왕 휘하의 장군들 가운데 한신만이 대사를 맡길 수 있는 인물입니다. 만약 대왕께서 관동의 땅을 팽월, 전영, 한신 세 사람에게 분봉하신다면 항우의 목을 조를 수 있을 것입니다."

유방은 연신 고개를 끄덕이며 장량의 의견에 동의했다. 그는 장량과 구체적으로 방어, 적 후방에서의 교란 작전, 양편에서의 견제 방법 등에 대해 논의했다. 형양(滎陽)은 관동과 관중을 연결하는 요지로서 황하가 북쪽으로 흐르고, 제수(濟水)와 경계를 이루고 있어 수로 운송이 매우 편리한 지역이었다. 그리고 형양에서 멀지 않은 곳에 험준한 지형으로 천연적인 요새를 이루는 호뢰관(虎牢關)이 있었다. 무엇보다도 이곳에는 진나라 때 지은 대규모의 군량 창고가 있었다. 오창(敖倉)이라 불리는 이 창고는 엄청난 양의 군량을 비축하고 있었다. 형양의 전략적 가치를 중시한 유방은 이곳을 항우를 물리치고 서쪽으로 진출하는

데 필요한 보루로 삼기로 결정했다.

형양으로 군대를 이동한 유방은 견고한 방어 기지를 건설하기 시작했다. 즉 형양과 오창 사이에 양쪽으로 높은 벽을 쌓아 적의 공격을 막을 수 있는 전용 통로를 만들어 차질 없이 군량을 보급하도록 하는 공사였다.

관중이라는 중요한 후방을 지키는 승상 소하는 급히 병사들을 모집했다. 전선에 투입할 수 있는 병사들을 모집하는 작업이 끝난 뒤에는 노약자까지도 징집을 했지만 전방의 수요를 채울 수가 없었다. 더 많은 인원을 형양으로 보내 복무하도록 하라는 유방의 독촉을 받고 고민하는 소하에게 포(鮑)씨라는 모사가 충고를 했다.

"한왕의 명령은 승상을 시험하려는 것입니다. 다시 말해, 한왕이 속으로 승상을 의심하는 마음이 있는 것입니다."

그는 이 문제를 해결하기 위해 소하에게 심복과 자식 등을 전선으로 보내라는 건의를 했다. 포씨의 말에 동감한 소하는 집안 내의 남자들을 모두 형양으로 보냈다. 이러한 소하의 행동에 유방이 큰 감동을 받았음은 물론이다.

유방은 형양을 방어 기지로 만드는 작업을 진행하는 한편 후방을 공고히 하는 데에도 심혈을 기울였다.

그런데 팽성 전투의 패배 소식이 전해지자 관중은 크게 동요했다. 유방에게 반감을 가지고 있던 자들은 준동했고, 유언비어가 난무했다. 심지어는 유방이 이미 적의 손에 죽었다는 이야기까지 나돌아 인심은 극도로 불안해졌다.

후방이 안정되지 않으면 전방에서의 전투는 난조를 띠기 마련이다. 한왕 2년(기원전 205년) 5월, 유방은 군사를 형양으로 이동시켜 전선을 정리한 뒤 6월에 관중으로 돌아와 후방 업무에 몰두했다.

유방이 나타나 관중의 원로들에게 웃음 띤 얼굴을 보여주자 무성했던 소문들은 자연스레 가라앉았다. 그는 아들 유영을 태자에 봉하고, 역양(櫟陽, 오늘날의 섬서성 임동臨潼현 북부 – 옮긴이)에 정도한 뒤 승상 소하로 하여금 자신을 보좌하도록 했다. 이와 동시에 사형수를 제외한 모든 죄인들을 석방하여 사회적 분위기를 일신했다.

제후왕과 장군들은 양지만을 찾아다니는 속성상 팽성 전투에서 유방이 패배하자 등을 돌렸었다. 이때의 쓰라린 경험을 반복하지 않기 위해 유방은 제후왕의 자제들을 모두 역양으로 오도록 만든 뒤 태자의 숙위로 편입시켰다. 명분상으로는 숙위였지만 실제로는 인질로 잡아둠으로써 제후왕들이 자신의 명령에 충실하도록 만든 것이었다.

이 당시 북부의 유목민족인 흉노는 걸핏하면 남하하여 약탈을 자행하였으므로 변경 지대는 경제가 발전하지 못하고, 거주민들도 불안한 생활을 영위하고 있었다. 그래서 유방은 변방 지역에 군사를 배치하여 수비를 강화했다. 즉 농서(隴西), 북지(北地), 상군(上郡), 위남(渭南), 하상(河上), 중지(中地) 등 원래는 진왕의 봉지였던 6개 군에 군대를 주둔하여 일괄적으로 관리했던 것이다.

유방은 후방을 안정시키는 작업이 완료되자 8월에 다시 전선인 형양으로 돌아갔다. 관중을 떠나면서 그는 승상 소하의 권한을 강화시킨다는 언급을 했다. 만약 소하가 상소를 올릴 시간이 없으면 독자적으로 결정을 할 수 있도록 윤허한 것이다. 소하는 유방의 태도에 감격하여 태자 유영을 극진하게 보좌하는 한편, 후방을 철저히 관리하여 군대에 필요한 물자를 적시에 공급했다.

장기적인 안정과 발전을 위한 구제 개혁

몽고는 세 차례의 서정으로 금나라를 멸망시키고 송을 얻는 등 계속해서 영토를 확대해 나갔다. 쿠빌라이는 아리크부케와 제위를 다투는 과정에서 제왕들의 지지를 얻기 위해 별아가(別兒哥)와 훌라구의 킵차크 칸국과 일 칸국에 대한 지배권을 인정했다. 그래서 쿠빌라이가 직접적으로 통치하는 지역은 몽고 초원과 원래 하, 금, 송나라의 영토에 불과했다. 하지만 이들 지역은 워낙 광활하여 한대와 당대의 판도를 능가했다.

쿠빌라이의 통치권에서는 몽고족, 서역 계통의 민족들, 한족 등이 생활했다. 각 민족의 경제, 생활 양식, 풍습 등은 제각기 달라서 몽고 초원지대, 서역과 중아시아 지역, 금과 송의 고토에는 각기 몽고족, 색목인, 한족 특유의 통치 방식과 제도가 존재했다. 그리하여 쿠빌라이는 제위에 오른 후 통치 기반을 공고히 할 특정한 제도와 통치 방식을 택해야 하는 중대한 문제에 직면하게 되었다.

혁경은 통치 지역의 크기나 경제·문화적 수준과는 무관하게 한족의 문화가 중심 역할을 해야 한다고 확신했다. 중통 원년(1260년), 그는 쿠빌라이에게 "당과 송의 법을 원용하되 금의 제도를 참고한 관료 제도를 마련하여 정치와 백성들을 안심시켜야 한다"는 상소를 올렸다.

구체적으로 역사적 사례를 들어가면서 자신의 주장을 편 그는 북위와 금나라가 중원을 통치할 수 있었던 것은 한법(漢法)을 정통으로 하여 요와 송의 제도를 실시하였기 때문이라고 강조했다. 그러므로 쿠빌라이도 북위와 금을 귀감으로 삼아야 한다는 것이었다. 이와 동시에 몽고의 구제도를 일률적으로 배척할 것이 아니라 유익한 부분은 그대로 보전하되, 몽고의 법과 한법 중에서는 한법을 위주로 해야 한다는 것이었다. 혁경의 이런 사상은 현실을 정확히 인식한 것이라 할 수 있었다. 그는 한법을 채택하면 일대 변혁을 초래하므로 큰 반발을 살 수밖에 없지만, 쿠빌라이에게 단호하게 '천명'을 받들어 혁명을 이뤄야 한다고 건의했다.

지원 원년(1264년), 서세융(徐世隆)은 "폐하께서 중국을 통치하려면 반드시 중국의 법률과 제도를 채택해야 한다"는 상소를 올렸다.

쿠빌라이는 일찍이 막북의 번저(藩邸)에 있을 때 한족 출신의 선비들과 접촉하면서 한법을 이해했다. 그 후 막남의 중국 영토에서 군사 사무를 관장할 때에는 형주, 감숙, 하남 지역에서 몇 년 동안 한법으로 통치를 하여 괄목할 만한 효과를 보았다. 그래서 그는 한법의 장점을 깊이 인식하고 있었으므로 마음속으로 언젠가 칸의 자리에 오르면 반드시 한법을 실시하기로 결심했다.

이제 쿠빌라이는 중국을 통치하는 황제로서 혁경, 서세융, 허형(許衡) 등이 일제히 한법을 실시하라는 건의를 하자 흔쾌히 한법을 정통으로 삼기로 했다.

중통 원년(1260년), 개평(開平)에서 즉위한 쿠빌라이는 왕악(王鶚)이 작성한 조서를 통해 한법을 실시하겠다는 의지를 천명했다.

쿠빌라이의 즉위 조서는 대신들이 자신을 옹립한 이유와 정치 노선을 명확히 밝힌 것이었다. 그는 칭기즈 칸이 몽고를 통일한 이래로 무를 숭상하고 문치(文治)를 폄하하는 주장들에 대해 의문을 품고 있었다. 칭기즈 칸의 무력은 위대했지만, 말 위에서 천하를 얻을 수는 있으나 천하를 다스릴 수 없고, 문치를 이루지 않으면 천하를 다스리기 힘들다는 것도 잘 알고 있었던 것이다. 그러므로 일대 개혁을 하되 선대의 법률을 보전하면서 선택적으로 한법을 도입하기로 했다. 이런 생각은 기본적으로 혁경 등의 사상과 일치하는 것이었다.

또한 쿠빌라이는 외부 세계의 선진적인 문물이나 사상 등을 배우고 받아들여야 할 때 취사선택을 하는 현명함을 보였다. 즉 몽고 민족의 낙후된 부분은 과감히 포기하되 우수한 점은 보존하려는 노력을 했던 것이다.

몽고는 원래 연호를 사용하지 않았으나, 칭기즈 칸 시대에는 십간십이지를 사용했다. 예를 들어 쥐 해, 양 해와 같은 식으로 연도를 기록했는데, 오고타이가 중원에 진출한 이후에도 중국식의 연호를 사용하지 않았다. 그러나 1260년에 쿠빌라이가 즉위한 후 처음으로 중국식 연호인 '중통(中統)'을 사용하기 시작했다. '중통'은 '중조정통(中朝正

統’을 축약한 것으로, 쿠빌라이가 중원 왕조의 정통임을 의미했다.

같은 해 12월 쿠빌라이는 다시 조서를 발표했는데, 그 내용은 ‘조종(祖宗)은 무력으로 왕조를 열었으나 문화는 발전시키지 못했으므로 적극적으로 한화(漢化)를 추진하겠다’는 것이었다.

1264년, 쿠빌라이는 유교의 경전인 『역경』에 나오는 ‘지재곤원’(至哉坤元, 대지의 무한한 덕이라는 뜻-옮긴이)에서 따온 ‘지원’을 연호로 삼았다. 1271년에는 ‘대몽고’의 국호를 『역경』의 ‘대재건원’(大哉乾元)에서 따온 ‘대원’으로 바꿨다. 국호의 변경은 쿠빌라이가 한족의 유가사상에 몹시 경도되었음을 보여준 실례라고 하겠다.

쿠빌라이는 연호와 국호를 제정함과 동시에 도성을 중원으로 옮겼다. 중통 4년(1263년)에는 개평을 도성으로 승격하여 상도(上都)라 명명했고, 지원 원년(1264년)에는 연경을 중도로 삼았다. 이어서 지원 4년(1267년)에는 중도의 옛 성터 동북부에 새로운 성을 건설했다. 지원 9년(1272년)에는 중도를 대도로 개명한 뒤 정식 수도로 삼았다. 쿠빌라이가 중국 영토에 수도를 정한 것은 중국식 제도와 문화에 대한 적극적 수용의 표현이자 통치의 편리를 도모하기 위한 목적에서 비롯된 것이다.

쿠빌라이는 의례와 제도 방면에 있어서도 중원의 풍습과 전통을 학습하기 시작했다. 지원 3년(1266년), 중도에 태묘(太廟)를 건설하여 조상들에게 제사를 지내기 시작했고, 개원 8년(1271년), 쿠빌라이는 유병충(劉秉忠)과 허형에게 조정의 의식인 조의(朝儀)를 거행하도록 명했다. 쿠빌라이가 정한 의례는 부분적으로 몽고의 의례를 유지하고 있지만 대

부분은 한인들의 전통적인 의례를 받아들인 것으로서 중대한 개혁이
자 진보라 할 수 있다.

　쿠빌라이는 제위에 오르기 전 한족 출신의 유교학자들의 보좌와 다
년간의 실행 경험을 통해 '반드시 한법을 실시해야 안정적이고 지속적
인 통치가 가능하다'는 사실을 절감했다. 그러므로 그는 즉위 후 대대
적으로 몽고의 구제를 개혁하고 전면적으로 한법을 실시했던 것이다.

끝까지 밀어붙이는 추진력

설거(薛擧)는 수나라 시절 금성군(金城郡, 오늘날의 감숙성 난주蘭州 - 옮긴이) 교위를 지낸 인물로 농민 반란이 일어나자 이를 진압했다. 이 기회를 틈타 수나라를 무너뜨리기 위해 설거와 아들 설인고(薛仁杲)는 계속해서 포한(枹罕, 오늘날의 감숙성 임하臨夏 동부 - 옮긴이), 선주(鄯州, 청해성 낙도樂都 - 옮긴이), 곽주(廓州, 청해성 귀덕貴德 동부 - 옮긴이) 등을 공략하였고, 군사 수는 13만으로 증가했다.

대업 13년(617년) 7월, 설거는 금성에서 황제를 자칭했다. 이후 설인고는 진주(秦州, 감숙성 진안秦安 서부 - 옮긴이), 병주(涇州, 섬서성 농현隴縣 - 옮긴이) 등을 점령한 뒤 30만 병력을 거느리고 장안까지 진출했다. 당나라는 건국 후 전국을 통일하기 위해서는 관중 지역을 공고히 해야 했고, 이를 위해서는 무엇보다도 서북 지역을 확실히 장악해야 했다. 당 정권은 관중 서부까지 진출한 설거 부자를 제압하지 못하자 중원을 쟁

취할 여유를 갖지 못했다. 그래서 이연 부자는 설거가 건립한 서진(西
秦) 타도를 최우선 과제로 삼았다.

설거는 세력이 부풍(扶風, 오늘날의 섬서 풍익-옮긴이) 인근까지 미치자
장안을 진공하기로 했다. 그런데 공교롭게도 이연이 먼저 장안을 차지
하자 설거는 서둘러 부풍을 점령하기로 결정했다.

의녕(義寧) 원년(617년) 12월, 고조 이연은 설거의 군대가 장안을 크게
위협하자 이세민에게 군대를 이끌고 서진하여 설거를 공격하도록 했
다. 이세민은 설거의 서진 군대와 맞붙어 격전 끝에 수천 명의 목을 베
는 대승을 거둔 뒤, 농저(隴坻, 오늘날의 섬서성 농현 서부-옮긴이)까지 추격
하였다가 귀환했다.

거병 이후 이세민에게 참패당하기 전까지 승승장구했던 설거는 당
황하여 "유사 이래 천자가 항복한 예가 있느냐?"고 물었다. 초전에서
승리하자 당나라 군대의 사기는 하늘을 찌를 듯했다.

패배를 인정하기 싫은 설거는 돌궐과 연합하여 다시 장안을 공격하
기로 결심했다. 무덕 원년(618년) 6월, 설거는 경주(涇州, 오늘날의 감숙성
경천涇川 서북부-옮긴이)를 공략하여 약탈을 자행한 뒤 곧바로 빈주(豳州,
섬서성 빈현彬縣-옮긴이)와 기주(岐州, 섬서성 풍익-옮긴이) 일대를 점령했다.
그러자 이연은 진왕에 봉해진 지 얼마 안 된 이세민을 서토(西討)원수에
임명하여 설거와 싸우도록 했다.

7월, 이세민과 설거의 군대는 고서(高墌)에서 대치했다. 이세민은 적
군의 군량이 부족하므로 지구전을 펴는 것이 유리하다는 판단을 내리
고 성을 굳건히 지키도록 명령했다. 전하는 바에 의하면 이때 이세민

은 와병 중이어서 유문정과 은개산(殷開山)에게 지휘권을 넘겨주며 "적이 속전속결하려고 하면 철저히 수비를 하면서 적의 군량이 떨어질 때까지 기다리면 싸우지 않고도 이길 수 있다"라고 당부했다고 한다.

그런데 사마은교(司馬殷嶠)는 유문정에게 이세민으로부터 능력을 의심받고 있으니 선제공격을 하라고 속닥였다. 반신반의하던 유문정은 지구전으로 나가면 적으로부터 경멸당할 것이라는 선동에 넘어가 공격을 감행했다. 그런데 설거의 정예 기병이 배후에서 포위 공격을 하는 바람에 당군은 군사의 절반 정도가 전사할 정도로 대패했다. 모용나후(慕容羅睺), 이안원(李安遠), 유홍기(劉弘基) 등의 장수가 포로로 잡히고, 고서성도 함락되었다. 이세민은 하는 수 없이 철군하여 장안으로 돌아왔다. 패전의 책임은 전세를 오인하고 이세민의 명령을 어긴 유문정과 은개산에게 있었지만 이세민도 책임을 면하기는 힘들었다. 당시 군영에 있었던 그가 군의 통수권자로서 유문정과 은개산의 군사 출동을 알지 못했다고 변명할 수는 없었기 때문이다.

고서성에서의 승리 후 서진의 군대는 8월 들어 다시 영주(寧州, 오늘날의 감숙성 영현 - 옮긴이)를 포위했다. 설거의 부하는 당의 군대를 패퇴시키고, 장수들도 포로로 잡아 사기가 높은 이때에 장안을 공격해야 한다는 주장을 폈다. 그러나 설거가 갑자기 죽는 바람에 이 계획은 무위로 돌아갔다. 설거의 사후 제위를 승계한 설인고는 절서(折墌, 오늘날의 섬서성 농현 - 옮긴이)성에 머물면서 장안을 호시탐탐 노렸다. 당 고조는 비밀리에 사신을 양주(凉州, 오늘날의 감숙성 무위武威 - 옮긴이)의 세력가인 이궤에게 보내 함께 서진을 공격하자는 제안을 했다. 다른 한편으로는 이세민을 원수로 임명하여 서진을 정벌할 계획도 세웠다.

11월, 당의 대군이 고서에 도착하자 설인고는 대장 모용나후로 하여 금 대적하도록 명했다. 모용나후가 몇 차례 공격을 했지만 이세민은 수비만을 할 뿐 맞대결을 하지 않았다. 군 내부에서는 출전할 것을 촉구했지만 이세민은 버티고만 있었다. 그 이유는 아군은 사기가 낮지만 적군은 이전의 승리로 기세등등하여 방심하고 있으므로 조금만 더 기다리면 승기를 얻을 수 있을 것이라 판단했기 때문이다. 쌍방이 60일 이상 대치 상태를 지속하자 서진은 군량이 떨어졌고, 장수 양호랑(梁胡郞)은 군사를 이끌고 투항했다. 그러자 이세민은 서진의 군심이 동요하고 있으므로 결전을 할 때가 되었다고 판단하여 행군총관 양실(梁實)에게 천수원(淺水原)에 군사를 배치한 뒤 적군을 유인하여 공격하도록 명령했다.

한편 서진의 장수 모용나후는 평소 용감하기로 소문난 자신이 장기전으로 인해 실력 발휘를 못한다는 울분에 가득 차 있던 판이라 정예군을 이끌고 나가 맹공을 퍼부었다. 며칠 동안 공격을 받으면서도 계속 방어만 하는 군사들이 물이 없어 갈증에 시달리는 모습을 본 이세민은 우무후(右武侯)대장군 방옥에게 천수원에서 기다리다 회군하는 모용나후의 군대를 공격하도록 했다.

이와 동시에 이세민 자신도 천수원 북쪽에서 모용나후를 기습했다. 이세민이 앞장을 서고, 정예 기병 수십 명이 적군에게 달려들면서 동시에 전후에서 협공을 하자 허를 찔린 서진의 군대는 그대로 무너졌다. 참수를 당한 서진의 군사만도 수천 명에 달했고, 투항한 자는 이루

헤아릴 수 없이 많았다. 그러나 이세민은 여기에서 멈추지 않고 기병 2,000명을 거느리고 절서성까지 추격하여 경수(涇水) 남쪽을 차단했다. 성 아래에 군사를 포진시켰던 설인고는 용장 혼간(渾幹) 등이 항복하자 겁에 질려 성으로 들어가 방어를 했다. 그런데 당의 군대가 겹겹이 포위를 하자 심야에 성을 지키던 병사들이 앞 다퉈 성을 나와 항복했다. 설인고도 고심 끝에 날이 밝자 투항했다. 이 전투에서 당은 잘 훈련된 군사 1만여 명과 일반인 5만 명을 포로로 잡는 대승을 거두었다. 이세민이 군대를 이끌고 장안으로 돌아오자 고조는 설인고를 참수하라는 명령을 내렸다.

승리를 축하하는 자리에서 장수들이 이세민에게 어떻게 빠른 시간 내에 승리를 거두었는지 그 비결을 물었다.

"모용나후의 군사들은 모두 농우 출신으로 용맹스러웠습니다. 우리 군대가 비록 야전에서 승리를 거두기는 했지만 별 수확이 없었습니다. 만약 바짝 추격하지 않았다면 그들은 성안으로 들어가 설인고로부터 위로를 받고 힘을 회복할 터이니 쉽게 승리할 수 없었을 겁니다. 그래서 우리는 적군을 맹렬히 추적하여서 성안으로 들어가지 못하고 사방으로 흩어지게 만들었습니다. 왜냐하면 절서성의 병력이 약화되면 설인고도 어쩔 수 없이 항복할 것이라고 예상했기 때문입니다."

이세민의 대답을 들은 장수들은 그의 탁월한 군사적 능력에 감탄해 마지않았다. 설인고와의 일전은 이세민의 군사 행동 가운데에서도 특히 강력한 빛을 발한 승리였다.

제5장

변화의 시기를 놓치지 않다

기회를 놓치지 않으면서 적시에 변화하는 것은 매우 중요하다. 보통 사람들뿐만 아니라 패권을 차지하려는 사람에게는 특히 더 그렇다. 시대에 따라 치국의 방법은 달라지게 마련인데, 특히 난세에는 변화에 적응하면서 기선을 제압해야 한다. 그래야만 당면한 문제를 해결하고 우위를 점할 수 있다. 역대 패왕들은 이러한 이치를 잘 알고 있었다.

왕도와 패술을 신봉한 난세의 간웅

왕도와 패술(覇術, 마키아벨리즘에 가까운 개념 - 옮긴이)을 신봉하고 실천하는 인물들은 다음과 같은 특징이 있다.

1. 이론에 그치지 않고 실천하는 행동력을 가지고 있다. (태공망 여상, 공자, 유방, 장량, 유비, 제갈량 등이 이 부류에 속하며, 조조도 빼놓을 수 없는 인물이다.)

2. 머리가 비상하다. (1에 속하는 인물들이 모두 그러하다.)

3. 시대를 이용할 줄 알며, 새로운 시대의 물꼬를 트기도 한다.

4. 보수와 변혁의 입장을 유연하게 바꿔가며 취하고, 굴신을 자유자재로 한다.

5. 과감하며 인생의 목표와 뜻이 확실하다.

6. 사람을 보는 눈이 뛰어나며 인재를 적재적소에 활용할 줄 안다.

이상은 왕도와 패술을 행하는 사람들의 공통점으로, 조조도 이러한 속성을 가지고 있었다. 그러나 조조는 이외에도 다음과 같은 강렬한 개성을 가지고 있었다.

1. 명분을 위해 천자를 옹립하여 제후들을 호령했다.
2. 뛰어난 머리로 사람들을 이용할 줄 알고, 번득이는 꾀를 내 위기에서 벗어났다.
3. 욕망에 충실하고 작은 문제에는 연연하지 않았다.
4. 잔인함과 인정에 약한 면을 동시에 가지고 있었다.
5. 모험을 즐겨 죽을 위기도 여러 번 넘겼고, 지난한 상황에서도 승리를 얻었다.
6. 옳다고 생각하는 일에 대해서는 기존의 가치관을 과감히 무시하며 실행했다.
7. 자신을 따르는 자에게는 발전의 기회를 주되, 거슬리는 자는 냉혹하게 벌했다.
8. 때로는 매우 감성적이며 타인을 잘 이해하는 마음을 가지고 있었다.

이 밖에도 조조는 다양한 특성을 가지고 있었는데, 이렇듯 상반되는 특성들이 혼재한 성격은 조조로 하여금 왕도와 패술을 모두 구사하도록 만들어 '난세의 간웅'이라는 평가를 받게 했다.

삼국시대 중국 북방의 실질적인 통치자였던 조조는 인도적인 정령을 반포한 바 있다. 예를 들어 「수학령(修學令)」, 「억겸병령(抑兼幷令)」,

「예양령(禮讓令)」, 「청시령(淸時令)」, 「정제풍속령(整齊風俗令)」 등이 바로 그것이다. 그러나 삼국 간의 전쟁, 조정 내부의 권력 투쟁은 조조로 하여금 왕도로는 자신의 꿈을 실현하기 힘들다는 생각이 들게 만들었다. 이러한 이유로 인해 허도에 도읍을 정한 후, 특히 적벽대전의 참패를 계기로 조조는 패술로서 북방에서의 패주의 위상을 강화해야 한다는 결심을 하게 되었다. 물론 조조에게 있어 가장 중요한 과제는 관중을 차지하여 통치의 중심으로 삼아야 한다는 것이었다.

그런데 관중을 점령하기 위해서는 왕도와 패술을 병행하여 군사를 일으키는 명분을 얻고, 남방을 정복하여 후환을 없애는 목적을 달성해야 했다.

조조는 북방의 적수인 여포, 원소, 오환, 황건적 등을 제압한 뒤 전략 목표를 남방의 동오와 서촉으로 정했다. 그러나 조조는 적벽대전에서 패한 후 남정이 쉽지 않음을 깨달았다. 또한 남정에 성공해도 관중의 마초(馬楚)와 한수(韓遂)는 만만한 상대가 아니었다.

사실상 조조의 관중을 차지하기 위한 노력은 유표나 손권에 비해 훨씬 치열했다. 그 이유는 건안 초기에 유표는 남쪽 세력들과 전쟁을 벌이느라 정신이 없었고, 어린 나이에 등극한 손권은 정치적 야심이나 포부가 크지 않았기 때문이다. 다시 말해 유표는 조조에게 대처할 방법을 찾지 못했으므로 구체적인 행동을 하지 않았던 것이다. 그러나 관중의 무장들은 유표와는 다른 상황이었다. 그들은 비록 큰 야망을 가지지는 않았지만 무력을 갖춘 데다 당면한 문제들이 없었으므로 행동을 취하는 데 망설임이 없었다. 만약 조조에 대한 악감정이 생기면 동진할 가능성이 높았고, 이는 조조에게 두통거리가 되었다.

그러므로 조조는 여포, 원소, 원술 등과 전쟁을 벌이기 전에는 항상 관중의 사정을 살펴서 안심이 되어야 비로소 군사를 이동시켰다. 실제로 적벽대전 이전에는 관중의 무장들을 자신의 편으로 끌어들이는 포용 정책을 썼다. 그중에서도 조조의 지장인 종요(鍾繇)는 관중의 세력들을 포용하는 중요한 역할을 수행했다. 물론 헌제를 옹립하여 제후들로 하여금 자신의 명령에 복종하도록 한 것이 가장 주효했다.

그럼에도 불구하고 관중의 마초와 한수는 표면상으로만 복종할 뿐이어서 조조는 이에 대한 대책을 강구해야 했다. 따라서 조조는 적벽대전에서 승리하여 북방을 통일하면 마초와 한수를 제거하여 남정에 전력투구할 수 있는 여건을 조성하려 했다.

관중을 차지하기 위해서는 우선적으로 왕도와 패술을 병용해야 했는데, 그 이유는 군사 행동을 취하려면 충분한 명분이 있어야 하기 때문이다. 마등(馬騰), 마초, 한수는 조정으로부터 정식으로 임명된 장수인 데다, 건안 13년에 마등은 가족들을 데리고 허도로 왔으므로 마초만이 관중에서 군대를 지휘하고 있었다. 한수는 건안 14년에 아들을 업성(鄴城)으로 보냈으므로—사실상 거병을 하지 않겠다는 표시로 아들을 인질로 보낸 것이다—이들을 정벌한다면 비난을 면할 수 없었다.

다음으로 중요한 문제는 마초와 한수의 동맹을 깨는 것이었다. 관중의 장수들 가운데 실력으로 쌍벽을 이뤘던 마초와 한수는 한때 사이가 좋지 않았지만 오해를 푼 뒤 돈독한 관계를 유지하고 있었다. 게다가 생존을 위해 공동으로 적과 맞서야 한다는 연대감으로 인해 두 사람은 굳게 단결하고 있었다. 그러므로 그들의 사이를 갈라놓아야 각개 격파가 가능했다.

두 가지 과제를 해결하기 위해 조조는 한수와 각별한 관계를 맺음으로써 마초를 고립시키기로 했다. 조조는 먼저 한수의 환심을 사기 위한 서한을 보냈다. 서한의 요지는 "장군이 과거에 조정에 반기를 들었던 것은 누군가의 강압에 못 이겨 그런 것이라는 사실을 나는 잘 알고 있소이다. 이제는 그대가 하루속히 조정으로 돌아오기를 바랍니다. 우리 같이 한의 황실을 부흥하는 일에 몸을 바칩시다"라는 것이었다. 조조의 목적은 마등에게 그러했던 것처럼 한수를 조정으로 불러들여 자신의 뜻대로 조종하는 데 있었다. 한수는 조조의 요청과 유혹에 갈등을 느끼다가 결국 앞에서 말한 바처럼 아들을 업성으로 보냈다. 사실상 아들을 조조의 인질로 만든 것이다.

상대를 공격할 때는 명분이 있어야 하는데, 그럴듯한 명분을 찾지 못해 부심하는 조조에게 종요가 해답을 제시했다. 그것은 바로 군사 3,000명을 동원하여 한중의 장로(張魯)를 토벌한다는 명목으로 관중에 진입하라는 것이었다. 종요의 의견이 그럴듯하다고 여긴 조조는 순욱에게 위기(衛覬)의 견해를 물어보라고 지시했다.

위기는 관중의 제장들은 원래 천하에 뜻을 둔 무리들이 아니므로 관작을 하사하면 안심할 수 있다고 단언했다. 그러나 만약 대군이 관중에 진입하면서 장로를 토벌하려 한다는 명분을 내세워서는 안 된다고 했다. 왜냐하면 장로는 한중에 있으므로 무장들이 승상이 자신들을 정벌하려는 목적을 가지고 있다고 의심할 것이기 때문이라는 것이다.

조조는 위기의 정확한 분석에 혀를 내둘렀지만, 그가 원하는 것은 바로 제장들이 자신을 의심하는 것이었다. 그것은 대규모 군사가 관중에 들어갔을 때 마초의 대응 여부와는 상관없이 조조에게는 유리한 국면이 되기 때문이다. 마초가 아무런 반응을 하지 않는다면 승상인 자신에게 승복하는 것이고, 그렇게 되면 관중에 적이 없어지는 것이므로 당연히 경사라 할 만했다. 그와 반대로 마초와 그에 동조하는 세력들이 군사 반란을 일으킨다면 진압을 명분 삼아 관중을 차지하여 북방을 완전히 통일할 수도 있는 것이다. 그렇게 되면 후일 남벌을 할 때 북방에서 혹여 반란을 일으킬지도 모르는 가능성이 완전히 배제되는 것이다. 조조의 책략은 일거양득을 노린 완벽한 것이라 할 만했다.

군사적·도의적·심리적 준비가 완벽해지자 건안 16년(211년), 조조는 정식으로 종요에게 군사를 지휘하여 서진하도록 명령했다. 이와 동시에 하후연을 위시한 장수들에게 하동군에서 출발하여 종요와 합류하도록 했다.

마초는 종요가 관중으로 오고 있다는 소식을 듣자 적극적인 대응을 하기로 했다. 한수 역시 아들이 인질로 잡혀 있음에도 불구하고 마초와 손을 잡았다. 그리하여 일시에 각지에서 10개의 군대가 호응하여 10만 대군을 형성한 뒤 밤낮을 가리지 않고 행군하였고 마침내 동관(潼關)에 도착, 조조의 군대가 관중으로 들어오지 못하도록 저지하였다.

7월 들어 조조는 동관의 전선에 도착하여 위남(渭南) 대첩을 지휘했다. 그 결과 패배한 마초는 장로에게 의탁하였다가 다시 유비에게 귀순했다. 한수는 금성(金城, 오늘날의 감숙성 난주 서북부 - 옮긴이)으로 도주하였다가 얼마 후 부장의 손에 죽음을 당했다.

이로써 조조는 관중을 지배하게 되었다.

공자는 "바르게 행동하는 사람이라면 나라를 다스리는 데 무슨 어려움이 있겠는가? 하지만 자신의 행동이 바르지 않다면 다른 사람들에게 올바르게 행동하라 할 수 있겠는가?"라고 했다. 또한 "윗사람의 행동이 정당하면 명령을 내리지 않아도 아랫사람은 각자 맡은 바를 잘해 나간다. 이와는 반대로 행동이 올바르지 않으면 엄명을 내려도 아랫사람들은 복종하지 않는다"고 했다.

조조는 일찍이 엄격한 법에 의거해 군대를 다스리는 법을 연구했다. 그런데 막상 자신이 군을 지휘하게 되자 법과 현실 사이에서 갈등을 빚고 고민을 하게 되었다. 그중에서도 '머리카락을 잘라 참수를 대신한' 고사는 매우 유명하다.

건안 3년(198년) 3월, 조조는 다시 육수(淯水) 동부 지역을 시찰하기로 했다.

이번에는 순욱과 정욱에게 허도를 지키도록 하고 순유(荀攸), 곽가, 조인, 조홍, 우금, 여건, 허저 등을 대동하여 기세등등하게 출발했다.

그때는 바야흐로 보리가 한창 무르익은 시기였지만 농부들은 군대가 지나간다는 소식에 겁이 나서 수확을 하지 않고 숨어버렸다. 조조는 한대 말기부터 계속되는 전쟁으로 인해 군기가 무너져 백성들에게 큰 고통을 주고 있다는 사실에 마음이 무거웠다. 그래서 군대가 출동하면 백성들이 일제히 숨어버린다는 말을 들은 뒤 다음과 같은 명령을 내렸다.

"우리는 천자의 명을 받들어 반역의 무리를 평정하고 백성들의 고통을 덜어주려 한다. 지금은 보리를 수확할 때이지만 부득이하게 군대가 출동을 하게 되었다. 장수와 사졸들이 보리밭을 밟고 지나가면 예외 없이 목을 벨 것이다. 군법이 매우 엄격하니 백성들은 놀라지 말기 바란다."

명령을 들은 병사들은 보리밭을 지나게 되면 반드시 말에서 내려 움직였다. 그런데 명령을 내린 조조는 가벼운 마음으로 황금색 벌판을 말을 타고 감상하며 자신이 내린 명령이 어떤 효과를 볼지 헤아려보았다.

그런데 보리밭에서 갑자기 새가 한 마리 튀어나오자 조조가 탄 말이 놀라 보리밭으로 뛰어들었다. 조조는 황급한 가운데에도 머리를 써서 즉각 주부(主簿, 관의 문서와 장부를 관리하는 관리－옮긴이)를 불러 자신이 법을 어긴 사실을 알렸다.

주부는 난감한 표정으로 "어떻게 군령을 승상(이때 조조는 헌제로부터 승상의 직을 하사받은 상태였다－옮긴이)께 적용하겠습니까?"라고 했다.

"내가 내린 명령을 내가 먼저 지키지 않는다면 어떻게 사람들이 승복을 하겠는가?"

조조는 이렇게 말을 마침과 동시에 자살을 할 듯한 몸짓을 취했다.

곽가는 조조의 속내를 눈치 채고 저지하면서 한마디 했다.

"『춘추』에서도 법은 존귀한 사람에게는 해당되지 않는다고 했습니다. 그런데 어찌하여 대군을 통솔하고 계시는 승상께서 자진을 하신단 말입니까?"

한참을 생각에 잠겼던 조조가 엄숙한 표정으로 입을 열었다.

"그렇다면 처형은 면하되, 머리카락을 잘라 법을 어긴 벌을 대신하기로 하겠다."

조조는 칼을 빼어 머리카락을 잘라 주부에게 주면서 각 군영에 돌려 군사들이 보게 하라는 명령을 내렸다.

보리밭을 밟은 승상을 군령에 따라 참수하지는 않았지만 머리칼을 잘랐다는 사실을 알게 된 군사들은 모골이 송연해지면서 감히 기율을 어길 생각을 하지 않았다.

조조가 자신의 머리카락을 자른 것은 스스로에게 곤형(髡刑)을 가한 것이다. 곤형은 고대에 죄인을 삭발하는 형벌의 일종이다. 봉건사회에서는 신체발부는 부모에게서 물려받은 것으로서 훼손시키는 것 자체가 큰 불효라는 관념을 가졌으므로, 곤형을 당한다는 것은 매우 수치스런 일이었다. 그런데 '법도 존귀한 사람에게는 적용되지 않는다'는 사상이 엄존하는 사회에서 조조의 행동은 충격적이기까지 한 것이었다. 그는 자신이 군대를 다스림에 있어 법을 얼마나 중시하는가를 보여주려 했던 것이다.

한대 말 삼국시대에 자신의 세력을 구축한 인물들은 대부분이 기율을 엄하게 하고 솔선수범하는 자세를 갖췄다. 제갈량이 스스로 벼슬을 낮춘 것이라든가, 강유(姜維)와 사마염(司馬炎)이 자신의 잘못을 인정하고 책임을 진 것 따위가 좋은 예라고 하겠다.

한 사람이 위엄을 갖추는 데 필요한 요소는 많이 있지만, 가장 중요한 것은 원칙이나 기율을 자신이 먼저 지키는 것이다. '인간은 성인이 아니므로 과오를 저지르지 않을 수 없다'고 하지만, 사실 성인도 잘못을 저지를 때가 있다. 제갈량과 같이 완벽하다고 여겨지는 인물도 실수나 과오를 저지르지 않았던가? 관건은 제갈량이나 조조와 같이 자신을 잘 알고, 실수를 인정하는 용기를 갖추는 것이다.

장수의 위신은 스스로를 엄격히 관리함으로써 생겨나는데, 이는 단순한 것 같으면서도 심오한 이치이다. "몸을 바르게 하지 않으면 명령이 통하지 않고, 명령을 따르지 않는 군사들은 변란을 일으킨다"는 말이 있다. 모름지기 천하를 얻으려는 사람이라면 명령 체계가 확고하도록 위신을 갖춰야 하고, 이것이 천하를 움직이는 힘의 원천임을 잊어서는 안 된다.

화근이 될 사람은 미리 뿌리 뽑아라

초한전이 끝난 지 얼마 되지 않아 유방은 전쟁에 지대한 공을 세운 위상국(魏相國) 팽월(彭越)을 양왕(梁王)에 봉해 원래 위나라의 영토와 초나라의 일부 지역을 다스리도록 하고, 도성을 정도(定陶, 오늘날의 산동성 정도-옮긴이)로 정했다. 팽월은 의리와 인정을 중시하고 공신을 위하는 유방의 마음에 몹시 감동했다. 그래서 그는 매년 황제를 배알하러 수도인 장안에 들어왔다.

고조 6년(기원전 201년), 유방이 진현(陳縣)에서 한신을 체포할 때 팽월도 현장에 있었다. 한신의 말로를 본 팽월은 큰 충격을 받았다. 유방이 황제가 되는 데 일등 공신이었던 대장군이 가차 없이 제거되는 마당에 자신의 미래가 어떻게 될지는 명약관화했기 때문이다.

진희(陳豨)가 한을 배반했을 때 유방은 직접 군사를 지휘하여 제압하기로 결심한 뒤 팽월에게 군사를 이끌고 한단(邯鄲)으로 와 합류하라는 명령을 내렸다. 제2의 한신이 될까 두려웠던 팽월은 병을 핑계로 출동하지 않고 약간의 군사와 부하 장수들만을 파견했다. 화가 난 유방은 사절을 정도에 보내 팽월의 잘못을 추궁하고, 다시 직접 한단으로 오라는 명령을 전달했다. 팽월은 어찌할 바를 모르다 황제에게 용서를 구하기로 결심했다. 그러나 부장 호첩(扈輒)은 팽월의 행동에 제동을 걸었다.

"황제가 대왕을 부르셨을 때 거짓으로 병을 핑계대고 가지 않은 것은 엄청난 불경죄를 지으신 겁니다. 이제서야 명령에 따른다면 자진해서 황제가 던진 그물로 들어가는 것이나 마찬가지입니다. 그러니 황제께서 도성 밖에 계시어 관중이 비어 있는 기회를 이용하는 것이 더 나을 것입니다. 다시 말하자면, 대왕께서 군사를 이끌고 장안을 점령한 뒤 천하를 호령하시는 것이 좋을 듯싶습니다."

하지만 팽월은 고개를 저었다. 그는 계속해서 아픈 척하기로 했다. 그런데 그들의 대화를 엿들은 태복(太僕, 왕실의 수레와 말들을 관리하는 벼슬아치 - 옮긴이)이 며칠 후 팽월에게 거슬리는 짓을 하여 죽음을 당할 위기에 처하게 되었다. 태복은 몰래 한단으로 도주하여 유방에게 팽월과 호첩의 대화 내용을 털어놓았다.

유방은 태복을 숨겨준 뒤 팽월을 잡을 방법을 궁리하고 특사 일행에게 예물을 가지고 정도에 가서 팽월의 상태를 살피도록 했다. 예를 갖추기 위해 성 밖으로 나와 영접하는 팽월에게 특사는 황제의 칙서를 내보였다. 칙서는 팽월과 호첩을 함께 낙양으로 압송하여 투옥하라는 것이었다.

팽월을 어떻게 처리해야 할지 고민하던 유방은 한신을 죽인 지 얼마 안 되었는데 또 그를 죽이면 민심이 흉흉해질 것을 걱정하여 호첩은 사형을 시키되 팽월은 사면시키기로 결정했다. 그리고 팽월을 양왕에서 폐하여 평민으로 강등한 뒤 촉군(蜀郡) 청의현(青衣縣, 오늘날의 사천성 아안현雅安縣-옮긴이)에서 근신하도록 했다.

팽월은 황망히 촉군으로 떠나면서 눈물을 흘렸다. 일찍이 유방을 위해 혼신의 힘을 다해 공을 세웠건만 객지에서 죽음을 맞이할 것 같은 예감에 만감이 교차했던 것이다. 그런 와중에 팽월은 정(鄭, 오늘날의 섬서성 화현華縣-옮긴이)에서 장안을 떠나 낙양으로 가던 여후를 만나게 되었다. 팽월은 목숨을 구해 줄 은인을 만났다는 생각에 땅에 엎드려 억울함을 호소하는 한편 고향인 창읍(昌邑, 오늘날의 산동성 금향金鄉현 서부-옮긴이)으로 돌아가게만 해 주면 황제와 황후에게 반드시 보답을 하겠다고 맹세했다.

하지만 예전부터 팽월에 대해 경계하는 마음을 가지고 있던 여후는 그를 잡았다는 소식에 기분이 좋았지만 유방이 옛정을 생각해서 그를 용서해 줄까 걱정이 되던 참이었다. 그래서 그녀는 낙양으로 가서 유방에게 팽월을 제거하도록 설득을 하려던 참이었다. 천만 뜻밖으로 팽월과 마주친 여후는 한껏 부드러운 웃음을 지으며 동정심을 가득 담은 목소리로 의외의 제안을 했다.

"황상께서 그대에게 너무 가혹하신 것 같습니다. 부하가 모반을 했는데 장군까지 벌을 주는 것은 문제가 있지요. 나와 함께 낙양으로 돌아가면 황제께 잘 말해서 그대를 촉군으로 가지 않게 하겠습니다. 또한 계속 양왕의 신분을 유지하도록 조처하겠습니다."

팽월은 의외의 행운에 뛸 듯이 기뻐하며 여후에게 감사의 인사를 연발한 뒤 함께 낙양으로 돌아왔다. 팽월을 쉬도록 한 뒤 잠시 숨을 돌린 여후는 난을 평정하고 돌아온 지 얼마 안 된 유방을 찾아갔다.

"팽월은 예사스런 인물이 아니어서 수중에 넣기가 쉽지 않은데, 잡았으면 그 자리에서 죽였어야지 왜 촉군으로 유배를 보내셨습니까? 그래서 제가 그자를 데리고 왔습니다."

유방은 불쾌함을 숨기지 않으며 소리를 질렀다.

"짐이 결정한 일을 어찌 사사롭게 바꾼단 말이오!"

여후는 조금도 위축되지 않은 채 유방을 설득했다.

"폐하는 마음이 너무 약하십니다. 팽월은 촉군으로 쫓겨나게 된 사실에 앙심을 품고 있는데, 만약 그곳에서 난을 일으킨다면 조정에 얼마나 큰 골칫거리가 되겠습니까. 화근은 미리 뿌리를 뽑아야 안심할 수 있는 법이니 팽월이라는 호랑이를 다시 산으로 돌아가게 해서는 안 됩니다!"

유방은 팽월의 또 다른 죄목을 찾을 수 없으므로 죽일 수가 없다며 망설였다. 그러자 여후는 자신에게 방법이 있다고 호언장담했다.

얼마 후 팽월의 문객이 조정에 들어와 팽월을 고발하는 사건이 일어났다.

"팽월은 체포된 후 가족들에게 비밀리에 군사를 소집하여 낙양으로 쳐들어와 자신을 구출하라고 지시했습니다. 황제와는 세불양립(勢不兩立)이라는 말도 했습니다."

정위는 문객의 말에 따라 팽월 본인뿐만 아니라 그의 3족을 멸하는 벌을 내렸다.

물론 이 고발 사건은 여후가 조작한 것이었다. 유방은 여후가 계획을 털어놓자 '동의'라는 두 글자를 써주면서 특별한 지시를 했다. 즉 팽월의 머리를 베어 효시하였다가 다시 잘게 다져 끓인 다음 각지의 제후들에게 나눠주어 역적의 맛을 보도록 하라는 것이었다.

유방은 또한 다음과 같은 방문을 붙이도록 했다.

"팽월이 억울하게 죽었다고 하는 자는 머리를 벨 것이며, 팽월의 시체를 거두는 자는 참수하여 저잣거리에 매달아두도록 하라!"

함양(咸陽)성은 그 당시 어느 곳과도 비교할 수 없을 만큼 큰 규모와 번성을 구가하던 지역이었다. 진(秦)의 군주들이 7대, 100여 년의 시간을 들여 정성스럽게 건설한 이곳에 입성한 유방은 자신도 모르게 도시의 화려함에 도취되었다. 눈앞에 펼쳐진 화려한 볼거리에 넋이 빠진 듯 구경을 하던 유방은 황제 2세의 침실에 들어갔다. 지금까지 보지 못했던 호화로운 침실에서는 그윽한 냄새가 났고, 병풍 뒤에서는 아름다운 궁녀들이 꿇어앉아 새로운 주인을 맞이했다. 2세의 침대에 앉아보니 마치 구름 위에 떠 있는 듯싶었다. 유방은 흡족한 기분으로 수염을 쓰다듬으면서 눈을 지그시 감고 앞으로 이곳에 머물러야겠다는 생각을 했다.

바로 그때 번쾌(樊噲)가 들어왔다.

번쾌는 패현에서 봉기를 한 이후로 유방의 곁을 떠나지 않으면서 많은 전공을 세웠다. 호탕하고 불같은 성격의 그는 유방이 2세의 궁실에서 오래도록 나오지 않자 따라 들어온 것이었다. 유방이 침대에 드러누워 있는 모습을 본 그는 화가 머리끝까지 뻗쳤다.

"패공(沛公)께서는 천하를 얻으려는 목적이 단지 부자가 되기 위한 것이었습니까?"

유방은 침대에서 번쾌를 쳐다보면서 꼼짝도 하지 않았다. 그러자 번쾌는 가까스로 화를 누르면서 몇 걸음 앞으로 나아가 작고 느린 말투로 유방에게 말을 건넸다.

"진의 황제들이 이런 것들을 탐했기 때문에 천하의 민심이 이반했고, 결국에는 나라가 망했습니다. 패공께서는 무엇보다도 나랏일을 가장 중시하셔서, 빨리 이 궁을 떠나시기 바랍니다."

그런데 유방은 번쾌의 말에 화를 벌컥 냈다.

"전쟁을 하느라 그동안 내가 좀 피곤했다. 여기서 며칠 머문다고 해서 무슨 문제가 있는가!"

유방은 손을 내저으며 번쾌에게 나가도록 명령했다.

그때 번쾌의 뒤에 있던 장량이 급히 앞으로 나왔다.

두 사람의 대화를 전부 들었던 장량은 유방에게 번쾌와 같은 요지로 간청했다.

"패공께서 지금 이곳에 들어올 수 있었던 것은 진의 황제들이 무도하여 백성들에게 버림을 받았기 때문이 아닙니까? 공께서 정의를 신장하고 백성들을 위해 바른 정치를 하시기로 결심하셨으면 소박하고 근검한 생활로 모범을 보이셔야 합니다. 이제 막 관중에 들어왔는데 안락함을 취하려 하신다면 진대의 황제들과 무엇이 다르겠습니까?"

장량은 이 대목에서 잠시 멈추었다가 다시 은근하고 간곡한 어투로 말을 이었다.

"충언은 귀에 거슬리지만 행실에 이롭고, 양약은 입에 쓰지만 병에 좋다는 말이 있습니다. 말은 쉽지만 실제로 행하기는 어렵지요. 지금 6국의 제후들이 군대를 이끌고 함양으로 향하고 있어 천하가 어지럽습니다. 공께서는 한때의 즐거움을 위해 평생 회한이 될 만한 행동을 하셔서는 안 됩니다. 번 장군의 말은 듣기에는 거슬리지만 의미심장합니다. 공께서는 부디 천하를 최우선으로 생각하시어 이 양약을 삼켜주시기 바랍니다."

장량의 말이 채 끝나기도 전에 유방은 침대에서 벌떡 일어나 번개처럼 진의 궁전을 나왔다.

그런데 유방이 궁전에 들어간 이후 휘하의 많은 병사들이 진의 관청과 창고를 약탈하고 있었다. 길거리에서는 갑자기 난리가 난 듯 곡성, 욕설, 싸움 소리 등이 터져나와 아비규환을 이뤘다. 이 모습을 본 유방은 긴급히 명령을 내렸다.

"군사들은 약탈을 멈추고 본영으로 돌아가라. 훔친 재물들은 모두 보고를 하도록 하라."

이와 동시에 진의 관청과 양곡 창고들을 폐쇄하도록 했다. 만의 하나 명령을 어기고 다시 약탈을 하는 사태가 일어나지 않게 유방은 군대를 함양에서 철수하여 패상(覇上, 오늘날의 서안시 동파교진東灞橋鎭-옮긴이)에 주둔하도록 했다.

이어서 유방은 관중의 각 현의 원로와 유력가들을 초대하여 공약을 했다.

"진나라의 법률은 너무 가혹하여 많은 사람들이 고통을 받았습니다. 정치에 대해 이야기를 하면 '조정을 비방했다'는 죄명을 씌우고 멸족을 했습니다. 몇 사람이 모여 담화를 나누어도 사형을 당했으니 어찌 사람이 살 만한 세상이었다고 하겠습니까! 본인은 초회왕(楚懷王)의 부탁으로 여러분들의 고통을 덜어주기 위해 이곳에 왔습니다. 의병이 출발하기 전 회왕은 장수들과 약속을 했습니다. 먼저 관중에 들어가는 사람을 관중왕으로 봉한다는 것이 바로 그것입니다. 내가 먼저 함양에 도착하였으니 당연히 관중을 다스릴 자격이 있습니다. 이제 나는 관중왕의 이름으로 여러분들과 세 가지 약속을 하겠습니다. 즉 살인자는 처형하고, 사람을 다치게 한 자와 절도범은 죄질에 따라 형량을 정할 것입니다. 그리고 진나라의 가혹한 법률은 모두 폐지할 것입니다."

유방의 말에 대부분의 사람들은 안도의 표정을 지었으나 일부는 의심을 떨치지 못했다. 그러자 유방이 보충 설명을 했다.

"진나라에서 관리로 있었던 자들은 모두 유임하도록 하고, 백성들도 모두 본업에 충실하도록 할 것입니다."

유방은 다시 한 번 확약을 했다.

"어르신들은 모쪼록 안심하시기 바랍니다. 우리들은 이곳 백성들에게 절대로 해가 되는 행동을 하지 않을 것입니다. 폭정을 했던 진나라는 이미 무너졌고, 우리 군대는 패상으로 철수할 것입니다. 제후의 군대들이 도착하면 여러분들을 위해 함께 준수할 상세한 규칙을 만들 겁니다."

이것이 바로 역사적으로 유명한 「약법삼장(約法三章)」이다.

유방의 군대가 무관(武關)에 진입하자 관중의 백성들은 제후의 군대들이 보복 살인을 할까 공포에 떨어야 했다. 하지만 유방의 약속으로 비로소 안심하게 되었다.

유방은 백성들에게 자신의 존재를 알리기 위해 부하들을 시켜 진대의 관리들을 대동하여 곳곳을 돌아다니며 진나라의 멸망 원인과 약법을 설명하도록 했다. 백성들은 유방의 도량과 기강이 선 군대의 진면모를 알게 되자 기쁜 마음에 자진해서 양식을 바쳤다. 그러나 유방은 충분한 군량을 확보했다며 극구 사양했다. 백성들은 유방에게 다시 한 번 감탄하며 그가 관중에 오래 머물지 못할까 걱정할 정도가 되었다.

송태조 조광윤

신하와 백성을 감동시키다

일국의 군주는 민심을 얻으면 흥하고, 그렇지 못하면 멸망하게 된다. 맹자의 이론에 의하면 군주가 민심을 얻을 수 있을지의 여부는 먼저 군주가 어진 마음을 가지고 있는지를 파악하면 된다고 한다. '인자애인'(仁者愛人, 어진 자는 사람을 사랑한다-옮긴이)이라는 말처럼 타인을 사랑하면 타인에게 사랑받을 수 있는 것은 당연한 이치이다. 그러므로 맹자는 제선왕(齊宣王)에게 군주와 신하의 관계를 이렇게 설명했다.

"군왕이 신하를 수족과 같이 여기면 신하는 군왕을 복심(腹心)으로 생각합니다. 이와 달리 신하 보기를 개나 말처럼 한다면 신하는 군왕을 일반 백성 보듯 하며, 군왕이 신하를 심지어 티끌처럼 본다면 신하도 군왕을 원수로 여기게 됩니다."

이 구절에서 알 수 있듯이 군주가 어질고 사람의 마음을 얻는 능력을 가지고 있으면 호랑이가 날개를 단 것처럼 엄청난 위력으로 사람들을 자신의 편으로 만들 수 있다. 심지어는 목숨을 바쳐 충성을 다하는 사람도 얻을 수 있다.

중국 역사상 사람의 마음을 잘 얻는 인물은 수도 없이 많다. 대표적인 예가 바로 전국시대의 사군자로 일컬어지는 제의 맹상군(孟嘗君), 위의 신릉군(信陵君), 조의 평원군(平原君), 초의 춘신군(春信君)이다. 그러나 역대 제왕들 가운데에서는 조광윤이 이 방면의 최고수라 할 수 있다.

조광윤은 후주의 공제를 계승한 진교(陳橋)가 일으킨 난을 진압하고 수도로 귀환하면서 군기를 엄격하게 하여 백성들에게 조금도 민폐를 끼치지 않도록 했다. 병란으로 인해 치안이 어지러운 틈을 타 약탈을 자행하는 자들이 있다는 소문을 들은 조광윤은 모두 잡아들여 참수하고, 약탈된 재물을 백성들에게 모두 변상해 주도록 했다. 이러한 조처에 감동한 백성들은 조광윤에 대한 흠모의 정을 느끼지 않을 수 없었다.

천평절도사, 동평장사(同平章事), 시위마보군부도지휘사를 겸임하고 있던 한통은 조광윤과 더불어 막강한 군사 권력을 장악하고 있었을 뿐만 아니라 조광윤에 반대하는 유일한 인물이었다. 한통은 조정에서 조광윤이 귀경하고 있다는 소식을 듣자 급히 정변을 일으킬 준비를 하려고 집으로 돌아갔다. 그러나 집 안에 들어서자마자 뒤따라온 조광윤의 부장 왕언승(王彦升)의 손에 살해되었다. 왕언승으로서는 운 좋게도 적시에 한통을 죽임으로써 조광윤의 숙적을 제거하는 큰 공을 세웠다고 할 수 있었다. 만약 그러지 못했다면 한통은 조광윤에 반대하는 이균, 이중진과 연합하여 제위를 빼앗으려 했을 것이다.

그러나 뜻밖에도 조광윤은 공을 세운 왕언승을 한통을 죽인 죄를 적용하여 참수하도록 했다. 다행히 왕언승은 신하들의 간언으로 인해 죽음을 면했으나 끝까지 중용되지 못했다. 조광윤은 한통에게 중서령의 벼슬을 추서한 뒤 후하게 장례를 치르도록 배려했다. 그로서는 왕언승에게는 큰 빚을 졌지만, 한통의 추종 세력을 흡수할 수 있었으므로 만족스러운 대가를 얻었다고 할 수 있었다. 사실 조광윤은 마음속으로 왕언승을 매우 고맙게 생각했고, 한통에 대해서는 괘씸한 마음을 떨칠 수 없었다. 그래서 조광윤이 개보사(開寶寺)의 벽에 걸려 있는 한통 부자의 초상화를 보자 화를 내며 즉각 떼어내도록 명령했다는 일화가 전해져 오고 있다.

조광윤이 사람의 마음을 얻는 방법이 얼마나 뛰어났는가를 보여주는 또 다른 사례가 있다. 왕전빈(王全斌)이 후촉을 정벌하러 떠나기 직전 변경(汴京)에는 대설이 내리고 날씨도 무척 추웠다. 강무전(講武殿)에서 신하들과 대화를 나누던 조광윤은 갑자기 입고 있던 털옷과 털모자를 벗으며 이렇게 말했다.

"나는 털옷을 입고 있어도 한기가 느껴지는데 서쪽으로 정벌을 나가는 병사들은 어떻게 추위를 견뎌낼지 걱정이 된다."

그러고는 자신이 입었던 털옷과 털모자를 왕전빈에게 전달하도록 했다. 궁인으로부터 하사품을 받아 든 왕전빈은 감격하여 눈물을 흘렸고, 전장에서 결사적으로 싸워 승리를 거두었다.

강남을 정벌하러 나섰을 때 조광윤은 오월의 사자에게 이렇게 말했다.

"강남을 평정한 후 너의 주군 전숙(錢俶)에게 짐을 한번 찾아오라고 하라. 위로를 하고 즉시 돌려보낼 것이다."

개보 9년(976년), 오월왕 전숙은 조광윤을 알현하여 융숭한 대접을 받았으나 포로가 될지도 모른다는 불안감을 감추지 못했다. 그런데 두 달 후 조광윤은 그를 돌려보낼 때 노랑 비단으로 싼 보따리 하나를 주면서 지금은 보지 말고 나중에 길에서 열어보라고 했다. 전숙이 길에서 보따리를 열어보니 그 안에는 군신들이 쓴 자신을 잡아두라는 상소문들로 가득했다. 순간 두려움도 일었지만 조광윤의 어진 마음에 감격하지 않을 수 없었다.

결론적으로 말해, 송 태조 조광윤은 사람의 마음을 얻기 위해 모든 계층을 막론하고 세심한 배려와 노력을 하여 좋은 결과를 얻은 인물이었다.

명 태조 주원장

지연과 혈연 관계를 이용하다

명 태조 주원장은 신분적 위계질서가 확실한 예치 사회를 건설하려
는 야심을 가지고 있었다. 그는 왕조의 무궁한 존속을 위해 엄격한 사
회 질서를 확립함과 동시에 모든 신민이 자신을 신성한 존재로 여겨야
한다는 생각을 가졌다. 그러므로 제위에 등극한 후 군주 전제 체제를
강화하기 위한 모든 노력을 기울였다.

태조는 자신이 빈농 출신이고, 승려였다는 사실을 당당하게 밝혔다.
이는 열등감을 극복하기 위한 강력한 자기 암시가 되기는 했지만, 이
런 노력은 불행히도 성공적이지는 않았다. 황제가 된 직후부터 열등감
에 시달린 그는 심리적 안정을 찾지 못해 극단적인 자격지심과 우월감
사이를 오락가락했다. 그는 항상 지나치게 예민하여 승상과 공신들과
의 관계에 있어, 또한 학자와 문인들을 대할 때 억압과 방어 심리를 떨
치지 못했다.

개국 초 공자의 55대손인 공극견(孔克堅)을 만나는 과정에서 태조의 자격지심은 여실히 드러난다. 태조의 부름을 받은 공극견은 즉시 상경하지 않고 아들인 공희학(孔希學)을 대신 보냈다. 태조는 공극견이 자신의 출신을 얕보고 이런 행동을 했다며 친필 서한을 보냈다. 서한에서 그는 평민으로서 황제가 된 한 고조 유방의 예를 들며 공극견이 꾀병을 부리며 조정에 들어오지 않은 것은 태만하고 무례한 행동이라고 꾸짖었다. 깜짝 놀란 공극견은 급히 상경하여 태조를 알현했다.

비천한 출신으로 인해 생겨난 태조의 의심과 질투심은 모든 사람에게 복수를 하겠다는 심리를 갖게 만들었다. 특히 지식층인 유학자와 문인들에 대한 열등감은 극심했다.

명나라가 원의 대도(大都)를 점령한 직후 한림학사 위소(危素)는 우물에 빠져 자살하려 했지만 뜻을 이루지 못했다. 그 후에 태조는 위소를 한림시강학사에 임명함으로써 표면상으로는 신임의 뜻을 표시했다. 그러나 속으로는 과거에 위소에게 자신을 위해 「황릉비(皇陵碑)」를 쓰도록 했다가 마음에 들지 않아 직접 고쳐 썼던 일을 잊지 않으면서 때가 되면 일흔 살에 가까운 이 박학한 노신을 반드시 손보겠다고 별렀다.

태조는 새로운 왕조인 명에 투항한 유학자들은 원을 배신한 자들이라며 내심 경계를 늦추지 않았다. 이에 반해 원에 대한 충성심을 버리지 않는 유학자들은 새로운 왕조를 무시하고 있으므로 마땅히 치죄를 해야 한다고 생각했다.

광신부(廣信府) 귀계현(貴溪縣)의 유학자 하백계(夏伯啓)가 조카와 함께 명나라에서 관리를 하지 않기 위해 왼쪽 손가락을 잘랐다는 이야기를 들은 태조는 격노하여 그들을 경사로 압송하게 한 뒤 심문을 했다. 심문 과정에서 태조는 그들이 과거에 난을 피해 복건과 강서 경계 지역에 숨어 있었다는 사실을 알게 되었다. 그러한 행동은 자신이 천하를 얻은 것을 비웃는 짓이라며 불같이 화를 낸 태조는 그들을 고향으로 보내 참수하고, 멸족을 하도록 했다.

과거에 금화(金華)에서 태조에게 고전과 역사를 가르쳤던 유학자 대량(戴良)은 태조가 이 지역을 떠나자 도주했다. 명나라가 들어선 뒤 대량은 신분을 숨긴 채 도망을 다니다 결국 붙잡혀 남경으로 압송되었다. 대량은 관직을 수여하려는 태조의 제의를 극구 사양한 뒤 다시 몸을 숨겼다. 그의 행보에 분노한 태조는 체포 즉시 쇄골에 철사를 꿰어 남경으로 끌고 오도록 했다. 76세의 대량은 잔혹한 형벌을 견디지 못하고 세상을 떠났다.

홍무 2년(1369년), 태조는 남경에 새로운 공자 사당을 지으면서 예부 관원과 유학자들에게 공자를 제사할 의례를 정하도록 한 뒤 칙령을 반포했다. 칙령의 요지는 1년에 봄, 가을 두 번 공자의 고향인 곡부(曲阜)에서 제사를 지내므로 지방의 주와 현에서는 제사를 지낼 필요가 없다는 것이었다.

한편 태조는 황제가 당연히 천하의 사무를 전결할 권리가 있다고 생각했지만 유학자들의 생각은 달랐다. 즉 그들은 자신들이 전제 군주의 통치를 옹호하고, 그에 대한 이론을 만들기도 하지만 통치 행위를 감독하고 조정할 의무도 있다는 지론을 편 것이다.

일찍이 맹자는 이 점을 확실히 천명했다. "백성이 가장 귀하고, 그 다음으로 사직이 중요하고, 임금은 가장 가볍다"고 했고, 군주가 신민을 초개같이 여기면 신민은 군주를 원수로 본다는 말도 했다. 태조는 맹자의 시각이 군주에 대한 불경이라며 불쾌해했다. 그래서 태조는 국자학에 모셔놓은 맹자의 위패를 철거하도록 한 뒤 "이자가 지금 살아 있다면 죄를 면하기 힘들 것이다. 대신들이 이에 대해 감히 이의를 제기하면 불경죄를 적용하여 처형하겠다"며 이를 갈았다. 다음 해 비록 맹자의 위패를 다시 복구하기는 했지만 태조는 『맹자』에서 말하는 전제 군주를 경계하는 사상에 대해 응어리를 풀지 않았다.

태조의 문인과 사대부에 대한 편집증적인 의심은 시간이 흐를수록 심해졌다. 자신의 명령에 승복하지 않는 문인과 유학자들에게 대응하기 위해 억압의 강도를 높였을 뿐만 아니라 갖가지 구실을 만들어 사형에 처했다.

명대 초기 문학계의 지도적 인사들은 대부분이 강남 출신이었다. 그래서 태조는 강남의 문인과 사대부들을 잠재적인 위협 세력으로 보았다. 이들을 통제하기 위해 신경을 곤두세우는 한편 때로는 그 영향력을 이용하기도 했지만 시종일관 의혹의 시선을 거두지 않았다.

명나라를 세울 당시 40세의 장년이었던 태조는 군 내부에 있던 유학자들로부터 많은 도움을 받았고, 책을 손에서 놓지 않을 만큼 학문에도 관심을 가졌던 덕에 고전과 역사에 대한 지식이 상당했다. 또한 문장력도 수준급이어서 상소문에 친히 비답(批答)을 할 수 있었다. 그래서 자신의 지식을 바탕으로 현대적 의미의 필화 사건이라고 할 수 있는 '문자옥(文字獄)'을 일으켰다. 문인들을 탄압하고 살육하는 수단이 되었던 문자옥을 통해 태조는 반대파들을 무자비하게 제거함으로써 전제 군주의 위엄을 드높였다.

생래적으로 의심이 많았던 태조는 개국 전 이미 수양아들과 심복들을 검교(檢校)에 임명하여 부하들의 모든 언행을 감시하도록 했다. 개국 후에는 검교의 숫자를 대폭 늘렸고 감시 대상도 조정 신하와 관료들로 확대했다. 홍무 15년(1382년)에는 금의위(錦衣衛)를 설치하여 모든 신하들을 정탐하도록 하면서 사법 기능과 함께 감옥 관리의 권한을 부여했다. 금의위의 관료에 대한 감시가 얼마나 철저했는가를 보여주는 일화들이 있다.

송렴(宋濂)은 전날 집에서 손님과 술을 마셨는데, 다음 날 조정에 들어가자 태조가 손님이 누구이고, 무슨 술과 안주를 대접했냐고 묻는 것이었다. 송렴이 사실대로 대답하자 태조는 "네 말이 모두 사실이구나. 나를 속이지 않는구나"라고 했다.

국자감 제주(祭酒)인 송눌(宋訥)은 집에서 기분이 나빠 얼굴을 찡그리고 있었는데, 다음 날 태조로부터 "어제는 무엇 때문에 화를 냈는가?"라는 질문을 받았다. 경악한 송눌이 국자감의 학생이 찻잔을 깨서 그랬다고 대답한 뒤 용기를 내서 "폐하는 어떻게 제가 화를 냈다는 사실을 아시는 겁니까?"라고 물었다. 그러자 태조는 검교가 그의 화내는 모습을 그린 그림을 보여주었다. 송눌은 황망하게 머리를 조아리며 사죄했다.

기막힐 정도로 치밀한 감시망 속에서 대소 관리들은 전전긍긍할 수밖에 없었고, 매일 살얼음판을 걷는 기분으로 살아야 했다.

사회를 구성하는 것은 인간이므로 사회를 다스린다는 것은 바로 인간을 다스리는 것이나 다름없다. 명 태조 주원장은 인간을 다스리는 방법을 잘 알고 있었으므로, 자신은 천명을 받들어 만민 위에 군림한다고 여러 차례 천명했다.

봉건 국가의 기본 기능은 모든 계층의 백성들을 통제하는 것이다. 명 태조는 백성들이 근심 없이 생업에 종사하면서 나라의 명령에 무조건적으로 복종하는 통치 질서를 구축하겠다는 목표를 가지고 있었다. 이렇게 해야 주씨 왕조가 안정적으로 지속될 수 있다고 생각한 그는 하층 계급 출신답게 민간의 동태에 많은 신경을 썼다.

광대한 영토와 백성들을 효과적으로 통제하고 다스린다는 것은 결코 쉬운 일이 아니므로 태조는 우선적으로 호적 관리에 주력했다. 호적 제도는 조세와 부역을 징수하기 위한 기초 자료이자 백성들을 조종하는 주요한 수단이었다.

명대 초기는 오랜 전란으로 인해 사회 경제적 토대가 와해되고 인구가 대량 감소하였으므로 태조는 관리들에게 원대의 호적을 복원하도록 했다. 하지만 기존의 호적이 대부분 유실되었고, 남아 있는 것들도 유명무실하므로 새로운 호적제도를 만드는 데 착수했다.

명의 건국 이전 영국(寧國) 지부(知府) 진관(陳灌)은 현지에서 호적 조사를 실시했다. 홍무 2년(1369년), 태조는 명대 최초로 호적에 등재되지 않은 백성들은 관에 신고하게 하여 원적을 기준으로 새로운 호적을 만들도록 했다. 만약 사실과 다르게 호적 신고를 하는 자는 치죄를 하도록 했다.

홍무 3년(1370년), 태조는 전국적으로 호첩(戶帖) 제도를 시행하기 위해 인구 조사를 시켰다. 이를 위해 태조는 중서성 대신들에게 "백성은 국가의 근간이므로 고대에는 민사를 담당하는 관리들이 연말에 백성들의 수를 군왕에게 보고하고, 군왕은 이를 내부(內府)에 보관했다. 그러므로 백성들의 숫자를 파악하는 것은 국가가 해야 할 매우 중대한 사업이다"라며 호적제도의 중요성을 강조했다.

명대 초기의 호첩은 민본사상에 기초한 전국적인 호적제도라 할 수 있었다. 호첩제도는 현대의 '인구 주택 조사'와 유사한데, 근대 이후 호적제도의 수립과 관리에 중요한 영향을 미쳤다. 서양의 통계학자들에 의하면 명대의 호첩제도는 세계 최초의 인구 총조사라고 한다.

호첩제도는 고대의 호적제도를 변형한 것으로서, 태조는 순조로운 시행을 위해 관리들이 모든 가구를 직접 방문하여 사실 확인을 하도록 엄명을 내렸다. 만약 조사 대상인 백성들이 사실과 다르거나 숨기는 것이 있으면 처형을 하도록 했다. 심지어 군대를 동원하여 호구 조사를 하도록 했는데, 조사에 응하지 않는 백성들은 군에 징집되도록 했고, 관리들도 직무에 태만하면 참수하도록 했다.

또한 태조는 직업에 따라 호적의 종류를 달리하도록 했다. 군, 민, 장인 등 몇 가지로 나누어 분류했는데, 민적은 호부, 장인의 호적인 장적(匠籍)은 공부, 군적은 병부가 관리했다.

호적제도의 확립은 명대의 부역 징발과 권력 강화에 유리하게 작용했다.

홍무 13년(1381년), 태조는 호첩제도가 어느 정도 정착되었다고 판단하자 이갑(里甲)제도를 실행하도록 명령했다. 이와 동시에 호부 상서 범민(范敏)의 건의를 받아들여 이갑제를 바탕으로 황책(黃冊)제도도 검토하도록 분부했다.

황책제도 ― 부역 황책이라고도 한다 ― 는 호첩제보다 진일보한 형태로서, 매 가구의 인구와 토지 소유 상황을 기록한 것이다. 작성 방법은 관에서 매년 각 가구에 호첩을 나눠주어 가구 현황을 신고하도록 하고, 사실 확인 후 주와 현에서 수합하여 포정사에 올리고, 포정사는 다시 호부에 보고하도록 하는 것이었다. 호부는 전국의 장정과 토지 현황을 책으로 만들어 태조에게 올렸다. 이로써 태조는 궁중에서 통치의 기본이 되는 인구와 자원(토지 ― 옮긴이)을 일목요연하게 파악할 수 있었다.

명대의 부역 징수의 근거로 황책이 있었지만 부자들의 재산 누락 신고와 부역 회피 현상은 여전히 심각했다. 분노한 태조는 홍무 20년(1387년)에 전국의 관청에서 토지를 측량하여 토지책(土地冊)을 만들도록 했다. 토지책에는 토지 주인의 이름을 적고, 면적, 토지 형태, 토질, 경계 등을 표기하며 도면을 작성하도록 했다. 일정 구역의 지적도인 토지책의 모양이 마치 물고기 비늘과 비슷했기 때문에 어린도책(魚鱗圖冊)이라고도 불렸다.

태조가 창설한 이갑제는 사회 기층까지 철저히 관리하기 위한 제도였다. 이장은 생산 독려, 장정 관리, 세금 징수, 주민의 도주 감시, 범죄자 체포, 잡신에 대한 제사, 관청의 물자 공급 등 많은 일을 담당했다. 시간이 흘러 이갑제 실시가 어느 정도 정착된 후에는 마을의 덕망 있는 인물을 '노인(老人)'으로 추대하여 민간의 쟁송을 처리하도록 했다. 또한 노인은 지방 관리들의 부정부패와 뇌물 수수, 백성들에 대한 잔혹 행위 등을 감찰하기도 했다. 태조는 노인에게 법을 위반한 관리를 체포하여 수도로 보내 처벌을 받게 하는 권한을 부여했다. 향촌에서 예치(禮治)를 실현하기 위한 태조의 발상에서 시작된 노인제는 많은 효과를 거두었다.

태조가 생각하는 이상적 사회란 유가의 의례에 의해 다스려지는 질서정연한 사회였다. 즉 백성들이 본업에 충실하면서 법을 준수하게 하여 성리학이 추구하는 이상적인 인간형을 육성하고, 지연과 혈연관계를 이용하여 관과 민간이 혼연일체가 되는 사회를 꿈꿨던 것이다.

태조는 향촌 사회에 대해 예의 회복을 강조하고, 노인제의 활용과 백성들에 대한 교화 작업을 통해 국가적 권위와 법령이 기층 사회에까지 침투하게 만들었다. 그리고 궁극적으로 봉건적 지배 질서를 공고히 했다.

예와 법을 결합한 「대고(大誥)」는 이갑제를 통해 형성된 기층조직에 힘입어 충분히 선전, 전달되어 백성들로 하여금 경각심을 높이는 효과를 거두었다. 이는 궁극적으로 통치 강화에 큰 도움이 되었다.

태조 말년인 홍무 30년(1397년), 그는 모든 향리에서 노인이나 맹인을 뽑아 한 달에 여섯 번 목탁을 들고 마을을 돌아다니면서 '육유(六諭)'를 낭독하라는 명령을 내렸다. 육유는 태조가 백성들을 교화하기 위해 만든 6개조의 교육 칙어로서 효도, 노인에 대한 공경, 향리의 화목, 자손 교육, 각자의 생활에 만족하기, 불순한 행동 금지 등이 그 내용이었다. 육유를 만들고 보급하도록 한 것은 향촌 사회를 교화하려는 태조의 신념을 현실화한 것이라 하겠다.

하층 계급 출신인 태조는 지연과 혈연의 유대감을 이용하여 향촌 사회에 유교적 질서를 건설하려 했고, 이를 통해 백성들의 사상과 행동을 통제하려 했다. 물론 사상 통제의 궁극적인 목표는 왕조 지배를 확고히 하는 것이고, 이 점에서 태조는 큰 성공을 거두었다.

근검절약을 정치의 모토로 삼다

양견은 '근검하면 나라를 얻고, 사치하면 나라를 잃는다'는 역사적 교훈을 잊지 않으면서 수나라를 영원한 제국으로 남게 하기 위해 근검절약하는 기풍을 조성하려고 노력했다.

역사가들은 양견을 극도로 검소한 생활로 일관한 황제라고 평가하고 있다. 양견은 비빈들이 입던 옷을 다시 빨아 입도록 했고, 행차 시의 마차가 낡으면 수리해서 쓰도록 했다. 일상의 음식도 연회가 아니면 고기 반찬을 한 가지만 내도록 했다.

개황 원년(581년) 3월, 문제는 '개와 말, 보고 즐기기 위한 기구나 골동품, 진귀한 음식 등을 헌상하지 못하도록' 하는 칙령을 내렸고 다음 달에는 유희를 금지시켰다. 어떤 관리가 천으로 만든 부대에 마른 생강을 넣어 바치자 낭비라며 꾸짖었다.

종묘에 진향(進香)을 할 때 향을 모직물 주머니에 넣은 것도 사치라며 향을 가져온 관리를 대나무 막대기로 때리는 벌을 주기도 했다. 이는 관리들의 사치를 경고하기 위한 처벌이었던 것이다. 또한 양견은 베나 명주옷을 즐겨 입었고, 화려한 문양의 비단옷은 여간해선 걸치지 않았다. 개황 15년(595년), 상주(相州)자사 두노통(豆盧通)이 주단과 가는 세마를 바치자 양견은 신하들이 보는 앞에서 태워버리게 하여 사치를 배격하는 굳은 의지를 보여주었다.

양견의 절제하는 태도는 여색을 멀리하고 후궁과 왕자들을 엄격히 관리한 데에서도 나타났다.

황제가 된 뒤 양견은 황후 이외의 후궁을 총애한 적이 거의 없었다. 독고황후의 질투가 워낙 심하기도 했지만 양견은 3명까지 둘 수 있는 비(妃)를 두지 않은 채 빈 이하의 후궁만 60명을 두었는데, 이 숫자는 양제의 후궁 120명에 비하면 절반에 불과한 것이었다. 진(晉)의 개국 황제인 무제 사마염(司馬炎)은 만여 명에 가까운 후궁을 두었다고 한다. 결국 독고황후의 투기심은 양견이 황음으로 흐르지 않고, 백성들의 혈세를 낭비하지 않는 효과를 거뒀던 것이다.

개황 11년(591년), 티베트 토곡혼(吐谷渾)의 왕은 양견에게 사신을 보내 미녀를 보낼 터이니 받아달라고 했다. 양견은 거절하며 "짐은 담백한 생활을 하려고 하는데 어찌 여자들을 모아 후궁으로 채우란 말이냐?"라고 했다.

양견은 왕자들에게도 검소한 생활을 하도록 교육시켰는데, 한번은 태자 양용이 촉(蜀, 오늘날의 사천성 - 옮긴이)에서 생산한 갑옷에 꽃무늬를 새겨 넣은 것을 보고 호통을 쳤다. 그러고는 자신이 입는 낡은 옷들을 가져오도록 하여 양용에게 곁에 두고 수시로 보라고 했다. 또한 자신이 예전에 차고 다니던 칼과 양용이 과거에 즐겨 먹었던 장아찌를 주고 과거를 잊지 말라고 당부했다. 그러나 양용은 허장성세와 사치벽을 고치지 못했고, 이는 후일 폐출당하는 원인 중의 하나로 작용했다.

매사에 절약을 강조하는 양견은 백성들의 노동력을 동원하는 것을 못마땅하게 여겼다. 그래서 재위 기간 중 민폐를 끼치지 않도록 하기 위해 불필요한 노동력 징발을 금지시켰다.

개황 9년(589년), 수나라가 진을 멸망시킨 후 조정 대신들은 양견에게 봉선 의식을 거행해야 한다는 상소를 올렸다. 그러나 재정을 낭비하는 봉선 의식을 치를 필요가 없다고 생각한 양견은 대신들의 의견을 묵살했다. 여론이 좋지 않자 그는 칙서를 내렸다.

"장수 1명이 작은 나라를 멸한 것에 불과한데 상제의 보잘것없는 공을 내세워 제사를 지낸다는 것은 온당치 못하다. 앞으로 함부로 봉선을 거론하지 말도록 하라."

양견은 자신의 공덕이 크지 않으므로 봉선을 거행할 수 없다고 했지만, 사실상 검약하는 정치를 행하겠다는 원칙에 어긋나기 때문에 대신들의 주장을 봉쇄한 것이었다. 어떤 의미에서건 봉선을 금한 것은 바람직한 조처였다.

그해 11월, 정주 자사 두노통 등이 다시 봉선 의식을 지내야 한다는 건의를 했지만 양견은 일축했다. 그 후 연주(兗州) 자사 설위(薛胄)가 박사를 태산에 파견하여 유적을 살펴보게 한 뒤 「봉선도(封禪圖)」와 의례를 만들어 양견에게 바치면서 봉선 의식을 행하도록 권했지만 또다시 거절당했다.

개황 14년(594년), 진왕(晉王) 양광(楊廣)이 백관들을 거느리고 봉선을 거행할 것을 주청했다. 양견은 우홍에게 의주(儀註, 국가의 전례 절차를 설명하는 것 - 옮긴이)를 하도록 한 뒤 이번에는 거절할 수 없다는 생각에 태산으로 행차하여 봉선 의식을 거행했다.

양견이 솔선수범하여 검약하는 생활을 하자 시간이 흐르면서 자연스럽게 사치 풍조가 사라졌다. 개황, 인수 연간에 선비들의 평상복은 대부분 삼베로 된 것이었고, 허리나 어깨에 장식하는 띠도 금이나 옥이 아닌 쇠붙이나 동물의 뼈로 바뀌었다. 동진과 서진 이래 귀족과 세력가들 사이에 성행하던 사치와 향락 풍조도 점차 자취를 감추게 되었다.

한편 양견은 정치적으로도 관리들이 청렴함을 유지하도록 관심을 썼다. 고대로부터 전해 오는 "뇌물을 받지 않는 것은 '염(廉)'이요 더럽혀지지 않는 것을 '결(潔)'이라 한다"는 말에서도 알 수 있듯이 염결을 귀히 여기고 부정부패를 경계하는 것은 관리들이 지켜야 할 가장 중요한 수칙이었다. 그래서 양견은 청렴한 관리들에게는 표창, 상사(賞賜), 승급을 해줌으로써 그들이 조정에서 입신양명하고, 관리들의 모범이 되도록 했다.

일례로 치서시어사 유욱(柳彧)이란 인물은 관직이 종5품에 이르렀지만 빈한하여 집이 없었는데, 이 사실을 알게 된 양견은 충직함에 대한 대가라며 관에서 가옥을 지어주도록 했다.

조궤(趙軌)는 개황 초기에 제주(齊州) 별가(別駕)라는 관직을 지낸 청렴한 인물이었다. 어느 날 이웃집의 뽕나무 열매인 오디가 그의 집으로 떨어지자 하인에게 명하여 빨리 주인에게 돌려주도록 한 뒤 아들들에게 자신의 행동을 설명했다.

"나는 이름을 날리기 위해 이렇게 하는 것이 아니다. 내 소유가 아닌 것이 집으로 들어오는 것이 싫기 때문이다."

제주에서 4년을 보내는 동안 조궤가 인사고과에서 매년 1위를 차지하자 양견은 비단과 쌀 300석을 상으로 내렸다. 그가 이임할 때는 사람들이 모두 나와 눈물을 흘리면서 작별을 했고 관리와 술자리를 가질 수 없는 백성들은 섭섭한 마음을 감출 수 없기에 청정수처럼 깨끗한 조궤에게 물 한 잔을 권하기도 했다. 조궤는 그 자리에서 물을 받아 마심으로써 백성들의 성의를 받아들였다. 후에 양견은 조궤를 원주(願州) 총관사마에 임명했다. 조궤는 원주에 부임하러 밤길을 가는 도중에 부하의 말들이 논으로 뛰어들어 농작물을 해치자 조궤는 그대로 자리를 지키게 하였고, 날이 밝자 논 주인을 찾아가 배상을 해 주었다.

유검(柳儉)은 가난을 딛고 관리가 되어 사람들의 존경을 받았다. 수대 초기에 광한(廣漢) 태수에 임명된 유검은 유능한 관리로서 이름을 날렸다. 그 후 봉주(蓬州) 자사에서 공주(邛州) 자사로 승진했는데, 10년의 자사 기간 중 혁혁한 공을 세웠다. 그러나 촉왕(蜀王) 양수(楊秀)가 실세하자 친분이 있던 유검은 관직에서 파면되었다. 고향으로 돌아간 유검은 낡은 마차나 비루먹은 말을 타고 다니고, 가족들이 헐벗고 굶주리는 바람에 보는 사람들은 그의 청렴함에 절로 탄복했다.

조궤와 유검 같은 청렴한 관리들의 출현은 양견이 깨끗한 정치를 추구한 것과 밀접한 관계가 있었다.

그러나 양견이 추구한 이상적인 정치도 한계를 지니고 있었다. 즉 그도 통치 후반기에 이르러 인수궁(仁壽宮)과 12개의 행궁을 짓는 등 사치의 극을 달렸기 때문이다.

개황 13년(593년), 양견은 상서좌복야 양소에게 기주 북쪽에 인수궁(오늘날의 섬서성 인유麟游현 - 옮긴이)을 짓도록 명했다. 양소는 백성들을 징발하여 산을 깎고, 계곡을 만들어 궁전을 지었다. 궁 안에는 높은 전각들이 즐비했는데, 공사가 워낙 힘들어서 피로로 죽는 사람들이 속출하자 구덩이를 파서 시체를 매장했다. 사망자가 1만여 명에 달했으며, 무더운 날씨에 미처 묻지 못한 시체들은 그대로 불태워버렸다. 궁이 완성되자 양견은 상서좌복야 고경에게 시찰을 하도록 명했는데, 고경은 "궁을 짓느라 인명이 많이 희생되었다"는 보고를 했다. 양견은 "양소가 백성들을 죽여가면서 이 궁을 짓는 바람에 세상 사람들이 나에게 원한을 품게 되었다"며 격분했다. 이 말을 전해 들은 양소는 벌을 받게 될까 두려워 독고황후를 찾아갔다.

"지금 천하가 태평한데 궁 하나를 짓는 것이 어찌 대수로운 일이겠습니까?"라며 양소가 자신의 행동을 변명하자 독고황후도 동의했다. 그녀는 양견에게 양소가 잘못이 없다고 했고, 양견도 화를 풀었다. 양견은 황후와 인수궁을 돌아본 후 매우 흡족해하고는 양소가 '충효'를 다했다고 칭찬하면서 100만 전과 비단 3,000필을 하사했다.

개황 18년(598년), 양견은 경사에서 인수궁 사이에 행궁 12개를 건설했다. 하지만 정사를 돌보지 않고 인수궁에서 향락에 몸을 맡긴 기간은 양견의 정치 생애에서 극히 짧은 시간이었다.

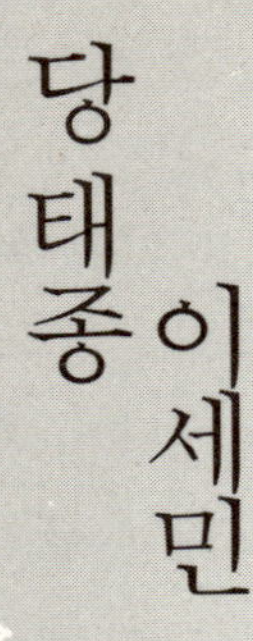

군주와 신하가 좋은 생각을 서로 나누다

당 태종 이세민은, 황제는 독단적으로 통치를 하거나 몇몇 신하의 의견만을 듣는 것에 그치지 말고 모든 신하와 국사를 함께 의논하여 결정해야 한다고 강조했다. 태종의 말을 빌리면 "군주와 신하는 각자 맡은 바를 충실히 이행하되 함께 좋은 생각을 나눔으로써 성공적인 통치를 할 수 있다"는 것이다. 이 같은 생각은 고대의 제왕들에게서 전혀 찾아볼 수 없는 선진적인 것이었다. 그의 통치사상은 군주가 모든 면에서 완벽하지 않다는 인식에서 출발한 것이다. 즉 천하 만기를 한 사람이 독단적으로 처리하면 심히 피곤하면서도 좋은 결과를 얻을 수 없으므로 군주와 신하가 함께 천하를 다스리는 것이 이상적이라는 결론에 도달한 것이다.

태종은 자신을 잘 아는 황제로서 일찍이 위징에게 이렇게 말했다.

"아름다운 옥은 흔히 돌 속에 깊이 감춰져 있어서 잘 연마하고 가공하지 않으면 기와 조각과 다르지 않다. 그러나 정성 들여 돌과 흠을 제거하면 대대로 전해지는 보물이 될 수 있다. 짐은 아름다운 옥이라 할 수 없으니 신하들이 최선을 다해 짐이 아름다운 빛을 발할 수 있게 해주기를 바란다."

또한 왕규(王珪)에게는 다음과 같이 말했다.

"산속의 금광은 그대로는 가치가 없지만, 금을 캐내 잘 제련하면 아름다운 기물이 된다는 사실을 공은 잘 알 것이오. 짐은 아직 제련하지 않은 금이고, 경은 금을 잘 벼리는 장인이라고 말할 수 있소."

태종이 스스로를 돌 속의 옥으로, 신하를 장인으로 비유한 것은 신하들이 결점이 적지 않은 자신을 잘 보좌하기를 희망한다는 속내를 털어놓은 것이었다.

정관 8년(634년), 재상 방현령과 고사렴은 소부감(少府監) 두덕소(竇德素)를 길에서 우연히 만나자 요즘 궁중에서 무엇을 짓고 있냐고 물었다. 이 일을 두덕소의 보고로 알게 된 태종은 방현령과 고사렴에게 너무 너그러웠다는 생각에 궁으로 불러들여 책문을 했다.

"그대들은 조정을 돌보면 되거늘 어찌 궁중의 작은 공사까지도 관여하려고 하는가? 왜 소부감에게 그런 질문을 했는가?"

방현령과 고사렴은 감히 변명을 하지 못하고 사죄를 했다.

이 사건을 알게 된 위징은 가만히 있지 않고 태종에게 자신의 의견을 밝혔다.

"신은 폐하께서 왜 두 사람을 책망하셨는지 모르겠습니다. 또한 방현령과 고사렴이 왜 사과를 해야 했는지도 이해할 수 없습니다. 두 사람은 대신으로서 폐하의 두 팔이자 눈과 귀라 할 수 있는데, 궁중에서 벌이는 공사에 대해 알아서는 안 된단 말입니까? 그들은 재상으로서 공사에 대해 알 필요가 있습니다. 만약 꼭 필요한 공사라면 그들은 폐하를 도와 잘 완공되도록 해야 하겠고, 불필요한 것이라면 폐하께 공사를 그만두도록 상주를 해야 합니다. 이는 군주가 신하를 임용하고, 신하가 군주를 모시는 이유이자 도리입니다. 방현령과 고사렴이 필요한 질문을 했다면 폐하께서는 질책을 하지 않으셨어야 하고, 그들도 사죄를 할 필요가 없는 것 아닙니까? 두 사람이 불필요한 사죄를 했다면 대신의 직분을 잘못 안 것이라 할 수 있습니다."

위징이 지나치리만큼 태종을 몰아세운 데에는 이유가 있었다. 평소 군신이 함께 천하를 다스려야 한다고 강조해 온 태종이 재상들이 마땅히 관여할 만한 일에 대해 관심을 보였는데 질책을 한 것은 원칙에 어긋난다고 보았기 때문이다. 위징의 말에 충분히 수긍을 한 태종은 자신이 늘상 주장했던 사실을 스스로 지키지 않았다는 생각에 속으로 많이 부끄러워했다.

위징은 태종에게 수 양제 시대에 발생했던 한 사건을 이야기했는데, 그 내용은 다음과 같다.

양제로부터 도적들을 잡으라는 명령을 받은 장군 우사징(于士澄)은 조금이라도 의심이 가는 자들은 모두 잡아들였다. 그 수가 무려 2,000여 명에 달했는데, 이들에게 심한 고문을 함으로써 도적이라는 자백을 받아냈고, 양제는 모두 처형하도록 명했다. 그러나 대리승(大理丞) 장원제(張元齊)는 고문으로 인한 자백은 문제가 있다고 판단하여 혐의자 가운데 6,7명을 불러 심문을 했다. 그런데 놀랍게도 그들은 절도 사건이 있던 날 모두 현장에 없었는데도 억울하게 고문을 당하자 고통을 참지 못해 거짓 자백을 했던 것이다. 장원제는 무고하게 희생되는 사람들이 매우 많을 것이라는 생각에 사건을 치밀하게 조사했다. 그 결과 2,000여 명 가운데 9명만이 사건 당일의 행동이 미심쩍으므로 혐의를 둘 만했다. 더욱이 그들 가운데 4명은 관리들도 잘 아는 평범한 백성으로서 절도를 했을 가능성이 전혀 없었다. 그러나 관리들은 이미 내려진 양제의 처형 명령을 거슬러서는 안 된다는 생각에 진상을 상주하지 않고 그대로 혐의자들을 처형했다.

이야기를 듣고 난 태종은 양제의 잘못으로만 돌릴 수는 없다는 생각이 들었다. 왜냐하면 신하들도 직분을 다하지 않은 과오를 범했기 때문이다. 누군가가 죽음을 두려워하지 않고 사실을 간언했다면 그렇게 잔혹한 상황은 벌어지지 않았을 것이다. 그러므로 신하가 '구차한 삶을 택하고', 군주가 '눈과 귀를 닫아버린다면' 천하가 어지러워질 수밖에 없다는 결론을 얻은 태종은 감개무량한 어투로 위징에게 이야기를 들은 소감을 털어놓았다.

"짐은 다행히도 공들의 훌륭한 보좌에 힘입어 오늘날의 업적을 쌓을 수 있었소. 앞으로도 대신들이 지금처럼 전심전력으로 나라를 위해 힘써주기를 바라오."

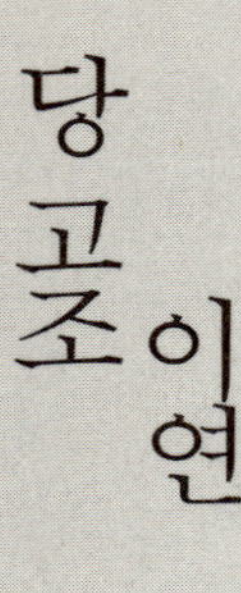

충신에게는 무조건적인 은총을 베풀다

당 고조 이연은 배적과 유문정을 대함에 있어 사뭇 다른 태도를 취했다. 그 이유는 봉건적 황제는 천하를 얻기 위해 모략을 꾸밀 인물과 아첨을 하는 인물을 동시에 원하기 때문이다. 따라서 봉건적 황제는 자신의 뜻을 거스르거나 조금이라도 불경스런 언행을 보이면 아무리 큰 공을 세운 신하라도 가차 없이 죽였다.

포주 상천(蒲州 桑泉, 오늘날의 산서성 임의臨猗 서남쪽—옮긴이) 출신의 배적은 일찍이 조실부모하고 형의 손에 자랐다. 열네 살에 군 주부가 된 그는 이연과 절친한 사이였다. 이연이 태원 유수였을 때 배적은 태원의 진양궁(晋陽宮)을 감독하는 부감(副監)이었으므로 두 사람은 자주 만나서 함께 주색잡기로 시간을 보냈다. 배적은 이연의 비위를 맞추기 위해 심지어는 진양궁의 궁녀들로 하여금 수청을 들게 했다. 발각되면 죽음을 면키 힘든 대죄였지만 배적은 그만큼 이연의 마음을 사로잡기 위한 노력을 했던 것이다.

두 사람의 관계가 워낙 각별했기 때문에 이세민은 태원에서 처음으로 거병을 했을 때 부친인 이연에 앞서 배적에게 먼저 사안들을 보고해야만 했다. 수나라에 대해 반란을 일으킬지 여부를 결정할 때 배적은 적극적으로 거병을 주장하면서 일정 역할을 수행했다. 왜냐하면 그가 보기에 천하가 극도로 혼란스러워 반란 세력들이 봉기하고 있는 상황에서 수의 멸망은 불가피했고, 자신의 생명과 장래를 생각했을 때 새로운 주군을 섬겨야 한다고 생각했기 때문이었다. 그런 의미에서 배적에게 이연은 자신이 모실 주군으로서 가장 이상적인 인물이었다. 따라서 그는 앞날을 완전히 이연 부자에게 걸었다.

태원 거병 초기에 배적은 궁녀 500명, 쌀 수천 석, 비단 5만 단(段), 갑옷 15만 벌 등을 군대에 헌납했다. 이연은 군대가 급히 필요로 하던 물자를 바친 배적에게 말문이 막힐 정도로 감동했다. 배적의 이연에 대한 충성심은 장안에 입성한 후에도 유감없이 표현되었다. 그는 이연이 하루속히 제위에 오르도록 준비를 하느라 밤낮을 가리지 않았다. 그래서 이연은 황제가 된 후 배적에게 "오늘날 나를 여기까지 오게 한 데에는 공의 힘이 매우 컸다"라는 말로 만족감을 표시했다. 배적의 당 황실에 대한 '공훈'은 이연의 비위를 맞추는 것 이외에는 어떤 유익한 것도 없었다.

그러나 이연이 배적에게 베푼 '은총'은 당대 초기의 어느 공신과도 비교할 수 없을 정도로 엄청났다. 장안에 입성한 직후 이연은 논 1,000경(頃), 저택 1채, 기타 물품 등과 함께 위국공(魏國公)의 작위와 식읍

3,000호를 하사했다. 제위에 오른 후에는 배적을 상서성 우복야에 임명했고 하사한 의복과 장신구, 골동품 등은 이루 헤아릴 수 없을 정도였다. 또한 상식봉어(尙食奉御, 황제의 음식을 관리하는 내관－옮긴이)에게 매일 배적한테 궁중 음식을 보내도록 조처했다. 이연은 조정에 나갔을 때 배적에게 얼굴을 맞대고 앉게 했으며 수시로 황제의 침실로 불러 환담을 나누었다.

게다가 이연은 친근감을 표현하기 위해 배적의 이름을 부르지 않고 과거의 관직명인 부감(副監)을 성에 붙여 '배감' 이라 했으며 순행을 나갈 때면 반드시 배적으로 하여금 경사를 지키도록 했다. 당대 초기 개원통보라는 화폐를 발행할 때는 배적에게 마음대로 주조해도 좋다는 특혜를 주기도 했다. 고조는 여섯째 아들인 이원경(李元景)의 아내로 배적의 딸을 선택하였고, 자신의 딸인 임해장(臨海長) 공주를 배적의 아들인 배율사(裴律師)에게 시집보내 겹사돈을 맺었다.

고조가 배적을 그토록 아끼고 중시한 것은 그의 능력이 군계일학이었기 때문이었을까? 배적의 인간됨과 행적으로 보면 대답은 부정적일 수밖에 없다.

무덕 2년(619년), 유무주와 송금강이 태원을 포위 공격하자 배적은 자청해서 군사를 이끌고 대항하겠다고 했다. 고조는 그를 진주도행군총관에 임명하여 군사권을 행사하도록 했다. 그러나 배적은 연전연패하여 하동을 잃었다. 궁지에 몰린 배적은 강제로 백성들을 성안으로 들여보내 가옥과 식량을 불태우도록 하였다. 그 여파로 민심이 어지러워지자 여숭무(呂崇茂)는 농민 봉기를 일으켰다. 배적은 농민 봉기를 진압하려다 다시 패배했다. 그는 송금강의 진공을 방어하지도 못하면서 농민들의 저항을 격화시킴으로써 당의 군대가 유무주와 송금강을 평정하는 데 어려움을 배가시킨 것이다. 사정이 이렇게 되자 고조도 배적을 소환하여 질책했다.

"유무주를 물리칠 만한 전력이 충분했음에도 실패했으니 짐에게 부끄럽지 않느냐?"

그러고는 배적을 투옥시켰으나 얼마 안 있어 감옥에서 나오게 한 뒤 하루빨리 실수를 만회하라고 격려했다.

배적이 군사 면에서 능력이 없다면 정치적 재능은 있었을까? 유감스럽게도 그는 정치적으로도 무능하여 이세민이 즉위한 후 비판을 받았다.

"선대에 관료들의 기강이 해이하고 법질서도 문란한 것은 모두 공의 잘못이다."

정치, 군사적으로 무능한 배적이 태원 거병 시에 별것도 아닌 공을 세워 고조 무덕 연간에 재상까지 지낸 것은 분명히 문제가 있었다. 그럼에도 불구하고 고조의 편애와 두 사람이 의기투합한다는 이유만으로 배적은 분에 넘치는 권력을 향유했던 것이다.

인주(麟州) 자사 위운기(韋雲起)는 배적이 반란을 획책하고 있다고 고발한 적이 있었는데, 고조의 명령으로 조사를 한 결과 증거를 찾을 수 없어 유야무야되었다. 고조는 배적에게 "짐이 천하를 얻게 된 것은 오로지 그대가 나를 옹립했기 때문에 가능했던 것이다. 나는 그대가 딴마음을 가지고 있다고 생각하지 않았으므로 조사를 하도록 했다. 조사 결과 그대의 결백이 밝혀지면 사람들이 그대가 모반을 할 사람이 아니라고 믿을 것이 아닌가!"라고 했다. 이 말에서 알 수 있듯이 고조는 배적에게 아무런 의심도 가지지 않았던 것이다. 한편 배적과 같은 인물이 반란을 일으킬 소지는 없었으므로 위운기가 고발을 한 것은 정쟁의 일환이라고 할 수 있을 것이다.

무덕 6년(623년), 배적은 고향에 내려가 농사나 짓겠다며 사의를 표명했다. 고조는 배적을 떠나보낼 수 없다는 생각에 눈물을 흘리며 극구 만류했다. 그래서 사공(司空)에 책봉하고 500호를 더해 주었으며, 매일 상서원외랑 한 명을 배적의 집에 보내 보살피게 하는 등 더 큰 총애를 보냈다.

배적이 권력에서 배제된 것은 고조가 퇴위하고 이세민이 제위에 오른 뒤였다. 그 이유는 복잡하지만 배적이 진왕 이세민의 파벌이 아니었던 데다 현무문의 난이 일어났을 때 애매한 태도로 적극적으로 지지를 하지 않았던 것이 결정적이었다. 여러 원인이 복합적으로 작용했겠지만, 배적과 유문정의 죽음도 공통점을 가지고 있는데, 고조의 총신들이었던 두 사람이 정관 연간에 추방되고, 유배지에서 죽음을 맞았던 것이 그러하다.

제6장

무력으로 천하를
차지하다

패왕들이 천하를 얻을 수 있었던 비결은 무력을 장악하여 세력을 형성했던 것에 있다. 강력한 군사력은 외부의 적을 물리치는 데 필수였을 뿐만 아니라 패권을 공고히 하는 중요한 수단이었다. 따라서 "말 위에서 천하를 얻는다"라는 말도 생겨난 것이다.

사냥꾼과 사냥견으로 공신의 우위를 정하다

형양성에서 초나라 군사에게 겹겹이 포위당한 유방의 군대는 식량이 다 떨어져 더 이상 버틸 수 없게 되었다. 조급해진 유방은 모사 진평(陳平)에게 대책을 물었지만 뾰족한 수가 없다는 대답만 들었다. 이때 장군 기신(紀信)이 한왕을 뵙고 싶다는 전갈을 보내왔다.

기신은 체격이 한왕과 매우 비슷했다. 그는 "이곳을 지키며 죽음을 기다리는 것은 현명하지 못한 짓입니다. 제가 대왕으로 위장하도록 허락해 주시면 동문으로 초나라 군대를 유인하겠습니다. 그때 대왕께서 서문으로 성을 빠져나간 뒤 지원군을 얻으시면 승리할 수 있습니다"라는 의견을 냈다.

유방이 보기에 기신의 말은 너무 위험해서 승낙할 수 없었다. 그러자 기신이 눈물을 흘리며 간곡하게 설득했다.

"지금 이렇게 하지 않으면 성이 함락당해 모두 죽게 됩니다. 그러면 저의 죽음도 아무런 의미가 없게 되지요. 제가 성을 나가 적을 상대하면 대왕께서는 위기에서 벗어나시게 되고, 군사들도 목숨을 구할 수 있습니다. 그렇게 된다면 저는 뜻있는 죽음을 맞이할 것입니다.”

그래도 유방이 망설이자 기신은 검을 꺼내 들고 자진하려 했다. 곁에 있던 진평이 급히 말리며 “장군의 충의는 실로 존경스럽기 짝이 없습니다”라고 한 뒤 유방을 재촉했다.

“지금은 기신 장군의 방법이 유일한 해결책입니다.”

유방은 눈물을 흘리며 자리에서 일어나 기신의 손을 잡았다.

“장군의 갸륵한 마음이 천지를 감동시킬 것이오. 과인은 장군에게 노모와 처, 아직 어린 자식들이 있다는 것을 알고 있소. 이 순간부터 장군의 모친은 과인의 모친이고, 장군의 부인은 과인의 여동생이고, 장군의 자식은 과인이 책임지고…….”

목이 멘 유방은 말을 잇지 못했다. 진평의 눈자위도 붉게 물들었다.

밤이 깊어지자 진평은 성안의 젊은 여자 2,000명을 집합시켜 한군의 군복을 입히고 병사로 위장시켰다. 기신은 한왕의 옷을 입고 노란 비단을 씌운 마차를 탄 뒤 한왕의 깃발을 들었다. 준비가 끝나자 세 번의 대포 소리가 울렸고, 형양성의 동쪽 문이 열리면서 ‘한왕’의 행렬이 서서히 성을 나왔다. 그리고 성안의 군사들이 일제히 고함을 질렀다.

“식량이 떨어져 한왕께서 투항을 하시려 합니다!”

성의 서쪽, 남쪽, 북쪽을 지키고 있던 초의 군대는 동쪽 문으로 달려와 한왕의 거동을 지켜보았다. 몇 년 동안 계속되는 전쟁을 수행하던 그들은 마침내 승리의 날이 왔다는 생각에 기쁨에 들떠 만세를 외쳤다.

항우도 급히 동문으로 달려왔다. 그는 마차의 차양을 젖히고 '한왕'에게 나오라는 신호를 했다. 그러나 마차 안의 사람은 유방이 아니었다. 마차를 호위하는 군사들도 모두 여자였다. 우롱당했다고 직감한 항우는 화가 뻗쳐 눈에 불을 뿜으며 기신에게 소리를 질렀다.

"한왕은 어디에 있단 말이냐?"

기신은 침착하게 뒤쪽을 가리키며 말했다.

"내가 동문으로 나올 때 한왕은 이미 서쪽 문으로 성을 나갔소."

항우는 더 이상 묻지 않았고, 기신은 눈을 감았다. 항우는 "불을 피워서 저자를 태워 죽여라!"라고 명령했다. 얼마 후 활활 타오르는 불길 속에서 기신의 호방한 웃음소리가 흘러나왔다.

초의 군대는 다시 강공을 퍼부었지만 성안의 한군은 맹렬하게 반격을 했다. 날이 밝자 항우는 피곤에 지친 군사들을 잠시 철수시키도록 명령했다.

한편 유방과 진평은 10여 명의 수행 인원을 데리고 초군이 형양성 동문에 몰려 있는 틈을 타 도망을 쳤다. 유방 일행은 한달음에 성고(成皋)까지 갔다. 성고는 군량을 비축하고 있는 곳이므로 한군의 생명선이나 마찬가지였다. 그렇지만 방어 능력을 갖추지 못했으므로 형양으로 지원군을 보낼 형편이 아니었고, 더군다나 항우가 공격을 한다면 한군은 더 큰 위기에 빠질 수밖에 없었다. 유방은 성고의 수비군을 격려한 뒤 관중으로 가서 지원군을 모았다.

승상 소하의 활약에 힘입어 군대를 조직한 유방은 속히 형양으로 가서 항우와 일전을 겨루려 했다.

그런데 원(袁)씨라는 서생이 유방에게 진언을 했다.

"한과 초가 형양에서 대치한 지 벌써 몇 년이 흘렀습니다. 한군은 항상 열세에 처했는데, 그 이유는 초의 주력군이 모두 그곳에 집중해 있기 때문입니다. 대왕께서는 이번에 무관(武關)으로 남하하시어 완(宛, 오늘날의 하남성 남양南陽 - 옮긴이)과 엽(葉, 오늘날의 하남성 엽현 - 옮긴이) 일대에 갑자기 나타나는 전술을 구사하십시오. 그러면 분명히 항우가 추격해 올 것입니다. 대왕께서는 그곳에서 방어만 하고 전투는 하지 마십시오. 초의 주력군을 남쪽으로 유인하기만 하면 형양과 성고의 한군은 휴식을 취할 수 있습니다. 이와 동시에 한신 장군에게 조나라를 위무하게 하고, 연과 제 등과 연합하여 초군을 압박하도록 한 다음 대왕께서 다시 형양에 가셔서 전투를 지휘하십시오. 그렇게 하면 초의 군대는 안팎으로 공격을 받아 병력이 분산되니 우리 군대는 쉽게 승리를 거둘 수 있습니다."

유방은 이 건의를 채택했다.

형양을 떠나면서 유방은 어사대부 주가(周苛), 종공(樅公), 위표(魏豹)에게 성고를 지키도록 명했다. 세 사람이 힘을 합쳐 성을 지킨 지 며칠이 지났을 때 초의 군대가 성고를 공격해 왔다. 위표가 겁에 질려 어쩔 줄 몰라 하자 주가와 종공은 의논을 했다.

"위표는 원래 변덕이 심하고 책임감이 없는 인물이니 그대로 놔두면 화근이 될 것입니다."

이렇게 결론을 내린 두 사람은 위표를 죽였다. 그러나 성 밖 초군의 총공세에 맞서 두 장군은 전력을 다했지만 중과부적으로 패해 형양성을 빼앗겼다. 그뿐만 아니라 두 사람은 중상을 입고 포로가 되었다.

항우는 주가가 존경스러울 정도로 뛰어난 장군임을 알고 있었으므로 매수를 하기 위해 슬쩍 떠보았다.

"네가 초나라를 위해 헌신한다면 과인은 상장군에 봉하고, 3만 호의 식읍을 내리겠다."

주가는 조금도 흔들리지 않고 호통을 쳤다.

"나는 살아서도 한의 장군이고, 죽어서도 한의 귀신이다. 그런데 어떻게 다른 주군를 섬길 수 있겠는가! 내가 권하노니, 그대야말로 하루라도 빨리 한왕에게 항복하여 목숨을 건지기 바란다. 그렇지 않으면 죽어서도 몸을 땅에 묻을 수 없게 될 것이다."

모욕을 당한 항우는 분노로 인해 얼굴이 터질 듯이 붉어졌다. 그는 큰 솥을 대령하게 하여 물을 가득 채우고 불을 지핀 뒤 주가의 옷을 벗기게 했다. 주가를 가마솥 앞으로 끌고 가 펄펄 끓는 물을 가리키며 항복할 의사가 있냐고 다시 물었지만 대답은 똑같았다. 주가는 얼굴색도 변하지 않은 채 항우에게 욕을 퍼붓고는 끓는 물속에서 죽어갔다. 종공 또한 굴복하지 않고 죽음을 맞이했다.

형양을 잃은 한군은 공(鞏, 오늘날의 하남성 공현 - 옮긴이)과 낙(洛, 오늘날의 하남성 낙양(洛陽)시 - 옮긴이) 일대로 철퇴하여 방어선을 구축했다.

항우는 공과 낙의 한군을 소탕하려고 벼르고 있을 때 유방이 무관을 벗어났다는 소식을 들었다. 몇 번이나 속은 적이 있는 그는 유방이 자신의 오랜 근거지인 팽성을 공격할까 걱정이 되어 공과 낙에 군사들을 배치시켜 한의 군사와 대치하도록 했다. 그리고 자신은 주력군을 이끌고 유방을 찾으러 갔다.

항우는 남양에서 끈질기게 교전을 요구했지만 유방은 미동도 하지 않은 채 성을 나오지 않았다. 몸이 달은 항우가 어찌할 바를 몰라 할 때 팽월의 군대가 휴수를 건너 하비(下邳)를 함락시킨 뒤 대장군 설공(薛公)을 죽이고 팽성으로 진격하고 있다는 소식이 들려왔다. 긴급한 불을 꺼야 하는 항우는 밤새 달려가 팽성에서 팽월을 상대했다.

유방은 제위에 오른 뒤 공신들에게 상을 내릴 준비를 했다.

이에 앞서 한신, 팽월, 영포(英布) 등 유씨 성이 아닌 8명의 공신을 순조롭게 제후왕에 봉했다. 그러나 작위를 결정하는 과정에서 심각한 의견 충돌이 발생했다. 군신들이 서로 공을 다투며 절대 양보하지 않으려 했던 것이다.

유방이 보기에 공로가 가장 큰 인물은 승상 소하였다. 그러나 장군들이 유방의 의견에 이의를 제기했다. 그들의 주장은 대략 이러했다.

"성을 공략하고 영토를 확보하기 위해 우리들은 생명을 걸고 앞장서 적진으로 뛰어들었습니다. 많은 경우는 100여 회, 적어도 수십 번의 전쟁을 치렀습니다. 하지만 승상은 전쟁터에는 얼씬도 않은 채 뒤에 남아 입과 붓이나 움직였습니다. 이러한데 우리에게 상을 내리지 않는다면 너무 불공평하고 말도 안 되는 처사입니다."

유방은 불쾌하기 짝이 없었지만 웃음을 잃지 않은 얼굴로 물었다.

"그대들은 사냥에 대해서 알고 있는가?"

무장들은 사냥이 전공이나 다름없으므로 일제히 "잘 압니다!" 하고 대답했다.

유방이 다시 물었다.

"사냥을 안다고?"

무장들은 다시 이구동성으로 "압니다!"라고 했다.

그러자 유방이 목소리를 높였다.

"사냥을 할 때 사냥감을 쫓아 죽이는 것은 사냥견이다. 그러나 사냥감을 발견하고 사냥견을 움직이는 것은 사냥꾼이다. 그대들을 사냥견이라 한다면 소하는 그대들을 지휘하는 사냥꾼이다. 그런데 그대들의 공로를 소하와 같이 논할 수 있겠는가?"

유방은 정색을 하고 엄숙하게 말을 이었다.

"전시에 그대들은 단신으로 나를 따랐고, 많아 봐야 가족 가운데 2, 3명만을 이끌고 다녔다. 그런데 소하는 자신의 가족과 친척들 중에서 수십 명을 동원하여 전쟁에 나가 싸우게 했다. 사정이 이러한데 그대들이 소하와 감히 비교될 수 있을 것 같으냐?"

무장들은 할 말을 잃었다.

소하는 첫 번째로 찬후(贊侯)에 봉해졌고, 식읍도 다른 공신들에 비해 많았다.

유방은 다시 수십 명을 후에 봉했는데, 이들도 순서에 이의를 제기했다.

무장들은 유방으로부터 호통을 당하자 입을 다물었지만 속으로는 승복하지 않았다. 그들은 조참을 소하와 비교했다.

"평양후(平陽侯) 조참은 자신의 몸은 전혀 돌보지 않은 채 싸움에 몰입하여 70군데가 넘는 칼침을 맞았습니다. 그런 엄청난 공로를 감안하면 마땅히 후의 순위 중 첫째가 되어야 합니다."

유방은 그들의 주장을 반박할 말이 선뜻 떠오르지 않았다. 그 순간 악천추(鄂千秋)란 자가 벌떡 일어나 자못 비장한 자세로 발언을 했다.

"이렇게 설왕설래하는 것은 옳지 않습니다. 조 장군께서 비록 전쟁에서 큰 기여를 했지만 그것은 한 개의 성, 한 치의 땅을 얻기 위한 것이었습니다. 초한전이 5년이나 계속되는 동안 폐하께서는 항상 열세에 처했고, 몇 번이나 군대가 전멸당하기도 했습니다. 그러나 위급한 시기에 승상께서는 때를 놓치지 않으면서 군량을 운반하고, 후방의 군대를 충원하고, 관중을 반석과 같이 안정되게 다스림으로써 폐하께 훌륭한 근거지를 마련해 주셨습니다. 승상이 세운 공은 그야말로 만세에 길이 남을 만한 것입니다. 굳이 비유를 하자면, 조참과 같은 장군이 100명쯤 있다 하더라도 폐하가 천하를 얻는 데 영향을 미치지 못했겠지만, 소 승상과 같이 나라를 위해 헌신한 분이 없었다면 폐하는 아무것도 차지하지 못하셨을 것입니다. 그런데 어찌 조 장군이 세운 한순간의 공과 소 승상의 만년을 빛낼 공을 비교한단 말입니까? 후를 봉함에 있어 소 승상은 당연히 1순위가 되어야 하고, 조 장군께서는 2위가 될 수밖에 없습니다."

유방은 엄지를 내밀며 악천추를 칭찬했다.

"훌륭한 말이다!"

그리하여 소하에게는 열후 가운데 1위가 되는 영광과 함께 신발을 신고 검을 찬 채 궁전에 들 수 있고, 황제를 알현할 때에도 여느 신하들과 달리 종종걸음으로 앞으로 나아가지 않아도 된다는 특별 대우를 허용했다.

또한 유방은 군신들에게 다음과 같은 선포를 했다.

"짐은 우수한 인물을 천거하는 사람에게 후한 상을 내려야 한다는 의견이 있다고 들어 이를 실행할 것이다. 소하의 공로가 묻히지 않고 인정을 받게 된 것은 순전히 악천추의 공평무사한 발언 때문이었다. 그러므로 그에게는 안평후(安平侯)의 작위와 함께 식읍을 2,000호로 늘려줄 것이다."

이후 한 고조 유방은 신하들과 1년여에 걸쳐 논쟁을 벌이는 노고 끝에 장군 가운데 20여 명을 제후에 봉했다. 작위를 받지 못한 자들의 불평불만과 끝없는 설전은 한의 영토 전부를 나눠주어도 모자랄 정도로 격렬했다. 그래서 유방은 이 문제를 당분간 유보하기로 했다.

하루는 낙양의 남궁(南宮)에서 정사를 돌보고 있던 유방의 눈에 장령들이 삼삼오오 풀밭에 모여 머리를 맞대고 수군거리는 모습이 들어왔다. 유방은 궁금한 마음에 장량에게 "장군들이 무슨 이야기를 하고 있는가?"라고 물었다. 장량은 정색을 하며 "저들은 언제 반란을 일으킬지 의논하고 있습니다"라고 했다. 깜짝 놀란 유방이 다시 물었다.

"천하가 안정된 지 얼마 안 되었는데 저들이 왜 반란을 일으키려 하는가?"

"폐하께서는 평민 출신으로서 저들의 힘을 빌려 천하를 얻으셨습니다. 저들이 폐하와 함께했던 이유는 관직과 작위를 얻기 위해서였습니

다. 그런데 이제 황제가 되시자 소하와 조참 등 가까운 인물들만을 총
애하시고, 벌을 받은 사람들은 모두 폐하가 평소에 좋아하지 않았던
자들입니다. 무장들이 자신의 공을 내세울 때 폐하께서는 천하를 다
나눠주어도 부족할 정도라며 비난을 하셨습니다. 그들은 폐하가 자신
들에게 상을 내릴 생각이 없으므로 과거의 잘못들을 들춰내 죽일 것이
라 걱정하고 있습니다. 그래서 모두들 분노하면서도 두려워하다가 모
반을 꾀하고 있는 것입니다."

　사정을 들은 유방은 장량의 손을 붙잡고 좋은 생각이 있으면 말해
달라고 했다.

　"폐하와 군신들이 가장 증오하는 인물은 누구입니까?"

　장량이 물었다.

　"그거야 옹치(雍齒), 그 망할 놈이지!"

　장량은 껄껄 웃으며 이렇게 말했다.

　"폐하께서는 즉시 옹치를 제후에 봉한다는 명령을 내리십시오."

　유방이 이해가 가지 않는다는 표정을 짓자 장량이 그 이유를 간략하
게 설명했다.

　"옹치를 제후에 봉하면 군신들이 안심할 것입니다."

　장량의 말에 뭔가를 깨달은 듯 유방은 즉각 주연을 열어 무장들을
불러들인 뒤 옹치를 십방후(什方侯)에 봉하고, 식읍 2,500호를 하사했
다. 또한 승상과 어사들에게 서둘러 다른 인물들의 공로를 평가하여
상을 내리라는 분부를 했다. 옹치는 유방의 분에 넘치는 총애에 감격
하여 더욱 충성을 다했다. 예상대로 다른 장수들도 안심을 했다. 그들

은 "옹치 같은 자도 후작에 봉해졌는데 우리가 걱정할 것이 뭐가 있겠는가?"라는 말을 할 정도가 된 것이다.

장량은 유방에게 진실된 간언을 많이 했을 뿐 아니라, 명리에도 초연한 듯 행동했다.

유방은 장량의 공로가 매우 컸다는 사실을 알고 있었으므로 가장 부유한 지역인 제나라에서 3만 호를 식읍으로 삼도록 배려했다. 그러나 장량은 단호하게 사양했다.

"신이 과거 유현(留縣)에서 폐하를 만나게 된 것은 하늘의 뜻입니다. 저에게 유현을 상으로 주신다면 무한한 영광으로 여기며 기념으로 삼겠습니다. 어찌 감히 제국의 3만 호를 식읍으로 바라겠습니까!"

몇 번이고 권고와 사양을 거듭한 끝에 유방은 장량의 진심을 읽고는 '유후(留侯)'라는 작위를 내리는 선에서 상을 대신했다.

유방은 진평이 여러 번 기발한 계략을 내세워 승전을 이끌어냈던 공로를 참작하여 호편후(戶牖侯)에 봉하려 했다. 그러나 진평은 작위를 고사했다.

"신은 보잘것없는 공을 세웠고 덕도 부족합니다. 위무지(魏無知)의 천거를 받지 못했다면 신이 어떻게 폐하를 모실 수 있었겠습니까!"

감동한 유방은 "그대는 공을 세우고도 겸양의 미덕을 발휘하고, 천거를 해 주었던 사람을 잊지 않고 언급할 줄 아는, 그야말로 근본을 잊지 않는 사람이다!"라고 격찬을 했다.

그래서 유방은 위무지에게도 후한 상을 내렸다.

특권층의 반발을 물리치고 개혁을 단행하다

수나라가 진(陳)을 멸망시킨 뒤 채 2년이 되지 않은 개황 10년(590년) 11월, 진나라의 영토에서 호족, 지주, 진나라의 전직 관리들, 장수 등이 연합하여 반란을 일으켰다. 양견은 국가의 통일을 유지해야 한다는 신념으로 신속하게 난을 진압했다. 이 사건은 수 왕조가 강남을 통일하는 과정에서 일어난 것이었다.

강남 지역은 위진남북조시대 동안 발전을 거듭하여 경제와 문화 수준이 타 지역에 비해 월등히 높았다. 오랜 세월 동안 부를 축적한 강남의 명문가들은 유력한 지방 세력으로 군림했고, 각지의 호족들은 양나라 말기와 진나라 초기 군사를 일으켜 지방 정권과 같이 권력을 휘둘렀다.

그런데 진나라가 멸망하고 수의 통치가 본격적으로 궤도에 오르자 호족들은 불만을 가지게 되었다. 수 왕조 역시 강남에서 정치와 경제를 개혁하여 통일 국가로서의 체제를 완성하려 했으므로 양자 간의 갈등은 극에 달했다.

그렇다면 수가 강남을 통일하게 됨으로써 호족과 지주들은 어떤 불이익을 당하게 되었을까?

첫째, 양견은 진나라를 멸한 뒤 정치적으로 강남을 완전히 통제하기 위해 진나라 시대의 지방 관리들을 파면하고 새로운 관리들을 임명했다.

둘째, 경제적으로 강남 호족과 지주들의 특권을 박탈하기 위해 산동에서 했던 것처럼 대대적으로 토지 보유 현황을 조사했다.

셋째, 양견은 즉위 후 "짐은 효를 통치의 근본으로 삼았지만 부족한 면이 있으므로 오교(五敎, 유교의 오륜을 뜻한다 - 옮긴이)로 보완하겠다"라고 선포했고, 백성들에게 오교를 암송하도록 했다.

넷째, 세족들에게 타격을 가하기 위해 인재 선발 제도와 형법상의 특권 등을 폐지했다.

이러한 조치들은 당연히 호족과 지주들의 불만을 사게 되었다.

결론적으로 말해 양견의 강남 지역에 대한 개혁은 새로운 왕조의 기반을 다지기 위한 필요성에서 비롯된 것이었다. 개혁 과정에서 조급함으로 인한 시행착오나 과도한 면이 드러나기도 했지만 정당성을 훼손할 정도는 아니었다. 그러므로 특권을 잃게 된 귀족과 지주, 진나라의 전직 관리들 등은 수에 대한 저항을 계속했고, 이는 국가적 통일을 저해하는 행동이 될 수밖에 없었다.

그런데 양견은 특권층의 격렬한 반대와 저항에도 전혀 동요하지 않고 개혁을 진행해 나갔다. 그는 양소를 행군총관에 임명하여 반란을 평정하도록 했다. 양소는 지와 용을 겸비한 인물로서 진나라를 정복하는 과정에서 눈부신 활약을 한 바 있었다.

장강 하류 지역을 근거지로 하는 반란의 주동자인 주막문(朱莫問)은 막강한 전력을 바탕으로 경구(京口, 오늘날의 강소성 진강鎭江 - 옮긴이)를 점령한 뒤 자칭 남서주(南徐州) 자사로서 양소의 군대를 물리치겠다고 허세를 부렸다. 그렇지만 주막문의 군대는 양소가 수군을 이끌고 양자진(楊子津, 오늘날의 강소성 의정儀征현 남쪽 - 옮긴이)에서 장강으로 진입하여 총공세를 펼치자 맥없이 무너졌다.

그가 두 번째로 상대한 반란군은 진릉(晋陵, 오늘날의 강소성 상주 - 옮긴이)에 근거지를 둔 고세흥(顧世興)의 군대였다. 자칭 태수로 행세하던 고세흥은 포천(鮑變) 등과 함께 양소의 대군을 저지하려 했지만 역부족이었다. 양소는 포천은 생포하고, 3,000명 이상의 반란군을 포로로 잡은 뒤 무석(無錫)으로 진군하여 엽략(葉略)이 이끄는 반란군도 순식간에 진압했다.

한편 소주 자사 황보업(皇甫業)은 반란군에게 성을 포위당하자 중과부적이라며 지원을 요청했다. 양소의 군대가 소주로 달려가자 반란군의 수뇌인 심립회(沈立檜)는 도망을 쳐서 남쪽의 육맹손(陸孟孫)에게 몸을 맡겼다. 양소는 적군에게 숨 쉴 틈을 주지 않기 위해 송강(松江)으로 이동하여 육맹손과 심립회를 생포하는 개가를 올렸다. 인근의 반란 세력들도 양소의 군대가 출동했다는 소식을 듣고 수비를 강화했지만 모두 진압되었다.

이로써 양견은 100여 회에 걸친 반란군 토벌 전투에서 모두 승리를 거두었다.

양견은 기본적으로 강남 지역, 즉 강소와 절강의 반란 세력을 완전히 소탕했다고 생각했지만 양소의 생각은 달랐다. 그는 아직 적을 섬멸한 것이 아니니, 후환이 두렵다며 몇 차례에 걸쳐 군사를 요구했다. 그러자 양견은 양소에게 다시 남벌을 하도록 했다.

행군총관 양소를 보좌하여 강남을 정벌한 대장은 사만세(史萬歲)였다. 그는 동양(東陽, 오늘날의 절강성 금화 - 옮긴이)에서 양소의 주력군 중 일부를 이끌고 산간 지역으로 들어가 반란군의 잔여 세력을 소탕했다. 이 작업은 매우 힘든 것이었다.

사만세는 2,000명의 군사를 통솔하여 동양에서 출발, 산을 넘고 물을 건너는 행군을 계속해 동굴 속에 숨어 있던 반란군을 모두 색출했는데, 그 수는 일일이 헤아릴 수 없을 정도로 많았다. 총 700여 차례의 싸움을 하는 동안 1,000리 이상을 행군했고, 100일 이상 연락이 두절되는 상황도 벌어지자 양소는 사만세가 이미 전사했다고 여겼을 정도였다.

사만세가 양소에게 보고를 할 수 없었던 이유는 수륙 교통이 단절되어 외부에 소식을 전할 방법이 없었기 때문이었다. 그러자 사만세는 서신을 대나무 통에 담아 물에 띄워 보내는 방법을 생각해 냈다. 다행스럽게도 그중 한 개의 대나무 통이 양소의 사병에 의해 발견되었다. 양소는 편지를 보고 뛸 듯이 기뻐하며 양견에게 보고를 했고, 양견은 사만세에게 후한 상을 하사했다.

강남 지역은 빠르게 안정을 찾았고, 양소는 개선군을 이끌고 귀환했다. 양견은 좌령군장군 독고타(獨孤陀)를 준의(浚儀, 오늘날의 하남성 개봉 – 옮긴이)까지 보내 영접하도록 했다. 수도로 돌아온 양소는 당연히 양견으로부터 많은 상을 받았다.

강남에서의 반란과 이에 대처하는 수의 방식, 강남 지역에 대한 정책은 지금도 별다른 이론의 여지가 없이 적절한 것으로 평가받고 있다.

한편 양견은 천하를 통일하고 나자 강남에 대한 개혁과는 상관없이 인사 정책에서도 변화를 일으켜야 한다는 원칙에 충실했다. 그래서 북방의 인재만을 중요시 여기던 한계를 극복하고 강남 지역의 인재를 발굴, 등용하는 데에 주력했다. 하지만 양견의 관중 지역에 대한 애착은 평생 변하지 않았으므로 강남 출신의 인물을 신뢰하는 경우는 거의 없었다.

공신들을 공정하게 우대하다

역사적으로 개국 군주들은 공신들에 대한 대우 문제로 골치를 썩었다. 적절하게 처리하지 못하고 잔혹하게 살해하는 경우도 많았으며, 공신들에 대한 의심으로 서로 관계가 소원해져 비난을 받기도 했다. 그러나 당 태종은 공신들을 잘 대우하여 끝까지 좋은 관계를 유지했다. 그는 공신들을 정치적으로나 물질적으로 우대했고, 외침을 받았을 때 전쟁에 내보내거나 국가를 위해 공헌하도록 기회를 주곤 했다.

태종은 자신과 친밀한 정도를 따지지 않고 공신들을 공평하게 대했다. 즉위한 지 얼마 안 된 무덕 9년(626년) 9월, 태종은 진숙달에게 공신들에 대한 봉작과 식읍의 내용을 발표하도록 하고, 이의가 있는 자는 그 자리에서 질의하도록 했다. 그러자 회안왕(淮安王) 이신통(李神通)이 처음으로 이의를 제기했다.

"신은 관중 서부에서 제일 먼저 거병을 하여 민중들로부터 호응을 얻었습니다. 이에 비해 방현령이나 두여회 등은 글 솜씨나 뽐내던 인물들로 아무런 군공을 세운 바가 없는데도 공신의 앞자리에 올랐으니 신은 승복할 수 없습니다."

이신통의 말에 동조할 수 없는 태종은 반박을 했다.

"숙부께서는 의병을 일으켰던 초기에 세력을 형성했지만 주로 한 일은 수 왕조 관리들의 공격을 막는 것이었습니다. 두건덕이 하북 지역을 종횡무진할 때 숙부는 연전연패하여 많은 군사를 잃었습니다. 또한 유혹달이 반란을 일으켰을 당시에 숙부는 도망을 쳤습니다. 그렇지만 방현령 등은 앞날에 대한 설계를 했고, 사직을 안정시키는 일을 했으니 공을 따져보면 당연히 숙부보다 우선순위가 될 수밖에 없습니다. 숙부께서 황실의 종친으로서 황실에 대한 관심과 애정을 가지고 있음을 제가 어찌 모르겠습니까? 그렇지만 사사로운 정에 얽매여서 상을 남발할 수는 없습니다."

태종의 반론은 도저히 트집 잡을 여지가 없이 이성적인 것이었다. 제장들은 태종의 말을 듣고 의논을 한 뒤 결론을 내렸다.

"폐하께서는 공정하게 일을 처리하고 계십니다. 회안왕에게도 사적인 감정을 배제한 채 논공행상을 하는데 우리들이 어찌 감히 왈가왈부할 수 있겠습니까!"

이렇게 해서 제장들은 태종의 조치에 일제히 승복했다.

그런데 방현령은 태종이 진왕이었을 때부터 충성을 다했지만 승관을 하지 못한 자들의 원성이 대단하다는 여론을 전했다. 그가 보기에 오랜 세월 태종를 위해 일한 사람들이 오히려 동궁과 제왕부에 있었던 자들보다 관직에서 밀린 것은 문제의 소지가 많았다. 하지만 태종은 황제는 모름지기 사적인 이해관계나 감정을 떨쳐버리고 일을 처리해야 모든 사람들이 마음으로부터 승복을 한다고 믿었다. 그는 신하들을 이해시키고자 다음과 같이 말했다.

"짐과 공경들의 의식주는 모두 백성들로부터 나온 것이다. 그러므로 백성들이 안심하고 살 수 있도록 어질고 현명한 관리들을 발탁하여 임명해야 하는데, 어찌 관리들의 경력을 기준으로 관직의 고하를 결정하겠는가. 만약 새로운 인물이 현명하고, 구관리가 능력이 부족하다면 과연 옛 관리를 등용해야 하겠는가?"

태종은 공을 내세우며 거만을 떠는 대신들에 대해 의심을 하거나 압력을 행사하지는 않았다. 그 대신 호의적인 태도로 대하면서 잘 설득하여 갈등이 심화되지 않도록 했다.

가벼운 죄를 지은 공신들에 대해서는 처벌을 하는 대신 스스로 잘못을 깨닫도록 계도했다. 우효위(右驍衛)대장군 장손순덕(長孫順德)이 뇌물을 받은 사실이 발각되었을 때 태종은 매우 유감스럽게 생각하면서도 그의 공로를 감안하여 벌을 내리지 않기로 결심했다. 그래서 장손순덕을 불러들여 비단 수십 필을 하사했다. 대리소경 호연(胡演)이 이해를 하지 못하자 태종이 설명해 주었다.

"장손순덕이 조금이라도 자존심이 있다면 비단을 얻기보다는 형벌을 자청할 것이다. 만약 자신의 행동을 부끄럽게 생각하지 않는다면 금수와 다름없으니 죽인다 한들 무슨 이득이 있겠느냐?"

정관 3년(629년), 태종은 방현령과 왕규에게 중앙과 지방의 관리들을 평가하라는 임무를 맡겼다. 그런데 어사 권만기(權萬紀)는 두 사람의 인사고과가 불공평하다는 상소를 올렸다. 태종은 즉시 후군집(侯君集)에게 진상을 조사하도록 명했다. 위징은 태종의 처사에 대해 간언을 했다.

"방현령과 왕규는 조정의 중신으로서 폐하께서는 그들의 충직함을 높이 사서 중임을 맡기셨습니다. 그렇지만 평가해야 할 관리들이 너무 많으므로 한두 사람은 부당한 평가를 면할 수 없었을 것입니다. 만약 조사를 해서 문제가 있다면 방현령과 왕규를 다시는 중용하지 않으면 될 것입니다. 권만기는 예전에는 관리들의 감찰에 대해 아무런 이의를 제기하지 않았다가 본인에 대한 평가가 나오자 불만을 품고 상소를 올렸습니다. 그는 폐하를 격노하게 하려는 의도로 상소를 올린 것이지 나라를 위해 그런 것이 아닙니다. 만약 조사 결과 권만기의 말이 사실이라면 조정에 이로울 것이 하나도 없고, 거짓이라면 군신 간의 신뢰를 잃게 될 것입니다. 제가 보기에 이 사건은 잘못하면 나라에 불이익을 끼칠 것이고, 파장도 클 것입니다. 저는 결코 두 대신을 비호하기 위해 간언을 하는 것이 아닙니다."

위징의 간언이 조금도 그르지 않다고 여긴 태종은 조사를 하라고 했던 명령을 철회한 뒤 다시는 거론하지 않았다.

태종이 신속하게 명령을 번복한 것은 위징의 견해와 자신의 공신들에 대한 일관된 입장이 일치했기 때문이다. 성격이 다혈질이기는 하지만 냉정한 면을 가지고 있던 태종은 위징의 지적이 없었더라도 화가 풀리면 부당한 결정은 스스로 번복했을 것이다.

정관 17년(643년), 모반죄로 체포된 이부상서 후군집이 모반의 증거가 확실하여 처형당하는 사건이 일어났다. 과거 토곡혼과 고창을 멸망시키는 공로를 세웠던 데 대해 자부심이 컸던 후군집은 자신이 방현령과 이정보다 밀리자 불만이 컸다. 그래서 태자 이승건(李承乾)을 부추겨서 제위를 빼앗도록 했다가 음모가 발각되자 사형된 것이다. 후군집의 죽음은 태종이 구실을 만들어 공신을 죽인 것이 아니라 죄상이 뚜렷했기 때문이었다.

후군집을 죽이기 전 태종은 그가 대역죄를 지었지만 처형까지 할 생각은 아니었다. 그래서 군신들에게 "후군집은 공을 세운 바 있는데 죽음은 면하게 하는 것이 어떻겠는가?"라고 물었다. 그러나 군신들이 일제히 반대를 했으므로 태종은 눈물을 글썽거리면서 후군집과 마지막으로 대면했다. 하지만 그의 처자식에 대해서는 아무런 처벌을 하지 않았다.

당의 법률은 모반죄를 지은 자의 가족은 모두 죽이도록 규정했으므로 태종이 후군집의 가족을 살려준 것은 최대한의 인정을 보여준 것이라 하겠다. 더욱이 그의 너그러운 처사는 자신이 인의가 있는 인물이라는 평가를 받기 위해서가 아니라, 진심에서 우러난 것이었다. 사건이 터지기 전 종실인 이도종(李道宗)이 태종에게 후군집을 경계하라는 권고를 했을 때 태종은 "근거도 없이 사람을 의심하지 말라"고 호통을 친 일이 있었다. 이 사실에서 알 수 있듯이 태종의 후군집에 대한 신임은 변함이 없었던 것이다.

당 태종이 즉위하기 전 고조는 국력이 충분하지 못하다는 이유로 돌궐을 평정하는 대신 화친 정책을 폈다. 현무문 정변으로 태종이 집정을 한 뒤에도 돌궐은 비단과 여자들을 얻기 위해 계속해서 변경 지역에 출몰하였다. 그리하여 변방 문제는 태종에게 있어 최우선적으로 해결해야 할 과제가 되었다.

무덕 9년(626년) 8월, 태종이 즉위한 지 얼마 되지 않았을 때 동돌궐의 힐리 칸과 돌리 칸이 10만여 명의 기병 부대를 이끌고 무공(武功, 오늘날의 섬서성 무공 서부 지역 - 옮긴이)을 침입하는 일이 벌어졌다. 이어서 고릉(高陵, 오늘날의 섬서성 고릉 - 옮긴이)을 공격하자 태종은 위지경덕을 파견하여 경양(涇陽, 오늘날의 섬서성 경양 - 옮긴이)에서 적군 1,000여 명을 죽이는 승리를 거두었다. 하지만 돌궐은 막강한 병력을 소유했으므로 작은 패배에 개의치 않고 위수 이북까지 돌진했다.

힐리 칸은 측근인 집실사력을 장안에 보내 태종을 만나 당 조정의 실정을 염탐하고, 위협도 가하도록 했다. 집실사력은 태종에게 "힐리와 돌리 두 칸께서 100만 병력으로 이미 장안 근처까지 오셨다"고 협박을 했다. 태종은 "나는 너희 칸들과 일찍이 화친 관계를 맺어 수많은 비단을 주었다. 칸들이 약속을 어기고 내 영토 깊숙이 무력 침입을 했으니 나에게 부끄럽지도 않단 말이냐? 너희들이 오랑캐이기는 하지만 사람이라면 어찌 큰 은혜를 잊고 무력을 과시한단 말이냐? 오늘 먼저 너의 목을 벤 다음 다시 그들과 대화를 할 것이다!" 라고 대응했다.

집실사력은 겁에 질려 용서를 구했지만 태종은 그를 문하성에 가두도록 했다. 소우(蕭瑀)와 봉덕이(封德彝)는 집실사력을 예로 대해 돌려보

넬 것을 호소했다. 그러나 태종은 만약 집실사력을 돌려보내면 돌궐이
생각하길 자신이 겁나서 그런 것이라며 더욱 대담하게 나올 거라고 말
했다. 게다가 각 주의 군대들이 아직 장안에 도착하지 않았으므로 장
안에서 군에 차출할 민간인은 그 수가 많지 않은 위태로운 상황이었
다. 그러므로 만약 집실사력을 그대로 놔주면 돌궐은 장안이 비어 있
다고 판단하여 공격을 할 것이 분명했으므로 태종은 강경한 입장을 고
수할 수밖에 없었다. 이것은 중요한 순간에는 반드시 심사숙고하는 태
종의 면모가 그대로 나타난 것이라 하겠다.

태종은 집실사력을 억류시킨 다음 현무문을 나와 위수 변교(便橋)로
가서 강을 사이에 두고 힐리와 대화를 하려고 했다. 소우는 태종이 적을
얕보고 있다는 생각에 가지 못하도록 저지했지만 태종은 듣지 않았다.

"이미 많은 생각을 하고 결정한 것이다. 돌궐이 감히 우리 영토를 침
입하여 장안 근교까지 밀고 들어온 것은 우리가 내환(현무문 정변을 뜻한
다 - 옮긴이)을 겪고, 내가 즉위한 지 얼마 되지 않아서 저항하지 못할 것
이라 오판한 것이다. 우리가 약한 모습으로 방어에만 몰두한다면 돌궐
의 군사들이 대량으로 약탈을 자행할 것이다. 그러면 앞으로 더욱 그
들을 막아내기 힘들다. 돌궐이 우리의 국경을 넘어왔지만 분명히 두려
움에 싸워서 이기기보다는 화친을 원할 것이다. 그러므로 오늘 돌궐을
완전히 굴복켜야만 한다."

이날 힐리가 사신을 보내 화친을 청하자 태종은 동의한 뒤 환궁했다.

한편 태종은 이정(李靖)의 건의를 받아들여 각 주의 군대들을 장안으
로 소집하여 돌궐을 막을 준비를 하고, 다른 한편으로는 이정과 장손

무기를 신속히 빈주(豳州, 오늘날의 섬서성 빈彬현 – 옮긴이)에 보내 돌궐의 퇴로를 차단하도록 했다.

돌궐이 돌아간 후 태종은 자신이 화친을 청하는 약한 모습을 보인 데 대한 설명을 했다.

"내가 보기에 돌궐은 군대의 규모는 크지만 기율이 서지 않았고, 군신들의 속셈도 재물을 얻어가는 데에 있었다. 화친을 청할 때 칸은 혼자 위하 서쪽에 있었고 신하들은 모두 나를 알현하러 왔다. 내가 만약 그들을 모두 포로로 잡고 무력 공격을 했다면 대승을 거뒀을 것이다. 또한 손무기와 이정이 빈주에 매복하고 있다가 돌궐이 돌아갈 때 길을 막고 공격했더라도 승리를 거두었을 것이다. 그럼에도 불구하고 전쟁을 하지 않은 이유는 나라가 아직 안정되지 않고 백성들의 살림살이도 여의치 않기 때문이다. 일단 교전을 벌이면 서로 원수가 되어 장기간 대치하게 될 테니 나라에 이로움이 없을 것이다. 하지만 비단을 주어서 돌궐을 돌려보내면 의기양양해져서 우리에게 경계심을 품지 않게 될 것이다. 그런 연후에 우리는 힘을 길러 일거에 그들을 멸하면 된다. 무언가를 얻으려면 먼저 주어야 한다는 법칙이 바로 이런 것이다."

태종의 논리는 일면 타당성이 있으면서도 허점도 있었다. 돌궐을 쉽게 격파할 수 있다고 호언장담한 것은 황제로서의 체면을 살리기 위한 변명에 불과했기 때문이다. 하지만 나라와 백성들이 경제적으로 여력이 없으므로 전쟁을 하기에는 적합하지 않은 상황이라는 설명은 진실이었다. 힘을 기르면서 때를 기다렸다가 돌궐을 멸망시키겠다는 것은 태종의 미래에 대한 구상임이 틀림없었다.

돌궐이 위수에서 회군한 후 태종은 경제 발전, 군사 훈련, 전쟁 준비 등에 박차를 가하면서 하루속히 변방의 화근을 제거하겠다는 결의를 다졌다. 그는 친히 장군들을 거느리고 궁중에서 활쏘기 연습을 하면서 실력이 뛰어난 사람에게는 활, 검, 비단 등을 하사하고, 인사고과에도 반영하겠다고 했다. 군사들에게는 "오랑캐의 침입은 고대로부터 계속된 것이므로 두려워할 필요가 없다. 정작 두려운 일은 황제가 향락에 빠져 전쟁을 준비하지 않아 오랑캐의 침입을 막아내지 못하는 것이다. 나는 궁전에 연못과 정원을 만들라고 강요하지 않는 대신 그대들이 열심히 무예를 연마하기를 바란다. 나는 한가할 때는 그대들의 선생이 되고, 돌궐이 침입하면 원수가 되어 군대를 지휘할 것이다. 이렇게 해야만 백성들이 평안한 삶을 살 수 있다"라는 말로 격려했다.

신하들은 태종이 활쏘기 연습을 하는 것을 위험하다고 말렸지만 소용이 없었다. 그는 황제는 모든 인간을 한 가족처럼 여기고, 사해 내의 백성들을 자식처럼 진심으로 대해야 한다고 생각했으므로 호위군이 자신의 생명을 위협할 수 있다는 가능성조차 인정하려 하지 않았다.

정관 원년에서 2년(628년) 사이에 동돌궐은 계속되는 내분으로 인해 국력이 약화되었다. 그래서 당의 국력이 돌궐을 능가하게 되었다. 열세에 놓인 힐리 칸은 한인 출신의 선비 조덕언(趙德言)을 신임하여 정무를 관장하도록 했다. 조덕언은 돌궐 고유의 행정 체제를 개혁하면서 법령을 번거롭고 가혹하게 개정하여 많은 사람들의 불만을 샀다. 그러자 힐리는 조덕언에 대한 신뢰를 거두고, 그 대신 각 부(部)의 호인(胡人)이라 불리는 위그르족 출신들을 중시하게 되었다.

이 무렵 대설이 내리고 가축들이 떼죽음을 당하면서 백성들이 기아에 허덕이고 동사자가 속출하자 힐리 칸은 각 부에 무거운 징발을 하였다. 그러자 내란이 일어났고 군사력도 급감했다.

동돌궐의 세력이 막강했을 때 힐리 칸은 회흘(回紇), 설연타(薛延陀), 도파(都播), 발야고(拔野古), 골리간(骨利干), 계필(契苾)부 등을 다스렸지만 과중한 세금을 걷자 설연타, 회흘, 발야고부 등이 연속해서 이탈했다. 힐리는 조카 욕곡설(欲谷設)에게 10만 대군을 내주어 토벌을 하게 했으나 회흘의 수령인 보살(菩薩)은 돌궐군을 대파한 뒤 천산까지 진출하여 광대한 토지를 점령했다. 이로써 회흘은 국력이 대대적으로 신장되었다. 설연타부 역시 돌궐을 연파했고, 이로 인해 힐리의 세력은 더욱 축소되었다.

힐리는 당나라가 이 틈을 타 공격을 할지도 모른다는 두려움에 사냥을 한다는 명분으로 군사를 이끌고 삭주(朔州, 오늘날의 산서성 삭주 - 옮긴이)까지 내려왔는데, 실상은 당나라 군대에 대한 방어가 목적이었다. 돌궐의 세력이 이러하자 홍려경(鴻臚卿, 외교, 무역, 유목민에 관한 사무를 관리하는 관리 - 옮긴이) 정원도(鄭元璹)는 돌궐군을 공격하겠다는 건의를 했지만 태종은 시기상조라며 반대했다.

한편 돌리 칸은 유주(幽州, 오늘날의 북경 서남쪽 - 옮긴이) 북쪽에 세력을 형성한 뒤 돌궐 동부의 수십 개 부락을 다스리고 있었다. 힐리는 설연타와 회흘에게 패한 후 돌리에게 설욕을 하게 했으나 돌리 역시 대패하고 돌아왔다. 화가 난 힐리는 돌리를 10일 남짓 잡아두었다가 석방했다. 이 일로 인해 돌리는 힐리에 대한 원한을 품고 복수를 계획했다.

그러나 힐리는 내란이 빈번하게 발생하자 여러 차례 돌리에게 평정하도록 했다. 그러자 돌리는 힐리의 명령을 무시하고 당 조정에 투항 의사를 전달했다. 이 사실이 알려져 힐리가 공격을 해 오자 돌리는 사신을 당 조정에 보내 지원을 요청했다. 그러나 태종은 힐리와 화친을 맺었다는 핑계를 대어 군사를 파견하지 않았다. 태종으로서는 돌궐의 내전을 관망하면서 어부지리를 얻을 속셈이었던 것이다.

태종이 힐리의 힘이 약화되기를 기다리던 와중에 돌궐에 칭신하며 보호를 받고 있던 양사도(梁師都)가 침입하자 토벌을 명했다. 돌궐은 양사도에게 지원군을 파병했다가 당의 대장 시소(柴紹)에게 격파당했고, 양사도는 삭방(朔方, 오늘날의 섬서성 정변靖邊 – 옮긴이)에서 포위되었다. 고립무원의 상태가 지속되어 성안의 식량이 고갈되자 양사도는 친척 동생인 양낙인(梁洛仁)에게 암살당했다. 그 후 양낙인은 당에 투항했다.

정관 3년(629년) 8월, 대주(代州, 오늘날의 산서성 대현 – 옮긴이)도독 장공근(張公謹)은 돌궐을 정벌할 수 있는 다음과 같은 여섯 가지 유리한 조건을 열거한 상소문을 올렸다.

첫째, 힐리는 흉포한 성격에 충신들을 죽이고 간신들을 총애한다.

둘째, 설연타, 회흘, 동라(同羅) 등의 부족들이 앞 다퉈 독립을 하고 있어 힐리의 세력이 약화되었다.

셋째, 돌리와 욕곡설은 도덕성을 상실한 데다 둘 사이에 내분이 일어나고 있다.

넷째, 매년 폭설과 가뭄으로 인해 식량과 말에게 먹일 풀들이 부족한 상태이다.

다섯째, 힐리는 동족을 멀리하고 위그르족과 가깝게 지내고 있으므로 당의 군대가 진입하면 반드시 내란이 일어날 것이다.

여섯째, 새북에 한인들의 숫자가 많고, 요지를 점거하고 있으므로 당의 군대가 출동하면 이들로부터 협조를 이끌어낼 수 있다.

장공근의 치밀한 분석은 충분히 설득력이 있었다. 이 무렵 정국도 안정된 데다 풍년으로 인해 경제적으로도 여유가 생겼으므로 태종이 출병할 대내외적 여건이 완벽하게 갖추어졌다고 할 수 있었다.

정관 4년(630년) 정월, 이정은 우수한 기병 부대를 이끌고 마읍(馬邑, 오늘날의 산서성 삭주 동북부 – 옮긴이)을 출발하여 악양령(惡陽嶺)에 도착한 그날 밤 정양(定襄, 내몽고 화림격이和林格爾 서북부의 토성자土城子 – 옮긴이)을 공격했다. 힐리 칸은 정양까지 당이 공격해 오리라고는 예상치 못했으므로 군사 규모가 거대할 것이라 생각하여 적구(磧口)로 도망을 갔다. 그러자 힐리의 심복인 당소밀(唐蘇密)은 수 양제의 소(蕭)씨 황후와 손자 양정도(楊政道)를 데리고 당에 투항했다. 이정의 승리 소식을 들은 태종은 기쁨을 감추지 못하고 그를 칭찬했다.

"3,000명의 기병으로 오랑캐를 무찌르고 정양을 차지한 것은 이제까지 없었던 쾌거로다. 위수에 발을 씻어 그동안의 치욕을 떨쳐버릴 수 있게 되었다!"

한편 이적(李勣)은 운중(雲中, 오늘날의 내몽고 토묵특고기土默特古旗 – 옮긴이)을 출발하여 백도(白道, 오늘날의 내몽고 호화호특呼和浩特 서북부 – 옮긴이)의 돌궐을 급습했다. 백도는 하투(河套) 동북부에서 양산(陽山) 이북으로 통하는 요충지로서 이곳까지 후퇴했던 패잔병 5만여 명은 이적에게 항복했다.

힐리는 여전히 수만 명의 병력을 거느리고 있었지만 당에 항거하기에는 역부족이라는 판단을 내리자 집실사력을 장안에 보내 태종에게 사죄하고 복속을 맹세했다. 태종은 홍려경 당검(唐儉)을 보내 위로한 뒤 이정에게 힐리를 호위하여 조정에 들어오도록 명령했다. 그러나 힐리는 겉으로는 이정의 영접을 사양했지만, 실제로는 장안에 들어가야 할지 망설이고 있었다. 전력을 회복하면 다시 막북으로 돌아갈 계산을 하고 있었기 때문이다.

그래서 이정은 백도에 도착하여 이적과 함께 대책을 논의했다. 그들은 힐리가 강적인 데다 휘하의 군사 수가 적지 않으므로 만약 북으로 도망가서 발야고, 설연타, 회흘 등과 연합하면 지형이 험난하여 추적하기 힘들거라는 결론을 내렸다. 하지만 당의 조정 사신이 이미 힐리 주위에 있어 경계심을 품지 않고 있을 것이므로 기병 1만 명을 선발하고 20여 일분의 식량을 준비하여 신속히 출동하면 힐리를 격파할 수 있다는 희망이 있었다.

이 계획을 들은 장공근은 조정에서 힐리의 투항을 받아들이기로 했고, 힐리의 거처에 머물고 있는 사신의 안전을 위해 군사 행동을 해서는 안 된다는 의견을 내놓았다. 그러나 이정은 밤을 틈타 군을 출동시켰고, 이적은 뒤에서 따라왔다. 당의 군대는 양산(陽山, 오늘날의 내몽고 양산 산맥 - 옮긴이)에서 돌궐족을 맞닥뜨리자 포로로 만든 뒤 군을 따라 행군하도록 하여 힐리 쪽에서 출동을 눈치 채지 못하게 했다. 이정은 소정방에게 200명의 기병을 지휘하여 선봉에 서게 하고는 짙은 안개를 엄폐물로 삼아 전진해 힐리가 묵고 있는 곳까지 이르렀다. 그때서야 돌궐군은 당군의 기습을 알아차렸지만 무방비 상태의 힐리는 저항을 포기한 채 말을 타고 황급히 도주했다. 사신으로 왔던 당검은 사태를 파악하자 몸을 피해 당군에 합류했다.

힐리는 만여 명의 군사를 데리고 막북으로 도주하려 했지만 적구에 이르렀을 때 이곳을 수비하고 있던 이적에게 저지당했다. 힐리는 천신 만고 끝에 도망을 쳤고, 부하들은 대부분 당에 투항했다. 이로써 양산 북부에서 대막에 이르는 지역은 당의 영토로 편입되었다. 이때가 정관 4년 2월이었다.

다음 달 3월, 힐리는 영주(靈州, 오늘날의 영하성 영무靈武 서남쪽 - 옮긴이) 서북의 작은 세력인 소니실(蘇尼失) 칸에게 신세를 지면서 다시 토곡혼 으로 도망갈 계획을 세우고 있었다. 이 사실을 알게 된 대동도(大同道) 행군총관 이도종(李道宗)은 대군을 이끌고 소니실의 영지까지 쳐들어가 힐리를 내놓으라고 명령했다. 힐리는 야밤에 기병을 거느리고 도주하 여 계곡에 숨었지만 소니실은 당 조정으로부터 문책을 당할 것이 두려 워 병사들에게 힐리를 추적하게 하여 잡아들였다. 이도종은 부총관 장 보상(張寶相)으로 하여금 소니실의 군중 장막을 포위하여 힐리를 내놓 도록 위협하게 했다. 또한 소니실도 당에 투항하도록 만들라는 명령을 내렸다. 결국 힐리와 소니실은 이도종의 군대에 투항했다. 이로써 동 돌궐의 세력은 완전히 와해되었고, 당나라의 북방은 큰 위협 세력이 제거됨에 따라 안정을 찾게 되었다.

이해 4월, 힐리 칸은 장안으로 압송되었다. 태종은 순천루(順天樓)에서 포로를 바치는 의식을 거행한 뒤 힐리를 대면하여 일장 연설을 했다.

"너는 선대의 업적에 기대 방종과 포악함으로 멸망을 자초했으니 이 것이 첫 번째 죄이다. 그 다음으로 꼽을 수 있는 죄는 우리 대당과 맺은 동맹을 여러 번 위반한 것이다. 세 번째 죄목은 호전적인 성격을 버리지 못하여 병사들을 죽게 하고, 백성들을 도탄에 빠지게 한 것이다. 네 번째 죄목은 우리의 재산과 인명을 약탈하고 살상한 것이다. 다섯 번째 죄는 내 일찍이 너의 대죄를 용서하여 정권을 유지하도록 했건만 온갖 핑계를 대며 입조하지 않은 것이다. 그러나 위수 변교에서 화약을 맺은 후 대규모 침입을 한 적이 없으므로 죽이지는 않겠다."

힐리는 눈물을 흘리며 감사의 뜻을 표한 뒤 물러났다. 태종은 힐리를 태복시에 잠시 머물게 하고 후한 대접을 해주었으며, 이후 우위대장군에 임명하고 미녀와 토지, 저택 등을 하사했다. 정관 8년(634년), 힐리가 죽자 태종은 귀의왕(歸義王)으로 추존하고 돌궐의 풍습에 따라 화장한 뒤 파수(灞水) 동부에 뼈를 묻어주었다. 또한 중서시랑 잠문본(岑文本)에게 비문을 쓰게 하여 묘비에 새겼다.

명 태조 주원장

지나친 의심과 불안은 충신을 잃게 한다

공신을 의심하는 것은 역대 제왕들의 공통된 특징이다. 명 태조도 예외는 아니었고, 오히려 다른 제왕들에 비해 더욱 심했다.

태조가 명 왕조를 세울 수 있었던 것은 본인의 뛰어난 정치적·군사적 능력에 힘입은 바 크지만, 출중한 문신과 무장들을 포용한 것도 결정적인 요인으로 작용했다.

태조는 개국공신들에게 논공행상을 한 뒤 정치, 경제 등 각 영역에서 특권을 누릴 수 있도록 배려했다. 개국공신들의 가장 큰 특징은 태조의 고향인 회서(淮西, 오늘날의 안휘성 지역 – 옮긴이) 출신이 대부분이라는 것이다.

그러나 태조와 공신들이 건국의 기쁨을 같이 나눈 시간은 매우 짧았다. 동고동락하면서 생사의 기로를 오갔던 끈끈한 유대감이 금세 깨졌던 것이다. 태조와 공신들은 동료에서 군신으로 관계가 변화되면서 양자 간에는 메울 수 없는 간격이 생겨버렸다. 신하들은 지존무상의 황제인 태조에게 엄격한 예의와 함께 무한한 충성을 바쳐야 했고, 태조는 신하가 감히 범접할 수 없는 권위를 유지해야 했던 것이다.

개국공신들 가운데 이문충(李文忠)은 젊은 명장이었다. 그는 태조의 외조카로, 모친인 태조의 둘째 누나가 죽자 부친 이정(李貞)은 가난을 이기지 못해 이문충을 데리고 유랑하다 저주(滁州)에 머물고 있던 태조를 찾아갔다. 태조는 열네 살짜리 이문충을 친아들처럼 아끼면서 친조카인 주문정(朱文正), 수양아들 목영(沐英)과 함께 무예를 익히도록 했다. 그러나 이문충은 매우 지적이어서 장군이 된 후에도 온화한 학자와 같은 풍모를 잃지 않았다.

이문충이 두각을 나타내게 된 것은 전장에서의 활약이 두드러졌기 때문이었다. 홍무 2년(1369년), 서달(徐達)과 상우춘(常愚春)이 원의 순제를 추격하여 새북(塞北)으로 진입했을 때 수행했던 이문충은 상우춘이 병사하자 부장군이 되었다. 다음 해의 북벌에서는 단독으로 군을 이끌고 응창(應昌, 오늘날의 내몽고 지역 - 옮긴이)에 출격하여 원 순제의 손자와 후비 등을 포로로 잡고, 송과 옥의 옥새를 빼앗는 개가를 올렸다. 홍무 3년(1379년), 공신으로 인정된 이문충은 조국공(曹國公)에 봉해져 31세의 젊은 나이에 개국 6공(公) 중의 하나가 되는 영예를 누렸다. 홍무 10년(1377년), 태조는 그에게 이선장(李善長)과 함께 국사를 논하라는 중임을 맡겼고, 2년 뒤에는 대도독부와 국자감을 관장하도록 했다. 이처럼 이문충이 떠오르는 태양과 같이 승승장구하면서 생의 정점에 섰을 무렵 태조와의 관계는 오히려 점점 소원해졌다.

한편 학문을 좋아하는 이문충은 엄주(嚴州) 등에서 군 책임자로 있을 때 금화 출신의 학자 범조건(范祖乾)과 호한(胡翰)을 스승으로 모시면서 유학과 역사, 시 등을 공부했다. 그가 지은 시는 기백이 넘치는 것으로 유명했으며, 후일 학자와 문인들을 많이 양성했다. 태조는 이문충이 학자들과 가깝게 지내는 것을 기뻐하면서 그의 학자적 기질을 높이 샀다.

응천(應天, 오늘날의 남경 - 옮긴이)에 주둔하고 있을 시절에 군수 물자 부족을 해결하기 위해 조세를 늘리려 했지만 이문충의 반대에 설득당해 포기했다. 태조는 이문충이 문객들로부터 많은 자문을 받고 있다는 사실을 알고 있었는데, 이것으로 인해 날이 갈수록 이문충에게 반감이 생겼다. 태조는 이문충이 사람을 많이 죽이지 말라고 권하고, 환관의 수를 줄여야 한다는 등의 간언을 하자 받아들이지 않았을 뿐만 아니라 그에 대한 의심이 나날이 더하게 되었다. 왜냐하면 이문충이 친한 문객들의 사주를 받아 간언을 하고, 그로 인해 자신과의 거리가 멀어지고 있다고 생각했기 때문이다.

특히 이문충이 환관의 규모를 줄여야 한다고 했을 때 태조는 자신의 날개를 꺾으려는 흉계라며 격노했다. 분을 참지 못한 태조는 즉각 이문충의 집으로 자객을 보내 문객들을 모조리 죽이도록 했다. 이 사건으로 큰 충격을 받은 이문충은 홍무 16년(1383년) 말에 병으로 쓰러졌다.

다음 해 봄, 이문충의 병이 호전되지 않자 태조는 친히 그를 문병했고, 회안후(淮安侯) 화중(華中)에게 치료를 책임지도록 명했다. 태조가 돌아간 후 차도를 보이던 이문충은 사흘째 되던 날 돌연 사망했다. 이날은 홍무 17년(1384년) 3월 1일이었고, 그의 나이 46세였다.

이문충이 세상을 뜬 다음 해인 홍무 18년(1385년) 2월, '개국공신 중의 으뜸'이라고 칭해지던 서달이 54세를 일기로 별세했다.

서달은 호주(濠州) 영풍향(永豊鄕, 오늘날의 안휘성 봉양鳳陽 동북부 - 옮긴이)의 농민 집안 출신이었다. 그는 엄격한 기율을 유지하면서도 병사들과 애환을 같이하는 덕장이었기 때문에 수많은 전투에서 승리를 거두었다.

태조가 오왕(吳王)이었을 때 서달은 좌상국 겸 대장군으로서 평강(平江)을 공격했다. 평강을 함락시킨 공으로 신국공(信國公)에 봉해진 그는 중원을 공략하는 중책을 맡고 북상하여 대도를 점령했다. 홍무 3년(1370년), 서달은 중서우승상에 임명되면서 위국공의 작위를 받았다. 이후에도 서달은 군대를 떠나지 않다가 홍무 5년에 북벌을 했고, 태조는 그에게 국경 수호와 군사 훈련을 담당하도록 했다. 그래서 그는 매년 봄에 국경 지역으로 떠났다가 겨울에 돌아오곤 했다.

태조는 서달의 충성심을 잘 알고 있었다. 홍무 9년(1376년), 태조는 서달의 맏딸을 연(燕)왕비에 봉함으로써 사돈 관계를 맺었다. 서달이 궁에 들어올 때마다 태조는 잔치를 베풀어주면서 과거 호형호제했던 사이로 돌아가곤 했다. 감격한 서달은 태조에 대한 충성심을 더욱 키워갔다. 태조는 그의 공로에 보답하기 위해 자신이 오왕 시절에 머물렀던 궁을 하사하려 했지만 서달은 극구 사양하며 받지 않았다.

하루는 태조가 서달이 만취하도록 술을 권한 뒤, 인사불성이 된 그를 이불에 싸서 자신의 침상에 눕히도록 했다. 술에서 깬 서달은 침상에서 내려와 무릎을 꿇고 연신 죽을죄를 지었다며 용서를 구했다. 서달의 내심을 시험해 보려 했던 태조는 군신의 예를 깍듯이 갖추는 서달의 모습에 흡족해했다. 이 일이 있고 난 후 태조는 자신의 옛 궁전 앞에 서달의 집을 짓게 한 뒤 패방(牌坊, 문짝이 없는 대문 모양의 중국식 건축으로 장식이나 기념의 목적으로 세운다 - 옮긴이)에 '대공(大功)'을 새기도록 하였다.

그러나 공신의 그림자가 너무 크면 화를 부르는 것이 상례이다. 태조는 서달의 충성심이 변함이 없다는 사실을 잘 알고 있었지만 의심과 경계 심리를 떨쳐버리지 못했다. 이러한 황상의 자신에 대한 불안감을 아는 서달로서는 심리적 부담감을 극복하기 힘들었다. 그래서 홍무 17년(1384년), 서달은 북평(北平)에서 갑자기 등에 혹이 생기는 병을 얻어 병상에 눕게 되었다. 윤10월이 되자 태조는 그를 남경으로 불러들여 문병을 한 뒤 천하의 명의들로 하여금 치료하도록 하고, 직접 쓴 기도문을 성황당에 붙이도록 하는 등의 정성을 보였다.

홍무 18년(1385년), 서달의 병이 조금 호전되었을 때 갑자기 궁중에서 황제가 내리는 음식이 도착했다. 감격한 서달이 눈물을 흘리며 그릇을 열어보니 내용물은 찐 거위고기였다. 의생으로부터 찐 거위고기를 먹으면 안 된다는 주의를 들은 바 있지만 서달은 성은을 거역할 수 없다는 생각에 고기를 삼켰다. 며칠 뒤인 2월 20일, 서달은 영원히 눈을 감았다.

서달이 죽었다는 소식을 들은 태조는 그 자리에서 소복으로 갈아입고 문상을 갔다. 태조는 가는 도중에 통곡을 했지만, 막상 서달의 집에 도착하자 놀랍게도 그의 병을 치료했던 의생들을 모두 죽이라는 명령을 내렸다. 다행히도 미리 이런 일이 발생하리라 예측한 서달은 죽기 전에 의생들을 불러 속히 도망을 가도록 조처했다.

　태조는 서달을 후히 장사 지내도록 한 뒤 중산왕(中山王)의 작위를 추서하고, 무녕(武寧)을 시호로 내렸다. 당연히 그의 위패는 태묘와 공신묘의 가장 윗자리를 차지했다. 서달은 죽은 후에야 태조의 진심에서 우러난 애도와 예우를 받았던 것이다.

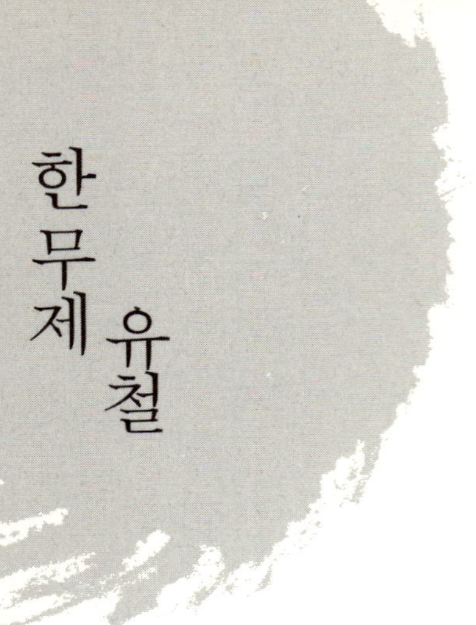

우수한 장수들을 최대한 활용하다

원삭(元朔) 6년(기원전 123년) 6월, 대장군 위청(衛靑)이 북벌에 성공한 후 대군을 이끌고 개선가를 부르며 귀환했다. 이 전쟁에서 탁월한 공훈을 세운 인물은 18세의 표요(票姚)교위 곽거병(霍去病)이었다.

무제는 미앙궁 마당에 군신들을 집합시키고는 공을 세운 장군과 사병들에게 상을 내렸다. 무제는 "표요교위 곽거병은 800명의 기병으로 적군을 2,028명이나 사로잡았다. 또한 흉노의 상국 겸 당호(當戶)인 선우(흉노의 수령 - 옮긴이)의 숙부 나고비(羅姑比)를 포로로 잡았고, 선우의 작은 할아버지 적약후산(籍若侯産)을 죽이는 눈부신 활약을 했다. 그러므로 곽거병을 관군후(冠軍侯)에 봉하고 식읍 2만 5,000호를 하사한다"고 선포했다. 곽거병이 감사의 표시를 하자 무제가 다시 말을 이었다.

"대장군 위청은 이번 출정에서 1만 9,000명을 죽이는 전과를 올렸지만 2군을 잃었고, 흡후(翕侯) 겸 전임 장군인 조신(趙信)은 적에게 투항했으므로 작위는 내리지 않고 천금만을 하사한다. 토곡(土谷)태수 학현(郝賢)은 대장군을 따라 네 차례 출정하여 1,300명을 포로로 잡았으므로 종리후(終利侯)에 봉하고, 기사 맹이(孟已)는 수훈을 세웠으므로 관내후(關內侯)에 봉한다. 교위 장건(張騫)은 지난번에 서역에서 공을 세웠고, 이번에 대군을 이끈 공을 인정하여 박망후(博望侯)에 봉한다. 소건(蘇建)은 3,000명의 군사로 수만 명의 적군과 용감하게 싸웠지만 패배했다. 군사를 잃었으므로 마땅히 처형해야 하지만 용맹스러움을 감안하여 평민으로 폐한다."

무제가 논공행상을 하던 시간에 흉노의 선우 이치사(伊稚斜)는 투항한 조신을 위해 연회를 베풀고, 조신을 선우 다음의 지위인 자차왕(自次王)에 봉했다. 이치사는 또한 자신의 누나를 조신과 혼인하도록 했다.

이치사의 주력군이 대막(大漠) 이북으로 철수한 뒤 광대한 막남 지역에는 동방의 좌현왕(左賢王)부와 휴도왕(休屠王)부, 곤아왕(昆邪王)부만이 남았다. 병력으로 볼 때 좌현왕은 비교적 강했지만 하서(河西)의 흉노 군대가 한나라에게는 훨씬 더 위협적이었다.

무제는 하남의 땅을 수복한 이후 목표를 하서 탈환으로 삼았다. 하서를 빼앗으면 이치사의 오른팔을 제거하는 것과 같으며, 흉노와 강족의 연계 고리를 끊을 수 있었다. 게다가 서역의 나라들과 교통이 가능해져 흉노를 협공할 수 있는 세력을 형성할 수 있었던 것이다. 무제는 심사숙고한 끝에 이 중대한 임무를 곽거병에게 맡기기로 결정했다.

원수(元狩) 2년(기원전 121년) 봄, 무제는 20세의 곽거병을 표기장군에 임명하여 정예 기병 1만 명을 이끌고 농서(隴西)를 출발하여 하서를 점령하도록 명했다.

얼마 후 곽거병은 승전 소식을 알려왔고, 기쁨에 들뜬 무제는 곽거병에게 식읍 2,200호를 하사했다.

무제는 흉노에게 숨 쉴 틈을 주지 않기 위해 대규모의 하계 공세를 펴도록 했다. 표기장군 곽거병과 합기후(合騎侯) 공손오(公孫敖)는 기병 수만 명을 서로군으로 편성한 뒤 위위(衛尉) 장건과 낭중령 이광(李廣)에게 1만 4,000명의 기병을 동로군으로 편성하게 하여 진격하기로 전략을 짰다.

곽거병은 지난 전투에서 정면 공격을 하였다가 적군이 도주하는 바람에 패배했던 경험을 교훈 삼아 이번에는 측면과 후방에서 기습을 펴는 전술을 구사하기로 했다. 곽거병은 보통 사람들은 꿈도 꾸지 못할 담략으로 후방 지원과 다른 부대의 협조가 전무한 상태에서 2,000리를 질주하여 흉노의 중심부를 공략하고 하서를 차지하는 결정적인 승리를 거두었다. 대규모 병력이 장거리를 이동하여 기습을 하는 전술은 후일 막북에서의 대결전을 위한 귀중한 경험이 되었다.

동로군의 이광과 장건은 각기 전방과 후방을 책임지고 우북평(右北平)을 출발한 뒤 적진을 살펴가며 전진했다. 그러나 이광은 조급한 마음에 행군의 속도를 빨리하고, 장건은 신중하게 전진하는 바람에 전군과 후군의 거리가 수백 리 정도 벌어졌다. 그 결과 이광은 고립무원의 상태가 되어버렸다.

무제는 하계 공세에서 비록 동로군이 실패하였지만 주전장인 서부 전선에서 곽거병이 수훈을 세운 데에 만족했다. 그래서 곽거병에게 또

다시 식읍 5,000호를 하사했다.

　곽거병은 하서 지역의 흉노 곤아왕부와 휴도왕부를 공격하여 치명적인 패배를 안겨주었다. 이를 기화로 흉노의 지도부는 내부적 갈등에 휩싸이게 되었다. 선우 이치사는 두 왕들의 참패에 분격하여 무능하고 국가적 손실을 초래했다는 죄목을 달아 두 왕을 입궁하게 했다. 곤아왕과 휴도왕은 입궁하면 죽음을 면할 길이 없고, 들어가지 않아도 응징을 당할 것이라는 두려움에 떨다가 그저 죽음을 기다리기보다는 한나라에 투항하여 목숨을 건지는 것이 낫다는 결론을 얻었다. 그리하여 이들은 사자를 변경으로 파견하여 농서 황하 연변에 성을 쌓고 있던 대행(大行) 이식(李息)에게 투항 의사를 전달하도록 했다. 이식은 사항이 워낙 중대하다는 생각에 최대한 빨리 무제에게 보고를 올렸다.

　보고를 받은 무제는 기쁘면서도 의심을 떨칠 수 없었다. 기쁨은 흉노의 왕들이 투항하면 전쟁을 하지 않고도 하서를 평정하게 된다는 사실 때문이었고, 의심은 변덕스럽고 음모를 잘 꾸미는 흉노인들이 갑자기 투항을 하는 것처럼 위장했다가 기회를 보아 습격할지도 모른다는 염려에서 비롯된 것이었다. 여러 가지 가능성을 검토한 무제는 투항을 받아들이기로 결심했다. 그러나 혹시 발생할지도 모를 기만술에 대비하기 위해 곽거병에게 군사를 이끌고 가서 그들을 맞이하도록 했다.

　곽거병은 기병 부대를 지휘하여 황하를 건너 곤아왕과 휴도왕 및 그 부하들을 영접하기로 했다. 그런데 예상치 못한 돌발 상황이 벌어졌다. 휴도왕이 중도에 투항하기로 한 것을 후회하여 도착 시기를 연기한 것이다. 화가 난 곤아왕은 휴도왕을 급습하여 살해하고, 그의 아들과 가족 및 부하들을 이끌고 황하에 나타났다. 곤아왕 일행은 한의 군대가 도열한 모습을 보자 겁에 질렸다. 그래서 투항을 원치 않는 장령들이 선동을 하자 내분이 일어났다.

곤아왕이 저지를 했지만 북쪽으로 도망가는 자들을 막지는 못했다. 곽거병은 단호하게 군사들을 이끌고 달려가 곤아왕과 상견례를 한 뒤 도망자들을 추적하여 8,000여 명을 죽였다. 그는 곤아왕을 최대한 빨리 수도로 호송해 무제를 알현하도록 조처하는 한편 투항한 4만 명의 흉노인들이 황하를 건넌 뒤 잠시 북부 지역에 묵으면서 무제의 분부를 기다리도록 했다.

무제는 곤아왕이 4만 명을 이끌고 투항한 데 대해 기쁨을 감추지 못했다. 이것은 천자가 덕이 있어 오랑캐가 복속하는 위업을 이룬 것이라고 생각했기 때문이다. 한나라의 강성함과 번영을 과시하고, 오랑캐를 덕으로 교화하겠다는 생각을 한 무제는 즉시 마차 2만 승을 준비하여 흉노인들을 영접하도록 했다. 조정에서는 재정이 부족하여 그 많은 말들을 살 수 없었으므로 민간에서 빌리기로 했다. 그러나 백성들은 빌려준 말을 돌려받지 못할지도 모른다는 우려 때문에 말을 감추고 내놓지 않았다. 그래서 말들이 턱없이 부족했고, 대노한 무제는 장안령을 처형하라는 명령을 내렸다. 수도 지역을 관할하는 우내사 급암(汲黯)은 무제에게 업적을 쌓기 위해 백성의 재산에 피해를 주는 방법은 부당하다며 상소를 올렸다.

"장안령은 죄가 없습니다. 저를 죽이기만 한다면 백성들은 말을 내놓을 것입니다. 다시 말해 곤아왕은 자신의 주인을 배반하고 우리에게 투항한 자이므로 각 현에 연락해서 역참을 이용하여 수도로 부르면 될 것입니다. 그런데 천하를 불안하게 하고, 국고를 탕진하면서까지 투항한 오랑캐의 비위를 맞춰야 한단 말입니까? 신하는 이 같은 조치가 현명하지 못한 것이라 사료되옵니다."

급암은 원래 직언을 잘하기로 유명한 조정의 중신이었다. 무제는 속으로는 불쾌했지만 일리가 있는 주장이므로 명령을 철회하고, 장안령을 사면하도록 했다.

무제는 흉노인들을 잘 관리한 공을 들어 곽거병에게 식읍 1,700호를 하사했다.

휴도왕의 죽음과 곤아왕의 투항으로 한나라는 하서의 광대한 지역을 획득한 반면 이치사는 10만 명의 인구와 전략적으로 매우 중요한 지역 및 광활한 목장을 잃고 말았다.

무제는 하서 지역을 안정시키고 개발하기 위해 다음 해(기원전 120년)에 내지 주민 70만 명을 모집하여 삭방(朔方) 이남 지역에서 둔전을 일구면서 변경을 지키도록 했다. 그 후 하서 지역에 군과 현을 설치하기도 했다. 원정(元鼎) 2년(기원전 115년)에는 주천군(酒泉郡)을, 이어서 무위(武威)군을 설치했다. 얼마 후 무위군은 다시 무위와 장액(張掖)군으로 나뉘어졌고, 주천군은 주천과 돈황(敦煌)의 2개 군으로 분리되었는데, 이들 4개 군을 통칭 '하서 4군'이라 했다. 정식으로 한의 영토가 된 하서 4군은 흉노와 강족의 왕래를 끊는 역할을 함과 동시에 한나라와 서역 및 중앙아시아를 연결하는 관문이 되어 당대 및 후대에 큰 영향을 미쳤다.

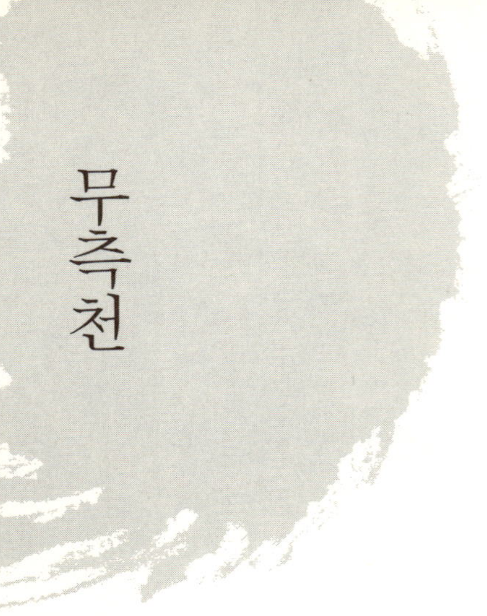

불필요한 자격 제한을 폐지하다

무측천은 막강한 전력을 갖추기 위해 군을 개혁하는 노력을 기울였다. 부병제는 위나라 대통 연간에 창설된 군사제도로서 무측천도 이 제도를 실행했다. 정관 연간에 태종은 부병제의 문제점을 개선하여 더욱 완벽한 제도로 만들어 놓았다.

부병은 농민들을 징집하여 충원했는데, 20세에서 60세 사이의 장정은 병역의 의무가 있었다. 부병의 중요한 임무는 변경에서의 전쟁 수행과 경사를 호위하는 것이었다. 평소에는 농사를 짓다가 농한기인 겨울에는 군사 훈련을 받아야 했던 부병들은 전쟁이 터지면 징집되었다가 전쟁이 끝나면 귀향했다.

한편 균전을 받는 부병들은 6년이 지나면 전답을 반납해야 했다. 징집되었던 부병은 균전을 반납한 뒤 우선적으로 토지를 받았고, 전사자는 자손들 가운데 장정이 없어도 구분전(口分田)을 반납할 필요가 없었다. 전쟁에서 부상을 입어 장애인이 되도 구분전을 감하지 않아, 사병 본인은 세금 감면을 받지만 가족들이 부역의 의무를 이행해야 했다.

부병은 참전 이외에도 순번에 따라 경사를 지키는 임무를 수행해야 하는데, 이를 번상(番上)이라 했다. 병부는 부병의 거주지가 경사에서 얼마나 떨어졌는가에 따라 번상의 회수를 정했다. 즉 500리는 5번, 1,000리는 7번, 1,500리는 8번, 2,000리는 10번, 2,000리 이상은 12번이었다. 예를 들어 500리에 5번은 5개월에 1번씩, 1번에 1개월을 번상으로 근무하는 것이다.

부병제의 병사들은 농민 가운데 재산과 식구가 많은 집안에서 선발했다. 그들은 평화와 안정을 갈망하고, 국가와 향토를 수호하겠다는 생각이 강했으므로 강한 전투력을 유지했다. 군대는 평상시에는 농사를 짓고, 군에서 필요한 물품은 부병이 자급자족해야 했으므로 국가의 부담은 적었다. 이에 반해 지방군은 관에서 군사 훈련만 받고 군권은 중앙에서 장악하고 있었으므로 장수는 중앙에서 파견되었다. 그래서 '병사가 장수를 잘 모르고, 장수도 병사들을 잘 모르는' 상황이 발생했고, 독립적인 군사력을 가지지 못했으므로 중앙에 위협을 가하는 세력이 되지 못했다. 이런 상황은 중앙 집권에는 유리하게 작용했다.

무측천은 부병제를 유지함으로써 적의 침입을 물리칠 수 있는 막강한 군사력을 보유했다.

그녀는 우수한 장수들을 선발하는 데 주력했으므로 인재를 구할 때마다 '변경을 지킬 만한 무예를 갖춘 자'를 자격 요건으로 내세웠다. 의장(儀鳳) 2년(677년) 12월 반포한 「구맹사조(求猛士詔)」는 무측천이 무장 선발을 위해 작성한 칙서였다. 칙령의 내용은 변경의 안정을 위해 하동 각 주에서 용맹스런 병사를 구한다는 것으로, 경사에 거주하는 자들은 중서성과 문하성에서 선발하고, 외주는 중앙에서 관리를 파견하여 주현에서 선발하도록 한다는 것이었다.

그리고 신체 건강하고 무예 실력을 갖춘 자들을 선발하여 '맹사'라 명명하였는데, 이외에도 무측천은 3품 이상의 무관들에게 매년 장수가 될 만한 인물 1명을 천거하도록 했다. 그녀가 창설한 '무거(武擧)' 제도는 불필요한 자격 제한을 폐지하여 군사적 인재를 뽑는 것이었다.

무측천은 무장들의 양성과 군사 훈련에도 각별한 주의를 기울였다. 그녀가 서술한 『신궤(臣軌)』 중의 양장(良將) 편은 장령들에게 있어 '교과서'와 같은 의미를 가지고 있었다. 이 책에서는 전쟁에서 승리하기 위하여는 무엇보다도 병사들을 아끼고 보호해야 한다고 강조하고 있다.

특히 양장에서는 '5재(材)4의(義)'를 장수가 갖춰야 할 요건으로 열거하고 있다. 5재는 힘든 상황에서도 침착함을 유지할 것, 숨김이 없을 것, 신의를 지킬 것, 청렴할 것, 강직할 것이다. 4재는 명령을 받으면 가정사를 잊을 것, 집 밖에서는 가족의 존재를 잊을 것, 군내에서는 주군을 잊을 것, 전쟁 시에는 자신을 잊을 것을 뜻한다. 이 밖에도 『신궤』는 전략과 전술에 대해 상세히 설명하고 있다.

무측천의 인재 발굴 노력에 힘입어 우수한 장군들이 많이 배출되었는데, 대표적인 인물로는 적인걸(狄仁傑), 정무정(程務挺), 당휴경(唐休璟), 왕효걸(王孝傑), 곽원진(郭元振), 흑치상지(黑齒常之) 등이 있다. 명장으로 이름을 떨친 이들은 많은 공을 세웠다.

　무측천은 인재를 알아보는 뛰어난 안목으로 이들을 적재적소에 배
치하였고, 이들 무장들은 무주 시대에 국방과 군사력 증강에 큰 공헌
을 했다.

마음을 훔치는 전략으로 군을 통솔하다

초원의 유목민으로 태어난 쿠빌라이는 자라면서 말 타기와 궁술을 익혔다. 쿠빌라이는 몽고인답게 말 타기와 활쏘기에 뛰어난 능력을 보였을 뿐만 아니라 어렸을 때부터 무리를 잘 다스리는 지도력까지 가지고 있었다. 그는 일생을 통해 직접 전쟁을 지휘한 적은 별로 없었다. 운남 전쟁, 악주를 기습한 전쟁, 아리크부케와 내안(乃顔)을 평정한 것 등이 주요한 참전 경험의 전부이다. 그러나 이 몇 번의 참전에서 한 번도 패배한 적이 없다는 점을 보면 그가 전략과 전술에 대한 탁월한 안목을 갖고 있음을 알 수 있다.

쿠빌라이는 전술보다는 전략 면에서 더 뛰어났는데, 사병들뿐만 아니라 장군들을 통솔하는 능력, 진지를 구축하는 기술, 전세 파악과 전체적인 전쟁 계획 수립, 결정적인 시기를 포착하는 능력 등이 탁월했다.

수년간의 전쟁 경험과 한인 출신 유학자들과의 교류를 통해 쿠빌라이는 '천하를 얻기 위해서는 덕을 베풀어야 한다'는 이치를 깨닫고 무력 일변도가 아닌 '마음을 훔치는' 전략을 구사하기로 결심했다. 그는 대리(大理)를 평정하는 과정에서 요추에게 함부로 사람을 죽이지 못하도록 했다. 송과의 전쟁 이후에는 백안(伯顔)에게 대장군 조빈(曹彬)을 모델로 삼아 살인과 약탈을 하지 말고, 제2의 조빈이 되라는 주문을 했다. 또한 항복한 장수들에게는 의심 없이 중용하는 방법을 썼다. 그래서 유정(劉整), 여문환(呂文煥), 장홍범(張弘範) 등에게 군사권을 주었다. 과거 적이었던 장수들에게 권한을 부여한 목적은 적군의 인심을 사로잡아 신속히 승리를 얻기 위함이었다.

송과 전쟁을 할 때에는 송나라에서 사신을 억류한 사실을 부각시킴으로써 침략의 명분을 만들었다. 그런 다음 몽고가 정의의 군대로서 송을 응징하는 듯한 선전술로 병사들의 사기를 진작시켰다.

쿠빌라이가 무엇보다도 주력한 것은 병력 집중과 갈등 해결이었다. 즉위 초기 송에 대한 공격과 아리크부케의 반란이 현안으로 떠오르자 쿠빌라이는 과감하게 병력을 아리크부케 평정에 집중했다. 이 과정에서 지지 세력을 확대하는 노력을 통해 훌라구과 아리크부케의 측근인 옥룡답실(玉龍答失) 등을 끌어들여 아리크부케를 완전히 고립 상태로 만들었다.

쿠빌라이는 군사제도 면에서 제왕들이 민폐를 끼치는 폐해를 개선하기 위해 중앙 집권을 강화했다. 즉 과감하게 몽골에 투항한 한인 출신의 영주인 세후(世侯)들의 특권을 폐지하고, 목수(牧守)를 설치하여 군과 민간을 분리했다. 그 후 군대를 개혁하여 중앙에서 지방에 이르는 명령 체계를 수립했고, 추밀원을 창설하여 군사에 관한 모든 사무를 전결하도록 했다. 또한 정예병을 선발하여 조직한 시위 친군은 추밀원이 직접 관리하게 했다. 군사권을 중앙에서 강력하게 장악한 것은 쿠빌라이가 한족의 군사 체제에서 영향을 받은 것으로서, 한법을 몽고에서 구현한 것이라 하겠다.

군대는 원래 기병과 보병 중심이었으나 쿠빌라이는 포수와 수군을 양성하는 데 힘을 기울였다. 중앙 군대뿐 아니라 지방군에도 포수 부대를 양성하도록 하여 지상전과 해전에서도 포함을 사용하게 되었다.

작전 방식과 전략 전술에도 변화가 생겨 원래 우회, 포위, 야전, 기습전 등을 위주로 하던 것에서 수륙 양용의 작전도 출현하게 되었다. 예를 들어 대포로 장애를 제거한 뒤 보병과 기병이 집중 공격하여 승리를 거두는 작전이 각광을 받게 되었다. 쿠빌라이의 군사 개혁 후 중요한 전투나 전쟁에서는 단순한 기병 중심이 아니라 기병, 포병, 수군의 합동 작전이 적절히 구사되었다. 야전, 기습전, 진지전, 수비전 등 다양한 전투 형태가 등장하여 몽고의 전략 전술이 변화를 맞이한 것은 매우 중요한 의미를 갖고 있다.

후방의 지원도 전방의 승부를 결정짓는 중요한 요소 중의 하나였다. 쿠빌라이 이전의 몽고 군대는 후방의 보급 체계가 엉망이어서 약탈로 부족한 물자를 충당하는, 이른바 '식량은 적에게서 얻는다'는 정책이 보편적이었다. 이 단계를 지나서는 '오로'(奧魯, 군이 출정할 때 향리에 남아 있는 부대 - 옮긴이)가 후방 지원을 책임졌는데, 그 방법이란 주로 적으로부터 빼앗은 식량과 무기를 전방에 공급하는 것이었다.

그러나 쿠빌라이는 '병농 일치'가 가장 이상적이라고 여겼으므로 군인들이 경작을 하면서 전쟁도 치르는 둔전제를 실시했다. 중앙의 시위 친군만이 아니라 지방의 진술군(鎭戌軍)도 둔전을 경작하였고, 시간이 흐름에 따라 하남, 강소, 절강, 강서, 호광, 사천, 운남 등의 행성에도 둔전 경영을 관리하는 기구를 설치했다.

지원 13년(1276년), 쿠빌라이는 북방의 제왕들과 전쟁을 하게 되자 인력을 동원하여 군량을 운반하도록 하는 한편, 전쟁 지역 부근의 섬서, 감숙, 요양(遼陽) 및 정동행성의 둔전에서 군량을 보급하게 했다. 병농 일치의 개념도 쿠빌라이가 한족의 제도에서 따온 것으로 역사적으로 한 단계 성숙한 조치이자, 역대 몽고 통치자들과는 비교할 수 없게 선진적인 업적이라 하겠다.

인적 자원을 가지고 올바른 전략과 전술을 시행하는 것이 군의 근본이라는 사실을 충분히 인식했던 쿠빌라이는 군의 지도급 인물들을 양성하고 활용하는 데 각별한 주의를 기울였다. 그래서 쿠빌라이는 대량의 우수한 장령들을 거느릴 수 있었고, 이들 가운데 배반을 하는 자는 거의 없었다.

제**7**장

신하를 길들이고 통제하다

'신하 길들이기'는 군주가 신하들을 의존적이고 복종하게 만드는 좋은 방법이다. 군주가 천하에 군림하면서 권력을 대대손손 물려주기 위해서는 군주 이외의 인물이 권력을 지니지 못하도록 철저히 막아야 한다. 그러기 위해서는 법(法), 술(術), 세(勢)의 세 가지 수단을 잘 활용하여 신하들로 하여금 기꺼이 군주를 위해 목숨을 바치게 만들어야 한다.

정신이 번쩍 들게 하는 인재들

소하는 유방이 패현에서 거병했을 때부터 헌신적으로 도왔다. 유방의 성공을 위해 자신의 몸을 돌보지 않았으며, 남다른 안목으로 수많은 문제들에 대처했다.

유방이 처음 함양에 입성했을 때 다른 장수들은 재물을 약탈하느라 정신이 없었지만 소하는 승상어사부(丞相御史府)에 들어가 진대의 법률과 문서, 호적, 지적부 등을 열람했다. 그 이유는 각 지역의 호구 분포, 풍습과 현지 사정, 식량 비축 상황 등을 파악하여 유방이 천하를 얻도록 준비하기 위해서였다.

당시 절대적 우위를 차지하고 있던 항우는 먼저 관중에 들어간 유방을 우습게 여기면서 한중으로 갈 것을 명령하고, 한왕(漢王)으로 봉했다. 항우의 조치에 불만을 품은 유방은 정면 대결을 벌이려 했다. 그러나 소하는 차분하게 유방을 설득했다.

"고대에는 천하(天河, 황하-옮긴이)를 '천한(天漢)'이라고 불렀습니다. 대왕께서 한왕이 되신다는 건 '한'과 '천'을 합쳐 황하를 얻는다는 뜻이 되고, 이는 바로 천하를 얻는다는 것을 의미합니다. 그런데 한순간의 의분을 참지 못해 하늘이 내린 좋은 기회를 잃어서야 되겠습니까? 역사상 상의 탕왕과 주의 무왕은 힘이 부족할 때 일시적으로 폭군에게 굴복했다가 결국 만고의 업을 달성했습니다. 대왕께서도 마땅히 그들처럼 때에 따라 몸을 숙일 줄도 아셔야 합니다. 먼저 한중에서 힘을 기르고 민심을 얻은 다음 기회가 되면 제업(帝業)을 도모하시면 됩니다. 그것이 바로 위대한 인물의 기백입니다."

한대 초기에 정치적 환경은 매우 복잡했다. 유씨가 아닌 이성 제후 왕들이 빈번히 반란을 일으켰고, 민심도 안정되지 않았던 것이다. 소하는 새로운 왕조의 권력을 공고히 할 방법들을 많이 구상했는데, 그 중의 하나가 바로 유방이 흉노와 내통한 한왕신(韓王信, 한신과 이름이 같아 한왕 한신이라 하지 않고 한왕신이라 불렀다 - 옮긴이)을 정벌하러 갔을 때 돌연 미앙궁을 지은 것이다.

소하는 황제가 거주하는 궁전을 지음으로써 유방이 진짜 천자임을 과시하려 했다. 미앙궁은 수많은 부속 건축물들을 포함하여 사방 10리가 넘는 위용을 갖췄다. 높은 지대에 지어져 장안을 내려다보는 화려하고도 웅장한 미앙궁은 유방이 돌아왔을 때 이미 절반 정도 완성이 되어 있었다. 유방은 자신이 없는 새에 사고를 친 소하에게 호통을 쳤다.

"천하가 아직 안정되지 않았고, 승부가 완전히 가려지지 않은 상황에서 승상은 왜 이렇게 엄청난 궁전을 짓는가!"

"궁전은 황제가 신하들을 알현하는 곳입니다. 그렇기 때문에 아직 천하가 어지러움에도 불구하고 웅장한 궁전을 지어 황제의 위엄을 드러내고, 천하의 사람들이 황제의 발아래 엎드리게 해야 합니다. 또한 폐하께서는 마땅히 후대를 생각하시어 궁전을 지어야 합니다. 지금 폐하께서 궁전을 지으시면 자손들께서는 궁전을 짓기 위한 수고를 하지 않아도 됩니다. 장기적으로 생각하면 궁전을 짓는 이 역사는 나라를 위해 돈을 아끼는 것이기도 합니다."

소하가 미앙궁을 지은 것은 역사적으로 길이 남을 만한 공적이었지만 유방은 시종일관 그에 대한 의심을 버리지 않았다.

한신이 진희(陳豨)와 결탁하여 모반을 일으켰을 때 소하는 나라를 위해 한신과 인간적으로 나눈 두터운 정을 포기하고 여후의 뜻대로 한신을 처형했다. 이 무렵 유방은 한단에서 반란을 평정하고 있었다. 그는 한신을 추천한 소하를 쉽게 믿어서는 안 된다는 생각에 사신을 장안으로 보냈다. 그래서 소하를 상국으로 승격시키고 5,000호의 식읍을 주었다. 또한 도위로 하여금 500명의 사병을 지휘하여 상국을 호위하도록 했다. 장안에 있던 신하들은 모두 소하를 부러워하면서 축하했다. 그러나 소평(召平)이라는 인물만은 소복을 입고 소하를 조문했다.

소평은 진나라 시대에 동릉후(東陵侯)에 봉해졌다가 진이 멸망하자 평민으로 전락하여 성동에서 오이 농사로 생계를 유지하고 있었다. 그가 소출한 오이는 특히 껍질이 얇고 씨가 적으면서 맛이 좋아 사람들은 '동릉과(瓜)'라고 불렀다. 소하는 소평의 능력을 썩혀서는 안 된다고 생각하여 유방에게 추천해 벼슬을 내리도록 했다. 그런데 소평은 소하에게 "어르신께 큰 화가 미칠 것입니다!"라는 말을 했다. 그 이유는 황제가 친정을 나가 고생을 하고 있는데 후방에서 아무런 공도 세우지 않은 상국에게 후한 상을 내리고, 군사를 파견하여 호위까지 하게 한 것은 회음후(한신)와의 관계를 의심하기 때문이라는 것이었다. 더욱이 호위군의 수를 늘린 것은 상국을 총애해서가 아니라 만일의 사태를 대비하려는 속셈이라는 것이다.

그래서 소평은 상국이 생명을 보전하기 위해서는 상을 사양하고, 가산을 내놓아 군비로 쓰도록 하여 황제의 의심을 없애야 한다고 건의했다. 정신이 번쩍 든 소하는 곧바로 소평의 조언대로 함으로써 위기를 모면했다.

고조 12년(기원전 193년) 가을, 유방은 회남의 영포를 정벌했다. 군대를 이끌고 출정을 떠난 유방은 경사를 지키면서 태자를 보좌하는 소하를 믿지 못해 몇 번이나 사신을 장안에 보내 동정을 탐지하도록 했다. 소하는 지난번과 같이 재산을 군대에 헌납하였지만 별다른 효과가 없었다. 그러자 한 막료가 소하에게 주의를 환기시키는 의견을 올렸다.

"상국께서는 일등 공신이자 더 이상 올라갈 자리가 없을 정도로 귀한 신분이 되셨습니다. 이것이 황제께서 상국을 경계하는 첫 번째 이유입니다. 두 번째로 황제가 상국을 꺼리는 이유를 말씀드리겠습니다. 상국께서는 관중에 들어오신 이래 10여 년 동안 정말로 청렴하게 나라와 백성들을 위해 봉사하셨습니다. 그래서 백성들은 하나같이 상국을 지극히 존경하고 있습니다. 황제께서 사람을 보내 상국의 동정을 살피는 것은 상국께서 백성들의 지지를 등에 업고 혹시나 반란을 기도할지 모른다는 걱정을 하시기 때문입니다. 그러니 상국께서 이런 국면을 벗어나기 위해서는 허를 찌르는 방법을 쓰셔야 합니다. 즉 백성들의 전답과 집을 강제로 싸게 산다면 그동안 쌓은 명성에 큰 흠집이 생길 것입니다. 그러면 멀리 외지에 계신 황제께서 안심을 하지 않겠습니까?"

소하는 막료의 말대로 실행했고, 유방은 마음을 놓았다. 유방은 소하가 이익에 연연하는, 정치적 야심이 없는 인간이라 생각하게 되어 다시는 사자를 장안에 보내 염탐하지 않았다.

유방은 영포를 평정하고 돌아오는 길에 끊임없이 나타나 어가를 막는 백성들을 만나야 했다. 백성들은 하나같이 소하가 직권을 이용해 약탈했다는 하소연을 늘어놓았다. 흐뭇한 마음을 감추기 힘들었던 유방은 장안으로 돌아오자마자 소하를 불러 고소장들을 들이대며 질책을 했다.

"평소 정정당당하던 소 승상이 어찌 백성들과 이익 다툼을 하여 체통을 버렸는가?"

소하는 머리를 조아리고 죄를 빌면서 만감이 교차하는 것을 어쩌지 못했다.

얼마 후 소하는 상소를 올렸다.

"장안 인근은 인구가 많고 땅이 좁은데 황실에서 가축을 기르고 사냥을 하는 상림원(上林園)이 100여 군데가 넘습니다. 그런 땅을 비워두는 것보다는 금령을 해제하여 백성들에게 농사를 짓도록 하는 것이 바람직할 것 같습니다. 그래서 백성들이 일용할 양식을 얻고, 탈곡한 겨로 관가의 가축을 먹인다면 나라와 백성 모두에 유익할 것입니다."

상소를 본 유방은 소하에게 불같이 화를 냈다.

"네가 상인들에게서 뇌물을 먹고 짐의 상림원을 침탈하려는 것이냐!"

그러고는 소하에게 칼과 족쇄를 채워 감옥에 가두도록 명령했다.

왕씨 성의 위위(衛尉)는 소하가 억울한 경우를 당했다는 생각을 하다 유방이 기분 좋은 틈을 타 "소 상국이 무슨 죄를 지었기에 투옥하신 것입니까?"라고 물었다.

"짐이 듣기에 진대의 승상 이사(李斯)는 공은 주상에게 돌리고 자신의 실수에는 책임을 짐으로써 주상의 얼굴에 먹칠을 하지 않았다. 그런데 소하는 승상이 되어 자신은 이익을 취하면서 황실의 상림원을 민심을 얻기 위해 이용하려 했다. 짐이 이런 자를 어떻게 처벌하지 않을 수 있겠느냐?"

그러자 왕위위가 간곡하게 청원을 했다.

"백성들을 위해 폐하께 소원을 하는 것이 상국의 직책인데 어찌 그를 탓하십니까? 과거에 폐하께서 군대를 이끌고 외지에 나가셨을 때 소 승상은 후방을 지켰습니다. 그가 정말로 딴마음을 먹었다면 관중을 점령하여 폐하가 돌아올 곳이 없도록 했을 것입니다. 그런데 그때 자신의 이익을 생각하지 않았던 소 상국이 이제 와서 사리사욕을 추구하겠습니까? 진나라가 멸망한 이유는 주상이 자신의 과오를 깨닫지 못했기 때문입니다. 이사는 승상으로서 직간을 하지 않고, 오히려 아부만을 했기 때문에 나라를 망하게 만들었습니다. 그런데 어찌 영명하신 폐하께서 진시황의 전철을 밟으려 하시는 겁니까?"

평소 혹시라도 진나라가 망하게 된 전철을 밟게 될까 걱정을 많이 했던 유방은 왕위위의 말에 정신이 번쩍 들었다. 그래서 소하의 죄를 사면하고 다시 상국으로 복직하도록 명했다. 소하는 감옥에서 나오자 제대로 관복을 갖추지도 않은 채 맨발로 대전에 나와 유방에게 감사를 표했다. 이 모습에 조금 멋쩍어진 유방은 자조적인 말투로 소하를 위로했다.

"상국은 백성들을 위해 한 말인데 짐이 듣지 않았으니 짐은 하의 걸왕, 상의 주왕 같은 폭군이로다. 상국이 곤욕을 치른 것은 어진 신하임을 입증한 것이다. 짐이 그대를 투옥시켰던 것은 일부러 천하의 백성들에게 그대가 훌륭한 승상이고, 짐이 나쁜 황제라는 사실을 보여주기 위해서였다."

소하는 씁쓸한 심정을 말로 표현할 수는 없었다. 그 후로 소하는 더욱 신중하게 처신하면서 토지를 사야 할 때면 반드시 먼 곳에 샀고, 가옥도 크게 짓지 않았다. 자신의 행동에 대해 소하는 이렇게 설명했다.

"만약 후대의 자손들이 현명하다면 나의 근검절약하는 면을 배울 것이다. 또한 잘난 후손이어서 권세를 누린다면 토지를 마련하는 짓거리를 하지 않아도 생활에 아무런 걱정이 없을 것이다."

한왕 5년(기원전 202년) 12월, 초왕 항우를 패배시킨 지 얼마 안 된 한왕 유방은 눈보라를 무릅쓰고 정도(定陶, 오늘날의 산동성 정도현 ─ 옮긴이)의 한신 군영으로 가서 군대를 주둔시켰다.

　과거 형양 전투에서 대패하여 곤경에 처한 유방은 어쩔 수 없이 계략을 써서 한신의 군대를 빼앗았다. 이제 승리자가 된 유방은 두려울 것 없이 당당하게 문무시종을 거느리고 한신의 군막으로 들어갔다.

　먼저 유방은 만면에 미소를 띠고 한신에게 해하에서 절묘한 용병술로 승리함으로써 불세출의 공을 세웠다고 찬사를 보냈다. 그러다 갑자기 걱정 가득한 표정을 지으며 화제를 돌렸다.

　"그대의 공로는 과인의 마음에 잘 새겨두었다. 그런데 이제 천하가 태평하여 전쟁을 할 필요가 없는데 그대가 여전히 대장군의 신분으로 남아 있으면 사람들의 의심을 살 것 같다. 앞날을 생각해서 군대의 잡무는 던져버리고 전심전력으로 제나라에서 왕 노릇을 하는 것이 어떻겠는가? 굳이 사람들의 의심을 받아가면서 표적이 될 필요는 없지 않겠는가?"

　임치(臨淄, 오늘날의 산동성 치박(淄博 - 옮긴이)에 가서 제의 왕이 되라는 제의에 거절할 명분을 찾지 못한 한신은 대장군의 인신을 반납했다.

　제나라는 물산이 풍부하고 지세가 험준했으므로 한신이 이곳에서 세력을 키운다면 매우 위험할 수 있었다.

　제나라 다음으로 한신을 보낼 수 있는 곳은 초나라 땅이었다. 초나라의 경제는 중원에 비해 상당히 낙후된 데다 무엇보다도 백성들은 한신에 대한 원한이 컸다. 초왕 항우를 그리워하는 백성들은 항우를 죽음으로 몰고 간 한신을 증오했으므로 만약 한신에게 초나라를 다스리게 한다면 명령이 제대로 통하지 않을 것은 명약관화했다. 만약 한신이 반란을 일으킨다 해도 호응할 사람은 없을 것이다. 그러므로 한신을 초왕으로 봉하는 것은 훌륭한 이이제이(以夷制夷) 전략이 되는 것이다. 얼마 후 유방은 한신을 불러 초왕이 되라는 명령을 내렸다.

"의제(義帝)는 후사 없이 죽었으므로 초나라에서는 승계할 인물이 없다. 그대는 회양 출신으로서 초나라의 사정에 밝으니 과인은 그대를 초왕에 봉하기로 결정했다. 그러니 초나라로 돌아가서 의제의 과업을 잇도록 하라. 장군의 능력이면 분명히 초나라를 잘 다스릴 수 있을 것이다!"

이로써 제나라의 봉토를 빼앗긴 한신은 초왕이 되어 하비(下邳, 오늘날의 강소성 비현 남쪽-옮긴이)에 도성을 정했다. 한신은 유방이 겉으로는 자신을 승격시켰지만 실제로는 내쳤다는 사실을 잘 알고 있었다. 하지만 달리 생각하면 고향으로 돌아가 사람들에게 자신의 부귀를 과시하는 것도 괜찮겠다 싶어 흔쾌히 유방의 제의를 받아들였다.

강릉(江陵, 오늘날의 호북성 강릉-옮긴이)을 점령하고 있던 임강왕(臨江王) 공위(共尉)는 한왕에게 신하로서 복종하기를 거부했다. 그러자 유방은 노관과 유가 두 장군에게 강릉을 평정하고 공위를 잡아들이도록 했다. 이와 동시에 한나라 군대는 장강 하류의 오군(吳郡)을 점령했다. 이로써 한왕 유방은 원래 진나라의 세력권이었던 지역을 모두 손에 넣게 되었다.

유방이 제위에 오르는 것은 이제 거스를 수 없는 대세가 되었다.

제후왕들과 대신들이 유방을 황제로 모셔야 한다는 공감대를 형성하자 먼저 초왕 한신, 회남왕 영포, 양왕 팽월, 형산왕 오예, 조왕 장오, 연왕 장도 등이 공동으로 상소를 올렸다.

"과거 진나라는 무도하였기에 천하의 영웅들이 공동으로 패망시켰습니다. 이에 대왕의 공로가 가장 크므로 저희들은 간곡하게 대왕을 제위에 옹립하고자 합니다. 그렇지 않고 대왕과 저희들이 모두 칭왕을 한다면 상하를 가릴 수 없고, 천하를 잘 다스릴 수도 없습니다."

유방은 진작부터 황제가 될 마음을 가졌지만 부하들이 권하자 겸양을 떨었다.

"과인은 현명하고 덕이 큰 사람이어야 황제가 될 자격이 있다고 생각한다. 과인은 어질지도, 덕을 갖추지도 못했으므로 황제가 될 수 없다."

그가 겸양을 떨수록 제후왕과 군신들은 땅에 무릎을 꿇고 큰절을 올리며 강력하게 권했다.

"대왕께서는 비록 한미한 출신이지만 천하를 자신의 몸과 같이 여기면서 장수들을 거느리고 진의 폭정을 마감하셨습니다. 그 후 다시 한중으로 진출하여 불의한 항우를 죽여 천하를 평정하시고는 토지를 공을 세운 자들에게 식읍으로 분봉하심으로써 아무런 사심이 없음을 보여주셨습니다. 대왕의 위엄과 덕행은 그 누구와도 비할 수 없고, 황제가 되시기에 조금도 부끄러움이 없습니다. 그러므로 저희들은 진심으로 뜻을 같이하여 대왕을 추대하는 것입니다!"

이렇게 군신들의 권유와 세 번의 거절 끝에 유방은 황제가 되겠다는 응낙을 했다.

2월 3일, 길일로 선택된 이날 한왕 유방은 정도 성 밖의 사수(泗水, 오늘날의 산동성 거현莒縣 북부, 현재는 수몰되었다 - 옮긴이) 북안에 임시로 설치된 단에서 정식으로 황제에 등극했다. 그는 왕후를 황후로, 왕태자를 황태자로 개칭하고, 모친 유온(劉媼)을 소령(昭靈)부인으로 승격한다는 선포를 했다. 문무백관은 일제히 만세를 불렀다.

황제가 된 유방은 정도에서 며칠 동안 머무르다가 문무 신료들을 거느리고 낙양으로 갔다. 낙양을 수도로 정하기로 마음먹었기 때문이다.

봄기운이 완연한 5월의 어느 날, 유방은 낙양 남궁에서 신하들을 불러 연회를 베풀었다. 황금색 용포를 입은 유방은 술잔을 들고 흥이 돋은 목소리로 질문을 던졌다.

"내 사랑하는 신하들이여! 한자리에 모여 승리를 축하하는 이 마당에 마음을 열고 기탄없이 대화를 해 보자. 짐은 한 가지 의문이 있다. 항우는 과인보다 군사도 많았는데 천하를 잃었다. 그에 비해 과인은 힘이 미약했는데도 천하를 얻었다. 그 이유가 무엇인가?"

왕릉(王陵)이 첫 번째로 일어나 큰 소리로 대답했다.

"폐하께서는 평소에 사람들을 대할 때 오만하고 성을 잘 내십니다. 항우처럼 인자하고 자상하지는 않습니다. 그러나 폐하께서는 전쟁에서 승리하면 공을 세운 인물들에게 점령한 땅을 아낌없이 상으로 나눠주셨습니다. 이는 폐하께서 사람들과 승리의 열매를 같이 나누겠다는 넓은 도량을 가지고 계시기에 가능한 것입니다. 그러므로 모두들 황상을 위해 기꺼이 헌신을 했습니다. 그렇지만 항우는 공을 세운 사람들을 질투하고, 현능한 인물들을 의심했습니다. 항우는 공을 세운 사람들에게 상을 내리지 않고, 이익을 다투었기에 실패할 수밖에 없었습니다."

사람들이 모두 고개를 끄덕이며 왕릉의 의견에 동의를 했다.

그런데 유방은 머리를 내저으며 부인했다.

"그대는 하나만 알고 둘은 모른다. 성공과 실패를 가르는 관건은 사람을 잘 쓸 줄 아느냐의 여부에 달려 있다. 전략을 짜는 데 있어 짐은 자방(장량)만 못하다. 후방을 지키면서 백성들을 안심시키고, 군량을 조달하여 공급하는 등 후방을 다스리는 데 있어 짐은 소하를 능가하지 못한다. 백만 대군을 통솔하여 전쟁을 승리로 이끄는 능력은 한신이 짐보다 낫다. 짐은 이 3명의 뛰어난 인재들을 부릴 수 있었기에 승리한 것이다. 하지만 항우는 수하에 범증밖에 없었고, 그나마 의심을 했으니 어찌 실패하지 않을 수 있겠는가?"

유방은 다시 한마디 덧붙였다.

"좌중의 그대들도 물론 큰 공을 세웠도다."

이 말로 유방은 모두의 마음을 훈훈하게 해 주었다.

이날 유방의 언급으로 장량, 소하, 한신은 '한초3걸(漢初三傑)'이라 불리게 되었다.

원칙 없는 처사로 시비를 흐리다

군주가 신하의 잘못된 사생활이나 단점을 두둔하는 것은 바람직한 일이라 할 수 없다. 원칙 없이 편을 들다 보면 법도가 없어지고, 시비를 가릴 수 없기 때문이다. 이런 면에서 반면교사와 같은 송 태조의 신하들에 대한 편애와 감정적인 처사에 대해 살펴보는 것도 나름대로 의미가 있을 것이다.

태조 연간에 창주(滄州, 오늘날의 산동성 창주-옮긴이) 절도사인 장미(張美)가 민간인의 딸을 강제로 첩으로 삼고, 백성들로부터 4,000민(緡, 1민은 동전 1,000매-옮긴이)을 착취했다는 고발이 들어왔다. 이 두 가지 죄는 각기 사형에 처할 수 있을 정도로 엄중한 것이었지만 태조는 장미에게 아무런 벌을 내리지 않았다. 태조는 장미에게 성은을 입게 함으로써 큰 효과를 거뒀지만 올바른 처사는 아니었다.

태조는 장미의 축첩 사실에 대한 진상을 확인하기 위해 고발을 한 사람을 불러 친국을 했다.

"장미가 부임하기 전에 창주는 아주 평화로운 곳이었더냐?"

"그렇지 않았습니다."

태조가 다시 물었다.

"장미가 온 이후로는 어떠했느냐?"

"장미가 온 후에는 전란이 없었습니다."

"그러면 장미는 너희 창주 백성들의 생명을 보호하는 데 있어 큰 공을 세웠구나. 너의 딸을 장미가 취한 것에 대해 너는 무슨 원한을 가지고 있느냐? 네가 나에게 장미를 삭탈관직시키고 죽이라고 하지만, 내가 그를 죽이지 않는 것은 이유가 있다. 즉 나는 장미를 아낀 것이 아니라 창주의 백성들을 위해서 그러한 것이다."

태조는 다시 "네 딸의 몸값이 얼마나 되느냐?"고 물었다.

"돈으로 따진다면 500민은 됩니다."

그러자 태조는 첩의 아비에게 500민을 내주도록 했다.

태조는 장미의 어머니도 불러들여 아들의 비행을 이야기해 주었다. 그녀는 머리를 조아리며 "집 안에만 있는 저로서는 아들이 밖에서 하는 짓을 정말로 몰랐습니다"라고 했다. 태조는 그녀에게 1만 민을 주면서 그 돈을 아들에게 주어서 백성들에게 빼앗은 액수만큼 돌려주도록 했다. 그리고 장미의 모친에게 "앞으로 돈이 필요하면 나에게 달라고 하지 백성들에게서 긁어모으는 짓은 하지 말라 전하라. 기왕 첩으로 삼은 여자에게는 잘 하고, 그 부모들에게는 매년 선물을 하며, 평상시에도 잘 모시도록 하라"라는 말을 아들에게 전하라고 했다.

태조의 행동은 모든 사람을 만족시켰고, 특히 장미의 감격은 형용할수 없을 만큼 컸다. 장미는 창주 절도사로 10년간 일하면서 훌륭한 업적을 쌓았다. 결과를 놓고 말하자면 태조의 장미에 대한 선처는 옳고그름을 떠나 현명하게 융통성을 발휘한 경우라고 할 수 있다.

이와는 대조적으로 태조가 일방적으로 신하를 감싸 빈축을 산 일도있었다.

조보(趙普)는 태조가 제위에 오르기 전부터 총애를 받았던 인물로 서기 일을 맡았다. 태조는 황제가 된 후에도 조보를 친근하게 서기라고부르면서 수족처럼 여겼다. 한번은 어사중승(中丞) 뇌덕양(雷德驤)이 조보가 백성의 집을 강제로 사들이고, 거부를 축재했다고 고발하는 사건이 일어났다. 태조는 뇌덕양에게 벌컥 화를 냈다.

"너는 조보가 나라의 중신이라는 사실을 모른단 말이냐?"

화를 삭이지 못한 태조는 뇌덕양을 쫓아내고 정원에서 몇 바퀴를 돌다 관을 떨어뜨렸다. 갑자기 자신이 너무 지나치게 굴었다는 생각이든 태조는 뇌덕양을 불러들이도록 했다.

"앞으로는 나라에 공을 세운 중신을 고발하지 말라. 이번에는 용서하겠다. 그리고 오늘 일은 다른 사람들에게 발설해서는 아니 된다!"

이 일은 확실히 태조가 조보를 지나치게 비호한 것이다. 태조는 공신이라도 과오까지 다 용서해서는 안 된다는 원칙을 잊었던 것이다.

태조의 이러한 행동은 상대의 마음을 사는 데에는 유리할지 모르지만, 정의를 구현하려는 사람들을 실망시키는 부작용을 낳았다.

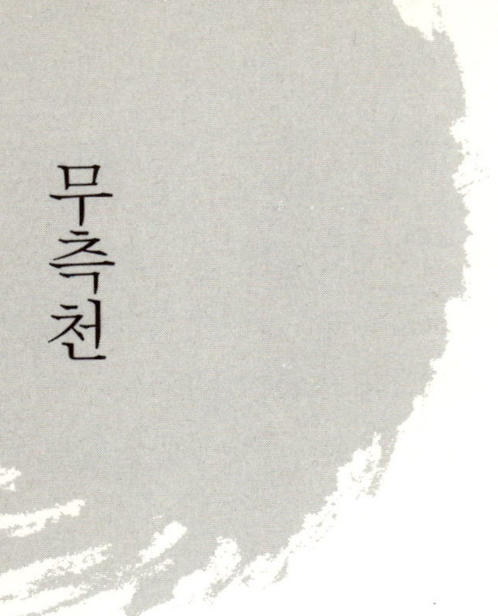

참언을 근절하고 간언을 받아들이다

무측천의 '치국평천하'에 대한 야망은 이미 고종의 황후였을 때부터 시작되었다.

상원(上元) 원년 12월, 무측천은 천후의 신분으로 고종 이치(李治)에게 치국에 관한 열두 가지 의견을 상주했다. 이는 무측천이 정치 무대에 등장한 이래 처음으로 정치적 주장을 천명한 것으로 역사적으로 '건언 12사(建言十二事)' 라 불리고 있다. 그 내용을 보면 다음과 같다.

1. 농업과 잠업을 발전시켜 조세와 부역을 경감한다.
2. 경사 인근의 백성들에게는 조세와 부역을 면제해 준다.
3. 대외 전쟁을 중지하고 도덕으로 천하를 교화한다.
4. 천하를 남북으로 구분하지 말고, 궁 안팎의 사치와 향락을 금지한다.
5. 대규모 건축과 토목 사업을 하지 않음으로써 재정과 노동력을 절

감한다.

6. 언로를 확대한다.

7. 근거 없는 소문이 나돌지 않도록 방지한다.

8. 왕공 이하 모든 사람들이 노자의 『도덕경』을 배우도록 한다.

9. 부친이 살아 있고 모친이 죽었을 때는 3년 동안 시묘를 하도록 한다.

10. 상원 원년 이전에 공을 세운 사람들에게는 인사고과를 하지 않는다.

11. 8품 이상의 중앙 관리들에게는 녹봉을 올려준다.

12. 능력이 있으면서도 하위직에 머물고 있는 관리는 파격적으로 승관한다.

'건언12사'는 현실의 문제점을 정확하게 짚어내 해결책을 제시한 것이었다. 12사의 내용은 성격에 따라 세 가지로 분류할 수 있다.

첫째, 경제 발전에 힘쓰면서 외화내빈을 경계해야 한다는 것이다. 당 태종은 뛰어난 통치력으로 경제적인 안정과 번영의 틀을 세웠다. 사서에 의하면 태종 시대에는 영토가 확장되었으며, 경제 발전으로 인해 사회적인 안정을 이룩했다. 예를 들어 상업이 활성화된 곳에서도 도적이 출몰하지 않았고, 죄인이 없어 감옥이 빌 정도였다고 한다.

태종을 9년간 모셨던 무측천은 '정관의 치'가 얼마나 대단했는가를 실감했다. 그러나 태종이 죽은 후 몇 년 동안 그녀는 조정의 쇠퇴를 직접 목격했다. 고종은 즉위 후 기본적으로 태종의 정책을 계승하여 안정을 유지했다. 하지만 몇 년 동안 하남, 산동, 강소, 안휘, 관중 등지에 심각한 가뭄이 들어 쌀값이 폭등해 버렸고 아사자가 속출했다. 치국에 일가견이 있는 무측천은 이러한 상황을 방치하면 안 된다는 위기의식을 가지고 농업과 잠업을 발전시켜 조세와 요역을 감면해야 한다는 주장을 한 것이다. 후일 그녀의 주장은 공론이 아님이 증명되었다.

12사의 두 번째 특징은 참언을 근절하고 간언을 받아들여야 한다는 것이다. 예로부터 명군과 혼군을 가리는 주요한 기준은 신하들의 직간을 수용하느냐의 여부였다. 정관 연간의 명신인 위징은 '간언을 겸허하게 받아들이면 명군이고, 참언을 믿으면 혼군' 이라고 했고, 태종은 '현능한 인물을 등용하고, 직언을 받아들이는' 태도로 영명한 군주라는 평을 들었다. 무측천은 태종의 후궁으로 있는 동안 자연히 그 영향을 받은 것이다.

무측천은 과거 궁중에 있을 때 다음과 같은 이야기를 들었다. 정관 4년, 태종이 낙양궁의 건원전을 중수하려 할 때 대신 장현소(張玄素)는 이 공사가 사람들의 몸에 난 부스럼과 같이 해악한 것이라며 수 양제가 대규모 공사로 인해 멸망한 사실을 거론했다. 태종은 듣기에 귀에 몹시 거슬리는 이야기였지만 화를 내지 않으며 질문했다.

"그러면 걸왕, 주왕과 비교하면 어떠한가?"

장현소는 여전히 강경한 말투로 대답했다.

"이 공사를 정지하지 않는다면 결국에는 난을 초래할 것이니 폭군인 그들과 다름이 없습니다."

태종은 꿋꿋하게 바른 말을 하는 장현소의 충성심을 갸륵하게 여겨 비단 200필을 하사했다.

태종의 넓은 도량과 이성적으로 간언을 받아들이는 자세를 존경했던 무측천은 정관시대에 비해 신하들이 바른 말을 하는 분위기가 위축되고 있음을 우려했다. 그래서 그녀는 언로를 넓히도록 고종에게 권고를 하는 한편 자신도 신하들의 간언에 귀를 기울였다. 언로를 넓히는 것은 신진 관료들의 역량을 키워 나라를 위해 봉사하도록 하는 주요한 수단이었다.

12사의 세 번째 특징은 신진 관료들의 이익을 옹호하는 것이다. 무측천은 신진 관료들을 자신의 중요한 정치적 자산으로 삼아 사족(士族)의 특권을 격파하도록 하고, 더 나아가 통치에 유리한 환경을 조성하려 하였다.

12사는 고종과 새로운 관료 집단의 광범위한 지지를 얻었고, 그대로 시행에 부쳐졌다.

봉건시대에 여자인 무측천이 치국안방(治國安邦)의 대계를 발표하고, 10년 뒤에 대통을 이어받아 능력을 발휘한 것은 실로 대단한 일이라 할 수 있다.

관리의 임면권을 중앙에 귀속시키다

쿠빌라이는 한인 출신 학자들의 충고를 받아들여 '용인'의 중요성을 깊이 새겼다. 그래서 관리의 선발과 평가에 각별한 주의를 기울였다.

지원 원년(1264년), 쿠빌라이는 제후세수(世守)를 폐하고 노(路), 부(府), 주(州), 현(縣)의 관리들을 감축한 뒤 관리의 임면권을 완전히 중앙에 귀속시키는 천전법(遷轉法)을 실시했다. 이 법의 시행은 쿠빌라이의 중요한 개혁의 하나로서, 중앙 집권을 강화하는 강력한 수단이 되었다.

관리 선발에 있어 쿠빌라이는 추밀원, 어사대, 선정원에 자체적인 선발 권한을 부여했다. 그 밖의 기구들은 필요한 관리를 충원하기 위해서는 중서성의 심사와 감찰을 받도록 했다.

쿠빌라이 시대에는 과거제도를 실시하지 않았다. 지원 4년(1267년) 9월, 한림학사승지 왕악(王鶚) 등은 "과거를 통해 인재를 등용하는 것이 급선무"라는 상소를 올렸다. 과거제도에 대해 상세히 언급을 한 상소를 본 쿠빌라이는 당대 이후 과거가 관리를 선발하는 가장 좋은 제도라고 믿게 되었고, 따라서 시행에 부치도록 했다. 그러나 송과의 전쟁이 긴급해지자 과거를 실시하려던 계획은 무산되었다.

지원 10년(1273년), 쿠빌라이는 대신들의 건의를 받아들여 다시 과거를 실시하도록 명했다. 다음 해에는 몽고 진사과와 한인 진사과를 제도화할 것이라는 상소가 올라왔다. 지원 21년(1284년), 승상 화로화손(火魯火孫)과 유초염(留楚炎) 등은 중서성 신하들을 대표하여 과거를 실시해야 한다는 주장을 했다. 쿠빌라이는 동의를 한 뒤 '시부(詩賦)를 폐하고 경학을 중시하는 과거제도'를 실시하라는 명령을 내렸다. 그러나 무슨 연유인지 과거는 실시되지 않았다. 비록 과거를 실시하지는 않았지만 제도로서의 과거는 이때 그 틀을 갖추게 되었다.

쿠빌라이는 과거제도를 시행하지는 못했지만 천거(薦擧), 특소(特召), 이진(吏進), 승음(承蔭) 등 몇 가지 경로로 관리들을 선발했다.

천거는 관리들이 '재능'과 '근각(根脚)'이라 불리는 신원조사를 거쳐 인재를 추천하여 관직에 진출하도록 하는 것이다. 기록에 의하면 원대에는 무엇보다도 근각을 가장 중시했다고 한다.

특소는 황제가 특별한 인재들을 구하는 명령을 내리는 것이다. 쿠빌라이는 황제가 되기 전에도 추천을 통하여 많은 인재를 얻었고, 황제가 된 후에도 '숨어 있는 선비들이 세상으로 나오도록' 하는 등 모든 방법을 망라하여 필요한 인재를 충원했다.

이진은 쿠빌라이가 관리를 선발하는 주요한 수단이었다. 원대의 관리들 가운데서도 요직으로 꼽힌 것은 공문을 처리하는 영사(令史), 사리

(司吏), 필도적(必闍赤), 번역을 담당하는 역사(譯史)와 통사(通事), 황제에게 보고를 하는 선사(宣使)와 주차(奏差), 인신을 관리하는 지인(知印), 문서를 발송하고 보관하는 전리(典吏) 등이었다. 이들 관리들은 쿠빌라이 시대에 특히 각광을 받았다.

승음은 몽고의 권문세가 및 고관의 자제들이 부친이나 선대의 공적을 인정받아 관직에 오르거나 세습하는 것을 뜻한다. 쿠빌라이는 승음제도에 엄격한 제한을 가했다. 승음제도를 폐지하지는 않았지만 혜택을 받는 인원을 대폭 줄여서 특권 계층의 사회적 영향력을 제한한 것이다.

이와 동시에 행정적 효율성을 높이기 위해 쿠빌라이는 관리들을 평가하고 감찰하는 제도를 만들었다.

감찰제도는 중앙에 어사대(약칭으로 중대中臺라고 한다 - 옮긴이)를 설치하여 모든 관리들의 선행과 비리를 파악하고, 산동, 하남, 하북 등을 직접 다스리도록 했다. 지방에는 동남부 지역의 강남제로행어사대(약칭 남대南臺-옮긴이), 서부의 성들을 담당하는 운남제로행어사대(약칭 서대西臺-옮긴이)를 설치했다. 중대, 남대, 서대는 산하에 각기 몇 개의 도제형안찰사(道提刑按察司)를 두었다가 후일 숙정렴방사(肅政廉訪司)로 개칭했다. 숙정렴방사는 정기적으로 각종 사건의 기록과 관리들에 대한 탄핵, 심리된 사건의 검토, 관리들의 인사고과 등을 토대로 승진이나 파직 등을 건의했다. 어사대와 행어사대는 각 도의 숙정렴방사와 연계하여 전국 규모의 감찰 체제를 갖추었는데, 다른 부처의 간섭을 받지 않으면서 독자적으로 감찰 기능을 수행했다.

쿠빌라이가 확립한 관리 선발, 인사고과, 승진제도 등은 기본적으로 중원의 왕조들이 시행했던 한법을 따른 것이다. 근각과 승은을 통한 관리 선발은 낙후된 방법이기는 하지만 중원 왕조들의 문벌제도의 잔재로서 명·청 시대에도 완전히 사라지지 않았다. 비교적 체계적인 관리 선발 제도는 쿠빌라이가 한법을 창의적으로 소화한 것이다. 그는 과거제를 실시하지 않았지만 매년 관리들을 보충할 때는 인사고과와 시험을 통해 '성품과 유학적 소양을 갖춰야 한다'는 기준을 만족시켜야 등용했다. 그래서 관리가 되고자 하는 하급직의 이원(吏員)들은 유학에 대한 소양을 갖추기 위해 노력해야 했고, 이는 사상과 문화의 발전에 긍정적으로 기여했다.

이원들은 항상 관리들과 접촉하고 보필하면서 통치 경험을 배웠으므로 어떤 면에서는 경험이 없는 관리들보다 우수한 점이 많았다. 그러므로 이원들이 관직에 오르는 것과 과거를 통해 관리를 선발하는 것은 각기 장단점이 있다고 하겠다. 이원들은 몇 차례의 고과를 통과해야만 관직에 임명되기 때문에 승진이 매우 느렸다. 심지어 일부 이원들은 주현의 하급 관리도 되지 못하고 정년퇴직을 해야 했다. 그러나 능력을 확실하게 갖춘 사람들은 관리로서 무리 없이 승진할 수 있었다.

쿠빌라이는 경험이 풍부한 이원들 가운데서 엄격한 기준을 적용해 관리를 선발함으로써 인재가 고갈되는 상황을 맞지는 않았다.

제**8**장

인재를 알아보는 뛰어난 안목

천하를 평정하려는 제왕은 영웅이 공을 세우기 전에 그의 능력과 인내심을 파악하여 기회를 줄지의 여부를 결정해야 한다. 심지어는 자신의 미래를 그에게 맡길 각오도 해야 한다. 그러므로 뛰어난 제왕들은 모두 인재를 알아보는 데 있어 고수이다. 진시황에서부터 청 태종에 이르기까지 이 점에 예외는 없었다.

수하들을 능수능란하게 제어하다

제나라를 평정한 후 휘황찬란한 제왕의 궁전에 들어간 한신은 춤추고 노래하는 미녀들을 보자 오랜 세월 꿈꿔 왔던 숙원을 이뤘다는 생각에 가슴이 터질 듯했다.

그로부터 며칠 후 한신은 자신이 비록 궁전에 묵으면서 제왕과 같은 생활을 하고 있지만 왕은 아니라는 자각이 들었다. 자신의 신분이 아직도 장군에 불과한 것은 불공평하다는 생각이 들자 편지 한 통을 써서 유방에게 보냈다.

전쟁을 지휘하느라 머리가 복잡하던 유방은 한신의 편지를 읽어보았다.

"제나라는 사람들이 간사하고 교활한 데다 구세력들이 아직도 활개를 치고 있고, 남쪽으로는 초나라와 국경을 맞대고 있습니다. 그러므로 새로운 왕을 봉하지 않으면 의외의 사태가 벌어질지도 모릅니다. 청컨대 신이 잠시 여기에 머물면서 제왕을 대리하도록 윤허하여 주시옵소서."

그 당시 유방은 한신의 위상이 날로 높아지는 것에 대해 불안을 느끼며 어떡하면 그의 세력을 약화시킬 것인가 고민하고 있었다. 그런데 뜻밖에도 한신이 제후왕이 되겠다는 의향을 밝혀 온 것이다. 분노가 치민 유방은 편지를 집어던지며 욕을 했다.

"과인은 이곳에 발이 묶여 밤낮으로 군을 지원하고 있는데, 한신은 꼼짝도 않으면서 제왕을 대신하겠다고? 도대체 이런……."

유방은 '돼먹지 않은'이라는 말을 내뱉으려다 갑자기 진평이 왼발을 콱 밟는 바람에 입을 다물었다. 옆에 있던 장량이 작은 목소리로 속삭였다.

"대왕께서는 지금 불리한 입장이십니다. 대규모 군대를 장악하고 있는 한신을 어떻게 당해 내시겠습니까? 차라리 그자의 소원대로 정식으로 제왕에 봉하는 것이 나을 것입니다. 그러면 한신은 안심하고 제나라를 잘 지킬 것입니다. 그렇지 않으면 엄청난 변고가 생길 것입니다."

유방은 호흡을 가다듬은 뒤 어투를 부드럽게 바꿨지만 분을 삭이지는 못했다.

"정말 유치하기 짝이 없는 자로다. 대장부가 천하를 평정하는 공을 세웠으면 정정당당하게 제후왕이 될 것이지 무슨 '대리' 왕이 되겠다고 운운하는가. 내가 사람을 잘못 보았구나!"

이렇게 말한 유방은 장량에게 특사로서 인신을 가지고 제국에 가서 한신을 제후왕으로 책봉하라는 명령을 내렸다. 이와 동시에 속히 초나라를 공격하라는 명을 내림으로써 한신으로 하여금 기뻐서 입을 못 다물게 만들었다.

유방이 한신에 대해 적절히 견제와 통제를 구사하면서도 미끼를 던져준 기미(羈縻) 전략은 효과 만점이었다. 만약 한신에게 강경한 태도를 보였다면 장량이 짐작한 대로 엄청난 재앙을 초래했을 것이다.

한편 항우는 한신의 일에 대해 듣고 그의 오랜 친구인 무섭(武涉)을 한신에게 보냈다. 한신을 투항하게 만들라는 임무를 띤 무섭은 반가워하는 한신으로부터 융숭한 대접을 받았다. 무섭은 자신의 신분을 숨기지 않고 단도직입적으로 찾아온 목적을 말했다.

"항왕은 인정이 많고 인의를 중시하는 영웅이십니다. 그에 비해 한왕은 탐욕스럽고 은혜를 원수로 갚는 소인입니다. 장군께서 아직도 살아남은 것은 항왕 때문이라고 할 수 있습니다. 항왕이 존재하는 한 한왕은 장군을 이용해야 합니다. 그러나 만약 항왕이 패망하면 장군은 한왕의 손아귀를 벗어날 수 없을 겁니다. 지금 상황으로 보면 항왕과 한왕 중 누가 최후의 승리를 거머쥘지 결정할 수 있는 사람은 장군뿐이십니다. 장군이 한에 충성을 하시면 한이 승리할 것이고, 초나라에 충성하면 초나라가 이길 것입니다. 항왕은 장군을 매우 아끼고 귀히 여기시므로 저를 보내 초나라로 모시고 오라는 분부를 내리셨습니다. 만약 초나라로 오신다면 항왕께서는 장군을 틀림없이 중용하실 겁니다."

무섭의 말에 화가 난 한신이 반박을 했다.

"내가 과거 항왕을 모실 때 항왕은 나에게 겨우 낭중 벼슬밖에 내리지 않았네. 내가 하는 말을 듣지도 않았고, 전략을 내놓아도 채택하지 않았기 때문에 하는 수 없이 초를 배반하고 한나라로 간 걸세. 한왕께

서는 도량이 넓으신 데다 나를 대장군에 봉해서 대군을 거느리게 하셨
네. 한왕께서는 비단옷을 벗어서 나에게 입혀주셨고, 자신의 밥을 내
가 먹도록 나눠주셨던 분이야. 내 말에는 항상 귀를 기울이셔서 나의
전략을 모두 채택하시고, 지금은 나를 제왕에 봉하셨지. 한왕께서 나
를 발탁하고 키워주시지 않았다면 오늘의 한신은 없었을 거네. 사람들
은 '한 모금의 물을 얻어먹었으면 분출하는 샘물처럼 보답을 해야 한
다'고 말들 하지. 내가 어찌 아침에는 한나라, 저녁에는 초나라를 섬기
는 형편없는 소인배가 되겠는가!"

무섭이 뭔가 변명을 하려고 하자 한신은 주먹을 휘두르며 소리쳤다.

"선비는 자신을 알아주는 사람을 위해서 죽고, 여자는 자신을 예뻐
해 주는 사람을 위해 화장을 하는 법이다. 한왕께서 나를 섭섭하게 하
신다 해도 나는 절대로 한왕께 부끄러운 짓은 하지 않을 것이다!"

무섭은 코가 빠질 정도로 황급히 임치(臨淄)를 벗어나 본국으로 돌아
갔다.

수하들을 능수능란하게 제어하고 승복하도록 만드는 것, 그것이 바
로 한왕 유방의 가장 큰 능력이었다.

흥망성쇠를 결정하는 뛰어난 용인술

자고로 높은 지위에 있는 사람은 부하들을 잘 파악해야 뜻하는 바를 이룰 수 있다. 만약 현명함과 어리석음, 선한 자와 악인을 구별하지 못하고 사람을 쓴다던가, 인정에 얽매여 정실 인사를 하면 일을 그르칠 수밖에 없다.

역사적으로 인재를 잘 알아본 황제들을 논할 때 송 태조 조광윤은 열외가 되었다. 하지만 실제로 그는 인물을 보는 눈을 가졌고, 어떤 면에서는 다른 제왕들이 따라올 수 없을 정도의 탁월한 식별 안을 자랑했다. 무엇보다도 태조는 아첨이나 일삼고 눈치를 보면서 총애를 받으려는 신하들을 경멸하고 타기했다.

조광윤은 진나라의 교역(橋驛)에서 경사로 돌아온 당일 즉위 의식을 거행했다. 문무백관이 숭원전(崇元殿)에 도열하고 모든 준비가 끝나자 후주의 공제(恭帝)가 선양을 알리는 조서를 낭독하기를 기다렸다. 그러나 아침까지도 황제였던 공제가 저녁 식사를 할 무렵 제위를 물려줘야 하는 상황이 되었으니 당연히 조서를 작성할 여유가 없었다.

그렇지만 선위(禪位) 칙서 없이 선위 예식을 거행할 수는 없었다. 아무리 간단하게 선위 조서를 작성한다 해도 '제위를 조광윤에게 넘긴다'라고 할 수는 없는 법, 최소한의 형식은 갖추어야 했다. 마침내 선양 칙서를 낭독해야 하는 순서가 되었을 때 공제는 칙서가 아직 준비되지 않았다는 사실을 깨달았다. 팽팽한 긴장감이 도는 순간 한림학사 승지 도곡(陶谷)은 품에서 선양 칙서를 꺼내 공제에게 올렸다. 난처한 상황이 순식간에 해결되었고, 선양 대례는 무사히 끝을 맺었다.

도곡의 공은 아무리 칭찬을 해도 지나치지 않겠지만, 그가 쓴 선양 칙서는 조광윤을 지나치게 추앙하는 내용이어서 듣는 사람들이 민망할 정도였다. 그는 원래 눈치가 빠르고 아부를 잘하는 인물이었으므로 선양 칙서가 필요할 것이라 예상하고 미리 준비를 해 두는 기민성을 발휘한 것이다. 더욱이 선양 의식이 언제 거행될지 모르므로 자신이 요긴한 순간에 선양 칙서를 내놓으면 그 가치가 빛을 더할 것이라 생각했다. 자신의 예상대로 일이 진행되자 의기양양해진 도곡은 조광윤으로부터 만족할 만한 보상을 받으리라 기대했다. 군신들은 부러움과 질시의 눈으로 도곡을 바라보면서 그가 욱일승천의 기세로 출세 가도를 달릴 것이라 추측했다.

조광윤은 도곡이 비범한 재능을 갖춘 인물임을 잘 알고 있었고, 선위 예식에서 큰 공을 세운 데 대해 감사하는 마음을 가졌다. 그렇지만 이런 자를 어떻게 다루어야 할지에 대해서는 망설이지 않을 수 없었다. 자신에게 큰 도움을 준 사실을 참작하여 고관직을 상으로 내려야 할지, 아니면 그의 인간성과 능력에 따라 기용해야 할지 고민이 되었다. 쉽지 않은 일이었지만 조광윤은 이성적으로 후자를 택했다.

그가 보기에 도곡은 재능은 많지만 덕이 부족하여 기회주의자처럼 행동하는 인물이었다. 지금은 황제인 자신에게 충성을 바치는 것 같지만, 세상이 변하면 또 양지를 찾아갈 것은 불을 보듯 뻔했다. 이런 인간을 중용해서는 안 된다고 판단한 조광윤은 그의 공로에 감사를 하면서도 경멸스런 감정을 어쩔 수 없었다.

역사적으로 군주를 기만하는 기술로 중용되는 인물들이 적지 않았지만, 태조는 진정한 인재를 알아보는 눈을 가지고 있었던 것이다.

호국절도사 곽종의(郭從義)는 나귀를 타고 하는 격구에 능했다. 그래서 태조는 그가 조정에 들어오면 기술을 선보이도록 했다. 곽종의는 그런 기회를 이용하여 태조의 눈에 들어 출세를 하려는 마음을 가지고 있었다. 한번은 곽종의가 혼신의 힘을 다하여 격구 기술을 선보이자 태조는 자리에 앉아 휴식을 취하도록 했다. 곽종의는 태조의 기뻐하는 모습을 보자 분명히 자신에게 뭔가 상을 내릴 것이라는 기대에 한껏 부풀었다. 그런데 뜻밖에도 태조는 "너의 격구 솜씨는 확실히 일품이다. 그렇지만 그런 기술은 장군이나 재상이 반드시 갖추어야 할 능력은 아니다"라고 말하는 것이었다. 곽종의는 실망과 함께 부끄러운 마음을 주체하기 힘들었다. 사람을 잘 쓰는 것은 국가의 흥망성쇠를 결정하는 중대사인데, 태조는 용인술에 있어 가히 명군이라 할 만했다.

인재의 장점을 살려 적재적소에 기용하다

당 태종은 '사람은 장단점이 있게 마련이므로 모든 면에 능할 필요는 없다'는 이치를 잘 알고 있었기 때문에 완벽한 인재를 원하지는 않았다. 그는 일찍이 "군자가 사람을 쓰는 방식은 그릇과 같아서 장점만을 취한다"고 했는데, 이는 인재를 합리적으로 활용하는 요령이라 하겠다. 그러므로 태종은 어떤 인물을 등용할 때 좀 부족한 면이 있더라도 개의치 않으면서 장점을 최대한 발휘하도록 격려했다.

어느 날 태종이 장손무기를 입궁하도록 했다. 그는 정신없이 오느라 칼을 차고 왔지만 궁문을 지키던 교위가 발견하지 못했다. 당시 법률은 칼을 가지고 궁에 들어오면 처형하도록 규정하고 있었다. 봉덕이는 장손무기가 실수를 한 것이므로 금 20근을 벌금으로 내도록 하고, 교위는 용서할 수 없는 직무 유기를 했으므로 사형시켜야 한다고 주장했다. 봉덕이가 장손무기에게는 너그러운 처벌을 하도록 주장한 이유는 그가 태종의 손위 처남이자 총애를 받는 대신이기 때문이었다. 태종도 장손무기를 처형하는 걸 원치 않으리라 짐작하여 이 기회에 환심을 사려고 작정한 것이었다. 예상대로 태종은 봉덕이의 주장에 동의했지만 이번에는 대주가 결사반대를 했다. 태종은 다시 의논을 하자고 했지만 봉덕이와 대주는 서로 의견을 굽히지 않았다.

대주는 "교위는 장손무기 때문에 죄를 지은 것입니다. 법적으로 따져보면 교위의 죄는 장손무기보다 가볍습니다. 실수라고 본다면 두 사람 다 범한 것입니다. 그런데 죄가 가벼운 사람은 사형에 처하고, 무거운 죄를 지은 사람을 벌금형에 처한다면 너무 불공평합니다. 이런 식으로 벌을 준다면 사람들이 어떻게 승복을 하겠습니까!"라며 이의를 제기했다. 대주의 주장에 설득당한 태종은 교위를 사형시키지 못하도록 했다.

청렴한 관리로 유명한 대주는 아무런 재산도 없었다. 태종은 그의 충성스러움을 높이 사서 특별히 10만 량을 하사했다. 정관 7년에 대주가 세상을 하직했을 때 집이 너무 누추해서 상을 치르기 어렵자 태종은 묘를 마련해 주었다.

태종도 신은 아니었으므로 간혹 잘못된 인사를 할 때가 있었지만 자신의 잘못을 깨달으면 즉시 시정하는 용기를 가지고 있었다.

예를 들어 정관 2년(628년)에 태종은 태상태경(太常太卿) 조효손(祖孝孫)으로 하여금 궁인들에게 음악을 가르치도록 했는데, 시간이 흘러도 음악 실력이 향상되지 않자 대신들에게 의견을 물었다.

"사람들이 조효손이 음률에 조예가 깊다고 하여 궁인들에게 교습을 하도록 했다. 그런데 궁인들의 연주가 서투른 것은 그의 실력이 부족한 것인가, 아니면 열심히 가르치지 않아서 그런 것인가?"

태종은 조효손을 벌하기로 작정하고 물어본 것이었다. 그러자 왕규와 온언박(溫彦博)이 바른 말을 했다.

"조효손은 음악에 조예가 깊은 학자입니다. 그의 임무는 아악을 정리하는 것인데 폐하께서는 음악을 가르치라고 명하셨으니 이는 큰 인물에게 사사로운 일을 맡기는 우를 범하신 것입니다."

태종은 두 사람의 말에 화가 났지만 다시 생각해 보니 자신의 실수가 틀림없었다. 그래서 조효선에게 계속해서 아악을 정리하도록 명했다. 그 후 조효손은 고악의 전통에 기초하여 남북조시대의 음악과 소수민족의 음악을 접목한 12악, 32곡, 84조의 『대당아악(大唐雅樂)』을 펴냈다.

태종의 인재를 알아보는 안목과 다른 사람들의 의견을 편견 없이 수용하는 태도는 대신들로 하여금 적극적으로 정사에 참여하게 하는 자극제가 되었다. 그는 대신들의 능력을 자세히 관찰하는 동시에 다른 사람들의 인물 평가에도 귀를 기울였다. 그래서 모든 신하들의 면모를 확실히 파악하여 적재적소에 기용할 수 있었다.

부하의 공은 칭찬하고
자신의 공은 내세우지 않는다

건안 12년(207년), 조조는 공신들을 포상하면서 '봉공신령(封功臣令)'을 발표했다.

"내가 의로운 군대를 일으켜 반란을 평정하기 시작한 이래, 지금까지 19년의 시간이 흘렀다. 모든 전쟁에서 이긴 것이 나 개인의 공로이겠는가? 이는 문무백관들이 좋은 의견을 내놓았기 때문이었다. 천하가 아직 완전히 평정되지 않았으므로 나는 문무백관들과 함께 이 과업을 완성하려 한다. 만약 내가 혼자서 공로를 독점하려 한다면 마음이 편치 않을 것이다. 이제 속히 모두의 공로를 평가하여 상을 내릴 것이다."

조조는 이 칙령에서 처음 군사를 일으켜 동탁을 토벌한 이후로 19년 동안 연전연승을 한 것이 개인의 능력이 아니라 수많은 모사와 무장들이 함께 노력한 덕분이라고 치하하고 있다. 또한 앞으로 통일이라는 대업을 달성하기 위해서는 더욱 분발해야 한다는 격려와 함께 그동안의 공로를 독식하지 않고 문무백관들과 함께 나눈다고 선포했다. 그래서 조조는 부하들 대부분에게 상을 내렸다.

조조는 가끔씩 잘못된 의견을 개진하는 부하들에게도 격려를 아끼지 않는다는 원칙을 지켰다. 북으로 오환을 정벌하고 업성으로 돌아온 그가 처음으로 한 일은 북벌을 반대했던 부하들을 포상하는 것이었다. 그는 반대 의견을 냈던 것이 '만일의 실패를 우려하는' 충정에서 그런 것이라 이해한다면서, 앞으로도 위축되어 제대로 발언하지 못하는 우를 범하지 말라는 의미로 후한 상을 내린 것이다.

조조는 부하가 세운 공에 대해서 충분한 보상을 해 주었을 뿐만 아니라, 승리의 과실을 독식한다거나 자신의 업적으로 돌리지 않았다.

건안 12년(207년), 조조는 다시 순욱에게 상을 내리면서 「청증봉순욱표(請贈封荀彧表)」라는 글을 썼다.

이 글에서 조조는 순욱이 관도 대전을 전후로 두 번에 걸쳐 중요한 건의를 한 사실을 상세히 서술했다. 조조는 순욱이 관도를 끝까지 지켜야 한다는 건의를 하지 않았다면 자신은 철병을 했을 것이고, 그렇게 했다면 원소가 기세등등하게 진격을 하여 아군의 사기를 떨어뜨리고 승리했을 것이라고 회고했다. 또한 만약 순욱이 하북으로 회군해야 한다는 건의를 하지 않았다면 4개 주를 평정하는 승리를 거두지 못했을 것이고, 지치고 굶주린 군대가 남으로 내려갔으면 연주와 예주를 잃었을지도 모른다고 분석했다. 전체적인 국면을 파악하는 순욱의 능력도 뛰어나지만, 부하의 의견을 편견 없이 수용한 조조의 능력은 더욱 위대한 것이었다. 조조는 순욱에게 "그대의 걸출한 능력은 내가 따라가기 힘들다"라는 고백도 서슴지 않았다. 이런 태도는 여느 군주들에게서는 확실히 찾아보기 힘든 것이라 하겠다.

그런데 순욱은 제후에 봉하겠다는 조조의 제안을 극구 사양했다. 조조는 다시 순욱에게 서한을 보냈다.

"그대의 책략은 「청증봉순욱표」에서 거론한 두 가지뿐이 아니다. 그대가 수많은 뛰어난 전략과 전술을 내놓았기에 눈부신 승리를 거둘 수 있었고, 그래서 보답을 하려는 것이다."

간곡하고도 진솔한 조조의 서한은 순욱을 감동시키기에 충분했다. 더 이상 조조의 호의를 사양하기 힘든 순욱은 작위를 받았다. 조조는 순욱을 삼공으로 삼으려 했지만 그가 열 번이 넘게 고사하자 그 생각은 거뒀다.

제9장

장점은 취하고
단점은 버리다

'인재를 선별하는 것은 치세의 요결'이라는 말처럼 천하를 통일하는 데 있어 가장 힘든 일은 뛰어난 인물을 적재적소에 기용하는 것이다. 사람의 능력과 인품은 천차만별이므로 조정의 관리들에게 적합한 자리를 맡겨 장점을 발휘하도록 하면 군주는 근심 걱정을 떨쳐버릴 수 있다.

타의 추종을 불허하는 인재 등용

군주가 언로를 개방하면 신하들은 능력을 십분 발휘하게 된다. 그래서 신하들의 간언을 받아들이고, 인재를 알아보는 제왕은 역사적으로 높은 평가를 받는다. 당 태종은 이 방면에서 성공했기 때문에 신하들과 함께 '정관의 치'를 이룩했다.

무측천은 태종의 정치를 지켜보면서 깊은 인상을 받아 귀감으로 삼았다. 그녀가 아들을 황제로 칭하자 재상 유인궤(劉仁軌)는 한대의 여후(呂后)가 폭정으로 후세에 악명을 남긴 일을 거론하면서 경각심을 가져야 한다는 상소를 올렸다. 유인궤의 신랄한 지적에 동감한 무측천은 많은 생각을 했다.

정관 연간의 원로대신인 유인궤는 강직하고 간언을 많이 한 인물로 명성을 날렸다. 그러나 연로했던 그는 무측천 시대에 들어서자 경사 유수직을 사임할 뜻을 비쳤다. 무측천은 무승사에게 자신의 친서를 가지고 장안에 있는 유인궤를 찾아가 만류하도록 했다. 친서의 내용은 이렇다.

"지금 황제는 아직 나이가 어리셔서 내가 대신 정사를 돌보고 있습니다. 이번에 노구를 이끌고 멀리까지 오셔서 좋은 말씀을 해 주신 데 대해 부끄러움을 느끼면서도 많은 위안이 되었습니다. 공의 올곧은 품행은 시종여일하고, 강직함은 고금을 통틀어 비할 사람이 별로 없습니다. 공의 상소를 보고 많은 생각을 한 끝에 귀감으로 삼으려 합니다. 공은 선조에 높은 덕으로 존경을 받았으니 앞으로도 나라를 위해 헌신해 주기를 바랍니다. 나이가 많음을 이유로 물러나겠다는 생각은 거둬 주시기 바랍니다."

무측천은 유인궤를 군공(郡公)에 봉하고, 수공(垂拱) 원년에는 새로운 관제에 따라 문창좌상(文昌左相) 겸 동봉각란대(同鳳閣鸞臺) 3품의 벼슬을 내렸다. 그러나 얼마 후 유인궤는 향년 84세를 일기로 세상을 떴다. 무측천은 3일 동안 조정을 폐하고 수도의 백관들에게 조문을 하도록 했으며, 개부의동삼사(開府儀同三司)와 병주대도독의 관직을 추서한 뒤 건릉(乾陵)에 안치하도록 했다.

무측천은 원로대신들의 간언을 존중했으며 허심탄회하게 젊은 간관들의 의견을 청취했다. 장수 연간에 황제에게 올리는 간언을 관장했던 우복궐(右僕闕) 주경측(朱敬則)은 무측천에게 지금은 태평성대이므로 가혹한 법률을 폐지해야 한다는 상소를 올렸다. 진(秦)나라는 전국시대에 엄격한 형법으로 통치 기반을 다지고, 개인의 세력이 팽창하지 않도록 방지하여 부국강병을 이룩함으로써 6국을 정벌했다. 그러나 진은 통일 후 여전히 구제를 유지하다가 결국 멸망했다. 주경측은 이러한 사실을 강조하면서 진나라의 실패를 타산지석으로 삼아 적시에 변법을 실시하고, 덕을 베풀어 천하의 신민들이 엄법에 대한 공포와 불안감을 떨치고 안정된 삶을 살 수 있도록 해야 한다는 주장을 폈다. 주경측의 견해에 동감을 표한 무측천은 포상을 했고, 장안 연간에는 정간대부(正諫大夫)에 임명하여 국사도 편찬하도록 했다. 무측천은 여러 번 주경측을 궁으로 불러들여 천하 대사에 대해 논의를 했다. 그리고 얼마 후에는 그를 재상에 임명했다.

간언을 받아들이는 데 있어 무측천은 관리의 지위 고하를 가리지 않았다. 천책(天冊) 만세 원년에 유지기(劉知幾)는 한 편의 표(表)를 올렸다. 당시 유지기는 획가(獲嘉)현의 주부라는 9품의 미관에 불과했다. 무측천은 지방의 말단 관리의 의견이지만 진지하게 표를 읽었다. 유지기의 표에는 무측천의 주의를 끄는 네 가지 건의가 있었다.

첫째, 사면령을 남발해서는 안 된다.

둘째, 원칙 없이 관리들을 승진시켜서는 안 된다.

셋째, 불필요한 관리들을 감축하고 포상을 줄이며 기회주의적인 인사들을 경계해야 한다.

넷째, 주와 현의 고위 관리들을 자주 교체해서는 안 된다.

유지기의 의견은 당시의 문제점을 정확하게 지적한 것이었다. 무측천은 그의 간언을 수용하고 상을 내렸다. 성력(聖歷) 2년(699년), 무측천은 유지기를 장안으로 불러들여 몇 명의 관리들과 함께 유, 불, 도의 전고를 모은 『삼교주영(三敎珠英)』을 편찬하도록 했다. 2년 후 책이 완성되자 유지기는 사관(史館)에 들어가 저작좌랑(著作佐郎), 좌사(左史), 저작랑, 비서소감(秘書少監) 등을 역임하면서 국사 편수와 경전에 대한 주해 작업, 실록 편찬 등의 일을 했다.

대족(大足) 원년, 무측천은 변방에서 낙양까지 상소를 올리러 온 소안항(蘇安恒)을 직접 만났다. 소안항은 기주 무읍(武邑) 출신으로 고전과 역사를 섭렵했는데, 특히 『주관(周官)』과 『좌전(左傳)』에 정통했다. 평민의 신분으로 1,000리를 걸어 낙양에 온 그가 쓴 상소의 내용은 무측천이 양왕 무삼사(武三思), 정왕 무유기(武攸曁), 하내왕 무의종(武懿宗), 건창왕 무유녕(武攸寧)을 현공으로 강등하고, 무측천의 20여 명에 달하는 손자들을 변방의 장수로 임명한 것에 대한 의견이었다. 무측천은 소안항의 진실된 간언을 칭찬하고 궁중 음식을 대접한 뒤 돌려보냈다.

1년 후 소안항은 다시 상소를 올렸다.

"이제 태자의 연세도 상당하고 위세와 명망이 높은데 폐하께서 제위에 연연하여 모자간의 깊은 정을 저버리신다면 훗날 무슨 면목으로 고조, 태종, 고종 황제를 뵙겠습니까? 제가 생각하기에는 하늘의 뜻이나 사람들의 마음이 모두 천하는 이씨 집안의 것이라는 데 일치하고 있습니다. 폐하께서 제위를 물러나려 하지 않으시면, 만물은 성하면 반드시 쇠하는 물극필반(物極必反)의 법칙을 벗어날 수 없을 것입니다. 저는 목숨을 위해 나라의 안정을 생각하지 않는 사람이 될 수는 없습니다."

무측천은 소안항의 건의를 받아들일 마음은 추호도 없었지만 괴씸죄를 적용하지는 않았다. 이것은 그녀의 넓은 도량이 드러나는 일화이다.

한편 무측천은 길조를 찾는 데 집착하고, 지나친 불사로 국고를 낭비하였으므로 대신들은 많은 간언을 올렸다. 성력 2년(699년) 9월, 배나무에 꽃이 피자 무측천은 대신들에게 보이며 "얼마나 상서로운 일인가!"라고 했다. 대신들은 "폐하의 덕이 초목에까지 미쳤기에 가을에 배나무가 다시 꽃을 피운 것입니다"라고 아부를 했다. 그러나 봉각시랑 두경검(杜景儉)만은 바른 말을 했다.

"지금은 가을이어서 나무와 풀들이 모두 시드는데 홀연 꽃이 핀 것은 자연의 법칙을 어기는 것입니다. 신은 폐하가 무언가 전례를 어기셨기 때문에 이런 일이 일어났을지도 모른다는 걱정이 됩니다. 저희들은 재상으로서 폐하가 천하를 잘 다스리시도록 보필을 해야 하는데, 이런 천리와 물리에 어긋나는 일이 생긴 것은 저희 모두의 죄입니다."

이렇게 말한 두경검은 바닥에 엎드려 무측천에게 사죄를 했다. 자신의 비위를 맞출 생각을 하지 않고 감히 직언을 하는 두경검에게 무측천은 크게 감동하여 일갈했다.

"경이야말로 진정한 재상이로다!"

장안 4년(704년), 무측천은 낙양성 북쪽의 백사마사(白司馬寺)에 거대한 불상을 제작하면서 그 소요 비용을 명목상 전국의 승려들에게서 걷은 세금으로 충당하는 것처럼 했지만, 실제로는 백성들에게 부담시켰다. 그러자 재상 이교는 상소를 올렸다.

"불상을 짓는 돈은 승려가 아닌 백성들이 내고 있습니다. 수많은 가난한 백성들은 할당액을 내기 위해 노동을 해서 받은 양식으로, 혹은 전답이나 집을 팔아서 요역을 대신하고 있습니다. 불상 제작에 필요한 돈은 70만 전이 넘는 거액입니다. 만약 이 돈으로 빈곤 구제를 한다면 70만 가구를 살릴 수 있고, 노동력도 대폭 절감할 수 있으니 이는 부처

님의 가르침을 실천하는 것입니다. 정말로 이렇게 한다면 부처님과 백성들 모두 기뻐할 것이고, 폐하의 공덕이 천하에 빛나게 될 것입니다. 내세의 복을 빌기보다는 백성들에게 이승에서 폐하의 은혜를 입게 하는 것이 더 낫지 않겠습니까?"

감찰어사 장정규(張廷珪)도 불상 제작에 반대하는 상소를 올렸다.

"신은 현재 가장 긴급한 일은 변경을 안정시키고 나라의 살림을 부유하게 하는 것이라 생각합니다. 불교의 도리로 보더라도 재난을 구제하고 부당한 행위를 근절해야 합니다. 폐하께서는 신의 어리석은 의견을 체량하시어 불가의 자비를 베푸시고, 나라를 다스리는 것을 우선으로 하시기 바랍니다."

두 대신의 간곡한 상소를 받아들인 무측천은 불상 제작을 중지하도록 하고, 이들을 불러 후한 상을 내렸다. 무측천은 정책이나 관리를 임용하는 데 있어서도 신하들의 의견을 존중하고 수용했다.

장안 3년, 관시세(關市稅)를 징수해야 한다는 제안이 올라오자 봉각회인(鳳閣會人) 최융(崔融)은 이를 정면으로 반박하는 상소를 올렸다.

"누군가가 국고 수입을 늘리고, 군의 지출을 늘리기 위해서 폐하께 관시세를 부과해야 한다는 상소를 올렸다는 소식을 들었습니다. 이 세금은 수공업자와 상업을 하는 사람들뿐만 아니라 행인들에게도 징수를 한다는데, 제 생각으로는 시행해서는 안 된다고 봅니다. 요즘은 선박을 이용한 하운이 상당량을 차지하고 있습니다. 그런데 강 어구마다 통행세를 걷는 초소를 설치한다면 시간 낭비가 심해집니다. 그리고 통과하는 곳마다 관에서 세금을 걷으면 관리들이 착복할 가능성도 있고,

뇌물을 받을 수도 있습니다. 결국 화물의 운반이 지체되면 상인들이 손해를 보게 될 것이고, 백성들의 부담도 가중되므로 심하면 폭동이나 반란이 일어날 수도 있습니다. 그러므로 관시세를 신설해서는 아니 되옵니다."

무측천은 최융의 주장을 받아들여 관시세에 대해서는 재론하지 않았다.

청대의 학자 조익(趙翼)은 무측천이 "사람 보는 안목과 신하들의 간언을 받아들이는 면에 있어서는 타의 추종을 불허할 정도였다"고 했다. 이 말은 실제로 무측천이 신하들의 의견이나 주장에 귀를 기울임으로써 언로를 확장했다는 측면에서 볼 때 지나치게 후한 평가는 아닌 것이라 할 수 있다.

권력을 얻기 위해서는 모든 수단과 방법을 동원하여 심복을 양성하고 적수를 제거해야 한다. 무측천은 장손무기파의 인물들을 일일이 제거한 뒤에 측근을 전면에 내세워 반대파들을 숙청했는데, 그중 이의부(李義府)는 무측천의 비호를 받은 대표적인 측근이었다.

현경(顯慶) 원년 8월, 낙주(洛州)의 한 아리따운 여자 순우(淳于)씨가 간음죄로 대리시의 감옥에 갇혔다. 새로 부임한 이의부는 순우씨의 미모에 반해 첩으로 들였다. 그리고 대리시승 필정의(畢正義)에게 그녀의 죄를 면하도록 명령했다.

대리경 단보현(段寶玄)은 이 일에 관해 상소를 올렸다. 고종 황제는 유인궤를 파견하여 조사를 명했고, 겁이 난 이의부는 필정의를 감옥에 넣어 자살하게 만들었다. 고종은 진상을 알게 되었지만 이의부를 치죄하지 않았다. 불의를 참지 못한 시어사 왕의방(王義方)은 탄핵을 하려 했다. 그러나 워낙 위험한 일이므로 먼저 모친에게 상의를 했다.

"제가 어사의 몸으로 간신을 그대로 놔두는 것은 불충을 저지르는 짓입니다. 그러나 만약 오히려 제가 죄를 뒤집어쓴다면 불효를 저지르는 것이 됩니다. 이런 상황에서 어떻게 해야 할지 정말 마음을 정할 수가 없습니다."

왕의방의 모친은 "네가 충성을 다해 군주를 섬긴다면 나는 죽어도 괜찮으니 네가 하고 싶은 대로 하거라!"라고 충고했다.

그리하여 왕의방은 고종에게 간언을 했다.

"이의부는 6품 벼슬의 대리시승을 죽였으니 국법을 어긴 것입니다. 필정의가 자살을 했다고는 하지만 이의부의 권세가 두려워 그러한 것입니다. 생사여탈권은 본래 폐하의 손에서 나오는 것이므로 이의부와 같이 황제의 위엄을 해하는 행동은 절대 그대로 놔두면 안 됩니다. 폐하께서는 부디 자세한 조사를 하도록 명하시옵소서!"

이에 덧붙여 왕의방은 이의부가 원래 능력도 없는데 뛰어난 용모가 전임 황문시랑(黃門侍郎)인 유계(劉洎)의 눈에 들어 관리가 되었다고 덧붙였다.

그러나 고종은 왕의방의 탄핵을 귀에 담지도 않았다. 오히려 왕의방이 대신을 헐뜯는 불손한 언사를 구사했다는 이유로 시어사에서 내주(淶州)의 말단 관리로 강등하여 추방했다. 또한 이의부의 죄는 더 이상 추궁하지 않았다. 울분에 찬 왕의방이 내주로 내려가려 할 때 이의부가 조소를 했다.

"왕 어사는 무고한 대신을 탄핵했으니 부끄럽지 않으신가?"

왕의방은 당당하게 맞받아쳤다.

"공자께서는 노나라에서 사구(司寇)가 된 지 7일 만에 대부 소정묘(少正卯)를 처단하셨습니다. 나 왕의방은 어사가 되어 16일이 지나도록 나라를 위해 간신을 죽이지 못한 것이 유감스러울 따름이외다."

이의부를 발탁한 유계는 정관 19년(645년), 저수량(褚遂良)을 탄핵했다가 태종에게 요참을 당했다. 그 후 득세를 한 이의부는 유계의 아들이 부친의 원한을 풀도록 도와주었다. 즉 대신들을 부추겨서 유계가 억울하게 죽었으니 명예 회복을 해 줘야 한다는 주장을 하게 만든 것이다. 고종은 대신들의 말에 귀를 기울였으나, 유계의 죄를 번복하고 명예 회복을 시키면 선제인 태종의 용형(用刑)을 부당하다고 인정하는 것이라며 반대했다.

그러나 고종의 조치에 불만을 품은 이의부는 중서령을 역임한 두정륜(杜正倫)과 고종 앞에서 논쟁을 벌였다. 고종은 어느 편도 들지 않고 두 사람을 질책한 뒤 두정륜은 횡주 자사, 이의부는 보주 자사로 좌천시켰다. 얼마 후 두정륜은 임지에서 죽었고, 이의부는 외직에 있었지만 여전히 무측천의 보호를 받았다.

이의부가 무측천으로부터 총애를 받아 승승장구한 것은 새로운 관료들의 부상을 의미했다. 무측천은 젊은 관료들을 과감하게 등용함으로써 든든한 지원군을 얻게 되었고, 이들을 적극적으로 활용함으로써 권력을 더욱 강화했다.

현경 원년 연말, 한원(韓瑗)은 저수량의 억울함을 호소하는 상소를 올렸다.

"수량은 사직의 중신으로서 오랜 세월 일신의 안위나 가정을 돌보지 않은 채 오로지 나라를 위해 충성을 바쳤습니다. 그런데 아무 죄도 없이 조정에서 쫓겨난 지 벌써 1년이 흘렀습니다. 폐하께서 그를 못마땅하게 여기시는 부분이 있다 하더라도 아량을 베푸시는 인정을 보여주시기를 앙망하옵니다."

고종은 한원에게 반문했다.

"수량의 사정은 짐도 알고 있다. 그의 과격한 언행이 문제가 되어 처벌을 받은 것인데 경은 어찌 그리 심하게 말을 하는가?"

한원은 고종에게 다시 호소했다.

"수량은 충신인데 불행히도 아부꾼들의 중상모략을 받은 것입니다. 폐하께서 무고한 중신을 내치시는 것은 나라를 위해 좋은 일이 아닙니다."

그러나 고종이 마음을 바꾸지 않자 한원은 벼슬을 그만두고 고향으로 돌아가려 했지만 그 윤허도 받지 못했다.

한편 한원은 예전부터 무측천에게는 눈엣가시 같은 존재였다. 한원이 실세하자 무측천은 그를 제거하기로 작심했다. 현경 2년(657년) 7월, 무측천은 허경종(許敬宗)과 이의부에게 한원이 중서령 내제(來濟), 저수량 등과 함께 반란을 음모했다는 상소를 올리도록 했다. 저수량이 있는 계주는 예로부터 군사적인 요지였으므로 한원과 내제가 계주에서 군사적 원조를 받아 조정에 반란을 일으키려 했다는 것이다. 고종은 상소의 내용을 믿고 한원을 진주(振州) 자사로, 내제를 대주(臺州) 자사로 강등한 뒤 죽을 때까지 황제를 알현하지 못하도록 하는 처벌을 내렸다. 이와 동시에 저수량을 애주(愛州) 자사로 좌천하고, 원래 영주 자사였던 유석(柳奭)은 상주 자사로 임명했다. 저수량은 애주에 도착한 후 억울한 사정을 호소하는 상소를 올렸다.

"예전에 복왕(濮王)과 승건(承乾)이 태자의 자리를 놓고 다툴 때 신은 죽음을 무릅쓰고 폐하를 위해 충성을 다했습니다. 이러한 사정은 폐하께서도 잘 아실 것입니다. 선제께서 임종하실 적에 신과 장손무기는 같이 유언을 받들었습니다. 그때 폐하께서는 저의 목을 껴안고 애통해 하셨습니다. 또한 신과 장손무기는 대내외적으로 안정을 이루는 데 견마지로를 다했습니다. 이제 신도 늙었으니 폐하께서 부디 가련하게 여겨주시기를 바랍니다."

그러나 고종은 과거의 공로를 내세우면서도 동정에 호소하는 저수량의 글에 감동은커녕 한때 권력이 하늘을 찌를 듯했던 고명대신을 철저히 내쳤다.

한원, 내제, 저수량은 장손무기 파벌의 주요 인물들이었다. 세 사람이 추방되자 장손무기의 막강한 진용은 무너지고, 무측천이 총애하는 새로운 관료들이 급부상했다.

신하들의 계략을 믿고 따르다

초와 한이 잠정적이지만 싸움을 멈추기로 약속한 다음, 항우는 10만 대군을 거느리고 팽성으로 돌아갔다.

유방도 관중으로 철수하고자 했다. 하지만 장량과 진평이 강력히 반대했는데, 그들의 주장은 이랬다.

"이제 천하의 절반 정도를 차지했고, 제후들도 진심으로 우리 진영에 합류하려 합니다. 이에 비해 초의 군대는 굶주림과 피곤에 시달리고 있습니다. 그러니 지금은 우리가 초를 멸하도록 하늘이 허락한 절호의 시기입니다. 만약 초군을 순순히 동쪽으로 돌아가게 만든다면 호랑이 새끼를 키우는 격이 됩니다. 대왕께서는 절대로 어리석게 행동해서는 아니 됩니다!"

장량과 진평의 주장에 마음이 바뀐 유방은 철병을 번복했다. 그래서 한신과 팽월에게 일러 동부의 군대를 이끌고 약속한 날에 고릉(固陵, 오늘날의 하남성 태강太康현 서쪽 – 옮긴이)으로 오라고 했다. 그리고 유방 자신은 친히 형양의 군사를 이끌고 초나라 군대를 추격했다.

항우는 유방이 약속을 지키지 않은 데 대해 불같이 화를 내며 직접 한나라 군대에 맞서 강공을 폈다.

결국 유방은 초군에 대패하여 후퇴한 뒤 보루를 쌓고 수비에만 전념했다. 그리하여 쌍방은 다시 양하(陽夏)에서 대치하게 되었다.

유방은 한신과 팽월에게 사자를 보내 "초나라를 멸망시키면 진현(陳縣) 동부에서 해변에 이르는 토지는 제왕(한신)에게 주고, 휴양(睢陽) 이북에서 곡성까지의 땅은 팽월에게 하사하겠다"는 뜻을 밝혔다.

사자가 이를 전하자 한신과 팽월은 즉시 각각 군사를 이끌고 밤낮을 달려 유방에게로 갔다.

유방은 한신, 팽월, 영포와 군대를 4분하여 초나라에 전면 공격을 퍼부었다. 한군의 공세에 당황한 항우는 그대로 후퇴했다. 팽성을 버리고 남쪽으로 내려간 항우는 고향인 강동으로 돌아가서 유방과 계속 싸우기로 결심했다.

한신은 유방에게 "궁지에 몰린 짐승은 죽기 살기로 싸우기 마련입니다. 항우는 아직 10만 대군을 가지고 있으므로 결사적으로 저항하면 승부를 가리기 힘듭니다. 그러니 우선 그의 힘을 빼는 전술을 쓴 다음 섬멸해야 합니다"라고 건의했다.

장량과 진평도 한신의 주장에 동의했다. 그리하여 유방은 한신을 총지휘자로 임명한 뒤 초군과 싸울 구체적인 전략을 세웠다. 한신은 공희(孔熙)와 진하(陳賀) 등 10명의 장수들을 불러 각기 군사를 거느리고 숨어 있다가 항우의 군대가 도착하면 공격을 하여 초군의 주력군을 분산시키도록 명령했다.

한신은 군사를 배치한 후 대장군의 홍기를 앞세우고 직접 출전하여 싸웠다. 유방은 주발(周勃)과 시무(柴武)의 호위를 받으며 한신을 도왔다. 그러나 쌍방의 전투가 두 시간이 넘도록 계속되자 한군은 버티지 못하고 후퇴했다. 한신과 유방은 겁에 질린 듯 위장한 채 선두에 섰다.

항우는 승기를 잡았다고 판단하고 반드시 유방과 한신을 죽여서 몇 년 동안 쌓인 울분을 풀기로 작심했다.

하지만 유방의 군대를 추격하던 항우 앞에 갑자기 포성이 들리면서 산 뒤쪽에서 공희가 지휘하는 한나라 군사들이 공격을 해 왔다. 항우는 군사의 일부를 공희와 싸우도록 한 뒤 자신은 유방과 한신을 추격했다. 그는 유방과 한신만 잡으면 승리는 자신의 것이라 확신했던 것이다. 그러나 맹렬히 추격을 하던 항우는 다시 진하의 군대와 맞부딪쳤다. 부득이하게 다시 병력의 일부로 하여금 진하의 공격을 막도록 하고 항우는 전진했다.

그 후로도 몇 번이나 매복하고 있던 한의 군대가 나타나자 항우는 그때마다 대적할 병력을 남겨두고 전진하는 바람에 군사의 수는 점점 줄어들었다. 날이 어두워질 무렵에서야 항우는 유방과 한신은 이미 종적도 알 수 없고, 부하는 얼마 남지 않았다는 사실을 알게 되었다. 그제서 항우는 자신이 한신의 계략에 빠졌다는 것을 깨닫고 재빨리 퇴각 명령을 내렸다.

초의 군대가 후퇴하자 유방과 한신은 곳곳에 숨어 있던 군사들에게 적군을 죽이도록 했다.

항우의 군대는 막강한 전력을 갖추기는 했지만 한군의 끊임없는 공격에는 당할 수가 없었다. 초의 군대는 사상자, 도망자, 투항한 자로 인해 완전히 무너졌다. 해하로 돌아와 항우가 인원을 점검해 보니 10만 대군에서 남은 군사는 채 1만 명도 되지 않았다. 후회를 해도 소용이 없다는 생각을 한 항우는 정신을 다잡고 진지를 고수하라는 명령을 내렸다.

한편 한군은 항우를 겹겹이 포위한 뒤 초의 보급로를 차단했다. 한나라 사병들은 이때 솜옷과 양식을 공급받았다. 사기가 떨어진 초의 사병들이 한의 진영으로 투항하자 유방은 군에 남기를 원하는 자들은 뜨겁게 환영하고, 귀향하려는 자들에게는 여비를 준 뒤 송별연까지 베풀어주었다.

장량과 진평은 다시 항우를 사면초가로 몰아넣을 계략을 짰다. 즉 그들은 한의 군영에 남은 초의 군사들을 집합시켜 고향을 그리는 노래를 가르친 뒤 하루 종일 연습하게 했다. 초의 노래를 들은 항우의 군사들이 향수에 젖어 싸울 마음을 포기하게 만든 것이다.

항우는 초의 노래가 들려오자 나름대로 추측했다.

"한군이 이미 우리 초나라를 완전히 정복했단 말인가? 그렇지 않다면 어떻게 한의 군대에 저렇게 많은 초나라 사람들이 있단 말인가?"

그는 영포 장군이 거느리는 군대의 대부분이 초의 군사라는 사실을 상상도 하지 못했던 것이다.

이때 가장 마음이 무거웠던 사람은 항우 이외에도 감수성이 풍부한 우희(虞姬)가 있었다.

우희는 대장군 우자기(虞子期)의 여동생으로서 절세미인이었다. 그녀는 항우와 인연을 맺은 뒤로 한시도 항우의 곁을 떠난 적이 없었다.

항우가 가장 소중하게 여기는 보물은 두 가지였다. 하나는 자신이 타고 다니는 오추마(烏騅馬)이고, 다른 하나는 우미인이라 불리는 우희였다. 그런데 이제 오추마는 기력이 다 한 듯 지쳐서 장막 밖에 누워 있고, 우미인은 자신의 곁에 앉아 아무런 말도 없이 눈물을 흘리고 있었다.

천하에 두려운 것이 아무것도 없었던 항우도 사랑하는 여인 우희의 눈물 앞에서는 가슴이 무너졌다. 항우는 우희의 상심한 모습을 보자 코가 시큰해지면서 굵은 눈물을 뚝뚝 흘렸다.

그러자 우희가 갑자기 울음을 멈추고 그윽한 눈빛으로 항우에게 술을 권했다.

"대왕께서 술을 드시는데 안타깝게도 전쟁 중이라 음악이 없습니다. 소첩이 대왕을 위해 칼춤을 추어 흥을 돋우겠습니다."

우희는 보검을 빼어 들고 춤을 추기 시작했다. 춤이 절정에 달하자 그녀는 큰 소리로 외쳤다.

"대왕께서는 부디 옥체를 보존하십시오! 이생에서는 백년해로를 하지 못하지만, 내세에서는 다시 부부가 되기를 바라옵니다!"

말을 끝내는 순간 우희는 칼로 목을 그었다. 순간적으로 그녀의 목에서 선혈이 뿜어져 나왔다. 호흡은 멎었지만 그녀의 감겨가는 눈 속에는 여전히 항우를 향한 애절한 정이 담겨 있었다.

가슴이 찢겨 나가는 듯한 고통을 느끼며 항우는 뜨거운 눈물을 떨어 뜨렸다.

우자기는 여동생 우희의 시신을 구덩이에 묻은 뒤 검을 꺼내 자신의 목숨도 끊었다.

피비린내 나는 당옥을 일으켜 황권을 강화하다

태조는 호유용(胡惟庸)의 모반 사건이 발생하자 호유용, 진녕(陳寧), 도절(徐節)을 처형한 뒤 이 사건과 연관된 인물을 전국적으로 색출하라는 명령을 내렸다. 그러자 중앙의 관리들 가운데에도 연루된 인물이 적지 않았고, 지방에서도 혐의를 받은 인물이 처형되는 경우가 속출했다.

명대 초기의 대유학자인 송렴(宋濂)도 호유용 사건에서 무사하지 못했다.

송렴은 경사에 정통하여 태자와 제왕들을 가르쳤고 수많은 교지를 작성했다. 또한 역사, 일력, 선조들의 활동을 기록한 『보훈(寶訓)』 등을 편찬하여 명나라 개국 후 문신의 제일인자로 존경을 받았다. 홍무 10년(1377년), 68세의 송렴이 고령을 이유로 관직에서 물러나려 하자 태조는 『어제문집(御製文集)』과 비단을 하사하면서 "이 비단을 32년간 보관했다가 100세 생일에 옷을 만들어 입도록 하시오"라고 덕담을 했다.

귀향 후 송렴은 제자들을 가르치면서 학문에 힘을 쏟았다. 또한 태조의 생일 때면 경사로 올라와 축하를 하는 등 황제에 대한 예와 정성을 잃지 않았다.

홍무 13년(1380년) 12월, 송렴의 장손인 송신(宋愼)은 조정의 의례서반(儀禮序班) 직을 지내다 호유용 사건에 연루되어 둘째 아들 송수(宋璲)와 같이 처형되었다. 집안의 비운에 절통해하던 송렴은 고향인 포강(浦江, 오늘날의 절강성 포강 – 옮긴이)에서 황제의 성지를 받았다. 내용은 집안을 수색하고, 연로한 송렴을 가족들과 함께 칼과 족쇄를 채워 경사까지 압송하라는 것이었다.

태조는 송렴을 처형할 생각이었으나, 이 소식을 들은 황후와 태자가 급히 달려와 송렴을 죽여서는 안 된다고 간청했다. 마씨 황후는 태조를 설득하려 했다.

"일반 백성들도 아이들을 가르친 스승의 은혜는 잊지 않습니다. 송 선생은 태자와 제왕들의 스승이었는데 어떻게 죽일 수 있단 말입니까! 하물며 송 선생께서는 벼슬을 그만두고 고향에 계셨는데 조정의 일에 어떻게 연루되겠습니까?"

하지만 태조는 황후의 말을 듣지 않았다. 얼마 후 식사를 할 때 황후가 술과 고기를 먹지 않자 이상하게 여긴 태조가 이유를 물었다. 황후는 송렴을 위해 술과 고기를 삼가면서 기도를 하는 중이라고 대답했다. 태조는 황후의 태도에 느끼는 바가 있었지만 결심을 바꾸진 않았다. 다음 날 태조는 송렴을 죽이지는 않지만 사천의 무주(茂州)로 귀양을 보내겠다고 했다. 72세의 송렴은 불편한 몸으로 무주로 향하던 도

중 기주(夔州)에서 객사했다.

홍무 14년(1381년) 2월, 누군가가 포강의 정씨라는 자와 호유용이 절친한 사이라는 밀고를 했다. 그 무렵 각지에서는 사이가 안 좋은 상대를 호유용과 관계가 있다고 고발하여 멸문의 화를 당하게 하는 일이 비일비재하게 일어났는데, 지방의 부호들 중 무고한 사람들이 대추나무에 연 걸리듯 호유용 사건과 연루되었다.

정씨 형제 6명은 포강의 명문가를 형성하면서 효와 의리를 중시하는 인물들로 유명했다. 관에서 이들을 체포하려 하자 오히려 서로 감옥에 가겠다고 다투었을 정도였다. 이 이야기를 들은 태조는 형제들을 만나보고는 충의를 생명처럼 여기는 사람들이 어찌 법을 어겼겠느냐며 무죄로 처리하도록 했다. 또한 형제들 가운데 한 명인 정식(鄭湜)을 복건 포정사참의로 임명했다. 그러나 정씨 형제들처럼 죽음을 모면한 경우는 매우 드물었고, 대부분의 사람들은 그 같은 행운을 누리지 못하고 처형되었다.

홍무 18년(1385년), 이선장(李善長)의 동생 이존의(李存義) 부자가 호유용의 일파라는 고발을 당했다. 원래 호유용은 이선장에게 잘 보이기 위해 조카딸을 이존의의 아들 이우(李佑)에게 시집보내 사돈 관계를 맺었다. 이존의는 태복시승(太僕寺丞)이었는데, 이 관직은 태조가 이선장의 체면을 살려주기 위해 하사한 것이었다. 그런데 호유용의 모반 사건이 일어나자 이씨 문중은 언제 화를 당할지 몰라 불안에 떨었다. 그들은 몇 년의 시간이 흐르면 황상이 은혜를 베풀어 무사할 것이라 기대했지만 고발을 당했고, 천만다행으로 죽음은 면했지만 숭명(崇明)으로 추방당했다.

　변덕이 심하고 의심이 많은 태조는 이선장과 같은 억울한 희생자들을 계속 양산해 냈다. 홍무 19년(1386년), 공부 낭중 왕국용(王國用)이 이선장의 명예 회복을 위한 상소를 올렸다. 상소문은 그야말로 보기 드문 명문이었는데, 실제로 이 글을 쓴 사람은 문장가로 소문난 해진(解縉)이었다. 상소의 내용은 다음과 같았다.

　"선장은 폐하와 뜻을 같이하여 수많은 고비를 넘기고 천하를 얻는데 성공하였습니다. 그리고 최고의 공신으로 인정받았습니다. 그는 생전에는 공, 죽어서는 왕으로 봉해지고, 아들은 부마가 되고, 친척들은 관리에 등용되는 영광을 누렸습니다. 신하로서 지극한 영예를 얻었고, 부귀영화도 더할 나위 없이 극에 달했으니 여한이 없었을 것입니다. 그런 그가 더 욕심을 부려 모반을 했다면 일리가 있지만, 호유용을 도와 모반을 꾀했다는 것은 설득력이 전혀 없습니다. 인정상 아들을 사랑하는 마음은 조카를 위하는 마음과 비교할 수 없게 큰 법인데 이선장이 어찌 조카를 위해 명예와 부를 잃을지도 모르는 짓을 했겠습니까. 이선장은 호유용과는 조카로 연결된 사돈이지만, 공주의 시아버지로서 폐하와는 사돈입니다. 만약 이선장이 호유용을 보좌하여 반란에 성공했다 해도 공신 가운데 1순위가 되어 태사, 국공, 왕에 봉해지고 아들이 부마가 되는 정도에 그쳤을 것입니다. 게다가 이선장이 천하를 요행으로 얻을 수 있다고 생각하겠습니까? 원나라 말기 천하를 얻으려던 사람이 수십, 아니 수백 명이 넘었지만 멸족의 화를 겪지 않은 사람이 어디 있습니까? 온전히 목숨이라도 지킨 사람이 몇 명이나 됩니까? 이선장은 이런 현실을 직접 목격한 사람인데 다 늙어서 모반을 했겠습니까? 반란은 본질적으로 깊은 원한이 있는 자들이 화를 면하기 위해 어쩔 수 없이 일으키는 것입니다. 지금 이선장의 아들은 폐하의 부마이고, 아무런 의심도 받고 있지 않습니다. 이런 상황에서 갑자기 모반을 기도하다니요."

상소는 "신은 이선장과 같이 공을 세운 인물들이 비참한 말로를 맞이한다면 민심이 돌아설지도 모른다는 걱정이 됩니다. 이선장은 이미 죽었으니 많은 말이 필요 없지만, 폐하께서는 부디 그의 일을 거울로 삼으시기 바랄 뿐입니다"라는 호소로 끝을 맺었다.

상소문은 논리 정연하여 흠 잡을 것이 없는 데다, 거침없이 유려한 문체는 읽는 사람에게 감동을 자아내기에 충분했다. 해진은 직언을 서슴지 않는 강직한 성품을 가진 인물이므로 이 상소문을 썼고, 왕국용도 죽음을 무릅쓰고 올린 것이었다.

태조는 상소를 읽고 속으로 많이 놀랐지만 아무런 반응을 보이지 않았다. 그는 이선장의 억울함을 누구보다도 잘 알고 있었고, 바로 그런 이유로 상소에 대해 치지도외하는 태도를 보인 것이다. 게다가 왕국용과 해진이 바른 말을 한 것을 치죄할 수는 없으므로 흐지부지 묻어버렸다.

10년의 세월이 흐른 뒤인 홍무 23년(1390년), 호유용의 모반 사건은 막을 내렸다. 처음에는 문신, 그 후에는 무장들까지 이 사건에 연루되어 억울하게 죽은 사람은 3만여 명에 달했다. 공신들뿐만 아니라 지방의 부호들까지도 적지 않은 집안이 멸족을 당하면서 태조가 휘두른 칼

날에 제물이 된 것이다.

홍무 13년(1380년), 태조가 처음 당옥(黨獄, 우리의 개념으로는 사화士禍에 가깝다-옮긴이)을 일으킨 목적은 재상의 권력을 빼앗아 황제의 권력을 공고히 하기 위해서였다. 당시에 전국은 완전히 통일되지 않아 무장들은 전쟁을 치러야 했으므로 당옥에서 제외되었다. 그러나 변경이 점차 명의 영토로 귀속되고, 전국이 통일되자 무장들도 당옥을 피할 수 없게 되었다.

오랜 세월 태조의 마음속에 잠재적인 위협으로 자리 잡은 공신과 무장들의 존재는 그로 하여금 이성을 잃게 했고, 그 결과 피비린내 나는 살육이 벌어졌던 것이다.

수 문제 양견

과도한 견제와 의심은 반란을 부른다

왕의(王誼)가 처형당한 다음 해인 개황 6년(586년), 수나라의 서울인 대흥(大興)에는 다시 정치 폭풍이 몰아쳤다. 3명의 공신이 수나라에 반기를 든 것이다.

그들은 상주(相州) 자사를 역임한 상주국(上柱國) 겸 성국공(成國公) 양사언(梁士彦), 우위대장군 출신으로 상주국이자 기국공(杞國公)인 우문흔(宇文忻), 북주의 승상부 사마를 역임한 주국 겸 서국공(舒國公) 유방(劉昉)이었다.

3명 가운데 주동자는 유방이었지만 이들은 영향력이 가장 큰 양사언을 반수(反隋) 동맹의 대표로 내세웠다.

양견은 유방의 인물됨을 훤히 꿰뚫고 있었으나 반수 동맹에 대해 애매한 태도를 취하면서 자신에게 유리하게 이용했다. 그는 우선 유방으로 하여금 선제 우문윤(宇文贇)이 정사를 돌보지 못하도록 주의를 돌리는 작업을 하게 했다. 그 다음에는 유방이 정치적으로 뛰어난 업적을 쌓았다는 명목으로 승상부 사마에 임명하고 거액의 상을 내렸다. 그러나 얼마 후에는 유방이 술을 마시고 실수를 했다는 이유를 들어 해임하고, 사마 자리에 고경을 앉혔다. 양견은 수나라를 세운 후 유방을 주국에 앉히고 서국공에 봉했지만 정치에는 참여하지 못하도록 했다. 울분에 찬 유방은 매일 술을 마시면서 양견에 대한 앙심을 키워갔다.

양사언과 우문흔의 사정은 유방과는 달랐다. 두 사람은 명장으로 한때 명성이 높았다.

양견이 북주의 정치에 참여했을 당시 양사언은 충성을 바쳤다. 양사헌이 위지형(尉遲逈)의 반란을 평정하는 데에도 큰 공을 세우자 양견은 그를 상주 자사에 임명했다. 하지만 양견은 양사언의 군사적 능력이 발군임이 증명되자 견제 심리가 생겨 경사로 불러들였다. 이로 인해 양사언도 양견에 대해 감정이 좋지 않았다.

우문흔은 일찍부터 양견과 왕래를 하면서 두터운 친분을 쌓았다. 위지형의 반란을 진압하는 과정에서 맹활약을 한 우문흔은 양견으로부터 '천하의 영걸'이라는 극찬을 받았다. 양견으로부터 상주국과 영국공(英國公)의 영예를 얻은 우문흔은 견마지로를 다했다. 개황 연간 초기에 양견은 우문흔을 우령군대장군에 봉하고, 더욱 극진한 대우를 해주었다.

우문흔은 병법에 통달하고 엄하게 군대를 다스리는 장군으로 이름이 높았다. 그래서 전쟁이 빈발하던 당시에 사람들은 승전 소식을 들으면 모두 우문흔이 참전하여 승리한 것이라 생각할 정도였다. 우문흔은 후에 기국공이 되었다.

그런데 우문흔의 명성이 너무 높아지자 양견은 그를 삭탈관직하고 편히 '쉬도록' 했다. 자연히 우문흔도 양견에 대해 원한을 품게 되었다.

인간관계는 유유상종이 될 수밖에 없는 법. 세 사람은 하는 일 없이 집에만 처박혀 있다 보니 서로를 찾게 되었다. 양사언은 우문흔에 비해 여덟 살이 많았지만 함께 참전한 경험이 있었다. 북주 무제의 북제에 대한 정복 전쟁에서 함께 진주를 공략했고, 왕궤와 진나라 장수 오명철의 여량 전투, 위효관과 위지형의 업성에서의 일전에도 동참했던 것이다. 생과 사를 같이했던 전우애가 작용한 탓에 두 사람 사이에는 깊은 정이 있었다.

유방은 양사언의 아름다운 처와 불륜의 관계를 맺은 후로 자주 그의 집을 드나들었다. 하지만 양사언은 이 사실을 몰랐다.

세 사람은 왕래를 하면서 점차 막역한 사이가 되자 양견에게 본때를 보여주자는 결의를 다지게 되었다.

개황 6년(586년), 양사언, 우문흔, 유방의 수에 대한 반란 계획이 거의 완성되었다. 그들의 목적은 수를 멸망시키고 양사언을 황제에 옹립하는 것이었다. 우문흔은 양사언에게 호언장담을 했다.

"제왕은 영원한 것이 아닙니다. 우리가 서로 도우면 장군께서 제위에 오를 수 있습니다. 제가 행동을 취하면 아무 문제도 없을 것입니다!"

정변을 일으키는 방법은 양견이 종묘에 제사를 올릴 때 세 사람이 각자 가복을 거느리고 급습하여 살해하는 것이었다.

얼마 후 그들은 이 방법이 적당하지 않다는 결론을 내리고 다른 계획을 세웠다. 즉 양사언이 포주(蒲州, 오늘날의 산서성 영제英濟-옮긴이)에 가서 거병을 한 뒤 하북을 점령하고 도적들을 모아서 전력을 강화한다는 것이다. 이어 우문흔은 관중에서 양사언과 합류한 뒤 함께 진양을 함락하고, 연이어 경성을 공격하면 유방이 관내에 입성하도록 한다는 계획이었다. 세 사람은 서로 약속을 어기지 않기로 맹세까지 했다.

그러나 사정은 우문흔의 꿈처럼 녹록지 않았다.

양사언의 외조카인 배통은 정보를 입수하자 이 기회에 출세를 해 보겠다는 생각으로 양견에게 밀고했다. 양견은 처음에는 깜짝 놀랐지만 금세 진정하고 이들을 어떻게 요리할 것인지 머리를 굴렸다.

그리하여 양견은 즉시 양사언을 진주 자사로 임명하여 포주로 떠나게 했다. 이 소식을 들은 양사언은 뛸 듯이 기뻐하며 우문흔과 유방에게 "이는 하늘이 돕는 것이다!"라고 외쳤다. 양사언은 양견에게 오랜 친구인 의동삼사(儀同三司)인 설마아(薛摩兒)를 장사(長史)로 임명해 달라는 청을 했고, 양견은 흔쾌히 동의했다.

양사언과 우문흔, 유방은 승리를 손에 넣은 듯 한껏 고무되어 반란을 일으킬 준비를 했다. 같은 시각에 양견은 조당(朝堂)에 무사들을 숨겨두고 그들이 조정에 들어오면 일망타진하겠다고 벼르고 있었다.

며칠 후 신하를 알현하는 자리에서 양견은 양사언, 우문흔, 유방을 체포하도록 했다. 그 자리에서 모반에 대한 심문을 했지만 세 사람은 이구동성으로 부인했다. 그러나 설마아가 양견의 명령을 받고 들어와 사건의 전모를 털어놓았다. 대경실색한 양사언은 "네 놈이 나를 죽이려 하는구나!" 하며 고함을 쳤지만, 이미 돌이킬 수 없는 지경에 이르렀고, 체념한 유방은 침묵을 지켰다.

윤8월 28일, 양견은 양사언 일당의 음모와 죄상을 밝히는 조서를 내렸다. 세 사람에게는 사형 명령이 떨어졌고, 양사언의 셋째 아들 양숙해(梁淑諧)도 부친과 뜻을 같이했다는 이유로 처형을 면하지 못했다. 형을 집행하기 전 고경을 본 우문흔은 큰절을 하며 살려달라고 애원했다. 이 모습을 본 유방은 우문흔에게 대갈 일성했다.

"일이 이 지경에 이르렀는데 어찌 무릎을 꿇고 애원한단 말인가!"

사형된 네 사람의 처첩과 재산은 모두 몰수되었다. 그들의 형제와 숙질은 죽음은 모면했지만 관직에서 쫓겨났다. 양사언의 둘째 아들 양강(梁剛)은 부친의 죄를 용서해 달라는 간언을 했다가 과주(瓜州)로 유배되었다.

양사언 등이 처형되고 며칠이 지난 뒤 양견은 임사전(臨射殿)에 나타나 그들에게서 몰수한 물건들을 진열하게 한 뒤 신하들에게 활로 쏘게 함으로써 모반에 대한 생생한 교육을 시켰다.

양사언, 우문흔, 유방이 무력으로 수나라를 멸망시키려 한 것은 순전히 사적인 감정에서 촉발된 것이므로 그들이 처형된 것은 어쩌면 당연한 결과라 하겠다. 하지만 주목해야 할 사실은, 양사언 등이 반란을 꾀하게 된 것은 바로 양견의 견제와 의심에서 기인했다는 점이다.

충직함을 중요시하고 충신을 아끼다

일종의 도덕적 규범인 충직함은 일찍이 춘추시대에 공자가 그 중요
성을 강조한 바 있다. 따라서 충직함은 유가의 핵심적인 사상의 하나
로 자리 잡았다.

군주는 자신이 아무리 어리석고 무지하다 해도 신하가 자신에게 무
한한 충성을 바쳐야 한다는 사실을 너무 잘 알고 있다. 따라서 군주가
신하의 충직함에 대해 포상을 하는 것은 당연하며, 특별히 가치를 부
여할 필요는 없는 일이다. 하지만 송 태조 조광윤의 신하에 대한 포상
은 여느 황제들과는 다른 면모를 보였다. 즉 그가 충성스런 신하라고
상을 내린 인물들 가운데는 과거 그와 적대적인 관계였던 사람도 적지
않았던 것이다.

태조가 이균(李筠)을 정벌하자 그를 도왔던 북한의 재상 위융(衛融)도
포로가 되었다. 위융을 직접 심문하던 태조가 물었다. "너는 왜 북한의

왕 유균(劉鈞)이 이균의 반란을 돕도록 사주하였느냐?"

위용은 침착하게 대답했다.

"세상의 모든 개는 주인을 물지 않고 낯선 사람을 물기 마련인 것과
같은 이치입니다."

태조가 다시 물었다.

"내가 너를 풀어주면 너는 나를 위해 일하겠느냐?"

"저의 가족 40여 명은 북한의 왕 유균 덕에 먹고살았으니 그를 배반
할 수 없습니다. 폐하께서 속히 저를 죽이시면 폐하께 충성을 하지 않
아도 됩니다. 설사 저를 죽이지 않으시더라도 저는 하동으로 도망갈
것입니다."

분노가 치민 태조는 부하에게 위용의 머리를 쇠몽둥이로 때리도록
했다. 그러나 위용은 피를 쏟으면서도 뜻을 굽히지 않았다.

"죽지 않는 사람은 없습니다. 군주를 위해 죽을 수 있는 것도 저의
복입니다."

태조는 도열한 신하들에게 "이자야말로 충신이다. 석방하도록 하
라!"라고 일갈한 뒤 위용의 상처를 치료해 주도록 했다. 10여 일 후 상
처가 아문 위용은 태조의 인물됨에 감격하여 송나라를 위해 일하겠다
는 뜻을 표시했고, 태부경(太府卿)의 벼슬을 받았다.

태조는 강남을 정복할 때도 위용과 같은 인물을 만났다. 당시 남당
의 왕인 이욱(李煜)은 쫓기는 상황에서 학사승지 서현(徐鉉)을 변경에 보
내 화친을 청했다. 서현은 태조를 알현하는 자리에서 질문을 했다.

"강남의 주인인 이욱은 죄가 없으니 폐하께서 출정하신 것은 명분이

없는 일입니다. 이욱이 폐하를 섬기는 것은 아들이 부친을 섬기는 것
과 같으며, 원래 죄를 지은 것도 없는데 어찌 정벌하려 하십니까?"

그러자 태조가 반문했다.

"아버지와 아들이 두 집으로 나뉘지는 것이 괜찮단 말이냐?"

대답할 말이 없던 서현은 그대로 강남으로 돌아갔다. 얼마 후 서현
이 다시 찾아와 태조와 논쟁을 벌였다. 태조는 화를 내며 "더 이상 아
무 말도 하지 말라! 천하는 일가를 이뤄야 하는 법. 내 침상 옆에서 다
른 자가 코를 골며 자는 것은 용납할 수 없다!"라고 말했다.

서현은 아무런 대꾸를 하지 못하고 돌아갔다. 강남이 평정된 후 서
현은 이욱을 수행하여 송의 수도인 변경으로 와 태조를 알현했다. 서
현을 본 태조는 왜 일찌감치 이욱에게 투항하도록 권하지 않았냐고 호
통을 쳤다. 그러자 서현은 "신은 강남에서 대신으로 있으면서 나라가
망해도 도울 힘이 없었습니다. 이는 당연히 죽을죄에 해당하는데 무슨
말을 할 수 있겠습니까?"라고 대답했다. 태조는 서현을 몇 번 보는 동
안 그의 국가와 주군에 대한 충성심에 호감을 느꼈던 터라 위로의 말
을 던졌다.

"너는 확실히 충신이다. 이욱에게 했듯이 나를 섬기기 바란다!"

태조는 서현에게도 벼슬을 내렸다. 이어서 태조는 장계(張洎)를 쳐다
보았다. 장계는 남당에서 내사사인(內史舍人)을 지냈는데, 도성이 포위
되었을 때 이욱을 위해 군사를 모집하는 격문을 작성하여 성 밖으로
내보내다가 송 군대에 발각된 적이 있었다. 태조는 그때 격문을 썼던
장본인인 장계를 보자 벌컥 소리를 질렀다.

"네가 투항을 하지 못하도록 주장했기 때문에 오늘에서야 이욱이 이 자리에 오게 됐다."

이렇게 말한 태조가 격문을 내보이자 장계는 조금도 위축되지 않은 태도로 대답했다.

"이것은 제가 쓴 것입니다. 사람이라면 개가 주인 이외의 수상한 사람을 보면 문다는 것을 잘 알고 있습니다. 제가 왕께 충성을 한 행위는 이것 이외에도 많이 있습니다. 오늘 이렇게 죽는 것도 신하의 도리를 다하는 것이니 행운이라 생각합니다."

태조는 원래 장계를 죽일 생각이었지만 군주를 위해 죽는 것도 마다하지 않는 지극한 충성심에 부러움마저 느꼈다. 실로 보기 드문 충신이 자신을 위해 일한다면 얼마나 좋겠느냐는 생각을 한 그는 장계를 죽이려던 마음을 접었다.

"너의 배짱은 정말 대단하구나. 너를 죽이지 않겠으니 이제 나의 신하가 되어 이욱에게 했던 것처럼 나에게 충성을 다하기 바란다."

태조는 장계를 태자중윤(太子中允)에 봉했다.

태조는 충성스런 신하들을 매우 아꼈지만 중직을 맡기기 전에는 세밀히 검토했다. 옛 군주에게 충성스럽던 신하가 새로운 군주인 태조에게 충성을 다하는 것이 가장 이상적이라 할 수 있었다. 이에 비해 옛 군주에게만 시종일관 충성을 하는 인물은 등용해도 유해무익할 뿐이다. 또한 예전의 군주에게는 충성심을 가지고 있지만 태조에게는 저항심을 가진 인물은 무해무익하다. 그렇기 때문에 태조는 자신이 쓸 인물들에 대해서는 유심히 관찰 분석한 뒤에야 등용했다.

태조가 평상시에 아끼는 인물들은 충성스럽고 성실한 유형이었다. 당진(黨進)은 용첩(龍捷) 좌우상도지휘(左右廂都指揮)를 지냈는데, 우직하기 짝이 없는 성격으로 태조를 즐겁게 한 적이 있었다. 태조는 문관이 조정에 들어올 때는 상주할 내용을 적은 홀(笏)을 들고, 무관은 군사의 수를 적은 정장(梃杖)을 소지하도록 했다.

하루는 당진이 조정에 들어오자 태조가 군사를 얼마나 거느리고 있느냐고 물었다. 문맹인 당진은 정장에 적힌 숫자를 읽지 못한 데다 순간적으로 기억이 나지 않았다. 사실 대충 숫자를 말해도 별로 문제가 될 것이 없지만 충성스럽고 단순한 당진은 거짓말을 할 수 없다는 생각에 "군사의 수는 여기에 적혀 있습니다"라며 정장을 들어 올렸다. 태조는 당진의 행동에 어찌할 바를 몰랐다. 황제의 안전에서 무례한 행동을 한 것은 죄가 될 만하지만, 당진의 정직함을 높이 산 태조는 그를 더욱 아끼게 되었다.

머리가 좋은 태조를 기만하기는 힘들었지만, 그래도 약삭빠른 자는 소기의 목적을 달성하곤 했다. 그중의 하나가 바로 병부 낭중 노다손(盧多遜)이었다. 독서를 즐기는 태조는 환관을 사관에 보내 책을 가져오도록 하는 일이 잦았다. 노다손은 태조가 무슨 책을 좋아하는지 주의 깊게 관찰했고, 태조가 찾는 책은 밤을 새워서라도 다 읽어버렸다. 그래서 노다손은 태조가 어떤 책에 대해서 물으면 막힘없이 대답했다. 동료들은 물론 태조도 노다손이 박학다식하다고 여겨 존경했다. 태조는 끝까지 노다손의 본색을 알지 못했다고 한다.

한무제 유철

역모를 꾀한 제후들을 벌하고 권력을 강화하다

무제는 제후들이 봉토를 자식들에게 분봉할 수 있도록 허락한 「추은령(推恩令)」을 반포하여 그들의 역량을 분산시켰다. 그리고 위법 사실이 적발되면 봉토와 작위를 박탈하였고, 모반을 꾀한 제후에게는 작위 박탈과 함께 국을 폐지하여 그 세력을 뿌리 뽑았다. 무제는 제후국이 중앙 정권을 위협할 수 없도록 철저히 대비했던 것이다.

주부언(主父偃)은 일찍이 제, 연, 조, 중산(中山) 등의 나라를 떠돌면서 제후왕들의 비리를 많이 알게 되었다. 변변한 관직에 등용되지도 못하고, 냉대와 모욕을 받은 주부언은 절치부심하며 설욕의 기회를 노리다가 무제의 총애를 받게 되자 제후왕들에게 보복을 하기로 결심했다.

연왕 유정국(劉定國)은 황음무도한 제후였다. 첩들이 수두룩했던 유정국이 부친의 애첩뿐만 아니라 제수와 불륜의 관계를 맺자 비여(肥如)의 현령인 영인(郢人)은 간언을 했다. 그런데 유정국은 적반하장 격으로 영인을 벌했다. 영인이 장안으로 가서 황제에게 직접 상소를 하려 하자 유정국은 영인을 그대로 죽여버렸다. 이 사건을 알고 있는 주부언은 원삭 2년(기원전 127년)에 영인의 동생에게 연왕을 고발하는 상소를 올리도록 했다. 무제가 연왕을 어떻게 처리할 것인지 묻자 주부언과 대신들은 한 목소리를 냈다.

"연왕의 행동은 금수와 같습니다. 인륜을 저버리고, 하늘의 이치를 어겼으니 마땅히 죽여야 합니다."

무제가 사형을 명하자 연왕은 자살했다. 그 후 무제는 연국을 폐하고 군으로 강등했다.

얼마 후 주부언은 복수를 작정하고 무제에게 제왕의 일을 고했다.

"제의 도읍인 임치는 10만 명이 사는 큰 도시입니다. 시장에서 걷는 세금만도 1,000금에 달하고, 인구가 많아 그 부가 장안을 능가합니다. 이런 곳은 폐하의 친형제나 왕제께서 다스리지 않으면 안 됩니다. 제왕은 폐하와는 혈연적으로 워낙 먼 관계인 데다 신하로서 충성스럽지도 않고 덕도 없습니다. 여태후 시절에 제왕은 반란을 일으켜 황제가 되려 했습니다. 또한 오초7국의 난이 일어났을 때도 반란을 꾀했습니다. 요즘 들은 바에 의하면, 제왕이 친누이와 정을 통하고 있다고 합니다. 이는 종실을 모욕하는 중대한 일이니 폐하께서 반드시 손을 쓰셔야 합니다."

무제는 주부언을 제국상에 임명하고, 제왕 유차창(劉次昌)을 책임지고 조사하도록 했다. 제나라에 도착한 주부언은 환관과 신하들을 잡아들여 제왕의 불륜 사실을 심문했다. 이들은 사실대로 털어놓았고, 제왕은 연왕처럼 처형될 것을 두려워하여 음독자살했다.

어렸을 적부터 불우한 환경에서 제대로 대접받지 못하고 살았던 주부언은 뒤늦게 권력 맛을 보게 되자 쌓이고 쌓인 울분을 마치 변태처럼 발산했다. 조금이라도 원한이 있었던 사람에게는 여지없이 복수를 했고, 닥치는 대로 재물을 긁어모으며, 주지육림의 향락에 빠지는 등 앞날을 전혀 생각지 않고 행동했다. 게다가 주부언의 말이라면 무제가 무조건 신뢰하는 것을 아는 공경대신들과 제후들은 뇌물을 갖다 바치기에 급급했다.

제나라의 상으로 임명되어 금의환향한 주부언에게 친척과 과거의 친구들이 축하를 하러 몰려들었다. 주부언은 그들에게 "과거 내가 가난하던 시절에 너희들은 나를 사람 취급도 하지 않았다. 그런데 이제 내가 성공하여 돌아오니까 불원천리하고 나를 찾아오는 것을 보니 내가 너무 폐를 끼치는 것 같다. 내가 500금을 줄 터이니 알아서 나눠 갖고, 앞으로 다시는 나를 찾아오지 말도록 하라!"라고 말한 뒤 자리를 떴다.

한편 주부언의 막대한 부의 축적과 적을 만드는 행동으로 인해 조정과 재야에서 비판의 목소리가 높아졌다. 조(趙)의 왕 유팽조(劉彭祖)도 과거에 주부언을 냉대했던 적이 있었으므로 연왕의 자살 소식을 듣자 좌불안석이 되었다. 그래서 사람을 시켜 주부언이 제후들로부터 뇌물을 받은 사실을 고발하는 상소를 올리도록 했다. 마침 이때 무제는 제왕의 자살이 주부언의 압박으로 인해 빚어진 일이라 생각하여 분노하고 있었으므로 조왕의 상소를 본 즉시 주부언을 체포하도록 명했다.

주부언은 뇌물 수수는 인정했지만 제왕을 죽음으로 몰고 간 사실은 부인했다. 무제는 주부언의 능력을 아꼈으므로 원래는 죽일 생각이 없었다. 그러나 관리들을 감찰하는 어사대부 공손홍은 주부언을 죽여야 한다고 강력히 주장했다.

"제왕은 자살했고, 제나라는 국에서 군으로 강등되었습니다. 이는 폐하의 명예에 크게 흠이 되는 일입니다. 그런데 이 일은 사실상 주부언으로 인해 일어난 것입니다. 그를 죽이지 않는다면 폐하께서는 사람들의 원성을 막을 수 없으실 겁니다."

결국 무제는 주부언을 처형하고, 그 가문을 멸족시켰다.

그러나 주부언의 죽음은 제후왕의 조정에 대한 불만과 황제가 되려는 야심을 가라앉히지 못했다. 회남왕 유안(劉安), 형산왕(衡山王) 유사정(劉賜正)은 이 시기에 바야흐로 반란을 계획하고 있었다. 원삭 2년(기원전 127년) 겨울, 회남왕은 무제를 알현하러 장안에 왔다. 무제는 항렬이 높은 남왕에게 융숭한 대접을 하고, 자신의 서안(書案)과 지팡이를 선물로 주면서 앞으로는 알현하러 올 필요가 없다는 파격을 허용했다. 회남왕 유안은 원래 오만하고 사치스럽기로 악명이 높았고, 무제도 이 사실을 잘 알고 있었다. 그럼에도 불구하고 무제가 깍듯한 예우를 한 것은 일종의 완곡한 경고였다. 즉 앞으로 자중 자애하여 목숨을 잘 보전하라는 뜻이었던 것이다. 그러나 회남왕은 제위를 찬탈하려는 마음을 버리지 않았고, 무제의 경고도 무시해 버렸다.

원삭 5년(기원전 124년), 회남왕 유안과 그 아들 유천(劉遷)은 낭중 뇌피(雷被)가 흉노 정벌군에 들어가려는 것을 막으려다 고발을 당해 조정에서 파견된 사신에게 심문을 받게 되었다. 유안은 조정에서 자신이 반란을 계획하고 있다는 사실을 알고 있는 것으로 지레 짐작하여 거병을 준비하고 사신도 죽이려 했다. 하지만 도착한 사신은 뇌피의 일에 대해서만 심문을 했고, 유안은 거사를 하지 않았다. 대신들은 법에 따라 유안을 처벌해야 한다고 했지만 무제는 불허했다. 무제는 유안을 회남왕에서 폐해야 한다는 주장에도 동의하지 않았지만, 결국 회남국의 2개 현을 빼앗고 유천을 죽이지 않는 선에서 여론을 무마했다.

유안은 무제가 현 2개를 빼앗은 데 대한 불만을 감추지 않았다.

"나는 인의를 행했는데도 오히려 영토를 빼앗기는 엄청난 모욕을 당했다!"

그러고는 심복과 지도를 펴놓고 군대를 출동시킬 계획을 짜는 등 반란 준비에 박차를 가했다.

유안은 뇌피의 부모를 인질로 잡아놓고는 같이 거사할 것을 강요했다. 그러나 뇌피는 유안의 마음을 돌리려고 설득을 했다.

"진나라는 폭정으로 인해 민심을 잃었습니다. 그 당시 열 집 가운데 예닐곱 집은 천하에 대란이 일어나기를 바랐으므로 고조께서 천자가 되실 수 있었습니다. 대왕께서는 고조가 천하를 쉽게 얻은 사실에만 주목할 뿐, 오초7국의 난이 왜 실패했는가에 대해서는 생각도 않으십니다. 오왕 제비(齊濞)는 4개 군에 달하는 토지, 많은 인구, 충실한 재정 등을 소유했고 거사 계획도 치밀했습니다. 그러나 전쟁에서 지고 멸족을 당하는 비극으로 끝났습니다. 그 이유는 바로 오왕이 하늘의 뜻에 어긋나는 짓을 했고, 상황 판단을 잘못했기 때문입니다. 대왕의 병력

은 오초 연합군의 10분의 1에도 미치지 못하고, 경제 시대보다도 천하
는 훨씬 더 안정적입니다. 그런데 만약 대왕께서 신하들의 진언을 무
시하신다면 죽어서도 몸을 묻을 곳이 없을 정도로 비참한 최후를 맞이
할지도 모릅니다."

유안의 야심은 이미 이성을 잃을 정도로 커졌으므로 뇌피의 간곡한
만류가 귀에 들어오지 않았다. 그래서 황제의 옥새와 승상, 어사대부,
장군 등의 인신을 제조하는 만용을 부렸다. 유안은 조정의 공손홍과
같은 대신은 고목의 낙엽 같은 존재이므로 한번 흔들어 떨어뜨리면 걱
정할 필요가 없다고 생각했다. 정말로 두려운 존재는 대장군 위청이었
다. 그래서 유안은 자객을 시켜 신분을 위장하고 위청의 부하로 들어
갔다가 자신이 거사를 일으키면 그를 죽여서 중앙의 군대가 마비되도
록 계획했다.

유안은 군대를 움직이면서 국상, 이천석 등의 관리들이 명령을 듣지
않을 것이라 판단했기 때문에 여러 개의 복안을 세웠다.

첫째, 궁에 불을 질러서 국상 등이 달려와 불을 끄려 할 때 죽인다.
둘째, 남월이 침입했다는 거짓말로 국상에게 군대를 소집하도록 한 뒤
기회를 보아 병권을 장악하고 거사한다. 셋째, 조정의 승상, 어사대부
의 명령인 것처럼 가장하여 부자들을 삭방으로 이주시키거나 제후왕
과 그들의 왕자와 신하들을 체포하여 혼란을 조성한 뒤 각 제후국과
부자들의 지지를 획득한다.

유안과 동생인 형산왕 유사는 비밀리에 연락을 취해 함께 거사를 하
기로 약속했다.

그러나 유안이 계획에 만족해하며 자만할 때 뜻밖의 일이 터졌다. 그의 서손(庶孫)인 유건(劉建)이 부친인 유불해(劉不害)가 푸대접을 받는 데 대해 불만을 품고 몰래 사람을 조정에 보내 유안의 아들 유천이 조정 사신을 죽이려 한다고 고발하게 한 것이다. 무제는 정위(廷尉)를 사신으로 임명하여 회남에 보내 조사를 하도록 했다. 그러자 유천은 자살을 기도했으나 미수에 그치고 체포되었다. 처음에는 반란을 일으키지 못하도록 말렸지만 강압에 못 이겨 유안을 도와 계획을 짰던 뇌피는 대세가 기울었음을 눈치 채고 사신에게 모든 사실을 알렸다. 사신은 즉시 유안을 체포하고 사사로이 제작한 옥새, 인신, 부절 등을 반란의 증거물로 찾아냈다.

무제는 소식을 듣고 대노하여 종정(宗正)에게 사건을 처리하도록 했다. 죄가 무서운 유안은 자살했고, 왕후와 태자 등은 모두 처형당했다.

회남 사건이 발각된 후 연루된 자들의 상당수는 형산국으로 도주했다. 조정에서는 형산국 왕자 유효(劉孝)의 집에서 회남 사건의 주요한 가담자인 진희(陳喜)를 찾아냈다. 그러자 겁에 질린 유효는 모반 계획을 자백했다. 형산왕 유사는 자살했고, 태자 유상(劉爽)과 왕자 유효는 참수되어 길거리에 버려지는 기시(棄市)형을 당했다.

또한 회남왕과 형산왕의 역모 사건과 관련된 열후, 이천석 및 지방의 유지 등 수천 명이 모두 처형되었다.

한편 강도왕(江都王) 유건은 부친의 애첩, 친누이와 간통을 하고 무고한 사람들을 죽이는 등 만행을 일삼다가 회남왕의 반란에 연루된 사실이 발각되자 자살했다. 그리고 왕후 등은 기시형에 처해졌다. 회남, 형산, 강도국은 폐지되고 각각 구강(九江), 형산, 광릉(廣陵) 군으로 격하되어 조정의 직접 통제를 받게 되었다.

무제는 제후의 세력을 더욱 약화시키기 위해 「좌관률(左官律)」과 「부익아당지법(附益阿黨之法)」을 반포했다.

제후왕국과 열후 세력은 무제의 거듭된 권력 박탈 조치로 조정에 저항할 힘을 잃었다. 이로서 중앙 집권은 더욱 강화되었다.

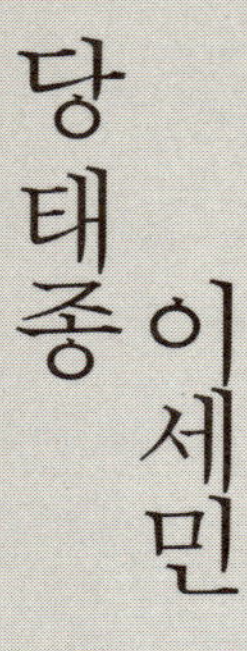

충성심과 간사함을 구별해 내다

어진 인재를 등용하고 소인배를 물리치는 것은 쉽지 않은 일이다. 이 점을 잘 아는 태종은 "자신이 인재라 생각해도 사실 그렇지 않은 경우도 많다. 이와는 반대로 모든 사람들이 나쁘다고 해도 실상 취할 만한 점이 있기도 하다"라고 했다.

이 말에서 알 수 있듯이 현명함과 어리석음, 선과 악을 가리는 객관적인 기준이 있기는 하지만 개인적인 인식이나 사고방식 등 주관적인 요소를 무시할 수 없으므로 사람을 평가하는 데에는 의견 차가 생기기 마련이다.

인재를 자기 사람으로 만들어야 하는 군주는 편견이나 호오의 감정을 떠나 사람을 잘 판단하는 능력을 갖춰야 한다. 그래서 위징은 태종에게 "예로부터 사람을 알아보는 것은 매우 어렵다고 했습니다. 그러므로 신하의 능력을 평가하여 관직에서의 진퇴를 결정하고, 그 결정이 정확한지에 대해서도 세심하게 헤아려보아야 합니다"라고 간언했다. 그는 인재를 등용하는 것에 그칠 것이 아니라 지속적으로 능력을 검증해야 한다고 역설한 것이다.

위징은 정관 14년(640년)에 관리를 열두 가지 기준에 의해 분류한 상소를 올려 태종으로부터 찬사를 받았다. 열두 가지 기준은 '6정(六正)'과 '6사(六邪)'로 나눠졌는데 그 내용은 다음과 같다.

'6정'의 첫 번째는 성신(聖臣)으로, 나라의 존망과 득실을 통찰하는 능력을 갖춰 불행한 사태를 미연에 방지한다.

두 번째는 양신(良臣)으로, 군주가 선정을 베풀도록 간언을 하고, 예의를 중시하며 당대의 폐단을 바로잡는다.

세 번째는 충신(忠臣)으로, 항상 나라를 생각하면서 군주에게 올바른 건의를 하고, 어진 인물들을 육성하고 천거한다.

네 번째는 지신(智臣)으로, 잘못된 관행을 바로잡고 일의 성패를 가늠할 수 있으며, 근거 없는 말들이 나돌지 않게 방지하고 전화위복의 능력을 가지고 있다.

다섯 번째는 정신(貞臣)으로, 멸사봉공하고 뇌물을 받지 않으며 직분에 충실하면서 검소한 생활을 한다.

여섯 번째는 직신(直臣)으로, 행동이 방정하고 아부를 하지 않으며, 군주의 잘못을 간언하는 용기를 가지고 있다는 것이다.

이른바 '6사'의 첫 번째는 구신(具臣)으로, 공무에 충실하지 않으면서 향락적이고, 변신의 귀재이다.

두 번째 유형은 유신(諛臣)으로, 군주의 입맛을 맞추는 데만 골몰하면서 아부로 일관한다.

세 번째는 간신(奸臣)으로, 겉으로는 점잖고 선비 같지만 실제로는 교언영색에 능하고 간사하며 뛰어난 인물들에 대한 질투가 심하다. 타인의 선행은 숨기고 잘못된 점만 부각시켜 군주로 하여금 착각을 하게 만들고, 명령이 잘 시행되지 못하도록 만든다.

네 번째 유형은 참신(讒臣)으로, 교묘한 언행으로 진실을 가리고 군주와 신하를 이간시켜 군주로 하여금 선악을 구분하지 못하도록 한다. 그리하여 국가는 혼란에 빠지게 된다.

다섯 번째는 적신(賊臣)으로, 권력을 장악하여 남용하고, 당파를 만들어 사적인 이익을 추구하여 국력을 쇠퇴하게 만든다.

여섯 번째는 나라를 멸망시키는 신하로, 군주를 악에 물들게 하고 붕당을 만들어 충신들을 배척한다. 천자의 판단력을 흐리게 하여 학정을 저지르게 만든다는 것이다.

위징의 관점에서 볼 때 '6정'은 덕과 재를 갖췄는지의 여부로 구분한 것으로, 덕이 없는 사람은 긍정적인 신하가 될 수 없으며, 덕이 있어도 능력이 없으면 군주가 제대로 치국을 하는 데 도움을 주지 못하므로 이 범주에 넣지 않았다. 이에 비해 '6사'는 능력의 유무는 따지지 않고 덕이 없는 사람들만을 거론하고 있다. 그렇기 때문에 태종은 관리를 선발할 때 덕, 즉 성품이나 인간성을 가장 우선시하고 능력은 그 다음 문제로 삼았다. 그는 관리의 덕성을 가장 강조하는 이유를 "관리의 악행을 뒤늦게 발견했을 때 중벌을 내리면 되지만, 피해를 입은 백성들은 보상을 받을 길이 없다"는 말로 설명했다.

위징의 논리는 더 직접적이고 뚜렷하다. 즉 덕은 있지만 능력이 없는 관리는 큰 해를 미치지 않지만, 능력만 있고 덕이 없는 악인을 잘못 기용하면 그 피해가 막심하다는 것이다. 그러므로 그는 난세에는 덕성은 차치하고 능력만을 중시해도 되지만, 태평시대에는 반드시 덕과 재를 겸비한 인물을 등용해야 한다고 주장했다.

태종은 재위 기간 동안 시종일관 인물을 알아보고 쓰는 데 역점을 두었다. 한번은 태종이 나무 아래를 걸어가다 "나무가 참 좋구나" 하고 감탄을 했다. 그러자 옆에 있던 우문사급(宇文士及)이 나무에 대한 경탄을 했다. 우문사급의 행동에 반감이 든 태종은 근엄하게 꾸짖었다.

"위징은 항상 나에게 아첨하는 자들을 멀리해야 한다고 했다. 나는 그런 자가 누구인지 모르면서도 너를 약간 의심했다. 그런데 오늘 보니 너는 확실히 아부를 잘하는 자로구나."

이렇듯 태종은 황제의 비위를 맞추기 위해 아부를 하는지의 여부를 간신의 판단 기준으로 삼았다. 그리고 이 원칙은 변함이 없었다.

일례로 대주 도독 유란(劉蘭)이 모반을 했다가 발각되자 태종은 허리를 자르는 형벌인 요참(腰斬)에 처하도록 했다. 장군 구행공(丘行恭)은 이 기회에 황제에 대한 충성심을 과시하기 위해 유란의 '심장과 간을 꺼내 먹는' 만행을 저질렀다. 분노한 태종은 구행공을 크게 꾸짖었다.

"죄를 지으면 나라에서 법으로 다스리면 된다. 만약 반역자의 심장과 간을 먹는 것이 충효라면 유란의 것은 태자나 제왕이 먹어야지 어떻게 그대에게 순서가 돌아가겠느냐!"

이 밖에도 태종은 충신과 간신을 판별하기 위해 주위의 인물들이 자신을 기만하는 행동을 하는지 주목했다. 언젠가 한 환관이 사신으로 갔다가 돌아와 거짓 보고를 한 일이 발각되자 태종은 펄펄 뛰었다. 위징은 이런 기회를 놓치면 안 된다 싶어 태종에게 진언을 했다.

"내시들은 지위는 낮지만 밤낮으로 군주의 곁을 지키므로 군주의 신임을 받습니다. 그런데 군주가 그들의 말을 쉽게 믿다 보면 시간이 갈수록 그 해악이 막심해집니다. 따라서 항상 주의를 하고, 내시들이 경거망동하지 못하도록 막아야 합니다."

이후로 태종은 다시는 환관이 사신의 임무를 띠고 궁 밖으로 나가지 못하게 금지하고, 다만 궁 안에서만 활동하도록 했다.

태종은 또한 '거짓 증언으로 억울한 심판을 받는' 사례가 많다는 사실에 주목했다. 이러한 상황은 역사적으로 간신들이 충신을 모함하고 해치는 전형적인 예이므로 태종은 신하들에게 엄중히 경고했다.

"짐은 전대의 간신배들이 나라를 망쳤다는 사실을 잘 알고 있다. 간신배들은 교언영색이나 붕당의 결성으로 어리석은 군주를 현혹시키고, 충신과 효자들이 억울한 죽음을 당하게 만들었다."

위징은 이 문제에 대해서도 뚜렷한 견해를 가지고 있었다. 즉 "군자도 작은 악은 저지르지만 정도를 벗어나지 않는다. 소인도 때로는 작은 선을 행하지만, 그 선이 충성스러움에는 이르지 못한다"는 것이다. 달리 말하자면, 모든 사람은 장점과 결점을 가지고 있지만, 문제는 일관되게 장점을 발휘하고 결점을 극복할 수 있느냐 하는 것이다. 이러한 논리를 군주에게 적용한다면, 군주는 사람의 외양을 보고 인간됨을 파악하되 소인의 작은 선행에 미혹돼서는 안 된다. 또한 군자의 작은 잘못이나 사소한 악행을 발견했을 때 배척할 것이 아니라 큰 미덕을 높이 삼으로써 충신과 간신을 착각하는 우를 범하지 말아야 한다.

또한 위징은 군자와 소인을 이렇게 구분했다.

"군자의 작은 잘못은 백옥의 티이지만, 소인의 알량한 선은 칼로 한 획을 그은 것과 같다. 소인배의 작은 선행으로는 악함을 덮을 수 없지만, 백옥에 작은 흠이 있어도 버리지 않는다면 옥 자체의 아름다움은 사라지지 않는다."

그러므로 군주는 마땅히 군자를 가까이 하고 소인배를 멀리해야 하는 것이다. 위징의 견해를 높이 산 태종은 비단 300필을 상으로 내렸다. 이와 동시에 태종은 소인배들의 중상모략을 근절하기 위해서 앞으로 남을 비방하는 상소를 올리는 자는 엄벌에 처한다는 명령을 내렸다.

태종의 신하에 대한 각별한 주의와 정확한 인재관으로 인해 정관 연간에는 명신들이 많이 배출되어 정치가 안정되고 화합의 분위기가 성숙되어 태평성대를 구가하게 되었다. 이를 흔히 '정관의 치'라 부른다.

제10장

웅대한 계략으로 패권을 달성하다

전쟁을 할 때 최선의 방법인 '사전에 적의 계획을 알고 봉쇄'하거나 '싸우지 않고 이기는' 것은 '웅대한 계략'과 '패권 달성'의 핵심 개념이다. 천하를 차지한다는 것은 기본적으로 모략을 계획하고 실천하는 것이다. 그러므로 병법에서는 승부란 이미 전략을 짜는 과정에서 결정된다는 사실을 강조하고 있고, 천하를 제패하려면 반드시 웅대한 계략을 구상하여 공격적으로 사용해야 한다.

적대 세력까지 포용하는 아량을 베풀다

한 고조 유방은 공신들에게 후한 대접을 하는 한편 민간의 적대 세력을 포용하고 위무하는 데에도 많은 힘을 기울였다.

한신은 해전으로 초나라의 장수 용차(龍且)를 익사시킨 뒤 조참의 군대로 하여금 성양(城陽, 오늘날의 산동성 영양莒陽 - 옮긴이)을 공격하여 제왕 전광(田廣)을 잡아 처형하도록 했다. 그 후 제나라의 제상이었던 전횡(田橫)은 왕위를 차지하고 한나라 군대에 저항했다. 그러나 한신의 명령을 받은 관영은 영하(嬴下, 오늘날의 산동성 내무萊蕪현 - 옮긴이)에서 제나라 군사를 대파했다. 얼마 후 유방은 팽월을 양왕에 봉했다. 전횡은 유방에게 혼쭐이 날 것이 두려워지자 문객과 부하 500여 명을 데리고 동해의 한 작은 섬(오늘날의 산동성 노산만勞山灣 - 옮긴이)에 숨어서 어로와 개간을 하면서 세상과 단절된 생활을 했다. 그러나 마음속으로는 재기의 기회를 노리고 있었다.

유방은 전횡이 제나라에 탄탄한 세력 기반을 가지고 있으므로 잘 대처하지 않으면 한나라를 위협할 새로운 적을 만들게 될 거라는 생각을 하기에 이르렀다. 그러자 전횡에게 사신을 보내 항복을 하면 과거의 죄과를 용서하고 낙양에서 벼슬을 하게 해 줄 것이라는 제안을 했다. 하지만 유방을 믿지 못한 전횡은 이를 거절했다.

"나는 과거에 한의 사신인 역식기(酈食其)를 죽였다. 지금 역식기의 동생 역상(酈商)이 조정에서 요직을 차지하고 있고, 유방의 총애를 받고 있으므로 나에게 보복을 할 것이다. 그러므로 나는 낙양에서 벼슬을 할 마음이 없고, 다만 이 섬에서 평범한 백성으로 살고 싶다."

사신으로부터 보고를 받은 유방은 특명을 내렸다.

"제왕 전횡이 온 후 누구라도 그에게 무례한 행동을 한다면 중죄로 다스릴 것이다!"

유방은 사신을 다시 전횡에게 보내 "그대가 낙양으로 오면 왕이나, 최소한 후에 봉할 것이다. 그러나 만약 오지 않겠다고 고집을 피우면 군대를 파견하여 정벌을 할 것이다"라고 엄포를 놓았다. 전횡은 자신으로 인해 다른 사람들이 피해를 입지 않도록 하기 위해 2명의 문객만을 대동하고 사신을 따라 낙양으로 왔다.

일행이 낙양에서 30리 정도 떨어진 시향(尸鄕, 오늘날의 하남성 언사偃師현 서부-옮긴이)에 이르렀을 때 전횡은 사신에게 부탁을 했다.

"신하의 몸으로 황제를 알현하려면 마땅히 목욕을 하고 옷을 갈아입어야 한다."

사신은 전횡에게 목욕을 하도록 허락했다.

목욕을 마친 전횡은 눈물을 흘리며 비장한 어조로 문객들에게 심정을 토로했다.

"나는 과거에 유방과 비견할 만한 실력을 가진 일국의 주군이었다. 그런데 오늘날 그는 지존무상의 황제가 되었고, 나는 멸망한 나라의 군주로서 신하 노릇을 하게 되었다. 이 얼마나 엄청난 치욕인가! 하물며 나는 역상의 형을 죽였는데 그와 함께 조정에서 일을 한다면 얼마나 수치스럽겠는가. 설령 그가 천자의 명령이 두려워 나를 해치지 않는다 해도 나로서는 부끄러운 마음을 어쩔 수 없을 것이다. 황제가 나를 부른 뜻은 분명히 나를 조종하기 위해서이다. 그러니 내 머리를 잘라 그에게 보내 안심을 시키겠다."

전횡은 말을 마치자마자 칼을 뽑아 자진했다. 사신과 문객들은 전횡의 머리를 베어 바람처럼 낙양으로 달려갔다. 아직도 살아 있는 것 같은 전횡의 머리를 본 유방은 크게 놀랐다.

"그들 삼형제는 평민으로 입신하여 차례로 왕이 되었다. 그리고 또 이렇게 담담하게 죽음을 맞이한 것을 보니 정말로 존경스럽다!"

유방은 전횡의 두 문객을 도위에 임명하고 제후왕에 준하는 예의를 갖춰 장례를 치러주었다. 문객들은 장례가 끝나자 통곡을 한 뒤 전횡의 묘 옆에 2개의 구덩이를 판 뒤 자살했다. 사실상 전횡의 죽음을 따른 순장이었다.

유방은 문객들의 죽음을 알고 경악했다. 섬에 남아 있는 장사들에 대해 도저히 안심할 수 없는 유방은 다시 세 번째로 사신을 보내 낙양으로 들어오면 높은 벼슬을 주겠다고 유혹했다.

하우의 부하였던 대장 계포(季布)는 의협심과 호탕한 성격으로 유명
했다. 한번 약속한 말은 무슨 일이 있어도 이행을 했기 때문에 세간에
는 "황금 1,000량을 얻는 것보다 계포로부터 한마디 언약을 얻는 것이
더 낫다"라는 말이 생겨날 정도였다.

초한전이 한창일 때 계포는 유방과 교전을 하면서 유방의 목숨을 위
협했으므로 유방은 그에게 원한이 깊었다. 항우가 패망한 후 유방은
'천금'을 현상으로 내걸고 계포를 잡도록 했다. 또한 "감히 계포를 숨
겨주는 자는 3족을 멸한다!"라는 엄명을 전국에 내렸다.

그런데 계포는 복양(濮陽, 오늘날의 하남성 복양 서남쪽 – 옮긴이)의 주(周)씨
라는 친구의 집에 숨어 있었다. 친구는 관에서 계포를 잡으려 혈안이
된 것을 알자, 만일의 사태를 피하기 위해 계포의 머리칼을 자르고 갈
색의 죄수복을 입혀 죄수처럼 변장을 시킨 뒤 노지(魯地, 오늘날의 산동성 –
옮긴이)의 주가(朱家)의 집으로 데리고 갔다. 주가는 계포의 신분을 알고
도 의연하게 받아들이고, 집과 경작할 땅을 준 뒤 아들에게 수발을 하
도록 했다. 그러고는 낙양으로 가서 유방의 큰 신임을 받아 여양후(汝陽
侯)에 봉해진 하후영을 만났다.

주가가 하후영에게 질문을 했다.

"계포가 무슨 큰 죄를 저질렀기에 황제께서 그렇게 화를 내시는 겁
니까?"

"계포는 항우를 위해 헌신한 자로 여러 번 황제를 궁지에 몰아넣었
기 때문에 잡아들여 벌하라는 명령을 내린 걸세."

주가가 다시 물었다.

"그렇다면 장군께서는 계포가 어떤 사람이라고 생각하십니까?"

"인격과 능력을 갖춘 인물이지!"

그러자 주가가 솔직하게 속내를 털어놓았다.

"초와 한에는 각기 군주가 있었습니다. 계포는 당연히 항우에게 충성을 다해야 할 의무가 있었습니다. 그런데 황상께서는 어찌 항우의 부하들을 모두 죽이려 하십니까? 황상께서 천하를 얻은 지 얼마 안 된 지금 사적인 감정으로 보복을 하려 하신다면 너무 속이 좁은 것 아닙니까? 조정에서 그를 너무 압박하면 북의 흉노에게 의탁하거나 남의 백월(百越)에 귀순할 것입니다. 영웅호걸을 적에게 가게 만드는 것은 실로 어리석은 짓입니다. 이 사실을 어르신께서 황제께 말씀드릴 수 있겠습니까?"

이 대목에 이르러 하후영은 주가가 계포를 숨겨주고 있음을 확신했다. 그래서 더 이상 추궁을 하지 않고 모호하게 "그렇게 하지, 알았네!"라고 대답했다.

며칠 후 하후영은 유방의 기분이 좋아 보이자 주가로부터 들은 이야기를 했다. 하후영의 말을 곱씹어본 유방은 확실히 일리가 있다고 판단하여 계포의 죄를 사한 뒤 친히 접견하여 낭중(황제의 시중 – 옮긴이)에 임명했다. 이후 계포는 서한 왕조를 위해 큰 공헌을 했다.

정공(丁公)은 계포의 어머니가 낳은 성이 다른 형제였다. 유방은 과거 휴수에서 패배했을 때 정공의 포로가 되었으나 "사내대장부들끼리는 상대를 압박하지 않는 법"이라고 꼬여서 도망을 친 일이 있었다. 정공은 유방과 원수였던 계포가 사면을 받고, 게다가 고관에 임명되었다는 소식을 듣자 도량이 큰 유방이 은혜를 베풀었던 자신에게 더 큰 상을 내릴 것이라 생각했다. 그래서 유방을 찾아갔는데, 뜻밖에도 유방은 정공을 참수하라는 명령을 내렸다. 정공이 억울하다고 고함을 치자 유방은 그를 가리키며 군신들에게 참수의 이유를 설명했다.

"정공은 항우의 부하로서 충성을 다하기는커녕 자신의 이익을 추구하기에 급급했다. 항왕이 천하를 잃을 수밖에 없었던 것은 저런 자들을 부하로 두었기 때문이다. 이제 짐은 저자를 죽여 후대의 사람들에게 교훈을 주려 한다."

신하들은 유방의 말에 한기를 느낄 수밖에 없었다. 유방이 정공을 죽여 일벌백계의 효과를 노린다는 것을 분명히 알았기 때문이다. 황제가 된 유방은 이제 천하를 얻기 위해 항우와 싸우면서 반란을 일으키거나 투항한 인물들까지 수용했던 과거의 유방이 아니었다.

유방이 가장 증오하는 인물은 언행이 일치하지 않고 주군에게 충성을 하지 않는 신하였다.

유방은 정도에서 제위에 등극할 때, 당시의 사정상 지극히 간소하게 의식을 치렀다. 대부분 베옷을 입은 문신과 무장들은 조정의 의례와 규칙에 관한 상식도, 이해도 없었다. 그들은 다년간 함께 전쟁을 하면서 서로를 잘 이해했지만, 지위의 고하와 귀천에 대한 관념은 부재했다. 그러므로 조정에서 연회를 할 때에도 군신 간에 공을 다투고, 술에 취하면 심지어 검을 빼 들고 기둥을 찌르는 등 난동을 부릴 정도였다.

황제의 위엄을 지켜줘야 한다는 생각이 없는 신하들을 보며 유방은 우려를 금할 수 없었다.

이때 숙손통(叔孫通)이란 인물이 유방에게 조의(朝儀, 조정에서 갖춰야 할 의식, 즉 군신 간의 상하 관계를 규정하는 의례 – 옮긴이)를 제정해야 한다는 건의를 했다.

숙손통은 설군(薛郡, 오늘날의 산동성 조장棗庄시 – 옮긴이) 출신으로 기민한 성격에 유학과 권력의 속성에 해박한 지식을 가진 인물이었다.

진나라 말기에 진승(陳勝)이 진현(陳縣)에서 왕을 자칭하며 난을 일으키자 조정이 발칵 뒤집어졌다. 2세 황제는 평민이 감히 황제에게 반란을 일으켰다는 사실에 경악하여 30명의 박사와 유생을 불러 대책을 의논했다.

박사들은 갑론을박하면서 설전을 벌였다. "조정의 정책이 틀렸기 때문에 화가 난 백성들이 반란을 일으킨 것"이라고 바른 말을 하는 자가 있는가 하면, 혹자는 "관동의 형세가 위급하므로 속히 군대를 파견하여 평정해야 한다"는 주장을 펴기도 했다. 2세 황제는 다른 박사들의 의견을 제대로 듣지도 않으면서 살육을 할 생각만 했다. 그러자 상황이 심상치 않다고 느낀 숙손통은 벌떡 일어나 일장 연설을 했다.

"폐하께서는 화를 진정시키십시오. 이 썩어빠진 서생들은 열병에 걸렸거나 미쳤기 때문에 이렇게 헛소리를 하고 있습니다. 폐하께서는 하해와 같은 도량으로 이들과 왈가왈부하지 마십시오. 오늘날 천하는 일가를 이뤄 일찍이 군현의 장벽과 민간의 무기를 없앴습니다. 이는 천하가 태평하고 앞으로도 전쟁이 일어나지 않을 것임을 의미합니다. 특히 성상께서 영명하시고, 신료들도 직분을 다하는 데다 제도가 완벽하고, 사람들도 법을 지키며 생업에 충실합니다. 사해가 모두 우리에게 복속하고 있는데 어찌 반란이 일어나겠습니까. 다만 관동에서 별 볼일 없는 작은 도적들이 소란을 떨고 있는 것이니 군수와 현위에게 그들을 잡아들이도록 하면 됩니다. 어찌 폐하께서 이런 작은 일에 신경을 쓰신단 말입니까.”

숙손통의 말에 기분이 좋아진 2세 황제는 “그대의 말은 지극히 옳도다!”라며 칭찬을 했다. 그러고는 숙손통에게 비단 20필과 화려한 옷 한 벌을 하사했다.

박사들은 숙손통이 진실을 숨긴 채 황제에게 아부만 하고 있다고 비난했다. 그러자 숙손통이 해명했다.

“그렇게 말하면 모두 지금과 같은 위기 상황을 탈출할 수 없습니다. 우리의 소중한 생명을 어리석은 군주에게 바치는 것은 실로 의미가 없습니다.”

이렇게 말한 숙손통은 2세 황제에게서 받은 예물을 챙겨서 부리나케 달려 설군으로 도망쳐 항량과 항우가 이끄는 기의군에 합류했다. 그 후 유방이 제후 연합군으로 팽성을 공략해 항우를 패배시키는 일이 일어났다. 숙손통은 유방이야말로 일대 영웅이라 판단하여 그날로 유방에게 몸을 의탁했다.

그런데 유방은 유생을 생리적으로 싫어했다. 숙손통은 처음에는 이 사실을 몰랐으므로 유생의 옷을 입고 유방을 만났다가 냉대를 받았다. 눈치 빠른 숙손통은 긴 두루마기를 짧은 마고자로 바꿔 입고 평민의 복장을 갖춤으로써 유방의 환심을 샀다. 유방은 숙손통을 박사에 임명하고, 직사군(稷嗣君)이라는 호를 내렸다.

숙손통을 따라 한나라에 투신한 제자들은 100여 명에 달했다. 그런데 숙손통이 유방에게 천거한 자들은 모두 무사들뿐이었다. 문생들이 항의를 하자 숙손통은 이렇게 대답했다.

"한왕은 피비린내 나는 싸움을 통해 천하를 얻으려 하고 있다. 그런데 너희들이 그를 따라 전쟁터에 나갈 수 있단 말이냐? 그래서 나는 먼저 한왕에게 몸을 바쳐 싸울 자들을 천거한 것이다. 너희들이 때를 기다리고 있으면 내가 너희들을 강력하게 추천해 주겠다."

제자들은 그의 말에 반신반의했다.

제위에 오른 유방은 조정에 질서가 잡히지 않아 부심했다. 그러자 숙손통은 진언을 했다.

"유생들은 전쟁 시기에는 걸림돌이 될 뿐 아무런 힘을 쓰지 못합니다. 하지만 천하를 다스릴 때는 그들의 장점을 이용할 수 있습니다. 신은 공자의 고향인 산동에 가서 능력 있는 인물들을 모은 뒤 폐하를 위해 조정의 예의를 제정하는 데 일조하겠습니다. 그러면 군신 간에 준수해야 할 관례가 생겨서 조정에서 빚어지는 혼란을 피할 수 있을 것입니다."

유방은 기쁜 가운데도 의문이 들었다.

"조의를 만드는 것이 힘들지 않겠는가?"

숙손통이 기다렸다는 듯 대답을 했다.

"고대의 왕조들은 각기 독특한 의례를 갖췄습니다. 의례란 당시의 현실에 맞게 제정되는 것입니다. 신은 역대 의례의 장점들을 취하고, 진나라의 제도를 참조하여 새로운 규장들을 만들어 폐하께서 검토하시도록 하겠습니다."

유방은 고개를 끄덕이며 당부의 말을 했다.

"그렇다면 한번 시도해 보게. 하지만 너무 번잡스러운 의례는 피하고, 되도록이면 간단하게 만들어서 모든 사람들이 쉽게 이해할 수 있도록 해야 하네."

숙손통은 30여 명의 산동 출신 유생들을 모아서 황제의 권위를 높이고 신하의 발호를 예방할 수 있는 원칙에 입각하여 상세한 의례와 규칙을 만들었다. 그리고 성 밖의 조용한 곳을 택하여 나무와 죽간으로 조정의 품계를 표시한 뒤 자리마다 인원을 배치하여 의례를 연습하게 했다. 숙손통은 제자들과 고조가 파견한 관리들 100여 명과 함께 숙식을 하면서 한 달여 동안 집중 훈련을 했다. 얼마 후 숙손통은 고조를 청하여 시범을 보였고, 직접 황제의 의례를 익힌 고조는 크게 만족해하며 모든 문무 대신들에게 명했다. 즉 숙손통에게 의례를 배우라는 명령을 내렸던 것이다. 역사에서는 이 사건을 '면최습의(綿蕞習儀)'라 부르고 있다.

승상 소하의 감독 관리하에 장락궁이 완공되자 유방은 한 7년(기원전 200년) 원단에 처음으로 조하(朝賀) 대전을 거행했다.

이날 해가 뜨자 예관은 궁전 밖에 대기하고 있던 문무 대신들을 직위의 고하에 따라 장락궁 대전 앞에 도열시켰다. 대전에서는 오색의 용봉기가 바람에 휘날리고, 북과 종소리가 울렸다. 위사가 도끼를, 낭중이 창을 들고 섬돌에 서 있는 가운데 의례를 집행하는 사의(司儀)가 호령을 발하자 백관들이 종종걸음으로 대전에 들어왔다. 열후와 무장들은 서쪽에, 승상 이하 문관들은 동쪽에 자리를 잡고 황제의 행차를 기다렸다. 시위들의 호위를 받으며 연거(輦車)를 탄 고조는 대전에 들어와 남쪽을 향한 용상에 앉았다. 사의가 부복, 기립, 행례, 삼궤구고(三跪九叩, 세 번 무릎을 꿇고 아홉 번 머리를 땅에 조아리는 큰절-옮긴이)를 명하자 군신들은 일사불란하게 만세를 부르며 따라 했다.

인사가 끝나자 고조는 군신들에게 술을 하사했고, 군신들은 순서대로 공손하게 황제의 축수를 외쳤다. 술잔이 아홉 번 돌고 나자 사의는 주연이 끝났음을 선포했다. 그러자 군신들은 차례대로 퇴장했다. 모든 의식이 시종일관 질서 있게 진행되었다. 긴장한 신료들은 머리도 제대로 들지 못했고, 심지어 기침 소리도 내지 못했다. 의례에 어긋난 행동을 한 몇몇 대신들이 그 자리에서 감독을 하던 어사들에 의해 퇴장을 당한 것을 제외하면 이날의 의식은 아무런 차질을 빚지 않고 끝났다.

고조는 흡족한 마음을 감추지 않고 한마디 했다.

"과인은 오늘에서야 황제의 존귀함이 어떤 것인지를 알았도다!"

숙손통은 의례를 제정한 공을 인정받아 9경의 일원인 태상(太常, 종묘의 제례와 의식을 책임지는 직책-옮긴이)에 임명되었고, 황금 500근도 상으로 받았다. 숙손통은 고조가 기분이 좋은 틈을 타 제자들을 위한 상주를 했다.

"신과 문생들은 오랜 세월을 같이했습니다. 의례는 신과 그들이 공동으로 제정한 것이니 폐하께서 그들에게 미관말직이라도 하사해 주신다면 큰 격려가 될 것입니다."

유방은 흔쾌히 숙손통의 100명이 넘는 제자들을 모두 '낭(郞)'으로 봉했다. 스승인 숙손통의 처사에 감동한 제자들은 그를 '현실에 대해 혜안을 지닌 성인'이라고 칭송했다.

명태조
주원장

평화지향적인 대외정책을 고수하다

원대 말기 절강의 대주(臺州)와 온주 일대에서 농민들이 반란을 일으키면서 깃발에 쓴 구호는 '하늘은 높고 황제는 멀리 있다. 백성들이 일어나지 않으면 어떻게 살 수 있겠는가!' 였다. 이것은 농민들의 반항심리가 얼마나 강렬한가를 보여주는 내용이었다.

당시 상황은 일반 백성들이 반란을 일으키지 않으면 살아남기 힘들 정도였다. 그러므로 누군가가 반기를 들면 수많은 사람들의 호응을 얻었다. 이런 상황에서 홍건군(紅巾軍)은 범람으로 농민들에게 막대한 피해를 입힌 황하의 개보수와 막중한 세금의 경감을 주장하는 구호를 내걸었다.

가장 먼저 난을 일으킨 인물은 백련회(白蓮會)의 수령인 한산동(韓山童)이었다. 한산동, 영주(穎州) 출신의 유복통(劉福通), 두준도(杜遵道), 나문소(羅文素)는 때를 기다리며 부하들을 시켜 "석인(石人)을 애꾸라 말하지 말고 황하를 도발하여 천하를 뒤흔들게 하라"는 동요를 퍼뜨리게 했다. 한편으로는 황하의 하도에 몰래 석인들을 파묻었다. 석인의 등에는 '이 석인이 세상 빛을 보면 천하가 뒤집힌다'는 글을 새겨 넣었다. 그 후 한산동은 수백 명의 교도들을 황하로 보내 잠수를 하도록 했다. 이와 동시에 암암리에 천하에 대란이 일어나면 미륵불과 새로운 왕이 출현할 것이라는 소문도 퍼뜨렸다. 얼마 후 잠수부들은 애꾸눈의 석인을 발굴했고, 이 소식은 날개를 단 듯 사방에 퍼졌다.

한편 유복통이 거병을 하자 원의 조정에서는 추밀동지 혁시(赫厮)와 독적(禿赤)에게 아속군(阿速軍) 6,000명과 한군을 이끌고 하남행성군과 합류하여 진압하도록 했다. 아속군은 원래 색목인 가운데 아속인들로 구성된 정예 부대로서 기마와 궁술 실력이 대단했다. 그러나 원대 말기에 이르러 몽고 초기의 주력 군대였던 아속군은 그 위력을 상실했다. 이들은 사기충천한 홍건군을 보자 겁에 질려 싸우지도 않고 도주했다.

유복통은 홍건군을 거느리고 호주(亳州, 오늘날의 안휘성 호현 – 옮긴이), 항성(項城, 오늘날의 하남성 항성 남부 – 옮긴이), 주고(朱皋, 오늘날의 하남성 고시 固始 북부 – 옮긴이) 등을 점령한 뒤 기세를 몰아 나산(羅山), 상채(上蔡), 진양(眞陽, 오늘날의 하남성 여남汝南 – 옮긴이), 확산(確山), 무양(舞陽) 등으로 세력을 확장했다. 빈곤에 시달리던 농민들은 밤낮을 가리지 않고 달려와 홍건군에 몸을 바쳤다. 얼마 후 홍건군은 여녕부(汝寧府, 오늘날의 하남성 여남 – 옮긴이), 식주(息州, 오늘날의 하남성 식현 – 옮긴이), 광주(光州, 오늘날의 하남성 황천潢川 – 옮긴이) 등을 점령했고, 군대 규모는 10만으로 증가했다.

이로써 농민 반항의 불길은 걷잡을 수 없이 타올랐다.

유복통의 거사는 천둥처럼 전국을 강타했다. 각지의 백련회 교도와 농민군들도 호응을 하여 무력 투쟁을 함으로써 '홍군이 천하를 물들이는' 형국이 되었다.

남방의 백련교 수령 팽영옥(彭瑩玉, 일명 팽익彭翼-옮긴이)은 원래 승려로서 원주(袁州)에서 거사가 실패하자 회서로 도망가 비밀 결사를 조직한 뒤 다시 거병할 준비를 했다. 회중은 그를 '팽조가(彭祖家)'라 불렀는데, 그는 지정(至正) 11년(1351년) 여름, 제자인 조보승(趙普勝)을 앞세워 호남 지역을 공격했다. 팽영옥의 제자인 마성(麻城, 오늘날의 호북 마성-옮긴이) 출신의 대장장이 추보승(鄒普勝), 상인 출신의 서수휘(徐壽輝), 어부 예문준(倪文俊) 등은 호남, 호북, 강서 등지에서 대대적으로 "미륵불이 환생하여 왕이 된다"는 소문을 퍼뜨리면서 거병을 준비했다.

지정 11년 8월, 유복통이 영주를 함락하고 하남으로 진군할 무렵 서수휘도 기주(蘄州)에서 군사를 일으켜 성을 점령했다. 9월에는 기수(蘄水, 오늘날의 호북성 회수浠水-옮긴이)와 황주(黃州, 오늘날의 호북성 황강黃岡 남부-옮긴이)가 홍건군의 수중에 넘어왔다. 10월, 서수휘는 기수를 도읍으로, 연호는 치평(治平), 국호를 '대원(大元)'을 무너뜨린다는 뜻으로 '천완(天完)'으로 정하고 스스로 황제라고 선포했다. 그리고 연대성(蓮臺省, 중서성에 해당-옮긴이)과 6부를 설치하고 추보승을 태사에 임명했다.

천완 정권은 장강 중류를 근거지로 하여 신속히 세력을 확장했다. 주력군은 대강(大江)을 따라 동쪽으로 내려가 회서와 강동 등지를 점령했다. 지정 12년(1352년), 천완의 일부 홍건군은 강서에서 복건으로 진출했고, 4월 들어 소무(邵武)를 함락시켰다. 이 기간 동안 천완군은 "부자를 타도하고 빈자를 구제한다"는 구호를 내세웠다.

천완군은 붉은 두건을 상징으로 하였는데, 유복통이 거느리는 북방의 홍건군과 마찬가지로 홍군의 주력이 되었다. 백련교를 신봉하는 천완군은 향을 피우고 부처를 모셨으므로 '향군(香軍)'이라 불리기도 했다.

결국 서수휘가 천완국을 세우고 황제라 칭한 것은 원나라를 무너뜨리겠다는 굳은 의지를 나타낸 것이다.

이 당시에는 백련교의 홍건군 이외에도 다음과 같은 주요한 반란 세력들이 존재했다.

서주(徐州)의 이흥(李興)

소현(蕭縣) 출신의 이흥(일명 이이李二 - 옮긴이)은 흉년이 들었을 때 가지고 있던 참깨로 가난한 사람들을 구제했다고 해서 '참깨 이씨'라는 별명으로 통했다. 유복통이 거사를 일으키자 이흥은 조균용(趙均用)과 함께 참여하기로 결정하고 지정 11년 8월 10일에 빈민 팽대(彭大) 등 8명을 잠수부로 위장시켜 서주성으로 갔다. 4명은 성안으로 들어가고, 나머지 4명은 성 밖에 대기시켰다가 심야에 성내에서 불을 지르고 성 밖에서도 방화를 하여 같이 움직였다. 성안에서는 무기를 탈취한 뒤 깃발을 세우고 군대를 모집하자 10만여 명이 모여들었다. 이렇게 먼저 서주성을 점령한 뒤에는 인근의 현을 접수했다. 이어서 숙주(宿州, 오늘날의 안휘성 숙현 - 옮긴이), 오하(五河), 홍현(虹縣), 풍(豊, 오늘날의 강소성 풍현 - 옮긴이), 패(沛), 영벽(靈璧), 서쪽으로 안풍(安豊, 오늘날의 안휘성 수壽현 - 옮긴이), 호주(濠州), 사주(泗州)를 파죽지세로 함락시켰다. 서주는 황하의 물길을 다스리는 요지로서 민공들이 집결해 있었으므로 일단 민심이 요동치자 반란에 합세하는 기세가 드높았다. 또한 서주는 황하와 하운이 만나는 곳이므로 기의군에게 점령되자 원 조정은 크게 흔들렸다.

호주의 곽자흥(郭子興)

곽자흥은 정원(定遠)의 부호이자 이곳의 백련회 수령이었다. 그는 농민 손덕애(孫德崖)와 다른 농민 4명과 함께 반원의 기치를 내걸고 호주를 점령했다. 얼마 후 현지 농민들이 무기를 들고 반란에 참여하여 그 수가 수만 명으로 늘어났다. 붉은 기가 호주를 물들이자 탐관오리들은 속수무책이 되었다.

곽자흥 이외에도 지방의 대표적인 반원 세력으로는 방국진(方國珍)과 장사성(張士誠)을 꼽을 수 있다. 방국진은 홍건군이 일어난 후 사태를 지켜보았다가 경원(慶元, 오늘날의 절강성 영파 - 옮긴이), 대주, 온주 등 절강 동부 지역을 점령했다. 장사성의 형제 4명은 소금 운반선의 노동자로서 소금 밀매를 하다가 지정 13년(1353년) 정월에 모욕을 주었던 부호들을 죽이고 동료들과 거사를 일으켜 안휘 동부의 태주(泰州), 흥화(興化) 지역을 함락시켰다. 다음 해에는 고우(高郵)를 점령한 뒤 장사성을 성왕(誠王)으로 칭하고, 국호를 대주(大周), 연호는 천우(天佑)로 정했다.

원대 말기의 반란군들은 모두 붉은 두건, 붉은 옷에 홍기를 사용했으므로 홍군이라 불렸다. 장사성의 군대도 원에 항복하기 전에 홍군이라 불렸다. 방국진의 군대도 홍군이라 불렸는지의 여부에 대해서는 정확한 기록이 없지만 절강 동부 지역에서 활동할 때 참여한 민중들은 모두 붉은 두건을 썼다고 한다.

이렇듯 당시 전국을 물들였던 붉은색은 주원장의 운명을 바꿔버렸다.

주원장은 황각사(皇覺寺)에 들어간 후 뜻을 세워 열심히 공부를 했다. 3년 뒤 홍건군이 반원의 기치를 올리자 주원장은 승려의 몸이었지만 마음이 편치 않았다. 무엇보다도 지정 12년(1352년) 2월에 곽자흥이 이끄는 홍건군이 주원장의 고향에까지 진출하자 절에만 있을 수는 없다는 충동이 일었다. 게다가 과거 안휘 서부 지역을 유랑하면서 백련교의 교도들로부터 '미륵 환생', '새로운 왕의 출현' 등을 선전하는 말을 들었을 때 가난하고 지체가 변변치 못하여 갖은 고생을 다한 주원장은 새로운 세계의 도래를 동경해 마지않았다.

주원장은 홍건군에 가담할 것인지 망설이며 두 가지 고민을 했다.

첫 번째는 원나라 군대에 잡혀 목숨을 잃을지도 모른다는 것이고, 두 번째 고민은 홍건군의 5명의 두령들이 사이가 좋지 않다는데 어느 편으로 가야 할지 결정할 수 없었던 것이다.

얼마 후 주원장은 어렸을 적의 친구인 탕화(湯和)가 호주에서 보낸 편지를 받았다. 편지의 내용은 자신이 곽자흥의 부하가 되어 공을 세우고 천호(千戶)가 되었다며 주원장에게 속히 호주로 와 같이 큰일을 하자는 것이었다. 몰래 편지를 불태워 버린 주원장은 걱정과 두려움에 떨며 결정을 하지 못했다. 그런데 며칠 뒤 같이 수행을 하는 사형(師兄)이 누군가가 주원장이 탕화의 편지를 받은 사실을 관에 고발했으니 빨리 도망을 가라는 말을 해 주었다. 다급해진 주원장은 절을 빠져나와 잘 아는 지인에게 '속수무책으로 벌을 받을 것'인지, 아니면 '곽자흥의 군대에 들어갈 것'인지 상담을 했다. 지인은 보살에게 점괘를 물은 뒤 거취를 결정하라는 충고를 해 주었다. 절로 돌아오던 주원장은 미처 산문에 도착하기 전에 이상한 기운을 느껴 달려가 보니 황각사가 불타고 있었다. 주원장은 이제 몸을 의탁할 곳이 없어졌다는 처량한 심정에 허탈감에 빠졌다.

망연자실하여 가람전으로 들어간 주원장은 불상 아래의 산통에서 3개의 산가지를 얻어 괘를 해석했다. 점괘는 모두 흉괘였는데, 마지막으로 홍군에 참여할 것인지의 여부를 점치자 뜻밖에도 대길로 나왔다. 그래서 주원장은 그 길로 호주로 달려가 곽자흥의 홍건군에 가담했다.

이해 주원장의 나이 25세였다. 홍건군에 몸담음으로써 주원장은 정치 생애의 첫발을 내딛었고, 결국에는 명을 건국하게 되었다.

십수 년 동안의 전란을 종결하고 명나라라는 방대한 봉건 제국을 건설한 명 태조는 불혹이라는 연부역강한 나이에 걸맞게 치국에 대한 의욕으로 넘쳤다.

제위에 오른 날부터 태조는 강한 신념을 가졌는데, 그것은 바로 천자인 자신은 하늘이 인간 세계를 다스리도록 내려 보낸 대표자라는 것이었다. 유가의 전통 사상이 태조에 의해 강하게 빛을 발하게 된 것이다.

소년 시절 갖은 고생을 겪은 태조는 그 당시 가장 절실했던 문제가 굶주림을 해결하는 것이었고, 이때의 기억은 평생 잊혀지지 않았다.

이제 황제가 된 태조는 농민들에게 여유로운 삶을 제공하여 이 왕조를 영원히 안정적으로 유지해야 한다는 생각을 하게 되었다. 그래서 태조는 탐관오리들을 엄격히 다스리고, 지주와 호족의 세력을 꺾어 가난한 농민들을 보호하기로 결심했다. 이 생각의 연장선에서 나온 것이 덕과 위엄을 병행하는 대외정책이었다.

명대의 평화를 지향하는 대외정책은 태조의 백성들, 특히 농민들을 보호하고 삶의 질을 높여줘야 한다는 사상에서 출발했다.

일찍이 태조는 북벌을 시작하면서 신임하는 유학자 송렴에게 자신의 사상을 담은 격문을 작성하게 했다. 즉 자고로 제왕이 천하를 통치함에 있어 중국은 오랑캐를 다스리고, 오랑캐는 중국을 공경하며 섬겨야 한다는 것이다. 그러므로 유가의 전통적인 천하 관념에 입각하여 의로운 거병을 통해 부패한 원 왕조의 통치로부터 백성들을 구하기로 했다는 것이 격문의 골자였다.

태조는 명나라를 건국한 이래로 중화의 정통성 회복을 자신의 임무로 생각했기 때문에 원나라가 무력으로 인근 국가, 예를 들어 일본을 정복하려다 실패한 교훈을 깊이 새겼다. 다시 말해 평화적 질서를 구축하는 것이야말로 왕조의 계속성을 보증하는 가장 확실한 방법이고, 이를 기초로 대외정책을 세운 것이다.

홍무 4년(1371년), 태조는 봉천문(奉天門)에 신하들을 소집하여 명의 대외정책을 정식으로 선포했다.

"외국이 침범을 하면 응전을 하여 정복하지만, 침범을 하지 않은 상대를 정복하지는 않는다. 선인들은 광대한 영토는 장기적인 통치를 가로막고, 백성들을 힘들게 하면서 전란의 씨를 뿌리는 것이라 했다. 짐은 산해관에 가로막혀 있는 작은 오랑캐 나라들이 침입을 하지 않는다면 절대로 정벌을 하지 않을 것이다. 다만 서북의 호융(胡戎, 몽고를 지칭-옮긴이)은 대대로 중국의 큰 화근이므로 철저히 방어를 할 것이다.”

후일 태조는 자손들에게 남긴 『황명조훈(皇明祖訓)』에서 자신의 국책을 철저히 이행하도록 당부했다. 그 요지는 다음과 같다.

“다른 국가들이 분수를 모르고 침략을 하면 좋은 결과를 보지 못할 것이다. 또한 그들이 중국에 우환이 되지 않는다면 무력 정벌을 하지 말아야 한다. 나는 후대의 자손들이 중국이 부강하다고 자만하여 일시적인 승리를 위해 이유 없는 전쟁을 해서 인명을 살상할까 걱정스럽다. 그런 일은 절대로 일어나서는 안 된다. 하지만 호융은 중국과 변경을 맞대고 있으면서 대대로 전쟁을 일으켰으므로 반드시 군사들을 훈련시켜 침략을 사전에 막아야 한다.”

태조는 광활한 영토를 지닌 중국이 더 이상 대외적으로 영토를 확장할 필요가 없다는 인식을 가지고 있었다. 또한 인구가 많아 노동력이 부족하지 않으므로 대외적으로 영토를 늘려봤자 좋은 점이 없었다. 그래서 태조는 ‘덕’으로 외국을 대하고, 침입을 하지 말아야 한다고 강조했다. 하지만 만약 외국에서 침입을 하면 반격을 하여 중국의 ‘위엄’을 지켜야 한다고 역설했다. 결론적으로 말해 태조는 백성들의 안정을 우선으로 하면서 외국과는 우호적인 관계를 유지하려 했던 것이다.

그러나 무장들의 호전적인 생리를 잘 아는 태조는 무장들이 평화 지향적인 대외정책에 반기를 들지 못하도록 설득을 했다.

"나라가 무력을 사용하는 것은 의생이 약을 쓰는 것과 같다. 약은 병을 치료하기 위한 목적으로 쓰는 것이므로 아프지 않은데도 약을 먹어서는 안 된다. 나라가 아직 안정이 되지 않았을 때는 전란을 평정하기 위해 무력을 사용한다. 하지만 사방이 평정된 이후에는 무기를 잘 관리하고 군사들을 훈련하여 만일의 경우에 대비는 하되, 공을 세우겠다는 욕심으로 무력을 사용하면 안 된다. 군대는 화란(禍亂)을 없애기도 하지만, 화란을 야기하기도 한다. 스스로 강하다는 자만심으로 전쟁을 일으켜 승리하고자 한다면 혼란을 자초할 수밖에 없다. 이는 의생이 엉터리 처방을 한 뒤 병이 없는 사람에게 강제로 약을 먹이는 것과 마찬가지이다. 그 결과는 멀쩡한 사람을 죽게 하거나 건강을 해치게 하는 것이다. 그러므로 정치를 하는 자들은 군에 대해 잘 알고 있어야 하지만, 함부로 무력을 사용해서는 안 된다."

하지만 이런 태조의 안정 위주의 사고방식은 명대의 대외정책에 보수적인 색채를 더하는 결과를 초래했다.

상징 조작으로 민심을 얻어 제위에 오르다

무측천은 자신이 황제가 되는 것에 대해 반대할 조정의 신하는 없지만, 의심이 많고 치밀한 성격 탓에 모든 사람으로부터 지지를 받아 제위에 오르리라는 결심을 했다. 그러기 위해서는 무엇보다도 민심의 호응을 얻어내야 했다.

수공(垂拱) 4년(688년) 4월, 무측천은 옹주 출신의 당동태(唐同泰)라는 인물을 접견했다. 당동태는 무측천에게 상소를 올리면서 돌 1개를 같이 바쳤다.

그것은 투명할 정도로 광이 나는 흰색의 둥근 조약돌이었는데, 표면에 전서체의 글자가 새겨져 있었다. '성모임인 영창제업'(聖母臨人 永昌帝業, 황제의 모친이 천하를 다스리시니 황제의 위업이 영원히 빛나리라 – 옮긴이)이라는 붉은 색칠을 한 여덟 자의 음각 글자는 돌의 흰색과 대비를 이뤄 단아하면서도 무게감을 느끼게 했다. 돌은 마치 까마득히 오랜 시간을 견뎌내고 그 모습을 드러낸 듯 신비로운 분위기마저 풍겼다.

당동태는 돌을 얻게 된 경위를 생생하게 묘사했다.

"늦은 봄 어느 날 저녁때 소인이 낙수를 거닐고 있었습니다. 부드러운 봄바람에 물결이 잔잔하게 일렁이고, 강가의 버드나무 이파리들이 석양빛을 받아 반짝이는 모습이 매우 아름다웠습니다. 소인은 나무 밑에 몸을 기대고 어렴풋이 잠이 들었는데, 갑자기 커다란 물체가 물로 뛰어든 것 같은 소리에 놀라 눈을 번쩍 떠보니 한 줄기 붉은 빛이 하늘에서 내려와 낙수로 들어간 듯 물보라가 일었습니다. 얼마 후 물결이 잠잠해지면서 붉은 빛이 사라졌고, 거대한 물체도 사라진 것 같았습니다. 깜짝 놀란 소인은 호기심이 일면서도 두려운 마음이 들어 낙수에 오래 서 있다가 빛을 발하는 어떤 물체에 이끌려 옷을 벗고 물속으로 들어갔습니다. 물속에서 그 물체가 떨어진 곳을 향해 헤엄치는데 갑자기 주위가 환해져서 손을 휘저어보니 투명한 이 돌이 있었습니다. 소인이 물 밖으로 나와 돌을 보니 8개의 글자가 새겨져 있는데, 마치 보물을 얻은 듯 가슴이 뛰었습니다. 생각해 보니 이것은 보통의 돌이 아니라 하늘에서 인간에게 무언가를 암시하는 것 같았습니다. 바로 폐하께서 등극하시어 장차 대당의 국운을 융성하게 하시고, 천하가 태평성대를 구가할 것이라는 뜻이 분명했습니다. 폐하, 이는 엄청난 길조가 아닐 수 없습니다! 폐하께서는 하늘의 뜻을 거스르지 마시고 하루라도 빨리 등극하시어 만민을 통치하셔야 할 것입니다."

당동태의 말에 무측천은 날아갈 듯 기분이 좋아졌다. 무측천은 돌의 이름을 '보도' (寶圖)라 명명하고, 당동태를 유격장군에 임명했다. 5월에 무측천은 '보도'가 하늘에서 떨어진 낙수에서 제례를 지낸다는 조서를 발표했다. 조서의 내용은 각 주의 도독, 자사, 종실, 인척 등은 제례를 지내기 열흘 전에 신도에 모여 함께 낙수로 갈 준비를 하라는 것이었다. 무측천은 '보도'에 새겨진 '성모'가 자신을 지칭하는 것이라 만족해하며 존호를 성모신황(神皇)으로 정했다.

7월, 무측천은 온 나라에 대사면령을 내리고, 보도를 '천수성도'(天授聖圖)로 개명했다. 낙수는 영창낙수로 이름을 바꾸고 낙수의 신을 현성후(顯聖侯)로 승격한 뒤 낙수에서 낚시를 하지 못하도록 금지령을 내렸다. 장강, 회하, 황하, 제수와 마찬가지로 낙수에서도 제례를 지내도록 하고, 보도가 발견된 지점을 '성도천'(聖圖泉)으로 명명하였을 뿐만 아니라, 인근 지역을 영창현으로 승격했다.

그러나 낙수에서 성대한 제례를 올리려던 계획은 월왕을 중심으로 한 반란으로 인해 무산되었다. 반란을 평정한 뒤 제례를 올릴 때는 이미 날씨가 쌀쌀해진 가을이었다.

제례 당일 무측천은 성대한 행렬을 갖춰 낙수로 갔다. 행렬에는 예왕(豫王) 이단(李旦), 황태자 이성기(李成器), 문무백관, 조공국의 대표들, 외관 등의 모습이 보였다. 화려한 복색을 갖춘 난위의 군사들, 다양한 모양의 차양과 깃 부채, 마차, 말, 풍악 소리, 아리따운 궁녀들, 늠름한 호위대들은 백성들의 이목을 집중시키며 몇 리에 달하는 웅장한 대열을 형성했다. 연도의 백성들은 생전 처음 보는 장관에 넋을 잃을 정도였다.

제단 앞에 이르자 가마에서 내린 무측천은 잠시 휴식을 취하고 있었다. 그때 궁녀들이 서서히 단 위에 올랐고 이단과 태자, 관리들, 조공국의 대표들 등이 단을 중심으로 좌우로 도열했다.

낙수에 대한 제사가 끝난 후에는 보도를 바치는 의식이 거행되었다. 먼저 제문을 읽은 뒤 '천수성도'를 새로 지은 수도정(受圖亭)에 바쳤다.

무측천이 의식을 치르는 동안 흥분과 불안감에 떠는 한 사내가 있었다. 그는 의기양양하고 흥분된 모습이었지만, 자세히 살펴보면 초조함을 감추는 기색이 역력했다. 그는 바로 무측천의 조카인 예부상서 무승사(武承嗣)였다.

내막을 알고 보면, 조정을 뒤흔든 '천수성도'는 무승사가 꾸민 한 편의 연극이었다. 이 돌은 '성스러운 돌'이 아니라, 무승사가 비밀리에 사람을 시켜 글자를 새기게 한 뒤 낙수에 던진 것이었다. 그리고 당동태에게 물속에 들어가 돌을 건진 뒤 상서로움을 가장하여 무측천에게 바치도록 한 것이었다. 무승사가 이런 연극을 꾸민 이유는 '황권을 하늘로부터 받았다'는 여론을 조작하여 무측천으로 하여금 당당하게 제위에 오르도록 하기 위해서였다. 그리고 그 자신은 당연히 후일 무측천의 뒤를 잇겠다는 야무진 꿈을 꾸고 있었다.

무측천이 이 조작극에 대해 조금도 의심을 하지 않은 것도 이해가 가능하다. 그녀는 오매불망 황제가 되겠다는 야심을 가지면서도 신하들이 불복하거나 여자가 황제가 될 수 없다는 관념의 벽에 부딪힐 것을 걱정하면서 자연스럽게 제위에 오를 기회를 노리고 있었다. 그런데 가장 강력하게 사람들을 납득시킬 수 있는 하늘의 뜻, 즉 '천수성도'를 얻었으니 그 배경에 대해 의심을 할 여지가 없었던 것이다.

때로는 고집을 꺾을 줄 안다

당 고조는 종실 세력을 강화하기 위해 형제, 아들, 당형제, 촌수가 먼 친척들을 망라한 수십 명을 왕에 봉했다. 그중에는 철도 안 든 아이들까지 포함되었다.

태종은 즉위 후인 무덕 9년 11월에 대신들과 이 일의 득실에 대해 논의를 했다. 봉덕이는 전대에는 황제의 아들과 형제들만이 제후왕이 될 수 있었고, 이례적으로 큰 공을 세워야만 왕이 될 수 있었던 역사적 사실을 거론했다. 한나라 이후 고조처럼 종실의 성원들을 모두 왕으로 봉한 적은 없었을 뿐만 아니라, 그 부작용으로 부역과 조세가 증가한 것이라며 부정적인 견해를 피력했다. 태종은 봉덕이의 의견에 동감을 표시했다.

"짐은 천자로서 백성들을 보살펴야 하는데, 어찌 백성들에게 종실까지 먹여살리도록 부담을 주겠는가!"

태종은 종실의 군왕(郡王)을 현공(縣公)으로 강등하되, 큰 공로를 세운 몇몇 인물은 예외로 하라는 명령을 내렸다.

즉위 초기에 태종이 제후왕의 수를 줄인 이유는 백성들에게 가해지는 경제적 부담이 크다는 부정적인 면을 고려했기 때문이었다. 그러나 경제가 어느 정도 소생하자 태종의 생각에 변화가 일었다.

정관 5년(631년), 태종은 군신들을 소집하여 분봉 문제를 다시 토론했다. 위징은 제후를 분봉하게 되면 필연적으로 관리의 숫자가 늘어나고, 부세가 가중되므로 분봉을 하지 말아야 한다고 주장했다.

예부시랑 이백약(李百藥)은 정치적인 측면에서 반대 의견을 내놓았다. 즉 제후를 분봉하면 전쟁과 살육이 벌어지므로 주현을 설치하는 것이 더 낫다는 것이었다.

그러나 중서시랑 안사고(顔師古)는 제후를 분봉해야 한다고 강력히 주장했다. 그 이유는 봉토가 크지만 않다면 제후들이 주와 현에 나뉘어 '잡다하게 분포하게' 되므로 분란을 일으키지 않게 된다는 것이었다.

이미 분봉을 결심했던 태종은 반대 의견에 동요하지 않고 이해 11월에 분봉을 할 상세한 조례를 만들라는 명령을 내렸다.

정관 11년(637년) 6월, 태종은 분봉을 실시할 여건이 성숙되었다는 판단하에 형주(荊州)도독 겸 오왕(吳王)인 이각(李恪)을 안주도독에 봉하는 등 21명에게 분봉을 했다. 이들에게는 도독과 자사 직도 세습을 하도록 했고, 공신인 장손무기, 방현령 등 14명에게도 자손들에게 자사직을 물려줄 수 있게 했다. 단, '큰 잘못을 저지르지 않는 한 관직에서 축출하지 않는다'는 단서를 달았다. 이로써 태종은 분봉을 통해 황실과 제후왕이 서로 공존하면서 만세를 이어가겠다는 생각을 행동으로 옮긴 것이다.

그러나 태종은 분봉제의 실행 후 얼마 되지 않아 수많은 반대에 직면하게 되었다. 앞장서서 반대를 한 인물은 이백약이었다. 그는 태종에게 역사적 사실을 언급하면서 분봉제의 각종 해악과 정치적인 문제점을 열거하는 장문의 상소를 올렸다. 그의 요지는 "제후 열국의 자손들은 선대의 고난을 망각한 채 자존망대하면서 방종과 사치를 일삼는다"는 것이었다.

세습 자사에 봉해진 공신들도 장안을 떠나면 권력의 중심에서 멀어지게 되므로 외지의 관리로 나가는 것을 꺼렸다. 그들은 장손무기를 대표로 내세워 태종에게 관직을 고사하는 상소를 올리게 했다. 상소에서는 분봉제가 당나라의 사회 상황에 적합하지 않다는 점을 강조했다. 그 이유는 작위 세습을 받은 자들이 황실을 존중하지 않아 나라가 붕괴될 것이라는 것이었다.

장손무기는 며느리인 장락공주에게 세습 자사 직을 사양한다는 뜻을 태종에게 전해 달라고 부탁했다. 또한 태종에게는 "신은 가시밭길을 걸으면서 폐하를 섬겨 오늘날 안정을 이루었는데 어찌 외주로 내치십니까. 이는 유배를 떠나는 것과 무엇이 다르단 말입니까!"라는 말로 자신의 심정을 토로했다.

태종은 분봉제에 반대하는 목소리가 높고, 작위 세습제의 혜택을 누릴 자사들도 반대파에 가세하자 정관 13년 2월에 분봉제를 폐지한다는 칙령을 내렸다. 태종의 분봉제 실시는 역사의 흐름을 역행하는 것이었으므로 강력한 반대에 부딪히는 것은 너무도 당연했다.

이 논란에서 확인할 수 있는 사실은, 태종은 일반적인 봉건 제왕들과는 달리 자신의 생각을 고집하다가도 반대파의 의견을 통해 문제점을 발견하면 시정하는 합리적인 군주라는 것이다.

신하들의 지혜를 모아 중대사를 결정하다

한대 말기 이후 혼란의 시대에 일정 세력을 형성했던 인물들은 무력 이외에도 여러 사람들의 의견을 경청하여 장점을 취했다는 공통점을 가지고 있다.

조조는 태자를 결정하는 과정에서 대신들의 의견에 귀를 기울였다. 특히 조비나 조식과 일정 거리를 유지하고 있는 지식인들의 생각을 중시했다. 따라서 양준(楊俊), 가후(賈詡), 최염(崔琰), 모개(毛玠), 형옹(刑顒), 환계(桓階) 등은 조조가 비밀리에 자문을 구한 인물들이다.

건안 3년(198년), 하비를 공격한 조조는 끈질기게 버티는 여포로 인해 지친 군대를 철군시키려 했다. 하지만 순유와 곽가의 반대 의견을 받아들인 조조는 결국 여포를 사로잡았다. 관도 대전에서도 원소의 군대와 팽팽히 맞서던 조조는 군량이 떨어지자 군대를 철수시키려 했지만 순욱의 반대에 부딪혔다. 이때도 순욱의 의견을 따랐던 조조는 원소를 대파하는 개가를 올렸다.

조조가 거둔 승리는 대부분이 부하들의 의견을 허심탄회하게 받아들이고, 지혜를 모았기에 가능했던 것이다. 조조는 두뇌가 뛰어났지만, 중대사를 앞두고 행동을 취하기 전에 자신의 의견만을 고집하지 않았다. 물론 조조가 간언을 물리치고 고집스럽게 자신의 뜻을 관철한 적이 없지는 않지만, 그런 경우는 매우 적었다.

부하들로 하여금 자유롭게 의견을 개진하도록 하기 위해 조조는 건안 11년(206년)에 「구언령(求言令)」을 내렸다.

조조는 천하를 다스리는 데 있어 가장 중요한 원칙은 면종복배하는 신하들이 득세하지 못하도록 하는 것이라 생각했다. 그러나 몇 년 동안 뛰어난 건의를 하는 신하가 없자 조조는 각 주의 자사 밑의 치중(治中)과 별가(別駕)에서 매달 초하루에 문제점을 지적한 문서를 올리도록 했다. 그리고 조회에서는 이 문서들을 관리들이 함께 검토하도록 했다.

어떤 조직이나 사회의 장은 최고의 두뇌를 가질 필요는 없다. 문제는 시비를 잘 가리고, 아랫사람의 의견을 편견 없이 잘 들으면 된다.

정욱(程昱)은 삼국시대의 뛰어난 지략가로서 조조의 핵심 참모였다. 그는 형세 판단과 변화를 읽는 눈이 뛰어났으며 수많은 도략을 구상한 인물이었다. 복잡한 시대 상황 속에서 사물의 본질을 꿰뚫는 그는 지혜와 용기로 많은 역경을 딛고 조조가 패권을 차지하는 초기 단계에 결정적인 공헌을 했다. 조조가 가족을 인질로 잡으려는 원소의 제안을 거절하고, 견성(鄄城)에 증병을 하지 않은 것 등은 정욱의 주장을 받아들인 것이었다.

물론 조조도 실수를 하지 않는 완벽한 인물은 아니었으므로 처음부터 부하들의 의견을 전적으로 경청하지는 않았다. 장군 허유가 군대를 헌납하지 않고 불손하게 행동했을 때 조조는 분노하여 그를 정벌하려 했다.

그래서 "허유를 아군으로 만들어 함께 강적을 상대해야 한다"는 신하들의 권유를 듣지 않았다. 두습(杜襲)이 신하들을 대표해 다시 설득을 하려 하자 조조는 "내 생각은 이미 확고하니 다시 말할 필요가 없다"고 단호한 태도를 보였다. 그러자 두습은 반박을 했다.

"만약 전하의 생각이 옳다면 신은 전하의 뜻을 따르겠습니다. 그러나 만약 전하의 생각과 계획이 틀렸다면 이미 결정한 것이라도 마땅히 수정을 해야 합니다. 전하는 왜 제 말을 끊고 듣지 않으십니까? 신하의 뜻이 무엇인가 설명을 들어야 하는 것 아닙니까?"

조조가 "허유가 나에게 불손한 말을 했는데 어떻게 그냥 둘 수 있단 말인가?"라고 말하자 두습은 뜬금없이 "전하께서는 허유가 어떤 사람이라고 생각하십니까?"라고 물었다.

조조가 "평범한 인물이다"라고 대답하자 두습은 단도직입적으로 자신의 주장을 폈다.

"현명한 사람만이 현명한 사람을 이해할 수 있고, 성인만이 성인을 알아볼 수 있습니다. 평범한 사람이 어찌 비범한 인물을 이해할 수 있겠습니까? 힘이 세진 승냥이가 여우를 공격하는 것처럼, 전하가 지금 허유를 처벌하면 약자를 그냥두지 않는다는 비난을 받을 것입니다. 천근의 활은 쥐를 잡는 데 쓰지 않고, 만 근의 종은 풀뿌리로 때리면 소리를 내지 않는 법입니다. 지금의 허유는 미약한 존재인데 전하께서 굳이 무력을 사용하는 번거로움을 겪을 필요가 있겠습니까?”

조조는 두습의 말에 동의를 표한 뒤 허유에게 예우를 하며 승복할 것을 요구했다. 허유는 당연히 조조의 제의를 받아들였다.

제11장

천하를 손안에 넣다

천하는 '싸워서' 얻는 것이다. 새로운 왕조를 여는 제왕들은 모두 '행동'으로 웅대한 뜻을 실현했다. 그리하여 천하를 통일하여 새로운 역사의 장을 연 제왕들의 일거수일투족은 사람들에게 감탄과 학습의 대상이 된다.

우호적인 외교정책과 고른 인재 등용

건국 초기 명 태조는 주변 국가들과 우호적인 관계를 유지하려는 원칙을 세웠다. 하지만 그의 희망과는 달리 곧바로 난제에 직면하게 되었다. 그것은 바로 일본의 해적, 당시 명칭인 왜구의 문제가 대두되었기 때문이다.

홍무 원년(1368년)부터 왜구는 산동 등 연해 지역에 빈번하게 출몰했다. 태조는 일본 국왕에게 조유(詔諭)를 보냈지만 아무런 반응이 없었다. 홍무 2년(1369년), 태조는 양재(楊載) 등 7명의 사신을 일본에 파견하여 왜구의 침몰에 대해 경고하는 국서를 전달했다. 국서에서 태조는 또다시 왜구가 준동하면 수군을 일본의 섬에 파견하여 일망타진하고, 일본 국왕을 그냥 두지 않을 것이라는 위협의 뜻을 밝혔다. 그러나 일본은 7명의 사신 가운데 5명을 살해하고, 나머지 2명은 억류하였다가 3개월 후에야 돌려보내 태조를 격분시켰다.

이후로도 왜구의 약탈 사례가 점증하자 태조의 수심은 깊어만 갔다. 하지만 태조는 여전히 외교적 조정으로 왜구 문제를 해결하기 위해 내주부(萊州府) 동지(同知) 조질(趙秩)을 사신으로 파견했다. 또한 명 정부에 잡혔던 해적과 승려 등 15명을 석방하여 화해에 대한 성의를 표시했다. 국서에서 태조는 쌍방이 협력하여 해적의 침략 행위를 근절하자는 희망을 피력했다.

그러나 일본 친왕 회량(懷良)은 조질을 원나라의 후예로 간주하여 죽이려 했다. 조질은 의연하게 "나는 대명의 신성하고 영명하신 천자의 신하이지 몽고와는 아무런 상관이 없다. 네가 나를 죽일 생각이라면 그대로 죽여라!"라고 저항했다. 회량 친왕은 조질의 기개에 감동하여 적대적인 태도를 버리고 연회를 베풀어주었다. 친왕은 조질로부터 국서의 내용에 대해 상세히 듣고 승려 조래(祖來)를 명나라에 사신으로 보내 말과 물자들을 조공으로 바쳤다. 또한 왜구가 인질로 잡고 있던 명주와 대주의 백성 70여 명을 석방했다.

조래의 사신 일행이 명나라에 도착했을 때 태조는 크게 기뻐했다. 그들이 귀국할 때 태조는 명주 천녕사(天寧寺) 주지 조천(祖闡)과 남경 와관사(瓦官寺) 주지 극근(克勤)을 일본에 보냈다. 태조가 승려들을 파견한 이유는 불교를 신봉하는 일본의 군신들이 승려들을 존중한다는 사실을 알게 되었기 때문이다. 또한 승려들이 언어가 통하지 않아 소통이 제대로 되지 않을 것을 우려하여 특별히 일본에 유학하고 있는 승려들로 하여금 통역을 하도록 했다.

조천 사절단 8명은 홍무 5년(1372년) 5월에 명주에서 출발하여 일본

하카다(博多)에서 1년을 머무른 뒤, 다음 해에야 일본 왕의 승낙을 받아 북조(北朝)의 수도인 교토(京都)에 들어갔다. 교토에서 2개월을 머무른 다음 귀국 길에 정서부(征西府)에 들러 친왕 회량에게 중국 대통력과 비단 등의 선물을 전달했다. 하지만 친왕은 사신 일행을 의심하여 약 1년 동안 억류케 했다. 홍무 7년(1374년) 5월에야 남경으로 사신이 돌아오자, 다음 달 6월에 태조는 중서성에 불편한 심경을 밝혔다.

"과거 회량 친왕이 조공을 바치겠다는 약속을 했기 때문에 짐은 그를 일본의 정식 군주로 인정했다. 그래서 사신을 보내 나의 뜻을 전했건만 뜻밖에도 사신들을 2년이나 억류시켰다."

이 기간 동안 왜구들의 중국 연해 지역에 대한 약탈행위가 더욱 극심해지자 태조의 분노는 더욱 커졌다. 그는 일본이 파견한 사신이 가져온 친서가 격식에 맞지 않는다는 이유를 들어 공물을 거절하고 대신 하사품만 주어 돌려보냈다. 또한 일본의 지방 정부가 보낸 사신도 중국 땅을 밟지 못하도록 했고, 예부에서는 일본에 통첩을 보내 질책했다. 이후에도 친왕은 승려를 보내 조공을 바치려 했지만 태조는 성의 없는 사죄에 대해 불만의 뜻을 확실히 표시했다. 태조는 일본에 대해 강온 양책을 병행함으로써 명의 위력을 보여주려 한 것이다.

홍무 13년(1380년), 일본의 조공 사절단은 정이(征夷)장군 아사카가요시미쓰(足利義滿)가 명의 승상에게 보내는 오만무례한 친서를 가지고 왔다. 태조는 친서에 분노하여 공물을 받지 않고, 사신을 보내 일본의 태도를 질타했다.

그런데 친왕은 태조의 분노에 불을 지피는 과격한 내용의 답신을 보내왔다. 상황이 이렇게 되자 태조는 주변 국가들에게 덕을 베풀어 우호적인 관계를 유지하겠다는 의지가 좌절되고, 외교적 노력도 실패했음을 인정하지 않을 수 없었다. 하지만 그는 분노 속에서도 이성을 잃지 않았으므로 일본에 출병을 해야 한다는 주장을 일축했다. 그 대신 일본과 외교를 단절하고, 해상 방위를 공고히 하라는 명령을 내렸다.

태조는 초기에 일본을 15개의 정복 대상 국가 명단에 포함시켰지만, 끝까지 정벌을 단행하지는 않았다. 만년에 또다시 반포한 『황명조훈(皇明祖訓)』에서는 일본을 정복 대상 국가에서 제외시키면서 자손들은 이 원칙을 명시하라고 당부했다.

태조의 일본에 대한 태도는 원나라가 일본을 정복하려다 실패했던 교훈과, 명대 초기의 국력을 회복하기 위한 고육책에서 나온 것이었다. 무엇보다도 영토 보존과 백성들의 안정적인 삶을 대외정책의 최우선 목표로 삼았던 태조의 보경안민(保境安民) 사상은 일본에 대한 무력 정벌을 원치 않았던 것이다.

명대의 이른바 '삼도병용(三途幷用)'이란 천거, 학교, 과거를 통해 관리를 선발하여 새로운 왕조의 통치 기구를 형성한 것을 뜻한다. 삼도병용의 목적은 다름 아닌 관료 사회에 새로운 인력을 제공함으로써 국정을 안정적으로 운영하는 것이었다.

태조는 천하를 말안장에서 얻을 수는 있지만, 말 위에서 다스릴 수 없다는 이치를 잘 알고 있었다. 그러므로 그는 말에서 내려와 문치를 실행하기 위해서는 반드시 정치를 아는 인재들을 망라하여 방대하고도 치밀한 관료 조직을 형성해야 한다고 생각했다.

개국 전 태조가 가장 심혈을 기울인 작업은 다름 아닌 인재들을 새로운 왕조에 유치하는 것이었다. 특히 학자들을 대규모로 영입했는데, 가장 대표적인 인물은 절강의 유기(劉基), 장일(章溢), 엽침(葉琛), 송렴(宋濂)이었다. 실제로 이들은 새 왕조 건립에 지대한 역할을 했다.

개국 후에도 태조는 여러 차례 어진 인재들을 구한다는 명령을 내렸다. 그는 조서에서 "짐은 광대한 천하를 한 사람의 능력으로 다스릴 수 없다는 사실을 잘 알고 있다. 따라서 반드시 천하의 인재들을 발굴하여 함께 나라를 다스려야 한다"는 표현을 썼다. 이후에도 그는 인재의 필요성에 대해 매우 생동감 있는 묘사를 했다.

"천하를 다스린다는 것은 큰 건물을 짓는 것과 같다. 큰 건물은 한 그루의 나무만으로 지어질 수 없고, 다양한 목재를 써야 한다. 천하도 한 사람만의 힘으로는 잘 다스릴 수 없으므로 현명하고 능력 있는 인물들을 선발하고 양성해야 한다. 그러므로 유능한 인물을 추천하는 것은 마치 나라를 위해 보물을 찾는 것과 같아서 그 어떤 일보다도 중요하다."

이 대목은 통치에 필요한 인물난에 고심하는 태조의 솔직한 심경이 드러난 것이라 하겠다.

일찍이 서주에는 공사(貢士)를 천거하는 제도가 있었고, 한대에는 찰거(察擧) 제도가 활용되었다. 태조가 선호한 것은 한 고조 유방이 제후왕과 지방의 군수들에게 민간에서 인격과 능력을 겸비한 인물들을 발굴하여 경사로 보내도록 했던 방법이었다. 제위에 오른 태조는 이 방법을 모방하여 인재들을 대대적으로 천거하도록 했다. 천거의 명목은 총 명함, 정직성, 어진 덕성 등을 갖춘자, 유사(儒士), 효렴(孝廉), 수재(秀才), 인재(人才), 기민(耆民) 등으로 매우 다양했다. 이중에서 가장 큰 비중을 차지한 것은 유사였다. 중앙과 지방에서 대소 관리들이 천거한 인재들 은 신속하게 관직을 부여받았는데, 그중에는 중앙의 육부상서, 시랑, 지방의 포정사 등 고위직에 임명된 경우도 있었다. 재야의 무명 학자 에서 고위 관리로 임용된 사례도 상당히 많았다.

태조의 인재 선발은 다음과 같은 특색을 보이고 있다.

첫째, 출신 성분에 구애받지 않았다.

둘째, 다양한 분야에 능통하지 않더라도 한 분야에 전문성을 갖추고 있으면 그에 걸맞은 관직을 수여했다.

셋째, 재능과 인품을 유일한 기준으로 삼았다.

넷째, 민족적 차별을 두지 않았다.

명대 초기에는 관직을 채울 만한 인물이 부족했으므로 천거 이외에 도 능력 있는 하급 관리들을 파격적으로 승진시키는 사례도 많았다. 과거를 실시하지 않았던 홍무 6년(1373년)에서 17년(1384년) 사이에는 하급 관리의 중용이 성행했고, 태조는 말년까지 이 방법을 애용했다. 천거를 통해 관리가 된 숫자는 많을 때는 3,700명, 적을 때는 10명 안 팎으로 편차가 컸지만 그들은 홍무 연간 내내 관료 사회에서 큰 비중 을 차지했다.

한편 태조는 기존의 인재들을 활용하는 것만으로는 원활한 통치를 위한 필요한 인력을 충당할 수 없으므로 새롭게 관료들을 양성해야 한다는 인식을 가졌다. 유능한 관료를 키워내는 근본은 바로 학교를 세우는 것이므로, 태조는 개국 전부터 교육 기관의 설립을 중요한 과제로 꼽았다.

혼란의 시대가 막을 내린 지 얼마 안 된 상태에서 태조는 하루속히 통치 질서를 회복하여 왕조를 반석에 올려놓으려는 야심에 불탔다. 그러기 위해서는 백성들에 대한 교화가 우선되어야 하고, 학교는 교화의 가장 확실하고도 기본적인 수단이었다. 학교 교육을 중시한 그가 목표로 한 것은 인재 양성 이외에도 예치 사회의 건설이었다.

어렸을 적부터 기구한 삶을 사느라 공부를 하지 못한 태조는 사회라는 큰 학교에서 치열한 경쟁을 하면서 학문의 필요성을 절감했다. 또한 몸으로 부딪치며 인생 공부를 한 그가 교육 기관에 요구한 일차적 과제는 '실용적인 지식을 갖춘 인재 양성'이었다. 그래서 태조의 순수 학문에 대한 열망과 실용적 가치 추구라는 이중적 태도는 각기 다른 정책으로 나타났다.

즉 전자는 정주이학(程朱理學, 성리학-옮긴이)을 정통 사상으로 삼은 것이었고, 후자는 송대의 범중암과 왕안석의 교육 개혁 사상을 계승한 것이었다. 태조가 범중암과 왕안석의 사상을 선호했던 이유는 한대와 당대 이래 학교 교육이 문장의 기교 습득에만 치우치면서 사회와 단절되어 국가와 정치 현실에 무관심해지는 병폐를 통감했기 때문이었다.

실사구시적인 인재를 교육하겠다는 태조의 사상은 명대의 교육 기관에 그대로 반영되었다.

첫째, 교육의 내용은 폭넓은 교양과 실용성을 강조했다.

둘째, 학생들에게 경세치용의 가치와 중요성을 강조했다.

셋째, 문무를 겸비한 인재 양성의 교육 방침을 고수했다.

넷째, 관료들에게 필요한 정치적 소양과 능력을 적극적으로 계발했다.

다섯째, 명대 초기에는 학교에서 직접 학생들을 선발하여 요직에 대규모로 투입했다. 학교의 생원들은 과거를 통하지 않고 관직에 나갈 수 있게 했고, 과거를 볼 수 있는 자격도 이들에게만 부여했다.

태조는 정치에 필요한 인재를 국자학에서 선발하는 현실에 비추어 교육의 질적 향상에 많은 노력을 기울였다. 실제로 교육 기관에 대한 치밀하면서도 엄격한 관리는 역대 왕조들에 비해 현격한 차이를 보이고 있다.

홍무 15년(1382년), 중앙 집권의 군주 전제가 궤도에 오르자 태조는 국자학을 국자감으로 개명하고 더욱 엄격한 학칙과 금지 조항을 신설했다. 예를 들어 학칙 제3조는 학생들의 정치 토론을 금하고 있고, 제5조는 스승을 존경하고, 강의를 잘 들어야 하며 곤란한 질문은 하지 못하도록 규정하고 있다. 제7조는 생원에 대한 평가를 철저히 하여 상과 벌을 내리도록 하고, 제10조는 생원이 다른 사람의 송사를 대신할 수 없도록 금지하고 있다. 태조는 금지 조항을 새긴 비문을 국자감의 명륜당 좌측에 세워두어 교원과 학생들이 항상 주지하도록 했다. 학칙을 어긴 학생들은 즉시 처벌을 받도록 했는데, 시간이 흐를수록 엄격함이 더해졌다.

홍무 27년(1391년), 국자감 생원 조린(趙麟)이란 자가 학대를 견디지 못해 방을 붙였는데, 태조는 그가 스승을 비방했다는 죄목으로 참수하여 국자감에 효시하도록 했다. 학생을 이렇게 엄하게 처벌한 것은 역대 왕조에서는 없었던 일이다.

과거제도는 수·당 이래 관리를 선발하는 주요 수단이었다. 명나라를 건국하기에 앞서 과거 실시에 대한 논의가 나오자 태조는 말장난으로 흐르는 문장 시험이나 치러서는 안 된다며 실효성을 강조했다.

홍무 3년(1379년), 태조는 정식으로 과거제도를 명문화하면서 "한·당과 송대의 과거에서는 문장과 시가를 짓는 실력만을 중시한 결과 인격과 재능을 평가하지 못했다"는 비판을 했다. 그래서 명대의 과거에서는 유교의 경전에 해박하며, 능력과 인품을 겸비하고, 고금의 역사에 정통하면서 문장 실력을 갖춘 인물들을 선발해야 한다고 요구했다.

홍무 연간에 태조는 문무를 겸비한 선발 방침을 고수하였으므로 종전의 무과에 대한 과거 시험을 개혁하였을 뿐 따로 무과 시험을 치르지는 않았다.

태조의 실용주의에 입각한 실제적 학풍의 중시는 교육과 인재 선발의 기준이 되었을 뿐만 아니라 관리의 임명과 수준 향상에도 긍정적으로 작용했다.

한편 팔고문(八股文)이라 불리는 과거 시험을 위한 특별한 문장의 형식은 태조가 역대 과거제도를 참고하여 만든 것이다. 『사서』와 『오경』에서 출제하여 송대의 경의(經義, 경서의 뜻-옮긴이)와 비슷한 내용으로 답을 작성하게 되어 있는 팔고문은 경의, 논(論), 책(策)을 합쳐 300여 자를 넘지 못하도록 했다. 화려한 문장을 구사하지 못하도록 규정했

고, 특히 태조가 출제하는 제책(制策)을 시험하는 전시에서는 응시생들
이 당시의 현안에 대해 자신의 견해를 밝히도록 했다.

그러나 과거가 시행된 지 100여 년 남짓한 시간이 흐른 헌종 성화(成
化, 1467~1487년) 연간에는 팔고문이 과거의 진부한 문장 형식으로 고
착되는 현상이 나타났다. 문장의 길이가 너무 길어지고, 형식에 얽매
여 참신한 내용이 결여되는 등 문제점이 속출하여 태조가 주장했던 실
사구시적인 인재를 선발한다는 과거의 취지가 완전히 퇴색된 것이다.

태조가 천거, 학교, 과거라는 '삼도병용'의 원칙을 고수하여 과거에
만 무게를 두지 않은 것은 다행스러운 일이었다. 그러나 과거의 초시
(初試)에 해당하는 부학(府學), 주학(州學), 현학(縣學)의 입학 시험은 과거
를 통해 입신양명하려는 사람들에게 학교를 생원 자격을 획득하기 위
한 수단으로 전락시키는 부작용을 낳았다.

한
고조
유방

의로운 행동으로 비범함을 드러내다

'천 년에 한 번 나올까 말까 한 황제'라는 평가를 받는 진시황은 진나라의 탄탄한 경제 기초와 강대한 군사력을 바탕으로 군주의 천부적인 재능을 발휘했다. 10년의 시간 동안 6국과 군웅들을 제압하고 국가의 통일을 이룩한 그는 역사 발전과 사회적 진보를 이룩하는 데 큰 기여를 했다.

그러나 진시황은 하루빨리 공을 세우려는 조바심으로 인해 오랜 기간 전란으로 피폐해진 백성들에게 숨 쉴 틈을 줘야 한다는 생각을 하지 못했다. 그는 끊임없이 변경에 무력을 투입했고, 사치한 생활을 하면서 만리장성, 함양의 아방궁, 임종(臨潼)의 여산묘(驪山墓) 건설 등 대규모 토목 공사로 국력을 소진했다.

또한 진나라의 가혹한 법률로 인해 감옥이 죄인들로 넘쳐날 정도가 되었다. 그러자 부족한 노동력을 해결하기 위해 법을 어긴 백성들을

‘형도’(刑徒)라는 명목으로 변방에 유배하여 혹독한 요역에 종사하게
했다. 압송 도중 고초를 견디지 못한 형도들은 온갖 방법을 동원해 도
주를 하곤 했다.

진시황 36년(기원전 221년), 여산 능묘의 완공 날짜가 다가오자 패현
현령은 감옥에서 형도들을 강제로 동원하여 유방에게 여산으로 압송
하라는 명령을 내렸다.

길을 나서자 형도들이 계속 도망을 갔고 유방은 막을 방법을 찾지 못
해 고심했다. 그러던 중 패현 관할의 풍읍(豐邑) 서쪽의 한 호수에 이르
렀을 때였다. 유방은 날이 어두워지자 형도들에게 휴식을 취하도록 했
다. 마음이 무거워 잠을 이루지 못한 유방은 술잔을 기울이고 있었다.

패현을 벗어나기도 전에 많은 형도들이 도망을 갔는데, 1,000리나
떨어진 여산까지 가면 남아나는 사람이 없을 것 같다는 생각에 유방은
술을 마실수록 가슴이 무거워졌다. 법률은 형도들이 도망가면 압송하
는 관리를 중형에 처하도록 규정하고 있었기 때문이다. 사수정(泗水亭)
의 정장인 자신에게 이런 임무를 맡긴 것은 패현 현령이 사적인 원한
을 품고 골탕을 먹이려는 수작임이 뻔했다.

밧줄에 묶인 형도들은 고통으로 인해 잠들지 못하기도 했고, 일부는
잠이 든 채 눈물을 흘리며 신음하고 있었다.

이런 모습을 본 유방은 진시황에 대한 증오심이 일었다. 진시황이
사욕을 채우기 위해 무고한 사람들을 고통에 빠뜨리고 있다는 사실이
용서가 되지 않았다. 무도한 진 왕조를 위해 협력을 하고 있는 자신의
처지도 한심스러웠다. 패현 사람들이 자신에 대해 원망과 욕을 하고

있는 듯이 느껴졌고, 여산에 도착하면 생명을 부지하기 힘들 것 같다는 생각도 들었다. 생각이 여기에 미치자 자진해서 불구덩이로 뛰어들기보다는 형도들과 함께 도망을 가는 것이 나을 것 같았다.

마음을 굳히자 유방은 누워 있는 형도들에게 소리를 질러 깨운 뒤 밧줄을 풀어주었다.

"너희들은 여산에서 힘든 일을 하다가 과로로 죽거나 채찍에 맞아 죽을 것이다. 설령 운이 좋아 살아남더라도 어느 세월에 고향에 돌아갈지 기약이 없다. 그러니 나는 너희들을 전부 석방하여 집으로 돌아가게 해 주겠다."

형도들은 유방의 말에 너무 놀라 아무런 반응도 보이지 않았다. 유방은 형도들에게 다시 설명을 했다.

"이제부터 너희들은 가고 싶은 곳으로 가서 살길을 찾아보도록 해라!"

그때서야 유방의 뜻을 확인한 형도들은 환호를 했고, 일부는 반신반의하는 표정을 지었다. 생각이 많은 자들은 조심스럽게 유방에게 물었다.

"우리들을 놓아주면 어르신께서는 어떻게 되시는 겁니까?"

유방은 쓴웃음을 지으며 머리를 가로저었다.

"나도 여산이나 패현으로 돌아갈 수는 없지 않겠느냐? 너희들이 흩어진 다음 나도 숨어버릴 것이다."

유방이 진심으로 자신들을 놓아주는 것이라 확신한 대부분의 형도들은 그 자리에서 도망을 갔다. 그러나 열댓 명의 형도들은 유방의 의협심에 감동하여 생사고락을 함께하겠다는 뜻을 밝혔다. 이들의 뜻을 물리치지 못한 유방은 같이 길을 떠났다.

유방 일행은 큰 길을 피해 늪지대로 난 오솔길로 도주를 하였다. 안전을 위해 2명의 형도가 앞장서서 길을 살피고, 나머지는 일렬로 줄을 서서 전진했다. 구름에 가린 달이 어슴푸레한 빛을 발하고, 바람에 흔들리는 풀과 나무 사이로 멀리서 들려오는 짐승들의 울음소리는 공포 분위기를 더했다. 늪에 빠지지 않기 위해 유방 일행이 조심스럽게 발을 떼는데, 갑자기 앞장서서 걷던 형도가 달려와 숨을 몰아쉬며 "앞……앞쪽에 엄청나게 큰 뱀이 길을 막고 있습니다"라고 하는 것이었다.

방금 전 술을 마셨던 유방은 술기운에 호통을 쳤다.

"사내대장부가 뜻을 세워 강호에 나가려 하면 죽음도 두려워하지 말아야 하거늘 무슨 뱀 따위에 호들갑을 떤단 말이냐!"

유방은 검을 빼 들고 성큼성큼 앞으로 나갔다. 과연 길 한가운데 거대한 백사 한 마리가 인기척을 느끼고는 머리를 꼿꼿이 쳐들고 독기를 뿜어대고 있었다. 유방은 이제는 물러설 수 없고, 뱀을 죽이지 않으면 꼼짝없이 당하리라는 생각이 들었다. 배에 힘을 주고 순간적으로 검을 내리치자 선홍색의 피가 튀면서 뱀의 허리가 두 토막이 났다. 손을 뻗어 뱀의 사체를 길옆으로 밀어낸 유방은 얼마를 걷다가 밀려오는 피로감을 이기지 못해 주저앉아 잠에 빠져들었다. 다른 사람들도 긴장을 풀고 앉아서 휴식을 취했다.

잠시 후 몇 명의 형도들이 유방이 뱀을 죽인 자리에 이르렀을 때 한 노파가 울고 있는 것을 발견했다.

심야에, 그것도 황량한 산속에서 노파가 통곡하는 모습이 너무도 괴이하게 느껴진 사람들은 왜 그렇게 슬피 우느냐고 물었다. 그러자 노파는 "누군가가 내 아들을 죽였어요!" 하는 것이었다. 왜 아들이 죽음을 당했냐고 묻자 노파는 사연을 털어놓았다.

"내 아들은 원래 오방신의 하나인 주작의 아들인데, 백사로 변신을 해서 이 길에 누워 있다가 백호의 아들에게 죽음을 당했습니다. 의지하던 아들을 잃었는데 어찌 울지 않을 수 있나요."

형도들은 노파가 헛소리를 하고 있다는 생각에 관에 데리고 가자고 했다. 그런데 울고 있던 노파가 순간적으로 사라져버렸다.

일행은 유방을 찾아가 방금 전의 일을 설명했다. 잠에서 깨서 사건의 전말을 들은 유방은 속으로 기쁜 마음을 주체하기 힘들었다. 과거 관상을 봐준 노인의 말이 떠오르면서, 노파의 말이 사실이라면 자신은 틀림없이 비범한 인물이라는 확신이 들었던 것이다. 유방과 같이 있던 형도들도 노파의 말에 추호도 의심을 하지 않았다. 또한 그들은 유방이 처음 보여준 대인적 풍모와 더불어 방금 전의 행동과 노파의 말을 종합해 볼 때 존경의 마음이 저절로 솟구치는 것을 어쩔 수 없었다.

이 이야기의 진위에 대해서는 해석이 분분하다. 늪지대에는 잡초가 무성하고 인적이 드물기 때문에 뱀과 같은 파충류가 많이 살기 마련이므로, 유방이 대담하게 뱀을 죽인 것은 그의 성격상 충분히 가능한 행동이다. 그러나 한밤중에 노파가 울면서 말한 '주작의 아들'이 '백호의 아들'인 유방에게 죽음을 당했다는 이야기는 믿기 힘들지 않은가?

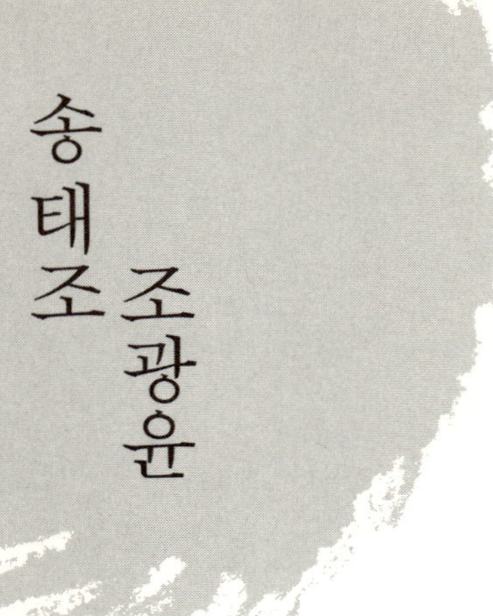

군대를 장악하여 천하무적으로 군림하다

무명의 사졸에서 출발한 송 태조 조광윤은 전투를 거쳐 전전도점검으로 승승장구했다. 황제가 되기 전까지 그는 긴 세월을 말 안장 위에서 보냈다. 그러므로 그는 군대의 능력이 천하를 다스리는 데 어떤 영향을 미치는가에 대해 잘 알고 있었다. 그는 진교(陳橋)의 반란 이후 군대를 철저히 다스렸는데, 그 방법은 네 가지로 압축된다. 즉 군의 관리, 군사 선발, 훈련, 군기 면에 엄격한 기준을 설정한 것이다.

군의 관리를 위해서는 황제가 철저히 통제하는 군사 기구를 설치했다. 그리고는 고위 군사 기구인 추밀원과 삼아(三衙)의 수장을 선발하는 데 신중을 기했고, 권한을 남용하지 못하도록 견제했다.

또한 엄격한 관리의 수단으로 무장들을 문관이 다스리도록 하였다. 즉 군사 대권을 지닌 추밀원을 문관으로 충원하고, 실제로 병사와 장수들을 지휘하는 삼아는 무관의 명령을 듣도록 한 것이다.

군사 선발에 있어서 송대 초기는 그 어느 시대보다도 엄격한 기준을 적용했다. 금군이나 상군의 사졸들은 모두 선발을 통해 구성되었는데, 특히 조정을 지키는 반직(班直)은 정예병으로 충당했다. 송대 초기에는 재난을 당한 지역에서 모병을 했으므로 다른 왕조보다 병졸을 충원하기가 수월했다. 송대 이전에는 사졸을 선발하는 데 있어 자질을 중시할 여유조차 없었지만 송 태조는 무엇보다도 일반 병사의 소양을 매우 중시했다.

이렇게 선발한 사졸의 훈련에 태조는 전력을 기울였다. 그는 군신들에게 "5대의 진(晉), 한(漢) 이래 위사들의 수는 수십만이 되지 않았고, 실제로 전쟁에 내보낼 수 있는 수는 이보다도 훨씬 적었다. 나는 얼마 전에 병적부를 열람해서 불필요하거나 체력이 약한 자들은 도태시켰고, 기마술과 궁술 등을 직접 시험해 보았다. 이제는 군대가 모두 정예병으로 채워졌으니 더욱 무예를 갈고닦도록 하여야 할 것이다"라는 당부를 하기도 했다.

태조는 군기 확립을 부단히 강조했다. 태조는 진교 반란을 진압하기 위해 군대를 이끌고 경성을 떠나면서 엄격한 군기를 유지하도록 요구했다. 군사들이 재물을 강탈하고 여자들을 겁탈할지도 모른다며 불안해하던 경성의 백성들은 군이 기율을 잘 지키는 모습을 보고 안심을 하게 되었다. 반란을 평정하고 돌아온 태조는 다시 한 번 장수들에게 기율 준수를 당부했다.

"군사들을 엄격히 관리하여 백성들의 재물을 약탈하지 못하도록 하면 도성의 백성들은 안심하고 생업에 종사할 것이다. 그러면 천하는 무사 평안하고, 너희들도 부귀를 누릴 수 있을 것이다."

태조가 후주에서 대장군으로 전투를 지휘했을 때의 유명한 일화가 있다. 그는 전투를 감독하는 한편 사력을 다해 싸우지 않는 사졸들을 발견하면 검으로 군모에 자국을 남겼다. 그리고 다음 날 사졸들의 복장 검사를 하여 군모에 칼자국이 있는 자들은 모두 참수했다. 그 후로 태조가 지휘하는 사병들은 전투에서 최선을 다하였다. 황제가 된 후 그는 군법을 더욱 엄격하게 시행하도록 독려했다.

"나는 사졸들에게 최고의 대우를 하고 후한 상을 내렸다. 만약 감히 법을 어기는 자가 있다면 죽음을 각오해야 한다."

군대가 출정을 할 때면 태조는 장령들에게 훈시를 잊지 않았는데, 그중 가장 강조한 것은 군기 엄수였다. 예를 들어 개보 7년(974년), 태조는 남당을 정벌하러 가는 원정군 통수인 조빈(曹彬)에게 "민간인을 약탈하는 것을 허용해서는 안 된다. 성을 함락한 뒤에는 군사와 백성들을 학살해서는 안 되고, 남당의 왕 이욱(李煜)도 해쳐서는 안 된다"는 명령을 내렸다. 또한 그 자리에서 조빈에게 검 한 자루를 하사하면서 "부장 이하의 명령을 듣지 않는 자들은 이 칼로 죽이도록 하라"고 하여 군 전체가 일사불란하게 군법을 준수하도록 만들었다.

엄격한 군기를 세우는 것은 전쟁에서 승리하기 위한 기본 조건이다. 그러므로 송 태조가 오랜 세월 군 생활을 하면서 천하무적으로 군림할 수 있었던 것은 군대에 대한 강력한 장악력에 기반한 것이었다.

위무제
조조

능력과 계략으로 인심을 얻다

"하늘이 내린 기회(天時)는 지리적 이점(地利)보다 못하고, 지리적으로 유리한 것도 인화(人和)에는 당할 수 없다"는 말처럼, 패왕이 되기 위해서는 인심을 얻는 것이 무엇보다도 중요하다.

여포의 기습을 받아 하비를 잃은 유비는 조조에게 도움을 청했다. 정욱은 조조에게 "제가 보기에 유비는 능력이 뛰어난 자인 데다 인심을 얻고 있으니 종국에는 누구의 밑에 있으려 하지 않을 것입니다. 그러니 일찌감치 죽여버리는 것이 좋을 듯합니다"라고 진언을 했다. 그러나 조조는 "지금은 영웅호걸들을 포용해야 할 때이다. 한 사람을 죽이면 곧바로 천하의 인심을 잃게 되므로 그럴 수는 없다"는 말로 정욱의 의견을 일축했다.

조조가 한의 헌제를 허도로 모셔와 세력이 나날이 강해지고 있을 때 정욱은 다시 간언을 했다. "지금 어르신의 이름이 드높으니 기회를 보아 패업을 달성하셔야 하지 않겠습니까?" 그러나 조조는 "조정에는 신하들이 많기 때문에 경거망동해서는 안 된다. 천자가 사냥을 할 때 동정을 살펴보는 것이 좋을 것 같다"라고 한 뒤 준마, 사냥에 쓰일 매, 사냥견, 활과 화살, 병사 등을 성 밖에 준비해 놓은 뒤 헌제에게 사냥을 하도록 권했다.

그런데 헌제는 사냥을 하는 것이 왕도에 부합하지 않는다고 거절했다. 조조는 "고대의 제왕들은 1년에 네 번, 매 계절마다 사냥을 함으로써 천하에 무용을 과시했습니다. 오늘날처럼 천하가 싸움으로 어지러울 때 폐하께서 사냥을 통해 위용을 드높이셔야 합니다"라고 설득했다. 더 이상 거절할 수 없는 헌제는 사냥을 떠났다.

조조는 10만 명의 군사를 대동하고 헌제와 함께 허전(許田)에서 수렵을 했다. 사방 300여 리에 달하는 사냥터에는 군사들을 배치하고, 조조는 헌제와 말 1마리 정도의 거리를 유지하며 이동했다. 조조의 뒤에는 심복 장교들이 있었으므로 다른 문무백관들은 감히 접근할 수 없었다.

헌제 일행이 언덕을 돌아설 때 갑자기 수풀에서 큰 사슴 한 마리가 뛰쳐나왔다. 헌제가 연속해서 활 세 발을 쏘았지만 명중하지 않았다. 그는 뒤를 돌아다보며 조조에게 사슴을 쏘라고 명했다. 조조는 헌제에게서 활과 화살을 빌린 뒤 사슴을 쏘아 넘어뜨렸다. 군신들은 금 화살이 사슴을 맞춘 것을 보고 헌제가 쏜 것으로 착각했다. 그들은 환호작약하며 헌제를 향해 "만세"를 외쳤다. 이때 조조가 말을 타고 달려와 헌제의 앞을 가로막자 신하들은 대경실색했다.

『삼국지』의 기록에 의하면 동탁의 난 이후 동한 왕실이 허수아비와 같이 되어버리자 건안 원년(196년), 조조는 군대를 허성(許城, 오늘날의 하남성 허창 동북부―옮긴이)에 주둔시킨 뒤 모사들을 소집하여 헌제를 모셔오는 문제에 대해 논의를 했다.

순욱은 진문공(晉文公)이 주의 양왕(襄王)을 낙읍(洛邑, 오늘날의 하남성 낙양―옮긴이)으로 맞아들여 패왕이 된 사실, 한 고조는 의제가 항우의 손에 죽자 통곡을 함으로써 민심을 얻었던 사실을 거론했다. 그래서 조조는 헌제를 허성으로 모셔오면 민심이 자연적으로 따라온다는 순욱의 주장을 실행에 옮겼다. 이로써 조조는 '천자를 내세워 제후를 호령'하는 형식으로 정치적 우위를 점하게 되었다.

모종강(毛宗綱)은 『삼국지를 읽는 법』이라는 저서에서 조조를 '역사상 최고의 기인'이라고 묘사했다. 그가 말하는 '기(奇)'란 정세를 파악한 뒤 남들이 쉽사리 눈치 챌 수 없게 애매한 태도를 취하는 조조의 능력을 의미한다. 즉 '충성스러운 듯한', '너그러운 듯한', '의로운 것 같은' 등등의 면모가 그러하다. 특히 '인재들을 망라하여 지혜로써 천하를 속일 수 있는' 조조의 능력에는 감히 비견할 만한 인물이 없었던 것이다.

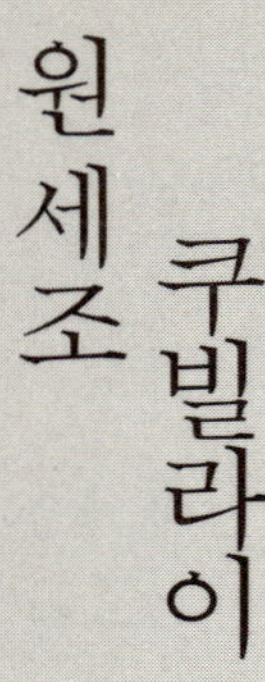

각 민족의 상층계급을 연합하다

　원대 사회는 백성들을 민족에 따라 4등급으로 분류했지만 이에 관한 정확한 기록은 남아 있지 않다.

　사실상 이미 금대부터 사람들을 등급으로 나누고 있었다. 처음 중원에 진출한 여진족은 본 민족과 발해인들을 중시하였고, 금나라의 유민, 즉 화북의 백성을 한인으로, 원래 북송의 하남과 산동 지역 백성들을 남인(南人)이라 칭했다. 그 후에 남송의 유민들도 남인이라 불렀다. 군사와 세금을 담당하는 관리들은 여진, 발해, 거란, 한인의 순서로 선발했다.

　몽고는 중원에 들어온 이후 먼저 항복한 지역을 나중에 항복한 지역보다 우대하는 관례에 따라 지배 민족인 몽고족 다음으로 색목인, 한인, 남인의 순서로 서열을 정했다.

　원대의 민족적 4등급제는 관습이었을 뿐 명문화되지는 않았다. 이

제도는 쿠빌라이에 의해 완성되지는 않았지만, 이 시기에 중요한 변화를 겪었다.

쿠빌라이 시대에는 민족적 차별이 심화되었다.

관제에 있어 몽고 귀족은 특권적 지배 계급으로 군림했다. 쿠빌라이는 중앙과 지방 관리의 요직은 모두 몽고인이 독점하도록 했다. 특히 한인은 총관, 이슬람교를 믿는 회족은 동지를 관직에 오를 수 있는 최고 관직으로 규정하고, 감찰관인 다루가치의 명령을 듣도록 했다.

형법은 민족별 차별이 더욱 두드러진 분야였다.

쿠빌라이는 군사 면에서 한인과 남인에게는 엄격한 관리와 통제를 가했다. 군권은 몽고족 장수들이 장악하고, 군대의 규모와 방위에 관한 업무는 한인 관리들에게 철저히 기밀로 했다.

중통 3년(1262년), 이단(李檀)의 난이 발생한 후에 쿠빌라이는 민간에서 무기를 소유하지 못하도록 엄금했다. 송나라를 평정한 후에는 민간의 무기 소유 금지령을 강남 지역까지 확대했고, 심지어 한군은 평상시에는 무기를 소지하지 못하도록 했다.

지원 21년(1284년)이 되자 한인은 수렵을 할 때도 활과 화살을 사용하지 못하도록 했고, 절에서 칼과 창을 보유하지 못하도록 했다. 다음 해에는 한인 지역과 강남 지역의 활과 화살, 그 밖의 무기들을 징발하여 3등급으로 분류해서 하등에 해당하는 무기는 파기하고, 중등 무기는 현지의 몽고인들에게 나눠주었으며, 상등의 무기는 관에서 보관했다. 얼마 후에는 한인과 남인은 매와 개를 길러 사냥을 하는 행위도 금지시켰다.

쿠빌라이 시대에 민족적 차별은 심화되었지만 실제로 몽고 하층 계급은 우등 민족으로서의 특권을 누리지 못했다. 이와는 대조적으로, 하층 민족으로 구분되었던 한인과 남인의 상층 계급은 우등 민족의 대접을 받았다. 한인들이 군사 기구에 참여하는 것을 금지했고, 황제가 대도에 행차할 때는 한인이 방위 업무를 하지 못하도록 했지만, 쿠빌라이는 파격적으로 한인인 정제의(鄭制宜)를 추밀원 관리로 임명했다. 정제의가 고사를 했지만 쿠빌라이는 오히려 "네가 어찌 한인이라 할 수 있겠느냐"라며 관직을 수여했다.

중서성의 요직은 원칙적으로 한인과 남인을 기용하지 못하도록 했지만 쿠빌라이는 한인 출신인 사천택(史天澤)을 최고위직인 우승상, 왕문통(王文統)과 조벽(趙璧)을 평장정사에 임명했다. 장계시(張啓示)는 우승, 장문겸(張文謙)은 좌승, 상정(商挺)과 양과(楊果)는 참지정사(參知政事)를 역임했다. 이 밖에도 유병충(劉秉忠), 요추(姚樞), 허형(許衡), 동문병(董文秉), 범문호(范文虎), 유정(劉整), 장홍범(張弘範), 노세영(盧世榮) 등은 요직에 등용되었다. 한족 출신의 대지주들은 송나라가 멸망한 뒤에도 여전히 부와 특권을 유지하면서 몽고 귀족과 비슷한 수준의 호화로운 생활을 영위했다.

하지만 우등 민족이라고 하는 몽고족의 하층 백성들은 과도한 군역과 조세를 부담하게 되자 유랑을 하는 숫자가 늘어났다. 이들 가운데에는 심지어 노예로 전락하여 다른 나라로 팔려가는 사람도 한두 명이 아니었다.

이상의 사실에서 알 수 있듯이, 쿠빌라이 시대에는 다민족 국가인 원나라를 다스리기 위한 불평등한 차별이 있었지만, 실질적으로는 한 민족 내의 계급적 착취도 여전히 존재했다. 따라서 그의 통치는 각 민족의 상층 계급 간의 연합에 의해 유지되었다고 할 수 있다.

모신과 맹장들의 추종과 통제력

현무문의 난이 성공한 것은 외면적으로는 이세민의 모험에 운이 따랐던 것으로 해석할 수 있다. 그러나 당대 초기의 정치와 군사적 측면에서 보면 정변이 성공할 수밖에 없는 필연적인 요소가 이미 잠재해 있었음을 알 수 있다.

군사적으로 이세민의 진왕부(秦王府)는 다른 집단들에 비해 우위를 점하고 있었다. 무덕 연간에 처음으로 부병제를 실시하자 군의 지휘계통이 잡다해졌다. 비록 12위가 부활되었지만 모든 군대가 이에 귀속되지는 않았다. 예를 들어 관내 지역의 부병들은 12군의 관할이었지만 왕부의 영향권에 있었다. 그중에서도 12군의 장군들 대다수가 진왕부와 긴밀한 관계를 맺고 있었으므로 이세민의 12군에 대한 영향력은 형인 이건성을 압도했다. 또한 동궁 이건성, 진왕 이세민, 제왕 이원길은 각기 군대를 보유하였는데, 동궁과 제왕이 연합하면서 그 병력은 이건성과 이원길 측보다 우세했다. 이세민은 이들에 비해 열세에 처했으므로 정변을 일으키려면 무력 이외의 유리한 조건을 갖춰야 했다.

하지만 이세민은 다른 그룹들에 비해 정치적으로 우위를 점하고 있었다. 무덕 9년 6월, 현직 재상은 배적, 소우, 봉덕이, 배구, 진숙달, 우문사였다. 이세민은 상서령과 중서령으로, 이원길은 시중으로서 재상에 해당했다. 이들 가운데 태자, 즉 동궁을 지지하는 인물은 이원길과 배적 2명뿐이었다. 봉덕이와 배구는 이세민과 동궁 양쪽을 오가고 있었고, 나머지 인물들은 모두 이세민의 편에 있었다. 천책상장부(天策上將府)의 사마검교시중(司馬檢校侍中)이라는 중책을 맡고 있는 우문사가 이세민을 지지한 사실만으로도 진왕부는 다른 세력들에 비해 우월적 지위를 차지할 수 있었다. 당대 초기의 3성 장관은 모두 재상이고, 상서령은 정2품, 시중과 중서령은 정3품이었으므로 3성은 실제로 불평등한 관계였다고 할 수 있었다.

무덕 8년, 이세민은 중서령을 겸직함으로써 위상이 더욱 높아졌고, 재상 회의에서의 영향력도 강화되었다. 이 밖에도 최고 행정기구인 상서성은 6부를 관장하고, 지방의 주현도 통괄했으므로 상서령인 이세민은 행정 대권을 완전히 장악할 수 있었다.

이세민은 지방에도 막강한 영향력을 발휘하고 있었는데, 특히 하북 지역은 그의 세력 기반이 되었다. 그는 왕세충을 평정한 후 동도 낙양을 중심으로 한 섬동도 행대성(陝東道 行臺省)의 상서령으로서 행대성의 심복들을 주요 관직에 앉혔다. 굴돌통(屈突通)은 행대우복시, 온대아(溫大雅)는 행대 공부상서, 은개산은 행대 병부상서, 황보무일과 사만보는 행대 민부상서를 역임했고, 방현령과 두여회도 한때 행대성의 관리를 지냈다. 이세민은 평소에는 장안에 머물렀고 섬동대행성의 사무는 굴돌통이 처리하도록 했다. 고조가 이세민에게 낙양으로 돌아가 행대 상서령으로 집무를 하도록 하자 이건성과 이원길은 두려워했다. 그 이유는 낙양이 이세민의 근거지였기 때문이다.

당시 사회적 상황을 보면, 당나라가 전국을 통일하는 과정에서 강대한 세력들을 평정한 이세민은 조정 신하, 군과 민간으로부터 폭넓은 지지와 존경을 받았다. 이 사실은 이건성과 이원길도 부인할 수 없었으므로 왕규와 위징은 "진왕의 공훈이 천하를 덮을 정도이므로 당나라와 외국이 모두 진심으로 그를 존경하고 있다"라고 표현했다.

명말청초의 저명한 학자 왕부지(王夫之, 1619~1692년)는 "건성은 고조의 장자이고, 세민은 공로를 세운 인물이므로 두 사람 모두 태자가 될 자격이 있었다"고 평가했다. 이는 당시 상황에 대한 정확한 분석으로, 실제로 사회적 여론은 이세민이 태자가 되는 것이 합리적이라는 게 대세였다.

그러므로 현무문의 난이 발생한 후에 당 조정 내부와 사회는 순탄하게 '정관 치세'를 맞이할 수 있었다. 즉 이세민이 정변을 일으킨 배경에는 우호적인 여론이 있었고, 이로 인해 성공적으로 통치를 할 수 있었던 것이다.

결론적으로 말해 이세민은 여러 면에서 유리한 조건을 갖추고 있었으므로 무덕 9년 6월 4일에 현무문의 난을 일으키지 않았더라도 다른 방식으로 난을 일으켰을 것이다. 왜냐하면 이세민은 제위를 차지할 준비를 오랫동안 해 왔고, 전반적인 여건이 자신에게 유리하게 작용했으므로 남은 것은 단지 시기의 선택과 방법상의 문제뿐이었던 것이다.

이세민은 난을 일으키기에 앞서 두 가지 계획을 세웠다. 한 가지 방식은 현무문에서 기습을 하는 것이고, 다른 한 가지는 정변이 순조롭게 진행되지 않으면 낙양으로 후퇴하여 조정과 대치를 하는 것이었다. 그래서 난을 일으키기 직전 행대성 공부상서 온대아가 낙양을 지키고, 장량이 1,000여 명의 군사를 낙양에 보내고, 산동의 무사들을 끌어들이는 만반의 준비를 했다. 낙양에서도 난을 지원할 준비를 갖추었으므로 이세민의 계획은 상당히 치밀했다고 하겠다.

진왕부의 실력과 유리한 여건으로 보아 이세민의 계획은 어떤 방식을 취하더라도 성공 가능성이 매우 높았다. 다만 두 계획의 차이는 시간적인 완급과 작전 차질로 인한 손실의 크기 정도였다. 만약 두 번째 방식을 채택했다면 섬동행대성의 병력과 관중 12군의 일부 부대를 동원하여 황제 주변의 악한 인물들을 청산한다는 '청군측'(淸君側)의 명분을 내세워 장안으로 쳐들어가야 했다. 이에 비해 현무문 기습 작전은 위험성이 더 크기는 했지만 신속하고도 인명 손실을 줄일 수 있다는 장점이 있었다. 그러므로 이세민은 현무문을 급습하는 것을 제1방안으로 하고, 실패했을 경우에는 두 번째 방안을 취하기로 결심했다.

이세민은 여러모로 유리한 조건을 갖추고, 잠재적인 군사력도 이건성과 이원길에 비해 강했지만 장안에서의 무력은 상대에 비해 취약했다. 왜냐하면 천자가 있는 장안에서 자신의 군사를 양성하기가 힘든 데다, 자신의 세력권에 있는 장안의 뛰어난 장수들과 1,000여 명의 군사들을 낙양으로 보냈기 때문이었다. 그렇지만 이세민이 결국 현무문의 난에서 승리할 수 있었던 데에는 다음과 같은 네 가지 원인이 있었다.

첫째, 이세민의 진왕부는 인재들이 몰려 있는 정치적 세력으로서, 모신과 맹장들이 다 그를 추종했다.

둘째, 이세민은 현무문의 병력을 충분히 통제할 수 있었다.

셋째, 기선을 제압하는 전략이 주효했다.

넷째, 이세민과 휘하의 장수들이 상대에 비해 뛰어난 자질을 구비하고 있었다.

현무문의 난은 역사적으로 끊임없이 논쟁을 불러일으켰지만, 윤리적인 비판에서도 결코 자유롭지 못했다. 골육상쟁을 통해 제위를 차지했다는 윤리적 비난은 유가의 전통적인 관념에서 출발한 것이다. 그러나 이세민이 당나라를 건국하는 과정에서 세운 공로와, 그 후에 명군(明君)이라는 평가를 받은 사실은 역사 발전이라는 시각에서 보면 도덕적 폄하를 충분히 상쇄할 만하다.